U0811269

温铁军 著

告别百年激进

温铁军演讲录（2004—2014）上卷

人民东方出版传媒
People's Oriental Publishing & Media
東方出版社
The Oriental Press

图书在版编目（CIP）数据

告别百年激进 / 温铁军 著. — 北京 : 东方出版社, 2015.12
ISBN 978-7-5060-8852-7

Ⅰ.①告… Ⅱ.①温… Ⅲ.①改革开放—经验—中国 Ⅳ.①D61

中国版本图书馆CIP数据核字（2015）第292708号

告别百年激进
（GAOBIE BAINIAN JIJIN）

作　　者：温铁军
责任编辑：李　烨
出　　版：东方出版社
发　　行：人民东方出版传媒有限公司
地　　址：北京市东城区朝阳门内大街166号
邮政编码：100010
印　　刷：北京明恒达印务有限公司
版　　次：2016年5月第1版
印　　次：2024年5月第35次印刷
开　　本：660毫米×960毫米 1/16
印　　张：35.5
字　　数：380千字
书　　号：ISBN 978-7-5060-8852-7
定　　价：52.00元
发行电话：（010）85924663　85924644　85924641

版权所有，违者必究
如有印装质量问题，我社负责调换，请拨打电话：（010）85924602　85924603

We cannot solve problems by using the same kind of thinking we used when we created them.

——Albert Einstein

阿尔伯特·爱因斯坦的这句名言可直译为："我们不能用导致问题的同一思维去解决问题。"对应中国的老话，当为孔子所言君子"不贰过"。

——作者注

一部中国近百年史，从头到尾就是一部乡村破坏史。

乡村建设运动，实乃吾民族社会重建一新组织构造之运动。——这最末一层，乃乡村建设真意义所在。作乡村运动而不着眼整个中国问题，那便是于乡村问题也没有看清楚，那种乡村工作亦不会有多大效用。所以乡村建设，实非建设乡村，而意在整个中国社会之建设，或可云一种建国运动。

——梁漱溟

“国仁文丛”（*Green Thesis*）总序

因为有话要说，而且要说在我们团队近期系列出版物的前面，[①]所以写总序。

我自20世纪60年代以来，从被动实践中的主动反思到80年代以来主动实践中的主动反思，经两个11年在不同试验区的历练，[②]加之后来广泛开展国内外调查和区域比较研究，且已经过了知天命之年……自忖有从经验层次向理性高度升华的条件，便先要求自己努力做到自觉地“告别百年激进”，[③]遂有21世纪以来从发起社会大众参与改良、对“百年乡建”（Rural Reconstruction）之言行一致地接续，而渐趋达至“国仁”思想境界，亦即一般学人必须“削足”才能跟从制度“适履”，但只要纳入主流就碍难达到的“实践出真知”。

因此，我在2016年暑假从中国人民大学退休之际，要求为今后

---

① 这几年我们会有十几本书分别以不同作者、不同课题成果的名义问世。这些出版物都被要求做单独的“成果标识”。但我们实际上要做的仍然是这几十年的经验归纳总结和理论提升，“实事求是”地形成“去意识形态化”的话语体系。由此，就需要为这个分别标识的系列出版物做个总序。

② 参见即将出版的《此生无憾：温铁军自述辑录》（暂定名），其中对20世纪80—90年代在官方政策部门开展农村改革试验区及新世纪启动民间为主的新乡村建设试验区，两个11年的经历分别予以归纳。

③ 参见温铁军：《告别百年激进》，东方出版社2016年版。这是我2004—2014年这10年演讲录的上卷，主要是与全球化有关的宏大叙事和对宏观经济形势的分析，甫一出版即被书评人排在当月优选10本财经类著作的第一位。

几年的一系列出版物担纲作序，也主要是想明了指出“国仁文丛”何词何意，亦即：这个丛书是什么思路和内涵。

一、释义之意

“国”者，生民聚落之域也。“上下五千年”是中国人开口就露出来的文化自豪！就在于，人类四大文明古国除了中华文明得以历经无数朝代仍在延续之外，其他都在奴隶制时代以其与西方空间距离远近而次第败亡。由此看中国，唯其远在千山万水之隔的亚洲之东，尤与扩张奴隶制而强盛千年的西方相去甚远，且有万代众生勉力维护生于斯而逝于斯之域，“恭惟鞠养，岂敢毁伤”，兹有国有民，相得益彰。遂有国民文化悠久于国家存续之理，更有国家历史传承于国民行动之中。

“仁”者“爱人”，本源于“仁者二人也”。先民们既受惠于光风水土滋养哺育的东亚万年农业，又受制于资源环境只能聚落而居，久之则族群杂处，而需邻里守望、礼义相习，遂有乡土中国仁学礼教上下一致维系大一统的家国文化之说，于是天下道德文章唯大同书是尊。历史上每有“礼崩乐坏”，随之社会失序，必有“国之不国，无以为家”。是以，“克己复礼为仁”本为数千年立国之本，何以今人竟至于“纵己毁礼为恶”……致使梁漱溟痛感“自毁甚于他毁”的现代性为表、横贪纵欲为里之巨大制度成本肆无忌惮地向资源环境转嫁而至人类自身不可持续！

据此可知我们提出“国仁”思想之于文丛的内涵：

中国人历史性地身处三大气候带覆盖、差异显著的复杂资源地理环境下，只有以多元文化为基础的各类社会群体兼收并蓄、包容共生，才能实现并绵延中华文明数千年的历史性可持续。

这个我们每个人都身处其中的、在亚洲原住民大陆的万年农业文明中居于核心地位的“群体文化”内核，也被老子论述为“阴阳之为道也”，进而在漫长的文化演进中逐渐形成了极具包容性的、儒释道合一的体系。①

由是，在21世纪初重启中国乡村建设运动之后，我们团队试图把近代史上逐步从实践中清晰起来的乡建思想，寻源上溯地与先贤往圣之绝学做跨时空结合，归纳为人类在21世纪转向“生态文明”要承前启后的社会改良思想。②

是以，“道生万物，大德中庸。上善若水，大润民生。有道而立，大象无形。从之者众，大音希声”。③ 此乃百年改良思想指导下的乡村建设运动之真实写照。

基于这些长期实践中的批判性思考，我们团队认同的“国仁文丛”的图形标志，是出土的汉代画像砖上那个可与西方文明对照的、扭合在一起的蛇身双人——创造了饮食男女人之大欲的女娲，只有和用阴阳八卦作为思想工具“格物致知”了人类与自然界的伏羲有机地合为一体，才有人类社会自觉与大自然和谐共生的繁衍。蛇身双人的扭结表明在中国人传统思想中物质与精神的自然融合，既得益于多样性内在于群体文化规范而不必指人欲为

① 最近10年一直有海内外学者在研究乡建。国外有学者试图把中国乡建学者的思想上溯归元到孔子或老子，国内也有人问我到底偏重晏阳初还是梁漱溟，还有很多人不理解梁漱溟晚年由儒家而佛家的思想演变。其实，我们从来就是兼收并蓄。在儒释道合一的顶天立地和五洲四海的融会贯通之中形成乡建思想。因此，这些海外研究者的关注点对我们来说本来不是问题。

② 本文丛并非团队的全部思想成果，但在“国仁文丛”设计之前的成果没法再纳入进来，只好如此。

③ 这些年，我一直试图对承上启下的中国乡村建设运动中形成的国仁思想做归纳，遂借作序之机凝练成这段文言，意味着国仁追求的是一种“大道、大润、大象、大音”的思想境界。

“原罪”而出伊甸园；也不必非要构建某一个派别的绝对真理而人为地分裂成唯物与唯心这两个体系，制造出“二元对立结构”的对抗性矛盾。

此乃思想理论意义上的“国仁”之意。

行动纲领意义上的“国仁”，十多年前来源于英文的“Green Ground”。

我们搞乡村建设的人，是一批“不分左右翼、但分老中青”的海内外志愿者。① 大家潜移默化地受到“三生万物”道家哲学思想影响，而或多或少地关注我自20世纪90年代以来坚持的“三农”问题——农业社会万年传承之内因，也在于“三位一体”：在于农民的生产与家庭生计合为一体，在于农村的多元化经济与自然界的多样性合为一体，在于农业的经济过程与动植物的自然过程合为一体。

据此，我们长期强调的“三农”的三位一体，在万年农业之乡土社会中，本来一直如是。告别蒙昧进入文明以来的数千年中，乡村建设在这个以农业为基础繁衍生息的大国，历来是不言而喻之立国之本。

据此，我们长期强调的三位一体的“三农”，本是人类社会转向生态文明必须依赖的“正外部性”最大的领域，也是国家综合安全的最后载体。

中国近代史上最不堪的麻烦，就在于激进者们罔顾“三农”的正外部性，把城市资本追求现代化所积累的巨大“负外部性”代价向乡土中国倾倒！于是，我虽然清楚“三农”本属于三位一体，也曾经在20世纪90年代末期和21世纪第一个10年特别强调“三农

① 中国乡建运动之所以能够延续百年而生生不息，乃在于参与者大抵做到了思想和行动上都“去激进”，不照搬西方的左右翼搞的党同伐异。

问题农民为首”，主要是因为那个时期的形势严重地不利于农民这个世界上最大的弱势群体。实际上，也就是在做这种特别强调而遭遇各种利益集团排斥的困境中，我才渐行渐知地明白了前辈的牺牲精神。大凡关注底层民生的人，无论何种政治诉求、宗教情怀和文化旨趣，总难免因慈而悲、因悲而悯，在中国百年激进近现代史中，也就难免“悲剧意义”地、历史性地与晏阳初的悲天悯人①、梁漱溟的“妇人之仁”等，形成客观的承继关系。据此看，20世纪初期的“乡建派学者”也许应该被归为中国最早的女性主义。② 我们作为继往开来的当代乡村建设参与者，有条件站在前辈肩上高屋建瓴、推陈出新，不仅要认清20世纪延续而来的中国“三农”困境，而且要了解21世纪被单极金融资本霸权强化了的全球化，及其向发展中国家转嫁巨大制度成本的制度体系。这个令人高于前人的全球视野，要求我们建立超越西方中心主义意识形态的世界观和宏大叙事的历史观，否则，难以引领当代乡村建设运动，遑论提升本土问题的分析能力。

从2001年中央主要领导人接受我们提出的“三农”问题这个难以纳入全球化的概念以来，即有一批志愿者着手复兴百年传承的“乡村建设”。部分年轻的乡建志愿者于2003年在距北京大约300公里之遥的河北翟城村开始了新时期乡建，一开始根本就没有外部资金投入和内部管理能力。因为这种以民间力量为主的社会运动无权

---

① 参阅温铁军:《三农问题与制度变迁》，中国经济出版社2009年版。记得一位学者型领导曾经语重心长地告诫我：农民在现代化的大潮中挣扎着下沉，就剩下两只手在水面乱抓。你的思想无所谓对错，只不过是被溺水者最后抓住的那根稻草，再怎么努力，也不过是落得跟着沉下去的结局……

② 乡建前辈学者梁漱溟因在1953年与毛泽东激辩合作化问题而被后者批为“妇人之仁”。据此，梁漱溟可以被认为是中国20世纪50年代的早期女性主义者。尽管在实事求是的态度面前，打上何种类别的标签并不重要，但如果这是当代学者们的本能偏好，也只好任由其是。

无钱，很大程度要靠热血青年们艰苦奋斗。那，年轻人激情四射地创了业，也激情四射地生了孩子，老辈们就得跟上支持和维护。十多年来，有一句低层次的话多次被我在低潮的时候重复：存在就是一切。只要我们在随处可见的排斥下仍然以另类的方式存活下去，就证明了方式的可持续。我们在最开始心里就觉着，应该给这个社会广泛参与的乡建运动将来可能形成的可持续生存系统，提出一个可以做国际交流的概念，一个符合21世纪生态文明需要的、大家可以共享的名号。于是就跟海外志愿者们商量，提出了这个英文概念“Green Ground”。若直译，就是“绿色大地”；若意译，则是“可持续基础”。如果把音译与意译结合起来考量，那就是“国仁”。有国有仁，方有国人国祚久长不衰。

从十多年来的乡建工作看，这三个意思都对路。

二、文丛之众

俗话说，三人为众。子曰：“三人行，必有我师焉。择其善者而从之，其不善者而改之。”如此看文丛，乃众人为师是也。何况，我们在推进乡村建设之初就强调“去精英化”的大众民主。①

前几年，一直希望整个团队愿意理解我试图“让当代乡建成为历史”的愿望。尤其希望大家能够结合对近代史中任何主流都激进推行现代化的反思，主动地接续前辈学者上一个世纪之交开始的乡村建设改良运动，在实际工作中不断梳理经验教训。或可说，我“野心勃勃”地企图把我们在新的世纪之交启动的新乡建运动，纳入

① 关于精英专政与大众民主的分析，请参阅《人间思想第四辑：亚洲思想运动报告》，人间出版社2016年版，第2—19页。

百年乡建和社会改良史的脉络。诚然，能够理解这番苦心的人确实不多。①

这几年，我也确实算是把自己有限的资源最大化地发挥出来，“处心积虑”地安排乡建志愿者中有理论建设能力的人在获取学位之后分布到设有乡建中心或乡建学院的不同高校，尽可能在多个学科体系中形成跨领域的思想共同体。目前，我们在海内外十几个高校设有机构或合作单位，有数十个乡村基层的试点单位，能够自主地、有组织有配合地开展理论研究和教学培训工作，立足本土乡村建设的“话语体系”构建，已经有了丰硕成果。②

总之，我们不仅有条件对新世纪已经坚持了15年的“当代新乡建”做个总结，而且有能力形成对20世纪前辈乡村建设运动的继承发扬。

我们团队迄今所建构的主要理论创新可以表述为以下五点。

一是人类文明差异派生论：气候周期性变化与随之而来的资源环境条件改变对人类文明差异及演化客观上起决定作用。据此，人类文明在各个大陆演化的客观进程，至少在殖民化滥觞全球之前应

---

① 近年来，我不断在乡建团队中强调对乡建经验的归纳总结要尽可能提升到理性认识高度，并且要努力接续百年乡建历史，并带领团队申报了一批科研项目。那么，要完成科研任务，就要花费很多精力。对此，就有一些长期从事乡村基层工作，必须拿到项目经费才能维持单位生存，为此来不及形成理论偏好的同人难以接受，甚至有些意见相左之人表达了误解、批评。这本来不足为怪，对批评意见也不必辩解。总体上看，大乡建网络的各个单位还是积极配合的。但，考虑到这些批评说法将来可能会被人拿去当某些标题党的报道和粗俗研究者的资料，因此，我才不得不以总序的方式让相对客观些的解释在各个著述上都有起码的文字依据——尽管这些话只是简单地写在脚注中。

② 中国有中国人民大学、中国农业大学、中共中央党校（国家行政学院）、清华大学、重庆大学、华中科技大学、北京理工大学、上海大学、西南大学、福建农林大学、香港岭南大学。海外有英国舒马赫学院、美国康奈尔大学，近期正在形成合作的还有国际慢食协会的美食科技大学（意大利）等。

是多元化的，不是遵循在产业资本时代西方经典理论家提出的生产方式升级理论而展开的。这个理论有助于我们构建不同于主流的生态化历史观。

二是制度派生及其路径依赖理论：不同地理条件下的资源禀赋和要素条件，决定了近代全球化之前人类文明及制度的内生性与多元性，也决定了近代史上不同现代化的原始积累（东西方差异）途径，由此形成了不同的制度安排和体系结构，并构成其后制度变迁的路径依赖。这也成为我们开展国别比较和区域比较研究的重要理论工具。

三是成本递次转嫁论：自近代以来，在全球化所形成的世界体系中，核心国家和居于主导地位的群体不断通过向外转嫁制度成本而获取收益，得以完成资本原始积累、实现产业资本扩张和向金融资本跃升，广大发展中国家及底层民众则因不断被迫承受成本转嫁而深陷“低水平陷阱”难以自拔。当代全球化本质上是一个因不同利益取向而相互竞争的金融资本为主导、递次向外转嫁成本以维持金融资本寄生性生存的体系。在人类无节制的贪欲面前，最终承担代价转嫁的是“谈判缺位”的资源和生态环境，致有人类社会的不可持续之虞。

四是发展中国家外部性理论：第二次世界大战后绝大多数发展中国家都是通过与宗主国谈判形成主权，这可以看作一个“交易”。任何类型的交易都有信息不对称带来的风险，因转交交易范围之外的经济和社会承载而为外部性问题，任何信息单方垄断都在占有收益的同时对交易另一方做成本转嫁，由此发展中国家谈判形成主权必有负外部性，导致难以摆脱“依附”地位。但，越是一次性博弈则风险爆发造成谈判双方双输的可能性越大，发达国家在巧取豪夺巨大收益的同时，其风险也在同步深化和加剧。

五是乡土社会应对外部性的内部化理论：中国作为原住民人口大国中唯一完成工业化的国家，其比较经验恰恰在于有着几千年“内部化处理负外部性”的村社基础，其中的村社理性和政府理性构成中国的两大比较制度优势。但政府同样是人类制造出来但反过来统治人类自身的成本高昂的产物。遂有政府与资本相结合激进推进现代化之后的经济、社会、文化、资源、环境等负外向性问题，成为中国通往可持续的障碍，才有如此广泛的民众愿意参与进来，以期通过乡村建设使“三农”仍然作为中国危机“软着陆”的载体。

以上五点核心思想，主要体现于我们基于“本土化”和“国际化”两翼而展开的以下五个领域的研究工作中。

一是应对全球化的挑战。在资本主义三阶段——原始积累阶段、产业资本扩张阶段和金融资本阶段，核心国家/发达国家总是不断以新的方式向外转嫁制度成本，乃是全球化给广大发展中国家、给资源环境可持续带来的最大挑战。这个思想，在我们的主要课题研究中，作为全球宏观背景，都有所体现，也发表在我们关于全球资本化与制度致贫等一系列文章中。

二是发展中国家比较研究。团队与联合国开发计划署合作，构建了“南方国家知识分享网络”，开展了“新兴七国比较研究”和“南方陷阱”等发展中国家的深入研究。目前正在进行比较研究的新兴七国包括中国、土耳其、印度、印度尼西亚、巴西、委内瑞拉、南非。已经发表了有关文章和演讲，两部专著也在起草和修改之中。

三是国内区域比较研究。中国是个超大型国家，各区域的地理条件和人文环境差异极大，对各区域的发展经验进行研究、总结和归纳，是形成整体性的“中国经验”并建立“中国话语”的基础。

团队已经完成了苏南、岭南、重庆、杭州、广西左右江、苏州工业园区等不同地区的发展经验的分析。已经发表了多篇文章，形成的专著也获得多项国家级、省部级出版奖和科研奖。

四是国家安全研究。国家综合安全是当前面临“以国家为基本竞争单位的全球化”的最大挑战。基于国际比较和历史比较，团队研究表明了新中国通过土地革命建立政权与其利用“三农”内部化应对经济危机之间的相关关系——从历史经验看，新中国在其追求“工业化+城市化=现代化”的道路上，已经发生了九次经济危机，凡是能动员广大农村分担危机成本的，就能实现危机“软着陆”，否则就只能在城市“硬着陆”。团队正在开展的研究是以国家社科基金重大项目为依托，探讨如何从结构和机制上改善乡村治理以维护国家综合安全。

五是“三农”与“三治”研究。我们自提出“三农”问题并被中央领导人接受之后，用了十多年的时间来研究乡村“三治”问题（指县治/乡治/村治）。自20世纪80年代农村去组织化改革以来，作为经济基础的“三农”日益衰败，而作为上层建筑的“三治”成本不断上升，二者之间的错配乃至哲学意义上的冲突日益深化！其结果，不仅是农村爆发对抗性冲突，陷入严重的不可持续困境，还在生态环境、食品、文化等方面成为国家综合“不安全”的重要“贡献者”。比形成对问题的完整逻辑解释更难的，是我们如何打破这个“囚徒困境”。也因此，任何层面上的实践探索都难能可贵，即使最终被打上“失败”的标签，也不意味着这个堂吉诃德式的努力过程并不重要，更不意味着这个过程作为一种社会试验没有记录和研究价值。

综上，“大乡建”体系之中从事研究的团队成员众多，且来去自由，但混沌中自然有序，我认为团队在这五个领域的思想创新，在五个方面所做的去西方中心主义、去意识形态的理论探索，已经形成了“研究上顶天立地，交流上中西贯通”的蔚然大观。仅“国仁文丛”的写作者就有数十人，参与调研和在地实践者更无以计数，收入的文字从内容到形式都有创新性，且不拘一格。如果从我20世纪80年代就职于中央农研室做“农村改革试验区”的政策调研和国内外合作的理论研究算起，我们脚踏实地开展理论联系实际的科研实践活动已经数十年了。其间，团队获得了十多项国家级“纵向课题”和数十项“横向课题”，获得了十几项省部级以上国内奖及一项海外奖。在高校这个尚可用为“公器”的平台上，我们团队通过这些体现中国人民大学“实事求是”校训的研究和高校间的联合课题调研，已经带出来数百名学生，锻炼了一批能够深入基层调研，并且有过硬发表成果能力的人才，也推进了分散在各地城乡的试验区的工作水平。

由此看，当代大乡建由各自独立小单位组成，虽然看上去是各自为政的“四无”体系——“无总部、无领导、无纪律、无固定资金来源”，却能“聚是一团火、散是满天星”，做出了一般海外背景或企业出资的非政府组织“做不到、做不好、做起来也不长久”的事业。诚然，这谈不上是赞誉我们团队的治理结构，因为各单位难免时不时发生各种内部乱象。但，乡建参与者无论转型为NGO（非政府组织）还是NPO（非营利组织），都仍愿意留在大乡建之中，否则再怎么干得风生水起也难有靠自己的思想水平形成“带队伍”的能力！若然，则乡建改良事业得以百年传承的核心竞争力，恰在于“有思想创新，才能有人才培养，才有群体的骨干来带动事业”。君不见：20世纪乡村建设大师辈出、试验点竟以千数，21世纪新乡建则学者成从、各界群众参与者更有数十万！

这就是大众广泛参与其中的另一种（alternative）社会历史……

由此看到：发展中国家为主的“世界社会论坛”（World Social Forum）打出的口号是“另一个世界是可能的”（another world is possible）；而在中国，我们不习惯提口号，而是用乡建人的负重前行，在大地上写下“另一个世界就在这里”（another world is here）。

人们说，20年就是一代人。从2001年算起，我们发扬“启迪民智，开发民力”的前辈精神，在新世纪海内外资本纵情饕餮大快朵颐中勉力传承的“大乡建”，作为大众广泛参与的社会改良事业已经延续15年了！再坚持5年，就是一代人用热血书写的历史了。

作为长期志愿者，大家都辛苦，但也乐在其中！吾辈不求回报，但求国仁永续。唯愿百年来无数志士仁人投身其中的乡建事业，在中华文明的生生不息中一代代地传承下去。

以此为序，上慰先贤；立此存照，正本清源。

温铁军

丙申年甲午月

公元二〇一六年六月

CONTENTS 目　录

自序　金融全球化成本转嫁与中国生态文明战略

十年前的2004年，我出过两本书，都与十年后再出此书有关。

其中一本是演讲录，书名是《解构现代化》。当年即把同名的演讲整理出来在《管理世界》上发表；接着，美国有一位学者把我在中文期刊发表的文章译成英文在美国发表。于是，有些学者就由此而认为我是学术界中敢于“反思现代性”的人。对这个说法，我一直含糊着未予澄清。直到十年后的今天，当我把《告别百年激进》这本与全球化、战略调整、历史变迁等宏大叙事相关的、新的十年演讲结集出版的时候，才觉得可以认同了。因为，此书所做的教训分析指向明确，就是历代主流都要追求现代化的百年激进。

另外一本就是宏观问题的文章汇编《我们到底要什么》。这个书名，借用了俄国资产阶级革命时期的进步作家车尔尼雪夫斯基那本名著的书名，但却没有借用他的副标题“新人的故事”，因为我们还没有善于在行动中反思的那些新人。如今我那本书已经很难买到了，但十几年之后则不必为人才不济而担忧。因为在中国继往开来的、去激进化的、具有改良性质的乡村建设体系中，在大众参与的、在解构现代化中不断建构和谐社会的创新中，却已经新人辈出了。

十年前那两本书很快售罄。几年之后，有思想界的朋友读过认为“增益”，便摘了其中一些文章，又搜集了几篇过去没收进去的，在日本和韩国分别出了日文版和韩文版的文集，一度引起了日韩思想界的反响，甚至在大陆和港台已经有读书会在精读和讨论我的著述。于是就有人劝我，应该再拿些所思所言出来发表，那我就恭敬不如从命吧。

现在这个集子收进来的是我在2004—2014年这十年间的宏观问题演讲。时过境迁，倏忽之间，我们在全球巨变中磕磕绊绊地走过了十年。出版这本与这种十年跌宕起伏的磕绊前行直接相关的宏观问题演讲录，也算是接续了上一部的分析。何况，一般的演讲录主要面向大众，基本要求是通俗易懂，既不必很“学术”，也不必把观点和数据资料都修改得准确无误。但这十年我主要是在高校做理论联系实际的“比较研究”，自忖思想性和学术性也应该有所增强，这个新的十年演讲录也确实多了些学术性。

东方出版社把我的演讲录纳入出版计划已经很久了[①]，我也在早几年就签署了把所有文字都交给他们的战略合作协议。然而，在这十年间体现和传承近代改良思想的中国乡村建设事业不胫而走，遍及全国，乃至于在世界上也形成影响。需要我协

① 东方出版社准备出版的演讲录是上下两册。这个上册是我已经完成清理的宏观问题的演讲。我没有完成清理的是下册，有关“三农”问题的演讲。

调处理的事情太多，写作方面的进度也随之放慢。直到2013年我向学校请辞院长职务得到批准、也向长期参与“乡村建设”已经成熟起来的骨干们宣布今后不再介入具体工作，才有时间伏案。①

但当年5月我丢了电脑，几乎接近完成的几部书稿都没了！何况那年的新变化实在太多，我在被西南大学2011年“人才引进”之后，2013年再被福建省“百人计划”作为特殊人才引进，应邀在福建农林大学参与了第三个设在高校的乡村建设研究机构——“海峡乡村建设学院”的创办工作。②于是，这个书稿只好拖到2014年从头再来一遍。

此书既然是十年间的演讲辑录，那么，如果我还演讲，并且还在世的话，下一部演讲录应该在2025年出版。那时候，我应该是古稀有四了。按理，则已经是在“随心所欲不逾矩”的仙界了。

以上简述，是与这本书有关的说明。虽然可以用于自序，但实在太单薄了！如果序言应该偏重于作者对本书主要观点的

① 我在中国人民大学改原农业经济系为“农业与农村发展学院”之初，于2004年7月53岁“高龄”被学校请回来担任该院的首任院长，连续两个任期之后，按照规定应该在2012年辞职。但几次打报告都未获批准，直到2013年才终于辞职。此外，我本来给自己设计的是60岁退休之后用十年时间写作，但到我60岁的2011年，乡村建设事业方兴未艾，我虽然先后三次向大家宣布退出实际工作，至今仍然没有完全退出来。

② 我参与创办的第一所乡村建设研究机构，是2003年7月与河北省定州市东亭镇翟城村的村两委合作，联合了国内外进步学者和组织创办的“翟城试验基地”，我被推举为理事长兼院长。当代乡村建设的培训和指导工作主要由2005年成立的中国人民大学“乡村建设中心”承担。不过，这也是近代史上第一个设在中国公立高校的乡村建设机构。到2011年，我应邀参与筹办西南大学“中国乡村建设学院”。学院于2012年正式揭牌，2013年成为该校的计划单列科研机构，总算是当代乡建知识分子继承前辈遗志，恢复起20世纪40年代由晏阳初和卢作孚联手成立的乡建学院。2013年，我通过福建省人事厅的“百人计划”被福建农林大学聘为讲座教授，参与创办了“海峡乡村建设学院”，这是第三个设立在高校的乡村建设机构。

介绍，那我可以用下面的文字来表述。

下面的文字，原是我最近一次于2015年11月做的演讲，刚刚完成文字整理，内容广博、图文并茂、深入浅出、通俗易懂，近年来的主要观点差不多都在里面了。何况我讲的时候多次被听众掌声打断，讲完了很多人还觉得意犹未尽，可见接受程度较高。读者看完下文即可大致了解本书作者的主要观点。由此而放在序言的位置上，有质有量，不算太弱。①

……我们越来越有全球视野，应该把所遭遇到的国内问题，做一点与金融资本全球化有关的规律性分析。这样做分析，某种程度上是在提示民众：全球化的大趋势不可能被某个国家的单一政策，或者某一部分学者的单一批判所能够根本扭转。②因此在当代，我们需要增加对所处的全球化的宏观环境的认识，增加对人类各个族群、对社会事业的各个方面都具有挑战性的大环境的认识。所以，我要从全球化说起。

只要人在冬天的北京，无论红墙之内还是市井胡同，只要不来西伯利亚寒流，就得共享整个冬天的雾霾。③今天大家所感受到的一切，也都算是气候暖化的客观结果。包括官方说的粮食产量十几连增，很多人不信，问是怎么增上去的。按官方说法当然是政策好、投入高。但，这种问答都是过去的老说法了。不妨自觉更新知识，一旦和气候变化结合就知道：中国的所谓“粮食带”随着气候暖化已经向北推了一个多纬

① 本文原稿，是温铁军2015年11月14日在中国农业大学西校区参加“可持续发展论坛暨滋根基金会20周年纪念大会”的发言记录，已经本人审阅修改。

② 这个对全球化的认识，也是我们长期坚持乡村建设改良运动的原因之一。

③ 北京2015年11月入冬之初气候异常，先遭遇到严重雾霾，接着是雨雪交加。

度，等于增加了一百多公里的空间，原来这些地方属于半干旱的荒漠草原，不适合种粮食，现在造成东亚地区农牧业分界的400毫米等降水线向西北推过去了，大宗粮食作物的种植面积自然会增加。所以，用哪一个原因单独解释粮食增产都不大合适。

人们当然也知道，气候越是暖化，西北风来得就越少，风沙天气和沙尘暴也就减少了，但是雾霾就更多了。只要增加常识，就也别说是因为谁，或者什么政策，风沙就减少了。需知：气候暖化是人类在资本主义历史阶段对大自然高度掠夺造成的全球趋势，谁也抗御不了。只要这个社会还在仰慕善于强取豪夺的土豪大咖，那谁都在静悄悄地做“贡献”。

北京除了雾霾举世瞩目，另一个最大的问题是周围已经全部是垃圾填埋场，你还想有干净的水吗？不大可能了。垃圾填埋在地下，随着气候暖化，降雨增多，周围整个水资源环境已经是垃圾化了。当然它释放出的各种气味，伴随着雾霾扣在北京上空，整个大京津冀地区在地理区位的条件下搞一体化，谁想过整个从江淮一带建设起来的工业区和城市群的大规模污染，因没有横向山脉的阻隔而随着气候暖化一路上推到太行山和燕山山脉L型包围着的华北大平原?！那么，这个一体化也包含着长江流域及其以北的大面积污染的一体化。

何谓激进现代化的代价？

不论过去叫五年计划还是现在叫五年规划，不都是在推进“工业化＋城市化”吗？不都是把产业集群叠加在城市带上的吗？何况，越多的城市化，意味着越多的抢夺土地。

为什么我总讲百年激进？就在于这种激进起步且滥觞华夏不过百年！

目前的发展状况问题很多，其实应该说整个世界都紧跟着西方人引领的全球化的步伐走，但是，最大的问题是我们却没法再有西方人那样的殖民化的历史条件。在中国20世纪30年代的时候，民国也追求现代工业化和城市化，但遭遇了西方大危机演化成的世界大战，造成长期通货膨胀，遂亡于现代金融危机连带财政垮台和军事失败。现在我们追求现代化，还是因为无法向外实现殖民化，而势必遭遇到现代化的代价在内部爆发的情况，还是与民国几乎同样的麻烦。

诚然，很多人谈的是如何实现现代化，但是从来没有谁谈到现代化的代价。城市化有巨大成本，麻烦往往集中在我们这里，因为我们谈论的现代化是有制度成本的。并且要进一步指出：现代化的收益是少数人占有，现代化的成本却转移给大多数，这就更麻烦了。

现在的主要问题在于历史教训的重复出现，当代中国人也遭遇到全球化过程中类似民国时的问题。全球本来就是资本过剩的，作为世界第二大经济体的中国现在加入其中，恶化了全球过剩。

当三大资本都过剩的时候，就会出现成本的社会转嫁。

现在的一些官方文件已经开始谈过剩了，但官方讲的只是产能过剩，经济处于下行期。如果我们往下看，就知道与民国当年的大危机有一定的相似性。今天全球最主要的问题是金融资本的虚拟化扩张。

1929 年西方生产过剩危机爆发之前，民国原来使用白银币制，在西方生产过剩大危机持续深化的过程中，白银相对价格先是因为英、日、美先后放弃金本位制而上涨，到 1934 年又遭遇了美国出台《白银收购法案》这个突发事件打击而骤然大幅上涨，中国当时就遭遇白银大量外流，正在高增长中的民国经济——当年的中华民国经历高增长黄金十年，年均增长率 8.4%，并不比我们现在低多少——受到了西方经济危机的直接打击。

那么，接着怎么办？放弃白银币制改行纸币制。

下图看到，法币最初发行的时候还有 20 元钱的小额票面值，还算是稳定的。接着抗日战争爆发之后就变百万元大票了，到解放战争后期，个别地方的货币已经到了六十亿一张的票面值，为什么？因为严重的多少万倍的通货膨胀。于是民国政府二次金融改革，从美国借了 5000 万美元用于新货币的储备——1944 年美国建立布雷顿体系保证美元与黄金的兑换率，其他国家的货币放弃跟黄金挂钩。由此，民国政府借着的美金可以当储备，于是要求全国放弃旧币改行金圆券，这张 60 亿的地方纸币下面的小字写着“折合金圆券壹万圆”。但是，只搞了三个多月就失败了，民国现代化的金融体系垮掉了，连带没有财政。当时 80% 以上财政用于军事开支，民国现代化军队没军饷就完了，因此，很快就垮了。

民国统一进入黄金十年，遭遇1929—1933年西方危机，1935年放弃银本位改为纸币致短期通缩为长期通胀（右图），1948年改金圆券，地方币面值60亿折1万（下图）。

新中国怎样化解民国大危机——土地革命让全国88%农民人口“去现代化”。

湖南汝城县三江口瑶族镇1950年解放军剿匪借物票据共23张，多的借稻谷60余担，少的借白米3—5斤，共6千多斤粮（右图）。

民国现代化努力及其现代化军队为何失败

当年新中国刚刚建立，百废待兴，怎样化解得了民国长期通胀大危机呢？就靠土地革命。是啊，今天仍然很多人批评，但在当年却有效地使近90%的农民人口“去现代化”，回归传统小农经济。既然民国危机可以叫做现代化危机，那么“去现代化”就是农民回家，政府就不用再管当时大约5亿的中国农村人口，只管占总人口10%的城里人。于是，农民回家自己种地，有吃有喝，还推着小车给城市和军队送农产品，所以，民国长期通胀大危机，靠着新中国的一个土改化解了。

据此我们说：中国农民革命带来的最大制度收益，在于用回归乡土传统化解了现代化危机。三十年后，中国在1980年遭遇产业资本阶段的大危机，仍然是再次靠让农民回归传统加以化解，这次做法也被称为“二次土改”。

那么，乡土社会化解危机是不是中国经验？客观上看当然是。但是，所有照搬来的西方教科书，包括早期苏联和后期美国，都不了解中国经验。不仅是高校知识，从中学、小学看，哪个课本知识讲过现代化危机？讲现代化危机怎么化解的官方资料也没有。各种教科书只讲了农民革命的政治正确性，没有讲革命后回归了乡土社会传统。传统化解了现代化危机，这难道不是辩证法吗？

现在，2007年的美国次贷危机于2009年转化为全球危机以后，中国出现了经济下滑，这是GDP增长速度的下滑，这是二产制造业的下滑。2009年大危机以后，私人负债大规模上升。可见，全球危机导致中国发生“去工业化”。

现代化靠两大支柱：工业化和城市化。工业化是产业资本为主，城市化是房地产资本为主。既然2009年工业下降了，到2011年大量资金析出进入房地产行业，房地产从高涨到泡沫崩溃大约三年一个周期，于是2013—2014年房地产也下跌了。资金再次析出进入股市，就有了大批股民追涨“疯牛”……这些情况本来都属于常识，不重复了。

现在怎么办呢？形势比人强。总之，近年来的私人负债大幅度上升是很危险的，客观上带来银行坏账大幅度增加。风险还是主要在城市的现代资本部门累积！

刚才各位说农村劳动力老弱化，但是，一场大危机下来会有多少外出的人失业回家？不管愿意不愿意。过去，大家都说“一江春水向东流”。当危机到来的时候，哪儿是承载危机的载体呢？就是农村。就像1950年的土改，缓解了民国危机，1980

年难道不是“二次土改”吗？难道只有民国现代化造成危机，新中国搞现代化就不造成危机了吗？同样。

不管何党何派，何人领袖，收益与成本对等的规律不会跟着人改，规律就是规律。所以，我和科研团队的合作者按着这个周期性危机的规律写了一本书，叫《八次危机》，国内第一年就6次印刷，成为畅销书。海外已经出了繁体字版，2016年1月出韩文版，年底出英文版。此书强调收益与成本对等，成本累积就表现为经济危机爆发。这对工业化是一个很好的规律性解释。其实周期性危机的理论，马克思以前的古典政治经济学都讲过。我的理论还没有回到马克思，回到的是马克思之前的古典政治经济学。今天的思想混乱，只不过是愿意不愿意认识到、愿意不愿意承认规律而已。

在这种规律作用下，世界各国都搞现代化，会出现同样的三大过剩危机。其中，金融资本过剩是当代的主要矛盾。例如，现在很多银行存款增加了贷不出去，资金开始大规模闲置。此外，官方只承认产能过剩是有道理的，因为生产过剩被叫做“资本主义一般内生性矛盾”。金融过剩本源于工业过剩，同期还有商业也过剩。看看那些大商厦，售货员比顾客多。所以，当代中国出现金融资本、工业资本和商业资本等三大资本都过剩。这个情况跟全球三大过剩是一样的。可见，官方说改革产生的问题要靠深化改革，也很有道理。因为我们面临三大资本都过剩的复杂困境，的确是配合资本扩张的这种改革造成的。

我在演讲开始提到严重的污染。很多人也指出，农业产业化、大量使用工业品，是造成面源污染的主要原因。只要工业资本在继续扩张，生产出这些工业品让谁用？难道主管部门不知道这些工业品会造成环境污染吗？知道，但是能挡住自己工业扩张的步伐吗？主要是利益集团的影响，那协调利益集团是谁的事？

刚才说到了工业化时代的收益曲线，现在则是金融化时代右偏态的U型曲线，我们可以叫做歪嘴微笑曲线，这样对知识界人多数右倾才能得利的本源好理解一点。

所谓右偏态，是指右端的金融资本收益过高，导致中间产业资本收益下降。因此在金融资本阶段，中国在制造业大国中占比最大，但它的困境也是最深刻的。左端的是收回了资源主权的俄罗斯、伊朗、委内瑞拉，他们曾经借着金融资本增加流动性得到"搭便车"的机会，可以向国民支付社会福利开支，就一度得到拥护，但现在美国又把他们打回原形了。

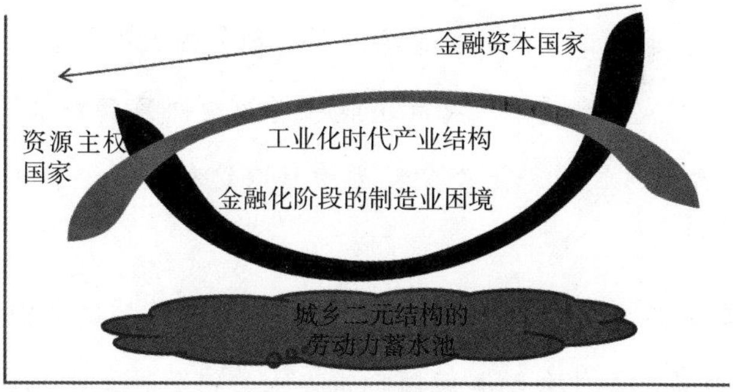

再定价理论分析：
金融资本异化于产业资本形成"新三性"——短期性、集中性、流动性，决定着产业资本的"负外部性"。
"外部定价＋外部定价权"是造成实体产业制度成本最大化的根源，不可能靠行业和企业改革来解决，因此，外部定价导致工业的问题在工业之外。

全球金融化时代的"歪嘴微笑曲线"

在这张“国家竞争的微笑曲线”图上，伊拉克和利比亚都被灭国了，这些被灭国的资源经济国家回到出发点，变成了收益分配的45度线的最低端。还没有被灭国的，俄罗斯、伊朗、委内瑞拉这些国家，凡是掌握着资源主权的国家都被西方批判。

我们中国处在微笑曲线的最低端。于是，美国说：中美之间的战略关系处于历史最好时期，其实是因为中国在这里（微笑曲线的底端），向人家的金融资本经济做出了巨大贡献，向另一边资源主权国家也做了贡献，所以战略关系跟两边都好，也就是双重贡献，这就是我们现在的地位。

因为中国有城乡二元结构，农村是劳动力蓄水池。城市产业资本一旦遭遇危机，大量的劳动力解雇就回流农村，这就是汪晖讲的“机会不公平”，不仅是二次分配不公平，能力建设不公平。因为二元结构体制条件下，80%的人属于非合同雇佣，处在“灰色地带”。城市还能够对乡村随意转嫁成本，《劳动法》为什么成了一纸空文，因为只有这种方式才能转化危机。

任何国家，大学生就业都希望去银行。金融资本集团为什么能够收益高，为什么能够转嫁代价，因为有“新三性”，这是金融资本的基本特质。“新三性”就是追求“流动性”获利所决定的“短期性”和“集中性”，它也决定着产业资本经济和其他资源性经济国家承接的“负外部性”。亦即，核心国家金融资本占有了收益，这个收益对应的成本则转嫁到外面的发展中国家。同理，国内金融资本的代价也转嫁到社会上，就变成社会必须承载的“负外部性”，被实体经济和资源经济——也就是被社会大多数人生活所依存的部分——承担。

今天我们所遭遇到的各种困境，就是现在的制度体系中鼓吹比较制度优势的那部分少数集团获利，这个所谓制度优势，在于能够甩掉巨大成本，如果只能对内转嫁成本就导致食品严重不安全，而上策当然得使金融资本回归到获取社会平均收益率的资金要素的属性上。但是，能做到吗？我看不论换谁都做不到，因为金融作为一种资本力量，已经异化了。

因此，今天这个世界，只要是被异化于实体经济的金融利益集团所主导着的，请问我们大多数人难道不就得长期承受转嫁过来的巨大代价吗？也因此，如果不把问题认识到这个层次上，在任何局部、个别领域中所做的工作，都恐怕是事倍功半。

为什么是这样？实际上从20世纪60年代开始，一直到当代，根据世界银行的数据，随着人口的过快增长，人均真实GDP每十年下一个台阶。那，什么经济在上涨呢？虚拟资本上涨快，以美国为首，从20世纪70年代开始转型，形成比较制度优势，带动全球化出现的是金融资本的过快增长。

金融虚拟化由此发生，从1990年到2010年二十年的变化，世界资本市场总值1990年是GDP的6倍，现在是15倍。

金融资本的新三性决定它一定是全球扩张的，客观来看，世界1944年放弃金本位制的时候保留了美元兑付黄金制度，1971年美元也放弃兑付黄金以来，货币信用的唯一来源就是政治军事强权。20世纪80年代随金融资本扩张的新自由主义经济问世以来，美国到现在为止仍然是世界最大的金融资本集团，接着是欧盟衍生出的欧元资本集团，然后是日元集团和英镑集团，这些是主宰着世界金融资本全球化的几个大的集团。

希望各位，特别是从事社会工作的朋友们，经常关注一下宏观形势，可能会了解世界为什么是这样。

现在比较新的全球挑战性的项目就是TPP，其最主要的本质是核心国家在新殖民主义时期构建的“治外法权”，要求跨国公司在国外投资，不能按接受国的法律处事，而是按照符合跨国公司掌握制度变迁内在利益要求的所谓国际裁判。发展中国家保护自己本土资源和经济主权的法律、政策都得放弃。当年通过民族革命建立的国家，一般都把跨国资本集团的财产收为国有，以此建立了支撑民族国家上层建筑的国有企业。但今天在TPP面前都要重新跪拜，据说为了公平竞争，必须取消任何政策优惠。货币权是一个国家的核心经济主权，但金融资本流动要求无国界限制，TPP要所有接受外资的国家放弃核心经济主权，那就得是“金融无边疆”。

总之，TPP内在体现了属于新殖民主义的三大“治外法权”：一是金融资本自由流动；二是跨国公司不受接受外资国家的法律约束，投资所在国法律对它没有用；三是发展中国家的国有企业不得优惠。这三个是今天TPP的要害。可见，TPP根本不是什么一般商品自由贸易，那是早期的二战之前老的帝国主义列强所争论的问题。

今天中国没有加入TPP，应该说是一个很有意思的现象。

据有关测算，中国不被纳入 TPP，美国得到的利益每年不过区区几百亿美元；而一旦中国按照 TPP 的条件被纳入之后，则美国的获益会陡然上升到几千亿美元……

下图说明，其实全球化危机最大的影响是社会危机爆发。

左图为 2014 年 11 月 5 日西方 40 个城市百万人面具游行中的伦敦冲突。

下图为美国盖洛普调查结果：没有足够的钱买食物的人的比例，美国从 2008 年占 9%，增为 2011 年的 19%（中国从 2008 年的占 16%，下降为 2011 年的 6%）。

经济危机期间无论何种体制，社会矛盾都会全面爆发

社会冲突在西方爆发，在美国也爆发，直接影响是美国现在不得温饱的人口从 9% 增加到 19% 了，因此既有《华尔街之狼》（电影）表现华尔街金融资本的贪婪，又有《侵袭华尔街》讲述被解雇的老实人最后杀了华尔街的老板。美国各种电影片子表达的是华尔街与大众的冲突。实际上，美国最主要的社会矛盾是占领华尔街的人们所提出的理由。尽管在发达国家社会矛盾同样在爆发，但是若是同样社会矛盾爆发在发展中国家，就被叫做“颜色革命”了。

对亚洲来说，这个世界上最稳定的地区就是完成了土地革命的地区。

整个东亚都属于平均分配土地的国家，不管叫什么主义，什么体制，谁当领袖，什么政府，都是一样的。平均分配土地之后就是一个稳态结构，不分配土地的就是菱形结构，菱形结构不稳定，容易在社会主义危机条件下转化为“颜色革命”。

印度土改是合法的，进展有限，于是有部分农民走向暴力革命，建立了革命武装，就是毛派游击队，农村地区白天是政府的，晚上是他们的。下图是我在印度游击区考察的照片，白天和平共处，晚上警察所长关门，游击队长管事。

印度国父甘地曾经提出和平土改，但响应者寥寥。土地私有化造成三分之一农民处于无地、无业、无社保的绝对贫困之中，三分之二的邦有农民参加游击队活动，种姓制度下的贱民加入其中。

印度的城市化与贫民窟化同步，灰色就业占90%以上，阻碍着外资进入和政府推进本国工业化的努力。

印度合法土改转化为农民武装斗争

大量无地农民流入印度贫民窟，当官方要在印度推行工业化的时候，大量的平民起来反抗，因为城市化和贫民窟导致了灰色就业占比90%以上。只是因为没有推进土地革命，所以印度的困难比我们大的多。

再看巴西，现在我们要实现70%的城市化率，巴西已经是82%，但是巴西的城市化率是一半以上人口在贫民窟。现在我们想做的巴西已经做到了。我过去一直说中国最大的制度优势就是没有贫民窟，现在不敢说了，因为我们现在大量的城中村人群就相当于贫民窟，他们提供了大量的服务性劳动，但是对不起，这些人却是属于“被侮辱与被损害的”。[①]

巴西的无地农民运动，其实是城市贫民参与的归农运动，参加的人大部分不是农民，而是城市贫民。

巴西民众抗议公共福利政策

① 俄国19世纪作家陀思妥耶夫斯基的作品。

如果我们加快城市化过于激进，就相当于“空间平移集中贫困”——世界上发展中国家的城市化大部分是靠贫民窟实现的。中国人需要理解发展主义到底意味着什么？其结果可能比它们还差！因为巴西才1亿多人口，但是国土面积跟中国差不多。据此看，我们应该对城市化教训加以注意。

据联合国2006年农业统计，巴西土地的基尼系数高达0.57，集中度最高的1%人口控制46%的国土面积，跨国公司控制1.7亿万公顷、约占一半的土地。

从卢拉第二任期(2007—2010年)开始，政府将农村闲置的大庄园充公的数目下降，以致土地分配的受惠农户随之减少。从2010年开始，贫民为主的无地农民抗争、占领土地、示威的数目开始上升。

去城市化：城市贫民为主体的无地农民运动

因为拉丁美洲曾被彻底殖民化，失去民族国家的话语自主能力，知识分子大部分是西方化的，所以委内瑞拉的媒体、高校和知识界是反查韦斯运动的主力。下图中，左上是查韦斯与世界社会论坛的代表对话；左下是我们在委内瑞拉农村调查研究；右上的两个柱图分别是查韦斯时代的政策有利于社会公正：委内瑞拉的贫困人口减少48%，分配不平等减少67%；右下图则是学生为主的街头政治与警察对抗。

发展中国家知识界基本上是西方软实力控制。拉美国家的高校也难以发挥本国经济振兴的作用。于是，查韦斯就与古巴建立合同，古巴得到廉价石油，把过剩的知识分子廉价输送给委内瑞拉。因为古巴是全民免费教育，年轻人都可以上大学，但因美国封锁而没有经济增长和就业机会，所以古巴知识分子过剩。查韦斯请他们到委内瑞拉，工资大幅度高于古巴，让这些仍然有革命思想的古巴知识分子加入两万个玻利瓦尔小组，下乡或者去帮助贫民窟的老百姓搞本地化的中小企业。于是，拥护查韦斯的主要是底层社会的贫民和农民。

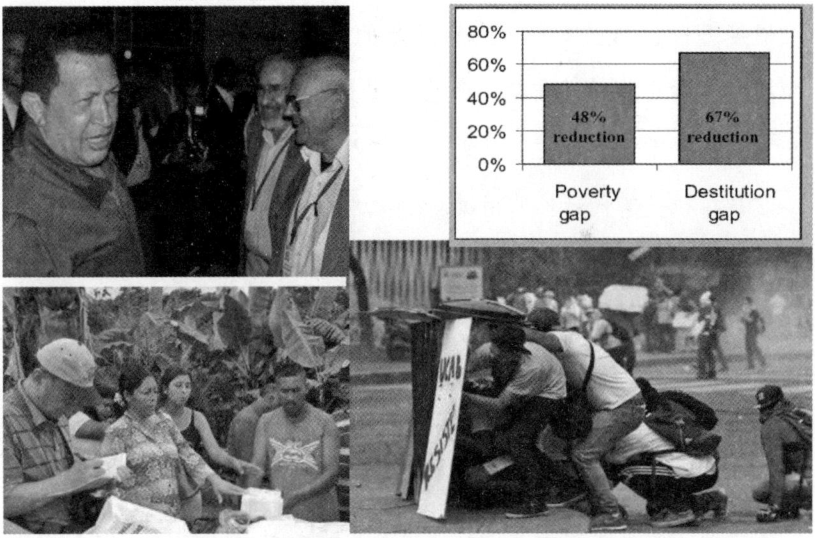

委内瑞拉查韦斯时代的反贫困政绩与学生反政府示威

过去的拉丁美洲殖民化的后果之一是农业领域的单一经济，外国资本控制大农场的产出，主要用于国际市场获利，却不为本国民众的需求服务。这就像我们现在放开农产品市场、让跨国企业进入农业占有农地，势必恶化本国食物安全的情况是一样的，只不过拉美被西方占领了很多年，是最早的殖民化大陆，现在想收回经济主权确实很难，只好组织过去在殖民地单一作物农场打工的小农们恢复多样化的农村经济。

拉丁美洲要学中国复兴乡村才能缓解贫民窟的大面积贫困问题。而拉丁美洲想达到的恰是我们现有的优势。相反，我们现在有些人想做的，就是再走他们殖民化的老路。双方都看着对方好，我们现在的麻烦是主流的学者们跟委内瑞拉的知识分子其实差不多，主流的观点跟他们原来的观点也差不多。

现在全球石油价格断崖式下滑，委内瑞拉财政收入随之大幅度下降，难以支付查韦斯发起的玻利瓦尔运动的扶贫开支，所发生的街头动乱恶化，过去主要是西方软实力掌控高校教师发动青年学生参加的，最近也有收入下降的城市贫民参加进来。这是在拉美有代表性的情况。

全球危机导致石油和原材料需求下降作为大背景，使非洲与拉美的遭遇类似。南非是矿产品积压、关闭矿场引发的大规模工人运动。二者只是参与主体不同。

如果我们中国没有现在这样多样化的乡土社会的支撑，现在很多资源枯竭型矿区——比如像山西、内蒙古自治区等——大量裁人，没出现南非这种情况就烧高香吧。

只要经济下行，就会有大规模失业，就会转化成社会运动，在发展中国家被叫做“颜色革命”，在发达国家被叫做“街头政治”，叫法不一样，现象是一样的。

全球化代价转移的具体过程不多说了。

下面这个图，是金融资本核心国家怎样向发展中国家做代价转移的：左下是美国的开支扩张与税收能力之间的差距显著拉大，势必靠信用扩张应对财政赤字；右上是埃及解放广场运动中与警察对峙的示威群众。

20世纪50—80年代双寡头延续冷战期间，发生朝鲜战争、亚非拉解放斗争。西方产业资本经历了复苏、过剩、退出，导致阶级斗争向外转移。

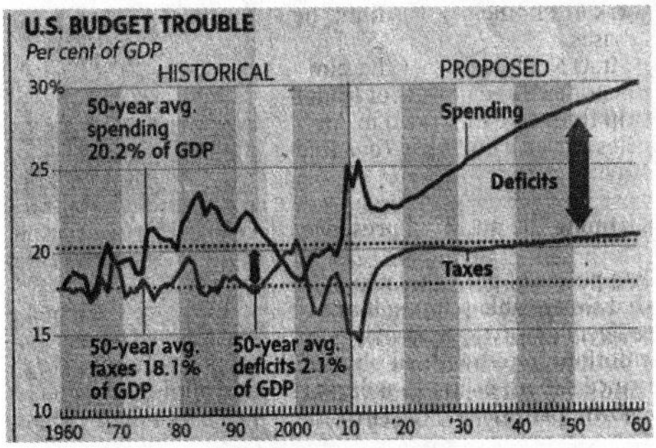

20世纪90年代以来西方主流进入金融时代，从生产过剩改为生产短缺和金融过剩，发生巴尔干冲突，“颜色革命”，阿富汗、伊拉克、利比亚战争，唯以“强权＋意识形态”维持旧秩序。

上图是2008年危机发生后因接受金融资本代价转嫁而于2011年年初爆发的北非街头政治。左图是美国当前与未来预期的预算缺口。

西方核心国家向外转嫁制度成本造成发展中国家社会动乱

看我们自己遭遇危机之后的发展经验，很大程度上是国家大规模投资，结果是用长期过剩掩盖了短期过剩。

当然这个话说的不全对，我们还是有很大成绩的。

主要看中国应对全球化挑战的过程。此前，1997年遭遇到了第一次打击，就是东亚金融风暴。前不久我跟韩国朋友在一起交流谈到，他们是单一民族国家，国家就是民族，民族复兴就是国家崛起。所以国家领导人能够动员老百姓把自己的金银首饰、珠宝捐出来重建国家储备。同理，东亚社会的另一个单一民族国家就是日本，单一大和民族，也能对抗危机。所以日本1990年陷入泡沫经济崩溃之后的长期衰退，但社会稳定，至少不出大事。

我们这种多民族国家如何缓解现代化巨大代价造成的这些社会矛盾？虽经百年探索，仍然悬而未决。近代以来不论清末还是民末，每次大规模发生革命，都有几乎被列强操纵民族分裂、国家解体的风险。很多笃信西方列强制造的冷战意识形态的所谓学者专家，绝对不会讨论那两次代价！

新世纪以来，承载并且化解输入型的全球风险很大程度上要靠中央政府勉力“做多”——大规模增加固定资产投资，因为我们是超大型大陆国家。这一点，北京大学的林毅夫20世纪90年代末期到现在，一直比较客观地作出过分析。

每次参与我们这个大国的宏观问题讨论时的这个感觉，都有点像穿越，2500—3000年前气候变冷的时候六国都得修长城，无论怎样努力最后还是秦实现了统一，这就建立了一个庞大国家的战略纵深，同时，秦还统一了北方各国长城，那才能挡得住游牧民族在气候变冷生存危机压力下的全面南下掠食。

这与罗马这个环地中海大国灭亡之后，欧洲三次遭遇维京人因气候变冷而全体南下掠食的情况类似，那是千年黑暗的欧洲封建制的外因。但，欧亚不同的历史变迁内在的道理，几乎是一样的。自秦以来“去封建化”，老祖宗给中国留下的是能够有地理纵深而抗御北方民族南下掠食的大一统国家，不是欧洲社会那种数千小国林立的漫长封建历史，那才是千年的封建主义黑暗时期，而我们从2500年前秦变法求统一，就开始“告别封建”了！

据此，千万别随便就说中国至今都是由于几千年封建历史遗留的问题。

秦统一形成的就是大一统体制，是集中制而非封建制国家。当气候变冷的时候，北方游牧群体全线南下，农业国家遭到北方游牧部落全部南下掠食怎么办？长城是挡不住的，长城是当年的信息系统，得有战略纵深才能准备力量御敌。所以中国这个超大型大陆国家的国家形态变化，主要是气候冷暖沿着400毫米等降水线来回变化的客观结果。别再跟着外国人的西方中心主义话语体系说中国是两千年封建制，那是无知。

以上故事，是要重新认识我们这个国家应对危机的道理。

今天我们能够抗御全球危机，是因为有一个庞大的、有战略纵深的大陆。也因此在列强瓜分世界的时候才有人说中国太大，得分割成七块，目的就是要打掉中国的战略纵深！这个企图至今仍然以多种软实力表达，绝对不会是好意。为什么现在韩国急于跟中国整合，因为半岛离不开大陆，日本为什么急于修复关系？那只是一个岛，没有办法形成战略纵深，没有办法解决生产过剩，只有到大陆这里来，才能活下去。

道理就是这样，现在我们还能维持增长，主要原因是1998年以来连续的大规模投资。下图是中国应对全球化挑战的投资拉动增长。

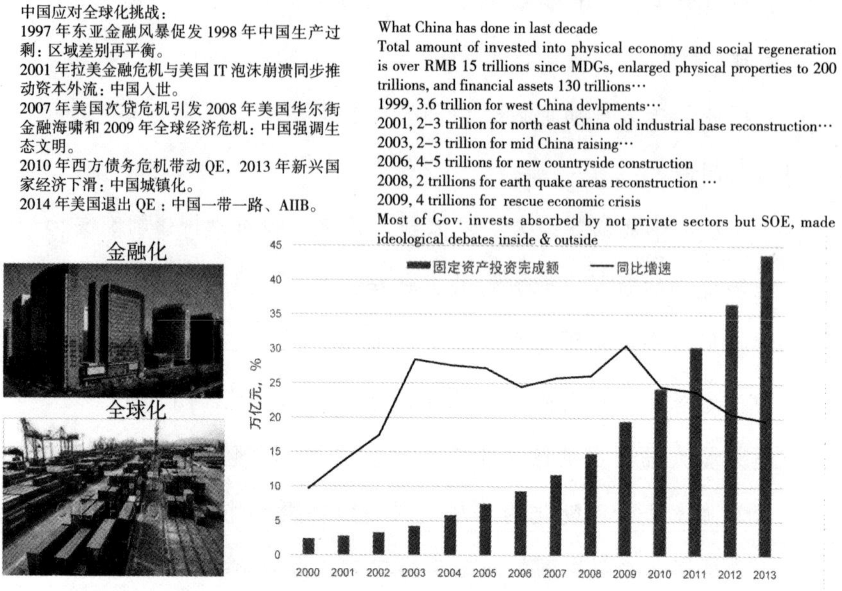

中国新世纪发展经验

从 1998 年遭遇生产过剩危机以来，我们一直是靠投资拉动的，已经十七年了，当然也造成了严重的环境破坏，大量的土地被征占，农民都想留住自己那小块地。在座如果有谁家还是农村的，请千万告诉家乡父老，无论谁来要你家那块地，别给！拥有土地产权的农民，原则是“许租不许卖”。中国一定是资源短缺的，只要家是农村的，自己的房子，自己的地，HOLD 住，别卖，无论谁来要，只租给他们，不能卖给他们。

当中国不断地向内陆纵深做大规模投资的时候，产生的客观结果是弱化改革 30 年来拉大的三大差别。

一是区域差别再平衡。注意，世界上谁能这么干？唯中国能干。二是城乡差别再平衡，也是中国人才能干出来的。为什么？因为保住了国家的货币主权，没有像我们那些激进朋友们所说的，中国的问题只是放开不够，必须全放开才行。而我们说，幸亏把握住了，当年WTO谈判的时候因为朱总理是中国人民银行行长出身，把其他的产业保护全放开了，唯有金融三大领域不放，亦即银行、股市、保险不放。等到与美国签WTO的时候又被压得放了保险，最后坚持住没让的，就是金融的银行和股市不放，股市只放开一小点叫QFII，表现好就给一点，只有几百亿美元额度的外资可以进入中国股市。

现在，需要新一代领导人采取措施加以缓解的，主要是愈益拉大的贫富差别。

但是，现在金融也接近要全面放开了。

前些年没有放，中国才能凭着自己增发货币，增发国债，投入基本建设缓解生产过剩，带动劳动力就业，度过了全球危机，这是典型的输入型危机条件下国内的逆周期调节，就是政府直接“做多”；投机资本操控的“多空大战”无论多么眼花缭乱，最后都是要“做空”的。

只有“做空”，金融大鳄才能抄底、洗劫……

今天有些激进的朋友，归纳中国的一切问题都只是因为深化金融改革不够，市场自由度不够，资本全球化不够……这一票人马客观上是利于投机资本“做空”中国的。另外一批人马无论如何还是“做多”的。诚然，最可怕的就是在危机条件下跟着投机资本“做空”中国，不论这个主张多么美好，都是顺周期的。

何况，大多数发展中国家没有把握住经济主权，大都进入

“颜色革命”了，中国现在不发生，不是维稳投入多高，而是因为中央政府现在还有在国内继续“做多”的条件。因此，我们说中国的可持续，最核心的是经济主权如何把握，切忌激进的毛病。

问题是：中国人百年认同的激进现代化可以质疑吗？

当经历了这些全球化的经验教训之后，再来看一些我们自主创新的概念。

1. 现代化（不论是否工业化）= 人类近代历史中的一个资本和风险同步向城市集中并周期性爆发危机的阶段性过程。

2. 资本（不论国有私有）= 人类在资本主义历史阶段制造的、反过来控制住极少数人群使其反自然的一种异化物，主要作用在于促使多数人及他们生存依赖的资源等客体化成为“被资本化”产生利润的要素。

3. 政府（不论何种制度）= 人类制造的由极少数人控制的异化物，因其反过来强制性统治多数人而无论如何改造也难以达到其应该达到的公平公正。

4. 制度变迁（不论何种主义）= 原来占有收益的集团为了占有更多，并把形成的风险及其代价向外部转嫁的一种文化现象；不能顺畅转嫁代价则变成强制性变迁。

5. 法律（不论何种意识形态）= 政府执行统治的一种规范工具，是主要用于保护和规范收益及分配等相关社会经济活动、体现最低道德约束的一种制度文化。

现在我们的理论研究应该跟西方中心主义的话语的解构有关。前辈学者中，萨米尔·阿明是非常著名的第三世界的理论家，另一位是美国比较早提出生态文明理论的约翰·柯布先生。跟他们的交流，使我们形成很多历史唯物主义思想的辩证应用。

我为什么在研究上要强调“去西方中心主义”？

当我们看到万年气候变化周期图的时候，正好跟人类的社会变迁紧密结合。由此可以参考下面这张图。

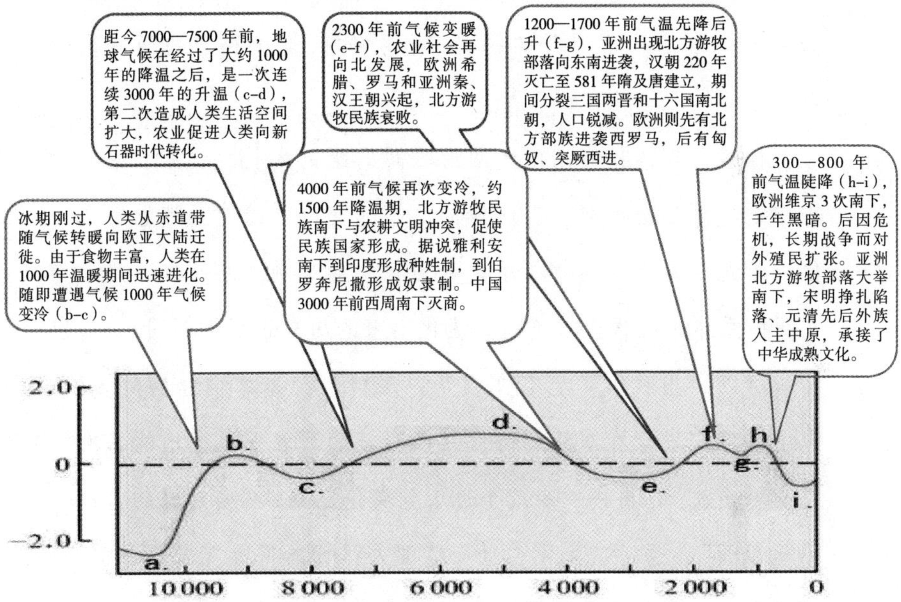

地球气候万年变化图及其对人类社会变迁可能的影响

注：图中横轴是年数，竖轴是温度，虚线是20世纪初温度。IPCC报告中原文：“The dotted line nominally represents conditions near the beginning of the twentieth century.”

资料来源：WRO, UNEP, IPCC：*Climate Change: The IPCC Scientific Assessment (1990)*, Cambridge University Press. 文字为作者在广泛交流和考察各国、各地博物馆后归纳整理而成。

在欧亚大陆上所形成的人类社会变迁和早期的农业模式有关。

我们东亚这里长江黄河的“两河流域”原生农业叫一次农业，北方是狩猎畜牧为主，东北亚和东南亚这边都叫做二次农业。

同期，欧亚大陆西亚那段的两河流域也是原生农业，两条河在那里间距比较窄，因此是单一作物小麦，派生出的思想、文化、哲学等体系有一元论的特点，因此刚才有人批判西方中心主义，这是从西亚开始的单一作物的人类生存方式演变出来的。

相对而言，我们则由于两河之间的距离太长，北方和南方的作物类型完全不同，因此他们之间的交流碰撞使亚洲思想文化一开始就是多元作物所派生的多元农业文明。东西方这两大文明体系本来在根上就不同，演化出来的历史过程也不同。

所以，当我们讲生态文明是以多样性为基本内涵的时候，它主要应该发生在东亚。而西亚以西是两河农业派生出的二次农业覆盖欧洲，再进一步派生过去到英伦三岛，那是后来的“日不落帝国”，通过殖民化在世界范围内推行所谓大规模单一化、集约化等。这些都是西亚狭窄两河的单一作物所派生出来的后续演化方式。

既然东亚多样化为内涵的生态文明也延续至今，那只要我们不那么激进，就还能转向生态文明，实现可持续发展。我们把刚才的气候变化周期和在东亚地区所形成的多样化生态文明做一个结合，就应该明白万年乡土的中国其实本来就是可持续的。

11 月 19 日我们要开一个世界有机农业大会，海内外有机农业的代表都会来参加，这似乎巧合地呼应了百年前的故事。清末，有一个美国土壤局的局长富兰克林·金博士来东亚考察，认为现在东亚社会的小农经济比美国的单一作物大规模集约农业更具有可持续性，写下了《四千年农夫》一书。百年之后我的博士生不仅翻译成中文发表，而且译者就是这次世界有机农业大会的主要发起者。我们今天应该借此告诉大家这个一百年的回归。

为什么六国长城当年都是沿着400毫米等降水线修的？如果我们重新用万年气候变化图，来解读那时的中国历史，会给出一个不同于以往的那套主观唯心主义的历史解读，希望大家愿意把这些作为人文社会科学研究中的重要内容。

我们来看最后的摘要，根据发展中国家比较研究提出的主要观点如下：

1. 危机论——引发世界大战的西方产业资本过剩（生产过剩）导致战后产业对外转移，发展中国家工业化进程与超级大国冷战下的产业资本阶段性对外转移直接相关。随之：

一方面是主权外部性风险——接受产业转移的同时也接受了内生的资本与劳动之间的对抗性矛盾导致的社会冲突增加。执政者无论主观认可的意识形态如何不同，在承接外部产业资本的同时，都会因其自身客观上处在资本极度稀缺压力下而普遍采取“亲外资”的政策，而一般性地顺应投资国涉及主权的制度变迁的要求。凡属坚持维护国家主权独立的国家，就会由于对已经进入的外资发生艰难“去依附”，而导致国内的复杂剧烈矛盾爆发……

另一方面是周期性经济危机和环境危机——进入工业化就都会随承接外资增加内生性的“资本增密机制”和本国民族资本原始积累而导致资本风险不断积聚。值得比较的真实经验，应该是不同执政者应对危机的不同宏观政策调整，成为其制度变迁或体制改革的内因，以及产业资本对资源的过度开发和对环境的严重破坏导致资源环境危机。

2. 成本转嫁论——当代全球化的实质是经济结构高度化国家的巨额制度成本向外转嫁。

发展中国家的经济结构和体制不同，面对全球化挑战的差别显著。

经济主权残缺国家一般会被迫趋向于再次“被殖民化”；而主权相对完整的国家虽然应对巨额成本转嫁的方式有所不同，但大都趋向于加强本国政府对国内核心经济主权的国家控制。

凡属能够把握资源主权的国家，就能够有客观条件通过自主货币化占有部分资源资本化收益，也就可能实现国家竞争的微笑曲线理论模型提出的倒U曲线上推，应对单极世界币缘战略所内涵的正U曲线向下转嫁成本的压力。

全球化内涵的制度成本层级向下转嫁的趋势，最终会使承载成本过多的弱势群体向不能发声的资源环境转嫁1%的少数人过分贪婪和无耻的代价，反过来造成毁灭99%人类社会可持续的环境灾难……

其实现在我们面临的主要是周期性危机及其成本问题，危机爆发之后一定是有成本转嫁的。

我们的研究表明，改革之前就有三次周期性危机。只不过每次危机爆发都搞上山下乡，也就是把城市过剩劳动力转移到农村，由社队集体化承载了危机代价。所以计划经济时代的各种现象，并不是我们想象的那样主要归罪于所谓人治。

何况，改革之后也是有周期性危机的，并且也和领导班子换届的政治周期高度吻合。

虽然，根据这些周期性波动形成的理论分析，到目前为止恐怕还不能被主流所接受。但据此，我们也进一步认为生态文明的提出，是在三大资本全面过剩的危机条件下，国家做出的战略调整。

最后，这个图片表明，中国仍然是稳态金字塔结构。

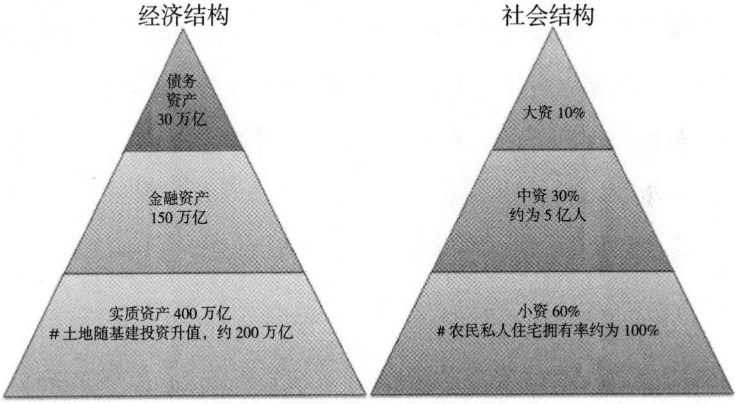

中国的金字塔形双稳态经济 / 社会结构

经济稳态的原因是，十七年来大规模基础建设投资使得实质性资产的价值总量大幅度增加，因此我们的基座是稳增的实体资产，中部是对应实体经济投资而大幅度增加的金融资产，最上部是政府逆周期调节形成的债务资产，两部分加总的总量仍然小于实体资产。这个把实体资产作为分母来对应金融和债务资产的客观比重，国家可以通过对实体资产的持续投入来相对减少，这就是中国特色的经济稳态金字塔结构的成因。

中国特色的社会稳态金字塔结构，主要是农民两次平均分了地以后，客观上都变成小有产者或称“小资”，中国之所以不爆发“颜色革命”的主要原因，就是“小资”这个汪洋大海不属于走向革命的自觉阶级。中国社会的底座是小农经济，虽然现金收入能力低，但不属于赤贫，所以底座稳。现在社会上的毛病出在“中资”，作为新生资产阶级，容易受西方影响，声音比较杂乱。但中国真正的大麻烦却在于政治化的“大资”，因为国家发展方向很大程度上把握在“大资”那里。如果“大资”懂得只有乡土社会稳定他才稳定，那么，“大资”掌控的国家政治化只要方向转过来，就能够有效推动中国转向生态文明。

但愿，我们的未来不是“梦工厂”制造出来的。

第一部分　资本全球化的宏大叙事

第一节　人类创造的两个异化物[①]

既往的发展经验不外乎证明了一个古典的政治经济学道理，马克思主义早就告诉我们：经济基础决定上层建筑。当然，某种条件下，上层建筑可以反作用于经济基础，但这种反作用往往意味着巨大的代价。

大多数发展中国家的上层建筑都超前于本国的经济基础，因为那是宗主国留下的。

很多国家形成的政治主权，是通过交易方式获得的，因此，他们在经济上就根本不可能建设发达国家的经济基础，因为国家经济资源已经被交易掉了。这些经济资源被谁资本化、货币

① 本篇文字根据温铁军2010—2011年在香港岭南大学、中国人民大学和中华能源基金委员会等单位的几次演讲记录整理而成。

化了呢？被原来宗主国拥有的跨国公司。因此，这些国家就只有在宗主国恩赐、资助的时候，才能维持这种西化上层建筑，如果宗主国不给钱，西化上层建筑就会立刻垮掉，国家随即陷入动乱。

这就叫上层建筑根本不适应经济基础，并且由于成本过高而反作用于经济基础。

所以，发展中国家到目前为止的发展困境，我们称之为“南方陷阱”，究其原因其实很简单：越维持西化上层建筑，就越无法发展本国经济基础。

只有个别的案例算是例外。比如委内瑞拉，是通过查韦斯革命才把经济资源主权收归了国有，由此就成为了一个特例，但也因此，它成了西方的主要敌人。

中国为什么老挨骂？因为中国也是特例，不仅是通过土地革命战争的暴力革命建立政权，没收全部外国公司在华财产权益和前政府的官僚资本权益，一开始就没有与宗主国交易所造成的主权负外部性，而且还是一个因“去依附”而终于进入工业化的主权国家。这一点，在萨米尔·阿明的理论中已经讲得很清楚。[①]

马克思和韦伯分别指出，人类在资本主义文明这个历史阶段创造了两个异化物，一个异化物就是资本——马克思讲得很清楚，资本是被人类创造的。人类创造资本，这个异化物反过来把人类异化为可供资本占有剩余价值的劳动力要素，这就是马克思关于资本问世的基本判断。马克思没说而韦伯意识到的

---

① 萨米尔·阿明认为，只有20世纪60年代的中国才是彻底“去依附”的典型。

是什么？政府也是人类创造的异化物。我们把这两个理论结合之后接着指出，政府这个异化物被人类创造出来，反过来把人异化为什么呢？异化为政府治理之下的“公民”，当然配套的还有一系列的法制体系和公民社会等。

在我的理论框架中：政府和资本之间一般是内在结合的。

不论何种意识形态、何种主义、何种制度，政府都会服务于资本，这是政府的正常职能。为什么呢？因为要现代化。而现代化意味着资本的不断集中，资本在哪集中呢？在政府所在的城市集中。这道理越讲就越清楚了。

因政府的主导而使资本集中，而资本集中必然会同步发生等量的风险集中，同步等量的风险集中一定会导致危机爆发。于是乎，政府一定会帮助资本把危机代价转嫁出去，这也是政府的主要职能。当然也不那么绝对地一面倒，比如，最近十年来中国政府是讲究民生、追求科学发展、致力于构建和谐社会的。

把经验形态的东西上升到一般规律是做理论研究的一个责任。我们只是客观地说，人类在资本主义文明这个历史阶段创造了两个异化物——马克思和韦伯各说了一个，我再加上对二者相结合的认识：麻烦在于这两者是内在结合的。于是，今天的各种各样的现象就都得到了解释。

经济学先后提出了市场失灵和政府失灵。关于市场失灵，其实就是资本失灵；所谓政府失灵，也就是政府异化为资本的同类。总之，道理是一样的。

只要把这些理论稍微结合，就是理论创新！

当资本和政府这两个人类异化的东西结合起来的时候，资本主义就会把全球国家分类，穷的都是农业国家；富的都是城市化国家；不穷不富的，是正在过渡时期的叫作新兴国家（emerging country），这类国家正在搞工业化、城市化。

这样，就为发展主义理论的庸俗化传播打下了知识基础。

但是，真实情况是这样吗？不是。

人类历史上至少有五千年农业文明史，而资本主义文明，连同血腥地反人类犯罪的殖民化时期都算上，也只不过五百年，进入产业资本以来不足二百年，是前者的1/10或者1/20。人类五千年历史上，农业都是养人的，人类发展的最主要部分应该说都是农业贡献的。

我们看农业社会，其实村落制和部落制本身并不一定是落后或者进步，因为村落制是符合农业要求的——农业内生性地需要人们群体化地聚落而居。因为，农业很难让个体来操作，动物和植物的自然生长过程太复杂了。村落也好，部落也好，都是群体化的农业社会。在农业社会中，由于人们以群落聚居方式存在，因此，在农业社会时期，群体文化居于主要地位，而不是个体文化。

而这种群体文化，已经在人类社会中传承了几千年，切不可因为五百年资本主义文明史，就用个体文化去取代群体文化。

个体在某些领域中确实有构建理性逻辑的条件，但并不意味着在所有领域中都可以。

因此，在现代人文社会科学研究中，我们比较强调“东方理性”，其中最主要强调的是村社理性，这是一种群体理性。村社理性的基础，则是农户理性。应该重点研究中国特色的农户理性和村社理性，要把农户和村社共同作为农村的行为主体。有主体，才有机制。

这个世界所遭遇到的所谓常态危机，无外乎是随人口的增长引发的产业资本的对外转移，这并不意味着世界的真实 GDP 有所增长，它是随着人口增长而下降的。根据世界银行的数据体系，把经济中的泡沫过滤掉，结果是：从 20 世纪 60 年代西方完成战后的二次工业化恢复、开始产业转移以来，世界的人均真实 GDP 随人口每隔十年增长一个台阶而下降。因此，这是常态化的危机。

对于产业资本时代，这本身应该是正常的现象，人们看到有收益，无非是成本转嫁出去了；成本转嫁到一定程度，表现为代价爆发，演变成一般的危机。

那么非常态的危机，就是某些具有主导地位的国家可以超强地转嫁其制度成本。

也就是说，现代化政治其实意味着政府债务的增加。只有在拥有世界最大的军事政治强权的时候，才能够创造世界最大规模的货币信用。战后，货币信用不再产生于黄金储备——1944 年西方世界就放弃金本位制了；1971 年布雷顿森林体系就解体了；此后的货币信用既不产生于商品交换，也不产生于拥有多大的实体资产。那货币信用本源于什么？本源于国家强权。

现在，世界上仍然以美元货币为主，美元货币占世界货币总量的接近70%，美元储备占世界各国政府货币储备的60%以上。为什么？当然，一般的政治家、经济家都会告诉你，因为大家对美元有信心。是吗？如果是，为什么？因为世界上所有的政治家都相信美国拥有强大的军事实力，所以不能垮。由此，美国的货币无论怎么滥发到泡沫化的地步，也能维持。

不妨拿欧美做个对比。

现在很多人说欧元要解体，为什么？是因为欧元区没有强大的军事实力。众所周知，北约（NATO）是美国控制的。欧洲人曾经想搞欧洲军团，遭到美国人反对，就没搞起来。所以这个世界真要出问题，得看那个拥有最庞大的军事力量的国家在做什么——他们在过量制造货币、过量增加债务信用，这就意味着他们当然有能力向全球转嫁危机！

——美国人赢了，全球都输惨了。

说到这里，我们可以很清楚地知道全球危机和贫富两极分化的关系，无外乎就是：起着主导地位的金融资本利益集团因可以凭借庞大的军事实力而造成发展中国家、弱势国家承担过多的代价，最后使这些地方危机爆发、日益贫乏。

当然，再这样下去，这个世界持续不了多久。当我们把全球危机的本源追溯为现在的制度的时候，可以参阅我在2001年的一篇对话体文章《全球化与世界法西斯》。

今天的全球币缘战略和军事霸权支撑的金融资本的全球扩张，客观地看，就是金融资本的法西斯化淫威滥施于世界！因为金融资本同时具有寄生性和排斥性这种内在矛盾，由此不仅与产业资本一样具有排斥劳动和社会、排斥环境和自然的特性，而且还因其异化于实体经济而排斥产业资本！同理，这也是当代金融资本不断走向自身反面——金融危机与战争动乱频发的根本原因。[①]

第二节　全球资本化与制度性致贫

世纪之交已过10年，除了中国之外的世界各国都没有如期完成联合国制定的、各国领导人郑重签署的“新千年计划”。更吊诡的是：完成了新千年计划的中国却越来越成为西方带领的、包括发展中国家在内的主流话语批评的“靶子”！甚至国内外谁都可以凭借西方主流意识形态内含的“政治正确”随意敲打中国，而邯郸学步般地跟从西方话语的主流中国人也恨不得自断股肱……

由此，怎么看待全球二八开——富者愈富贫者愈贫的规律，就成了中国人能否有效地把中国经验从特殊论提升到“一般论”的理性高度的重大话语权问题。

于是，今天的题目是全球资本化与制度性致贫。

① 敢于拒绝使用美元的伊拉克、利比亚、伊朗和朝鲜都被美国为首的金融资本帝国主义作为死敌和“恶棍国家”就是例证。发展中国家思想界都知道：伊拉克被美国侵略导致政权颠覆和成千上万无辜平民伤亡，乃至全球媒体转播以极刑处死萨达姆，当然不是因为所谓“大规模杀伤性武器”——这个编造的战争借口被戳破之后没有任何发动战争的罪犯被送上西方主导的国际法庭——而主要是因为这个世界第四大石油出口国公开宣布拒绝使用美元作为其石油出口的结算货币。

（一）理论创新：成本转嫁论——全球金融化是如何加剧制度性贫困的

首先，我们提出了不同于主流的问题意识：随着战后西方产业资本大规模向发展中国家转移而发生的全球化及其派生的制度性贫困问题，已经在世纪之交出现了重要的、但却被学术界视而不见的结构变化。

一是从政治上看，越是政治现代化国家其制度成本越高，越难以化解债务危机。因为，虽然世界上的政府负债已经从发展中国家负债为主，转变为发达国家政府负债占比高达 70% 以上，但那些因长期忝踞发达国家地位而构建了制度权和话语权的“新债务国”们，却根本就不会认同他们自己确立的债务国必须接受债权国制度要求的原则。结果是：新债务国显然都趾高气扬地赖账，理直气壮地索要债权国“救助”，一度最亮丽的世界主流秩序势必被其构建者“始乱终弃”……

二是从经济上看，越是结构高度化的超现代经济体，基尼系数越高。其中，最发达的现代化美国 GDP 的 85% 以上来源于金融为中心的服务业，其贫富差别的基尼系数超过 0.5，大约 1/5 的人口不得温饱，属于高度现代化条件下拉大贫富差别的典型。在中国最现代化的香港特别行政区 GDP 的 80% 以上来源于金融为中心的服务业，并且也是基尼系数高于内地大部分省市的地区。在发展中国家服务业占比最高的是印度，其贫困率也高达 1/3 以上（民间组织认为 1/2），属于贫富差别拉大、贫困问题严重难以缓解的典型国家。同理，如果中国的沿海发达地区或现代化大城市愿意把外来打工者纳入本地贫富差别统计，也会出现基尼系数显著提高的现象。

归纳已发生的经验过程可知，体现“西方特色”的政治和经济越是高度现代化，反而产生的贫富差距更大。高度现代化与贫富差别拉大这二者之间，客观上存在因果关系，只不过构成这种因果逻辑的变量及其结构尚待验证。

其次，自从华盛顿共识问世，人们就自觉不自觉的接受其规定的国际经济秩序的内涵：世界只有 20% 的国家和地区的人口（白人及其后裔为主），已经进入现代化，另 80% 的人口（有色人种为主），很难再进入现代化。另外的派生内涵是，因为 20% 的人口享受现代化就已经造成了环境的不可持续，再让另 80% 的人进入现代化，地球环境就无法承载了。基于这种占据主流地位的共识，无论中国怎么说和平发展，人们都不信。因为如果占世界人口 20% 的中国人进入现代化，就改变了华盛顿共识，世界就不再是二八开这个被称为自然界“黄金分割定律”在人类社会的约束，就被中国人突破变成了四六开。由此可见，无论中国人是“乖”还是“张”，西方主流的制度文化都会自发抗拒中国进入现代化。

再次，当人们讨论全球化的时候，需知占据主流地位的是全球金融化。金融化进程中，人们都看到的资本化是一个方面，但资本化的前一个方面是货币化，没有相当强势的政府印刷出纸币并“赋权”于货币信用的货币化加速度过程创造大规模货币增量，金融资产总量不会如此短期就大规模提升，这种依托政治强权的金融资本所主导全球的资源资本化，也就不会有强势地占有资源转化收益的工具。

因此，人们需要分析，当代全球化的实质内容不是教科书上讨论的商品生产和自由贸易。今天占据主流的西方世界更主要依靠的是两个增长：政治强权的增强及其派生的货币化增长和货币大规模增发派生的作为资本化主力的衍生品交易量的增长。

而制度性贫困，则是与这种全球化伴生的成本转嫁与生俱来的。

总结我在最近十几年开展国际比较研究得出的基本结论，只有五个字：成本转嫁论。亦即，制度性贫困是承载了不断累积的全球化代价的客观结果。

这是个以政治经济学为框架、以制度经济学为方法的理论创新。

从这个客观研究反过去找理论资料的时候，就找到了美国学者沃勒斯坦的“世界系统论”，这属于一个讨论资本主义体系的政治经济学理论，他提出了“核心—半边缘—边缘”的世界体系，这个基本框架可以做我们分析全球化的一个理论工具。此外，则也承袭了萨米尔·阿明的第三世界“依附理论”。与相对于西方经济学而言已经属于最具革命性的新制度经济学相比，这些理论更具批判性和现实性。

制度经济学之于新古典经济学而具有革命性的原因，是将微观分析为主的西方经济学过去不纳入的制度甚至文化等基础性因素吸收到经济学框架中了，虽然其目的是据以强调发展中国家的经济转轨，但毕竟有从“经济脱嵌于社会”内生的幼稚向“经济回嵌社会”的成熟有所回归。

诚然，制度经济学研究中，被认为比较具有积极意义的、并且易于被新古典理论体系接受的，是认为制度变迁产生增量收益。在中国较早用制度学派理论研究改革、并为西方人提出“北京共识”奠定理论基础的，是林毅夫教授。20世纪80年代，林毅夫从海外归来与国内学者合作主持研究项目，证明了因农村制度变迁创造的农业增产占的比重约为46%，此后，这种“制度收益论”成为中国政治家及经济学家都乐于接受的主流观点。

但，虽然“有多少收益就必有相对应的成本”只是个基本常识，却很少有政治家和经济家愿意讨论制度成本。

由于，我的实证研究起步于20世纪80—90年代的农村试验区，按照试验法的原则只能“不断证伪才能接近客观真理”，在这种不断证伪的试验过程最初我只归纳为“制度成本论”。后来更多做国际比较研究时才进一步意识到，发现制度成本并不应该算是我的理论创新；而发现占有制度变迁收益的利益群体把制度成本不断对下做层级转嫁，而且由于村社理性具有内部化机制遂使其承载的成本也不是不变的，这才应该是我的理论创新。因此修改为“成本转嫁论”。

理论家大都认同贫困是有制度性原因的，这个所谓制度性贫困，其实就是成本不断对弱势群体的转嫁造成的——任何制度变迁都是原有框架内占有收益的利益集团进一步获取增量收益并向弱势群体层级转嫁制度成本的过程。

这也解释了为什么现在资源环境破坏愈演愈烈。那是因为：弱势群体至少还可以发声，但是环境却不能发声，当弱势群体不断承受累加的制度成本到不能再增加的时候，成本就更多地转嫁给了环境。

当我们把制度经济学对新古典经济学的创新引用到分析发展中国家制度变迁的时候，就有了一个有意思的说法。我强调指出：制度本身是派生的——这和很多学者的制度决定论有本质差别。他们说到各种不良现象的时候，似乎愿意说“都是制度惹的祸”。当然，这使得面对各种劣迹的理论家很容易给社会大众找出解释。但如果愿意深入想，就应该会问：制度是从哪来的？特别是那些所谓现代制度是怎么产生的？

中国是向西方现代化努力学习的一个发展中国家，我们的制度从何而来，很大程度上也是历史哲学问题。

我们认为，自从人类进入资本主义文明这个相对于人类几千年文明史而言虽然很短、却破坏很大的历史阶段以来，西方发达国家主导了三次矛盾转移，这和发展中国家的制度“接轨”高度相关。

第一次始于资本主义早期欧洲工业化导致的殖民地扩张——发达国家对资源和市场的占有、贫困人口的移出，占领了世界上资源最丰富的南北美洲、非洲和澳洲，及其引发的17—19世纪的大量战争，最终导致20世纪的两次世界大战。

同期，发展中国家和地区纷纷被纳入资本主义体系，被拖入殖民地和势力范围争夺的殖民化地缘战略。

第二次始于资本主义中期产业资本的扩张——基于20世纪50年代战后的二次工业化兴起的一般制造业转移，消解第三次大战压力。发达国家内部二战之后工人运动促进了社会福利与劳动力成本、环境保护压力上升。同期老殖民主义时代形成的世界秩序解体，全球反殖民化运动中形成大批新兴民族国家，成为接受发达国家产业转移的载体。

第三次始于资本主义晚期的金融资本扩张——20 世纪 90 年代至今正在演进的金融资本主导的全球化竞争。全球货币化和资本化进程加快，导致后殖民化时期地缘战略：美元集团与欧元集团对抗性冲突。

可见，发展中国家的制度是问题，但不是发展中国家的制度问题。

而我们这个发展中国家的所谓现代制度，主要源于国家进入工业化初期的原始积累。据此，我们只不过强调了任何发展中国家现代制度的派生特性。因为，世界 100 多个国家都是战后形成的发展中国家。正是由于在二战后才成之为国家，那么这些国家就因为战争的惨痛教训，而大都在追求国家富强。然而，他们的榜样只能是前宗主国。于是，大多数发展中国家的现代制度就都不可避免有宗主国痕迹，体现在议会、法院、军队、警察、教育、媒体制度等方面，且建于城市文化载体之上。

然而，几乎所有发展中国家在早期工业化发展的时候遭遇的第一件事，就是“资本极度短缺”。因为工业化本身就是个内生性地不断追加资本的过程，亦即：资本增密是工业化的内在机制。于是，凡是想加快工业化的国家就都会构建追求资本的制度，政府也势所必然地都有“亲资本”的政策倾向。对此我们一再指出：在一般发展中国家，只要追求工业化就势必面临资本极度稀缺的实质性挑战。于是，不论声称何种主义，不论坚持何种体制，内涵使然地都具有亲资本的派生制度特性。

并不是意识形态不重要，我们只不过是重申了意识形态不得不受制于经济基础的传统政治经济学的基本原理。

据此可以归纳出的经验教训很直白地无可奈何：如果追求工业化的发展中国家的上层建筑及其制度体系不仅超前于、而且不利于工业化的资本原始积累，就会因这种上层建筑对经济基础的反作用而跌入发展陷阱、很难爬出来。

由此可知，政府内在地亲资本，乃是二战之后发展中国家因资本短缺又要工业化势必采取的政策倾向。然而，二战过去很久了，能靠着照搬西方制度及其文化体系来完成本国工业化的发展中大国很少。

西方人于是提出“金砖四国”，但这个说法似是而非。

因为，其中的俄国本是参加一战这个典型的帝国主义战争的老牌帝国主义国家，本来不应该列入二战之后的新兴国家。何况，若以是否完成工业化为标准，那在亚洲只有中国，在拉丁美洲只有原住民占比不足 3% 的巴西。

更值得中国人做比较研究的，是世界第二大的原住民国家印度。其工业产值只占 GDP 的 30% 左右，和城市人口占比差不多，即使已经进入新世纪，还不能算完成了工业化。很多中国学者都说印度的信息服务业占比很高，提前实现了经济结构高度现代化。确实，印度三产比重高于 50%，因此有人就说印度比中国先进。但，很少有人看印度的三产是什么：服务海外为主。

这与其历史高度相关——英国为了减少对华贸易逆差，于 1840 年发动鸦片战争，以国家犯罪手段强迫中国开放毒品的“自由贸易”，随之就因追求“规模效益”而需要大量开辟鸦片种植园。于是，1852 年英国进一步扩大国家犯罪来占有毒品收益——派出皇家军队在南亚次大陆东征西讨、配合其政府垄断的当年最大“国企”东印度公司统一了印度。在鸦片战争之前的印度，还是个次大陆地理概念——500 多个小邦、几千种语言，被迫统一之后只能全国推行英文。

印度 70% 以上的人口在乡下的传统村社，其中超过 1/3 人口是无地农民，还有大量流入城市的穷人生存在大型贫民窟，这种城乡贫困使得民间认可的贫困率占比高达 50% 以上。印度自称“世界最大的民主国家”，却同时也是最大的贫困国家，其一国的贫困人口超过了非洲和拉丁美洲的贫困人口总和。这也导致印度知识分子无法为没有任何生产资料的无地农民和贫民窟人群提供服务，贫民窟的灰色经济也不产生可分配收益和工业化必需的原始积累。如果第二产业不发达，就更用不了这么多受过高等教育的工程技术人员。如果愿意这样客观地看，印度产业结构高度化内生的问题就得到了解释。

当代印度国情是：由于国内产业不发达，受了英语为载体的高等教育、符合西方人力资本要求的印度人可以低偿地为西方提供软件、电脑维修、信息咨询等 IT 业服务，以及医疗、金融投资等方面的服务。当然，这些服务大都难以对内。

诚然，印度这个通过“外向型服务业”形成经济结构高度现代化的事实，对于比较发展研究非常重要——发展中国家的当代高等教育大都参照结构高度化的西方教育体制来进行，也就大都会内在地具有迫使知识分子服务于西方、倾向于西方的特点。

（二）经验分析：中国在世纪之交的战略调整

那么，什么时候政府能够改出亲资本的模式呢？如果按照以上分析给出的逻辑，只有当资本过剩的时候。我们中国是在什么时候调整了亲资本的政策体系呢？1999年。因为“生产过剩”。

同样是在1999年，中国的执政党中央有了重要的新提法：以人为本。

早在1998年东亚金融风暴发生造成中国出口下降的时候，中国老一辈的经济学家马洪发现我们已经进入了产业过剩的历史阶段。1999年，中国经济学家林毅夫也指出我们面临的其实双重过剩条件下的恶性循环：劳动力过剩与生产过剩，二者互为因果、高度相关，劳动力过剩价格下跌，就会内需不足，恶化产业过剩。这样，双重过剩，恶性循环，本是引入市场机制的市场失灵，靠市场自身没有好的化解方法。那一年他就提出政府应该启动国债投入新农村建设，内需不足和生产过剩恶性循环才能解决。

大家不要为社会上的各种说法左右，要看到不同历史阶段的实质性的变化：周期性的生产过剩是一般资本主义的基本矛盾。当西方体系遭遇这个矛盾的时候，发生的是世界大战——用战争来摧毁过剩的生产能力。为什么说资本主义有寄生性、腐朽性？因为不可能解决这种一般矛盾。其实，中国人遭遇到这些矛盾的时候，试图寻找西方哪个解决了的案例。其中，北大的中国经济研究中心当时针对过剩研究了罗斯福新政的实际作用，当时他们就指出，罗斯福新政并没有根本上缓解危机，最后还是欧洲爆发了第二次世界大战创造的战争需求，化解美国的危机。

1999年中国的生产过剩怎么化解？客观地看，作为一个超大国家，过剩的规模和性质，绝不亚于20世纪30年代发生在欧美的生产过剩。认真看数据会发现，90年代后期，中国制造业产量已经达到全球第一，过剩是显然的，我们的大宗商品都是过剩的。我们有的只是一般性的矛盾。那么，中国使用了西方化解矛盾的办法了吗？为什么没有呢？

当时的政策部门工作，并不受制于海外政客和媒体高度关注的意识形态。去意识形态化的政策结果是：1999年以来的10年间，中央政府用超过10万亿的国债投资带动就业，基本上化解了双重过剩危机，当然也派生了很多问题。

其一，1999年启动西部开发、天然林保护工程、退耕还林还草、高速公路三纵两横，这些总计2万多亿国债，五年投下去，带动基础建设投资3万亿，使得中国政府换届时，成为了仅次于美国的高速公路通车里程大国。不过，西部开发虽然有效，但这个过程难免产生大量坏账。

其二，2001年提出振兴东北工业基地，国债投资1万多亿，缓解了东北的资源枯竭城市和设备换代城市的转型困境。

国务院成立了东北办。与西部办作为设立在发改委的两个副部级单位直接操作大规模国债投资，在1998年之后的这一任政府领导下，投了3万亿—4万亿基本建设。前可继承罗斯福（西部投资、市场停摆、国家发券），后可连接奥巴马。

其三，2003年，温家宝总理上任伊始，实际上干的是中部崛起增加 2 万亿国债。

其四，2005 年提出的新农村建设，5 年来投入了约 3 万亿。

其五，2008 大地震灾后重建投入了约 2 万亿。

这样，温总理第一个任期国债投入共约 7 万亿，几乎两倍于上一任。如果把 2009 年提出 4 万亿救市再加上，总共有 10 万多亿政府主导的大规模投资。

诚然，这种短期的大规模国债投资，也势必派生很多问题。

一是导致中国出现了特别值得圈点的长期的“投资拉动”增长：从 1998 年一直到现在，带动的增长至少占 GDP 的 3 个点，某些年份会高于 3 个点。一般人都知道应该是“三驾马车”拉动经济增长，为什么我们总说不平衡？因为，驾辕的本来应该是内需，但内需是长期上不去，驾辕的只能算是瘦驴。可是，拉套的却是骏马。诚然，这只是一个方面。任何一项经济政策解决问题的时候会创造新的问题，经济不平衡是肯定的。

二是，国债投资是未来的税收被当期的政府预支了，性质上应该主要是公共投资。那，就应该是公共部门操作，不可以交给私人部门。于是，代表私有经济的批评就多起来了：为什么公共部门得到加强，为什么大型国企、垄断部门占比上升？私有部门及为其掌控媒体的意见很大，同期出现了中产阶级知本家精英群体代言这种不满，社会上痛批铁道、电力等垄断部门，一浪高过一浪。

民营经济相对于国家资本有所弱化，这是中央政府国债投资应对危机的客观结果。然而，既然这十几年用十几万亿元的国债拉动增长，那就要问，这种主要投资于国家基本建设项目的投资结构能不能改？能不能说从1998年增发国债就搞错了（2008年奥巴马也靠增发国债缓解美国危机）？今天欧洲债务危机为什么这么囧，因为欧盟不能发行欧洲债：各国加入“马斯特里赫特条约”实现统一货币，但是却不可能统一控制各国政府发出的国债，于是各国的债务危机蔓延开来，欧元区各国政府的债务普遍超过占GDP的60%以下的马斯特里赫特条约规定，变成了垃圾债，只能求助于欧洲央行和IMF，而此前IMF被发展中国家批，是其资金的70%早就已经都投到欧盟国家了。

美国人是国债和货币两手增发，使用增发的货币购买增发的国债，客观上构成了向全球转嫁通胀的特殊政治优势。而欧盟做不到，因为欧洲央行只能增发欧元货币而不能发欧盟的统一国债，对外转嫁债务危机制造通胀的能力就差很多。

中国和西方比较，2009年全球危机是个具有普遍意义的历史性考验——只有中国经济下滑了仅一季度，第二季度就开始反弹，因此现在很难做是非对错的价值判断。各位不要用一般的西方价值判断看全球形势，应该把思路打开，把价值观先放一放。我在很多国际场合演讲都强调这一点，要站得比意识形态更高，超越价值观；这才有认识客观世界的基本条件。

（三）历史经验比较：西方不同于中国的历史演进轨迹

对于发展理论，还有很多值得讨论的地方。比如，我曾经在联合国与杰弗里·萨克斯和斯蒂格利茨同台介绍中国经验，他们对中国的分析虽然粗糙，但其中有的观点让我很吃惊。众所周知，萨克斯是以在苏联推广私有化改制著称的。但萨克斯在解释中国经验的时候，认为人们应该从集体化时期的经验入手。而斯蒂格利茨就更有意思了，他认为“恐怕得从中国土改说起”。假如说，斯蒂格利茨的说法还可以理解，因为他上街公开支持群众占领华尔街运动，算是左翼学者，可萨克斯为什么也说得从集体化时期入手才能理解中国经验？我问他，你的观点似乎与过去有不同。他回答说：作为学者首先不是强调自己观点正确，而是对客观现实是否尊重。希望各位多少借鉴一点萨克斯的自我反思精神。

当讨论全球资本化与制度致贫的时候，有些属于对历史经验的不同归纳。

我们都知道，在西方资本主义崛起时，起到构建制度文化基础作用的文艺复兴功不可没，可有谁想过要质疑，复兴的是什么文明？

早年我也是个文学青年，看了大量文艺复兴时期的作品。人大复校以后我们读书的时候，也有老师介绍了大批的文艺复兴时期的作品，以至于后来我成了个博物馆迷，非常推崇那些伟大的艺术作品。但当我开始做发展中国家比较研究的时候，越多接触原住民文化，就越有了另外的批判性认识，在此提出来和大家共享——其实与文艺复兴同步的是殖民主义，文艺复兴中的很多艺术、文学或隐或现的包含着对西方几千年奴隶制的复兴……

众所周知，古希腊的城邦制度和古罗马的市民民主制度的基础，都是奴隶制，享受着民主的市民，只占总人口的不足10%，与现在的黄金分割二八开相比都差远了，而那超过90%

以上的人口是奴隶。

古希腊奴隶劳动创造的文明很伟大，但在那些巨石雕塑前被震撼的时候，应该看到其中几乎没有大量投入的劳动者——奴隶们的身影；应该想到这是古代希腊人在上攻到波罗的海一带使其奴隶贸易扩大了十几倍之后才有的奴隶劳动成果。对有口皆碑的古希腊历史来说，最大的伟绩是马其顿城邦首领亚历山大的伟大东征，在于他打败波斯之后把边界向东扩张到印度边沿，由此成为跨欧亚非三个洲的大国，这也进一步扩展了古代希腊奴隶制，于是有了辉煌的文明时代。

古罗马一样是在奴隶制基础上形成的城邦文化，而且他的城邦文明是希腊的血脉传承。因为，罗马是早期希腊海盗占领的据点演变成了的城邦。海盗据点主要贮藏财富、烈酒和妓女。于是，有了今天人们到意大利国家博物馆还可以到处看到的关于“吃狼奶长大的双胞胎”的多种艺术表达（据说已经被意大利最新考古发掘证实了）——他们本来就是妓女生的孩子，一般都扔到河里死了就算了，但这对双胞胎却没被淹死，他们被失去狼崽的母狼养活大。

在罗马的国家博物馆随处可见的还有一个用陶器、壁画和挂毯表现的画面，吃狼奶长大的男婴成为罗马居民的时候，这个城市只有男人，其实这是海盗文化的传承——早年的海盗只有男人。那么，怎么解决男人问题呢？就到另外的部落抢女人做“媳妇”，于是就终于有了罗马城。

这个古罗马成为城邦文明的过程，造成了多少其他部落的“杯具”……

类似的例子：澳大利亚前总理陆克文曾经代表政府多次向原住民道歉，原因也是早年来到澳洲的白人大部分是属于罪犯流放——几乎没有女人。政府就下令当地所有土著家庭贡献一个 13 岁以上的闺女，交给政府培训之后分配给上岛的白人。于是，也就有了澳大利亚成为国家的人口基础。

早期的西方文明，确实和后来的殖民主义——资本主义文明有很大的继承性。后来的文艺复兴在对中世纪农奴制表达批判意义的同时，内涵性地是对欧洲早期奴隶制的复兴——殖民化时期是欧洲的国家犯罪造成的对人类的屠杀、迫害和对资源的掠夺、控制。

本质上，西方推进的殖民化是人类历史上第二次大规模的奴隶制，造就了西方资本原始积累进程的内含成本对外转嫁的外部性制度构建。而今天的国际政治经济秩序，则是所谓后殖民主义继承原来殖民主义制度的路径依赖的延续，也是原有利益集团转嫁制度成本的结果。

据此，不妨再看看到底什么是制度经济学的理论逻辑？各位可以讨论一下。也许可以检验新制度经济学是否经得起不同的经验过程的实践检验。如果任何一种理论的逻辑起点不能和其表现的历史起点相一致，这个理论就不成立。不过，我们今天教科书中的大多数理论逻辑，都找不到与其逻辑起点相一致的历史经验的起点。

如果愿意进一步讨论东西方文明的演变，就会去价值化地看人类历史这个东西，我们不能全怪西方的文艺复兴和在殖民化中复兴奴隶制。因为，西方文明之所以是人类文明的一种，取决于人类在不同生产关系下受到的环境约束——文明的形成及其延续与自然地理高度相关。大约在中国从黄帝到夏商两朝赶上气候变暖时期，东西方人类社会发育都明显加快。但最早的气候变冷（小冰河期）大约是在2500多年前的战国到秦汉之际，演化为农耕文明和游牧文明的地域冲突——在新石器时代后期气候变暖期间，亚洲大陆400毫米等降水线北移，华夏农耕文明已经扩展到了北方；气候转冷等降水线南移，干旱草原游牧民族的所有部落都生存困难，不得不联合南侵。华夏农耕文明就和北部游牧文明的各种民族之间出现了频繁的战争。

越来越多的证据表明，人类的战争很大程度受到自然因素影响资源环境变化的影响。由于气候变冷和北方干旱引起的频繁战争，导致汉代重新完成中国大一统之后要做的第一件事，就是"击匈奴于大漠以北"。这也许客观上成了罗马几百年后衰败灭亡的原因之一。被汉武帝打败的匈奴残部西进到欧洲，那时候欧洲北部的原住民大多处于采集和渔猎状态，抗自然风险能力极低，匈奴铁骑逐步压迫那些处于半原始状态的部族只能拉锯型地后撤，渐渐向西、向南迁移，其中有些部族南向进入亚平宁半岛，那就是欧洲历史记载的所谓"北方日耳曼蛮族"的南侵，这些是导致了罗马帝国的衰败和灭亡的因素之一。只不过，这是个至少百年以上的漫长传导的过程。

但，汉朝征伐匈奴只是中华汉唐盛世影响西方文明的第一段。唐朝是第二段。唐朝先后击败东西突厥，残余突厥人沿着中亚进入小亚细亚，部分定居于安纳托利亚半岛，成为土耳其；其一小部分继续西进，曾经打败了东罗马的衣钵传承拜占庭帝国——也是导致拜占庭帝国解体的历史原因之一。

据此，虽说我们的中原农耕文化“安土重迁”，从来就没有威胁过西方；但被中国汉唐盛世两次打败的游牧民族渐次西迁，确曾对西方有过些负面影响。

到了中古时期，欧洲不再有完整意义的大国，由此进入千年黑暗中世纪，欧洲半岛主体部分那些高度分散的蕞尔小国，连维京海盗都应付不了，至今找不到多少历史文物或者文字清晰地表达这个时期的真实历史。

而这个时期，正是中国的宋代——政府治理和文官制度最完善的时代——形成了三权分立的中央集权和科考取士的文官制度。

宋代科技文化和工商业繁荣，是当时世界最发达国家。其对外贸易盈余显著增加——主要靠海运瓷器出口，运到阿拉伯世界，不仅靠转运中国货带火了阿拉伯，也搞穷了中世纪的欧洲那些小贵族们建立的小王国。

我曾经在欧洲到处走，看到很多的中世纪小城堡遗址，那些小土豪手下管着几百人就算是个诸侯了。那时候的宋代则是大船出海，回来“十船九空，唯一船实之白银也”。欧洲白银外流普遍危机，长期战乱频仍。欧陆边缘的战败国都要用白银赔偿，而战胜者则更要买中国的东西，于是战败者去了盛产白银的南美。

宋明之际，中国的白银储备占世界的60%。这个基本上不产银子的国家，凭什么用白银作为货币？因为大规模贸易形成的长期盈余。

过去是“弱国无理论”——因为我们被西方列强打败了，就被别人编造说：中国之所以战败，主要是中国人素质低，加上自己的制度不好——封建主义“闭关锁国、落后挨打”。

真是这样吗？从秦汉构建大一统的制度努力直到宋代，中国人用了差不多上千年，才完成了对诸侯分封和节度使割据等封建制度的改造，形成维护中央政府法统治理的国家政治——这就已经不再是西方历史指称自身遭遇“千年黑暗”的封建主义制度了……

1840—1870年，鸦片战争之后大约30年帝国主义多次侵略，中国就把财政赔得差不多了，同期官员和军队都抽鸦片了，上层建筑“被鸦片化”，中国就成了弱国了。而且，1870年之后，由于国家财政失效了，中央政府不能给地方正式税银支持的开支了——就像20世纪90年代中央财政严重亏损不足养官而导致地方乱收税费的状态，清朝就允许地方征收“厘金”。交不起的老百姓就造反了，于是到处是农民起义。

总之，西方通过殖民化实现资本主义的原始积累之前的序曲，确实与中国有关——是其对华贸易的长期贸易逆差导致的白银外流、通货紧缩、财政危机，引发长期白银战争，才有对美洲白银产地的殖民掠夺，和进一步对非洲的奴隶制掠夺造成的三角贸易……就是这种掠夺全球，造就了西方资本主义原始积累。

（四）战后双寡头地缘控制下的雁阵式产业转移及西方主导的全球化

如果说，二战之前是西方产业资本过剩大危机压力之下列强不断瓜分殖民地和市场的纷争构成的多边地缘格局，那么，战后则演变成了双寡头为实现地缘控制战略而推进的产业转移。美国通过马歇尔计划，把借二战机会大幅度扩张起来的过剩制造业向欧洲和日本转移，这就有了美国的雁阵式产业转移。同期，苏联也向东欧和亚洲的中朝印等国家做类似的雁阵式产业转移。

二战后产业转移进程中，欧洲得到设备生产恢复，产品给美国，美元回流给欧洲，到了20世纪60年代就有了与滞留在欧洲内部流通的美元相类似的大量的海外美元，比如有石油美元、毒品美元等。海外美元的大量沉淀导致美国人不再允许那些拥有美元的外国投资人随时来换黄金，于是就有了布雷顿森林体系的解体。战后的这个体系本来使得美国已经成了西方各国的中央银行。但美国单方面撕毁协议、该体系解体之后就一定会导致无储备约束的各国货币滥发。美国在布雷顿森林体系解体后，也势必走向金融资本主义道路。

客观地说，只要金融资本脱嵌于产业资本追求独立利益，其导向就是加强金融资本主义内在必然的寄生性：内生地具有强烈投机特性的金融资本越是追求超越产业的自身利益最大化，就越是具有其腐朽性和投机赌博势必导致的垂死性。一旦资本投资人可以靠玩票子挣钱，谁还愿意来千辛万苦地做产业？金融资本异化于产业资本，搞产业的人一定会吃亏。金融市场的愈益混乱也是一定的，因为金融资本不再具有产业时代资金要素的性质，不再满足追求产业的平均收益率，而是由于追求流动性创造的超额收益率，而势必去制造越来越多的衍生品。

（五）当代中国市场化进程中的结构性变化

中国从财政税收结构看，根本不可能存在中央集权制，实际上更多时候在经济和政治上搞的都是“地方化”。但地方政府实际上不承担金融风险和投资损失，那么，风险责任只能最终由中央来承担。

政治上的地方化第一个派生的社会现象，是地方追求工业化收益而同样不承担制度成本。当西方把产业转移到发展中国家的时候，其内含的劳动与资本的对立矛盾也就转移过来了，于是转移了产业的西方国家，出现中产阶级兴起和民主政治扩大，而传统马克思主义在欧洲就被放弃了。接着，发展中国家资本和劳动的对抗性矛盾就成了主导矛盾，中央政府仍然使用传统意识形态无法解释干群对抗，遂使财政用于“维稳的成本”大幅度上升。前不久我给广东人讲课时候说，2008 年南海区连续发生成规模的打工者有组织的罢工并取得成功，是中国在 21 世纪进入了经典理论描述的对立矛盾引领社会结构变化的里程碑。

第二层的派生结果是西方转移产业使得地方政府促进形成了更多亲外部资本的上层建筑的制度形式。因为，西方是把旧设备高价淘汰给中国。于是发展中国家更多形成外债，欠债国家在西方压力下的国内上层建筑因此产生了转轨、改革，从原来的亲内资变成了亲外资。于是，地方政府推动国家创造了良好的经商环境，这在发展中国家成了普遍现象，不管何种意识形态。

各位注意，本国在最近两年才多少改变了亲外资的政策。此前，国资收税超过 50%，民资 33%，外资仅 14%，何谈市场经济平等竞争？现在虽然统一所得税率 25%，但是地方化体制下的政府仍主动减免。从1999年以来国债投资大规模增加的结果，是国有垄断资本的加强，对于民资确实是不平衡。但同期大规模引进外资则意味着地方政府更多亲外资。外资要是没有相当高的回报率是不会来的。例如，20世纪90年代美资在中国的回报约为20%，中国在美国的国债市场投资是不足6%；现在是美国高达33%，中国下降到不足4%。客观结果是，听任外国拿走中国的钱，反过来再投资到中国占有战略产业并且占有高回报，这也是多年亲外资政策所派生的结果。

随着西方产业大转移，就出现了这些派生现象。西方把产业资本过剩造成世界大战的主要矛盾转移了。如今，中国在生产过剩压力下的主要矛盾也会在国内表现为爆发趋势。

当代发生的是人类在资本主义历史阶段的第三次危机——金融全球化危机。

如果只认识到这是个资本主义历史的阶段性危机，那并不具有创新性；认识到这种危机代价向弱势群体转嫁以及怎样转嫁，才是我们的理论创新。

大家都知道，因金融资本主义阶段的世界各国政府，都在竞争增发货币，而势必导致金融资本泡沫化！但美国面对危机仍然得靠更多增发货币，由此发生了连续的金融危机。

但是，2008年美国金融危机发生时我正住在华尔街附近，高档餐厅照样顾客盈门，接触的那些投资家趾高气扬，一点危机的感觉都没有。2009年希腊发生危机的时候我也去了，感觉也是这样的。2010年西班牙危机、2011年爱尔兰危机……除葡萄牙之外的“笨猪国家”我都去了，感觉也是这样。虽然偶尔也看到有些群众上街游行，但总之，我在那些危机国家中直观的感觉不像是身处危机之中。尤其是完全不像 20 世纪 90 年代初期的苏东解体，更不像中国在 20 世纪 90 年代中期三大赤字引发的大危机。我记得当时美国人对中国非常不屑。当时我们在国外遭到的挑战，几乎都是中国崩溃论。

1991 年我到苏东国家考察感到的危机后果是相当严重的，政治改革造成政权解体的同时是货币体系坍塌，使我理解了金融体系之信用的依靠，本质是政治强权。货币是什么？是一张纸，那么货币之有信用在于是政治强权向其信用体系的赋权。政治强权塌了，货币体系也会随即坍塌。由此可见，金融危机一定会依靠政治强权导致危机代价的转移。比如现在的“量化宽松政策”，事实上已经把制造出来的 60% 过剩货币通过冲击粮食、能源和原材料市场转嫁给国外。因为民间和官方的债务超过 40 万亿，政府和民间都根本不打算偿付巨额债务。

发达国家债务占比高，因为他们产业大部分转移到发展中国家了。1980 年，我到美国看到里根政府大做利率调整，一方面吸引外资流入，另一方面不断推出更多衍生品。可见，金融化的过程应该是货币化先于资本化，资本化扩张则更多靠增加金融衍生品吸纳过剩金融的规模交易。何况美国从 20 世纪 90 年代苏东解体到现在已经完成了单极化的政治强权，无论怎么向世界转嫁成本都没有“合格反对者”。

早期西方大规模转移人口和占有资源是构成世界二八开的前提。当代形成政治强权支撑金融霸权是维护世界二八开的前提。

（六）生态文明：中国的激进现代化困境和调整方向

中国现在外汇储备很多，要到全球去买资源和原材料，就会被西方为首的话语体系批为新殖民主义！其实我们像“土大款”穷得只有钱了，资源是买不到的。

2007年中共十七大提出了“生态文明”，这与以往提法有继承性。1980年邓小平提了两个文明，1997年十五大承认“资本”之后江泽民提出“政治文明”，今天提了生态文明，演进为四个文明。不过，合并同类项我们发现政治文明可以放在精神文明中，生态文明放在物质文明中也可以。那就是“生态化的物质文明和政治化的精神文明”。

当年“一切向钱看”的时候，中国经历了“去政治化”和“去生态化”。现在当人们发现社会矛盾日益复杂，去政治化挡不住自发政治化。精神文明也不是墙上挂了文明标语就文明了。何况，今天中产阶级崛起和社会结构的多样化已经开始成为主流了。

毛主席强调过：“我们不可能在小农经济的汪洋大海中建立社会主义”，土改的结果造成人人是小土地所有者，不过实现了中国历史上农民几千年诉求的“耕者有其田”，但我们将其解释成了社会主义革命。因为包括农民在内小资产阶级占中国人的大约90%，就是全球最大的小资产阶级国家。以后发生的经济政治领域矛盾，不过是小资人口过多和小资激进特征的表现，无论说是什么主义，都只是对国外话语的一种借用。

如果说土改派生的经济效果，是把90%的农民从民国危机的长期通胀中解脱了出来，相对于城市资本而言，可以叫做“去依附”（萨米尔·阿明，世界依附论）——中国的土地革命战争使得 90% 的农村人口与城市几乎没有关系了，而城市孤岛当年主要是高风险的资本主义经济。

回顾民国史可知，20 世纪 20—30 年代是民国追求现代化的“黄金十年”，工业化和城市化速度加快，但为什么短短十年就完了？因为在经济高增长的时候遭遇了 1929—1933 年西方大危机，之后美国无视西方八个承担稳定白银价格责任的国家的白银协定，单方面提高白银收购价格，导致中国的白银外流，通货紧缩，就像中国在中世纪曾经导致欧洲白银外来通货短缺一样。于是民国工业化中断，政府不得不在 1936 年放弃银本位，改为发行法币。接着，第二年日本侵华，迅速造成通胀，政府需要支付硬通货买军火，到了 1948 年，法币崩溃，贬值了几百万倍，这时民国经济接近崩溃，最后一次挽救是借来了美元发行金圆券，4 个月就垮掉了，维持国家的现代的财政和金融没了，于是乎庞大的国军没军饷了。民国先灭亡与现代化的财政金融体制失败，后灭亡于军队崩溃。

新中国成立初期土改就让大多数人和这套现代化体制脱钩了。那么，到底什么要素让中国改出危机进入高涨？

大家认同的现代化，本质上是西方中心主义的。我把现在西方发生的危机称为“西方特色的现代化的综合成本过大”。由于把产业转移了，那么看英国第一大产业是金融，第二是旅游，都属于第三产业，制造业和农业几乎没有地位，只靠金融、旅游怎么过日子？如果我是英国领导人，一定坚定地站在美国大哥一边。才能保证英镑币值长期高于美元，对其他国家占有汇差，以便靠进口过日子。

事实上，在经济危机打击下改变西方人消费主义生活习惯和压缩福利主义的社会开支几乎是不可能的。政客只能承诺增加既定的福利开支，不能妄想在社会成本不断增加条件下恢复有竞争力的制造业。当年奥巴马把“改变”当成口号，但是几年没成功，因为他们中产阶级为主的社会就是那样的，只剩下了制造货币增发国债。再比如，希腊的造船产业和航运业都转移出去了，中产阶级都要高福利又不事生产，还不能像英国那样靠玩金融，于是只能做旅游，靠的还是奴隶文明打造的神庙。

所以，如同小资产阶级一样，中产阶级是个不清晰的概念，既不可能是自觉的阶级，也没有统一的政治诉求，利益结构还高度复杂，其实只是西方产业转移后留下来靠海外汇回资本收益维持生存的人。现行西方现代化的政治体制下的中产阶级福利要求的泛政治化表达，哪一个政客不能满足就当不了政客。谁都不会冒着政治不正确的风险把自身问题说清楚，那些越来越没底的国际会议只好把我这样的外来和尚找过去揭老底。

西方中心主义的资本主义文明走到今天，引发全球化成本转嫁不出去的现代化危机，沿着老路是走不下去的。过去累计的成本向发展中国家和环境转嫁，终于反过来惩罚西方自身，就变成了现在的矛盾。连同地中海对岸北非发生的事情，也都是这个道理。现在应该是人类愿意建立进一步反思能力的时候了。

人类从“以资为本”的资本文明转型的方向，是“生态文明”。生态文明内涵是多样化的人类客体的共存，无所谓好坏，也没有谁一定得“化”掉谁的道理。

（七）自我反思：认同生态文明的学习过程

最近10年老是有人问我，为什么你不强调城市化了？因为城市中国是个资本池，风险收益与成本都大于乡土中国；农村则是“人口池”或“劳动力池”，风险低，收益也低。城市乡村的存在各自都有其合理性，不一定非得要谁化掉谁。

现在说的城乡统筹，应该注重的方向是公平地给城乡共同分享的财政支持：养老、福利、教育、医疗……干嘛都得像城市那样搞现代化？有人如果愿意“传统化”一点不行吗？

我现在到了甲子年，学什么都有道理，谁批评我都笑眯眯地接受。

今天人们为什么对问题认识不清楚？在于意识形态局限。媒体很难超越意识形态。主流的西方理论都有找不到历史起点的悲哀。西方政治经济社会等主流学科构建基本逻辑的历史起点是找不到的。

苏东战后靠实体经济起步，靠非货币交换的经互会记账流通体系，由于交换不使用货币，因此前苏联的卢布币值高是因为没有推进经济货币化，苏东国家的货币连一般商品等价物的功能都没有实现。在1992年之前，中国也是一样。又因为苏联作为主导国家在换货贸易中可以实现自身利益最大化，不必推动货币化就可以实现苏联产业资本的利润最大化，因此占有这种制度收益的集团就不会推进经济货币化，于是，苏东国家就停留在产业资本阶段。

同期的西方则大规模推进产业转移，主要靠货币增量和经济资本化维持增长，遂导致到20世纪80年代连一贯强调物质生产的苏东国民经济核算体系都符合西方需要增加了非物质服务的内容，这样西方的非实体化的经济在MPS和SNA两套核算体系中都有了表达。因为，在20世纪70年代只按物质产出核算的时候，大家都得承认苏联创造的实物量和工农业产值更高，但是修改以后就使得数据上西方经济增长明显地快于苏联东欧。这样到了20世纪80年代形成了国际主流舆论：苏东落后了，而西方世界被认为是制度先进赢了。其实，是停留在产业阶段的苏东国家的产业资本被处于金融资本主义高级阶段的西方击垮了。苏东国家金融体系坍塌又给了西方直接覆盖苏东推进西方货币化、扩张金融资本的历史机遇；欧元也随之应运而生了。

不过，这乃是双寡头地缘战略冲突之下不同资本主义体系内部矛盾的结果，与社会主义无关。因为，前苏东经济体是比较典型的国家资本主义。

我分析周期性经济危机的文章最早是在1988年《经济学周报》发表的，后被《新华文摘》转载，标题是《危机论》。1991年在美国写的文章也比较早地开始讨论国家资本主义。1992年改出了中文版的《国家资本再分配与民间资本再积累》，但在国内没哪个刊物敢发，到了1993年一个朋友的刊物斗胆刊登之后即被《新华文摘》转载。此后，到了1997年的十五大我们才公开承认资本这个概念，1997年之前国家级报刊是不讲资本的。

后来我通过在发展中国家开展调查研究逐步认识到，即使用马克思的经典理论分析，无论经济基础还是上层建筑都不符合西方理论的内涵。如果上层建筑长期超前于意识形态，后果是什么？我们有很多上层文件不是大家不执行，是他本身超越了现实的经济基础。各国都有上层建筑成本高的问题。

西方在转嫁成本，我们也在转嫁，主要因为中国是大国，才有足够的危机承载能力。什么大国？农村大国、农民大国。于是，历次城市产业资本出现经济危机都是向农村转嫁的。当代史上，凡属于能向“三农”转嫁的危机就在城里软着陆，凡是不能转嫁的就硬着陆。城市是资本池，有风险收益；农村是劳动力池，土地是零风险资源性资产，而小农是风险厌恶的，小农村社共同体具有群体理性，能够把外部性内部化处理。可见，为什么乡土社会能够承载城市的资本危机的爆发，就是因为其内部化机制。

我们对西方个体理性有了认识，对中国的群体理性缺乏认识。因此，这种内部化机制正在被各种维护城市资本利益的激进改革破坏掉。

当前农村实际上已经大部分是非规范制度的“三宗”治理——宗族、宗派、宗教。很多农民上访的背后也有复杂的三宗背景。如今的农民已经不是当年集体化时期的农民了。现在做点什么事儿都得找三宗这种非规范组织沟通，否则寸步难行。村镇党委和村级支部这些正规组织由于成本过高而没有大用。在长期刻意在农村执行去组织化和去政治化政策的条件下，任何构建现代上层建筑的努力都遭遇制度成本高而难以落地。

中国的工业化原始积累充满城乡关系的复杂矛盾。

城市产业资本要求以乡为单位实行规模经营，便于提取“三农”剩余。在1953年工业化加速的时候搞了统购统销，几十万个合作社，完成的是从“满头乱发”到“编成辫子”、节约交易费用的制度建设。1957年以后的高度集体化可以形成准军事组织，成规模集中劳动力，以替代稀缺资本。这个替代机制很重要——“L替代K”。因为所有发展中国家都遭遇了资本极度稀缺的挑战。中国在1957年几乎是零资本——苏联撤资后，工业化难以为继，于是有了国内力量启动二次工业化。主要是用人力代替资本。1958年中央没钱投资了，随之发动地方搞的工业化就是后人批判的“大跃进”。接着，不仅中央没有钱，地方工业化折腾了两年，两级政府的财政就全面赤字，累积达到1960年当年财政的大约28%，到了下一年，中国变成了几乎是零投资国家。于是，整个20世纪60年代中国都非常贫困。1958年人民公社的重要作用是吸纳城市的工业品以拯救陷入困境的城市经济，公社自己还得搞五小工业，建立拖拉机站，集体还得组织劳动力去国家的工地替代资本。以上是中国进入工业化的方式。后来工业化原始积累完成了，集体化就转轨了，分散了土地和劳动力。

我们发现的另外一个基本道理是中国政府的公司化和资本化。今天也是这样。地方融资平台负债，越是下级政府负债率越高，最多高达400%，这部分债务最终责任都是中央政府承担还的。现在我国中央和地方政府的实际负债规模占GDP的50%以上。政府的融资客观上反映了资本内化于政府。于是，在中国，政府就是直接的运动员而不是单纯的裁判。这和我说的最近十年的政府直接投资拉动增长是一致的，虽然也招致了西方和国内民资的批评。

从1957年的数据看，中国几乎不可能“中央化”。从财税关系这个政府体制中的核心内容来看，早就已经是“地方化”了。现在的重庆经验也是那样，属于“中央缺位下的地方创新”。中国1988—1994年的大危机，类似1929—1933西方大危机。

1980年危机爆发导致约40%的城市失业率，当时主要靠“单位制”解决——政府要求五个人的工作十个人干，从此出现了单位制的无效率，因为政策要的就不是效率。同期是干部子女在父母所在的政府部门“办三产”：官方恩准干部子女办公司倒买倒卖，使得80年代中期物价飞涨，市场秩序严重混乱。当时为了缓解通胀做了个全面改革的大计划，还好没有实行，虽然并不是不想用市场手段。最后邓小平决定价格闯关可以试。还没来得及闯，就出了大抢购和恶性通胀。

1991苏东解体，苏联人比我们的全面改革计划先走了一步。这样，我们就接受了他们的教训——没有及时推行货币化！于是，中国在1992年进入了货币化——取消一切票证，货币发行量陡增，信贷翻倍。为了吸纳超发货币，又在1992—1993年开放了三大高风险市场：股票、期货、房地产。中国从1992年终于有了真正的货币，但那恰恰是在赤字危机条件下政府实在无力负担票证分配的财政补贴。在1993年三大市场同步放开带动高增长，进一步出现了财政赤字增加。银行资本金为负（银行财政不分家），财政还多吃掉了80多亿元存款，以及外汇储备不抵债务偿还需求等，“三大赤字”爆发，于是政府转嫁危机，要求“下岗分流减员增效”。

但是，客观结果却导致内需大幅度下降。随之遭遇东亚金融风暴带来的外需陡然下降，突然降到不足一个百分点。从这时候起，中国遭遇输入性危机为主的阶段——1998 年到 2008 年，我们已经遭遇了两次输入型危机……

总之，任何一个意识形态条件下的经济体，都有形成自身经验归纳的客观规律的可能。我表述的是我们归纳经验之规律，乃是我的一家之言。

第三节 国家竞争的“微笑曲线”①

近来，听到有些关于全球化和中国内部问题的相关说法，感到思想领域很多人其实是在把不同客观事物拼接起来形成逻辑解释，以支撑某种主流话语权。我多年来不参与类似争论，这里所提供的只算是一种经验层次的逻辑解释，供不同利益背景的群体自主选择。

（一）新币缘战略的“三角结构”是造成全球通胀的根本原因

先对于美国现在是否会打伊朗提出点个人看法。

---

① 温铁军于2012年2月16日在中宏网“战略思想库”座谈会上发言的记录，已经本人审阅。

我们在《世界经济与政治》上刊发的文章，主要讲当代金融资本阶段币权为核心的币缘战略与中国的因应和调整。其中，重点分析了“三角结构的美元霸权”——当人们把美元霸权地位放在币缘战略之核心的时候，就会看到之所以美国能够通过N个量化宽松QE政策不断创造增量货币来缓解自身债务危机，在于同时得有像垃圾消纳场那样的吸收过量增发美元的经济领域，才能够随时消化量化宽松政策过量发行的美元，这个领域就是能源和食品，简单说就是石油和粮食。客观上看，石油战略和粮食战略是密切配合美元霸权的币缘战略形成的“三角结构”——这三者紧密结合，才构成当代金融资本阶段的美国单极世界霸权延续条件——凭借一定的军事优势构造一个政治强权，而以政治强权来形成对美元货币体系的赋权，才有可能使金融全球化或者金融深化被粮食和能源这两个战略物资市场不断地把过度增发的美元增量部分消纳掉。

美元霸权的币缘战略通过这个三角结构，消纳了过量增发美元，所造成的巨大代价当然必须转嫁出去，这就是全球通货膨胀的本源。

同时，世界上那些大量购进粮食、大量购进能源和原材料的国家在“进口通胀”。因此，一旦美国把能源、原材料和粮食价格打上去了，由于通胀并不发生在美国，这些实体经济国家也就等于替美国承担了美元大量增发的制度成本。

也就是说，包括中国这样的以制造业为主的所谓新兴市场经济国家，以自己国内的高通胀对冲了大量增发美元货币带来的全球通胀！美国可以在这个三角关系上不断增发货币，同时靠对外通胀转嫁来消纳过量增发的货币。

这是个金融全球化内在的经济逻辑。

只要人们愿意“去意识形态化”地看全球化，就会发现内涵性地体现着金融资本阶段币权主导的制度演变。

如果根据这个逻辑来看关于美国对伊朗打还是不打的分析，一般的说法还是传统的老地缘战略思路，那得出的逻辑结论当然就是美国不会打伊朗。而如果愿意用新的币缘战略思路分析，那就是巧实力运作——美国已经采取了能够把石油价格搞上去的最低成本的“不战而屈人之兵”的打法，据此看，石油价格实际上已经被打起来了。

如果从华尔街金融海啸发生以后最近几年的情况看，新的币缘战略之下的巧实力战术，对于转嫁发达国家债务危机的作用，是高度有效的。

上一轮2009—2010年转嫁危机，是一次成功的币缘战略实践，造成了北非、中东街头动乱和政权危机。具体看：在2008年美国华尔街金融危机爆发之后一年里，随着美国量化宽松政策制造通胀，造成了2009—2010年粮食价格大幅度提升，特别是北非地区紧缺的小麦、面粉，价格上涨超过100%，玉米价格上涨超过70%。

与此同时，亚洲地区相对而言最为稳定，因为这个区域老百姓超过半数还是半自足的农民生产者，还能使外部风险内部化。其主食稻米的国际市场价格，也只涨了34%。

国际组织2008年曾经确定38个国家会发生粮荒。实际结果是：除了中国因战略性地保持着粮食进口依存度不到10%才未受严重影响之外，其他 37 个国家都变成了饥饿国家——这是上一轮 2008—2009 年西方金融危机的代价转移造成的，也是由于 2008 年华尔街金融危机爆发以后客观上发生的三角关系的显著作用，使得粮食和石油价格受美元量化宽松的影响而大幅度上涨。

这个新的币缘战略，确实造成有利于美国只需采取巧实力就足以制胜全球的新格局。

如果看到以上这些现象，那就应该认识到，如果依据王湘穗提出的币权核心理论，则是美国人不必采用传统地缘战略时代的方式，去打那么一场地面占领形式的战争。既不必用老的方式打伊朗，也不必用老的方式打叙利亚。那么，只不过是所谓以币权为核心的巧实力运用，即只要使用各种手段把油价、粮价折腾上去，就能够靠制造进一步的全球通胀来消纳美国政府连续过量增发的美元，这就是新币缘战略最低成本的胜利。

（二）美国巧实力对中国“不战而屈人之兵”的作用

中国入世以来逐步表现出宏观调控中的政府失灵，往往引起各界非议。但作为研究者不能跟着产业化的媒体走，主要原因不是新班子当家人没有过去那种所谓“铁腕”，而是没有面对输入型通货膨胀的经验。因为上一届政府留下的，只是 1998 年以后处置四年输入型通缩的经验。

近 20 年中美之间的经济关系确实越来越密切，但不同之处在于，人们逐渐理解了以 G2（与所谓的“中美国 ChiAmerica”类似，都指美国与中国构建战略合作关系）为名的中美之间实际的战略合作关系并非 G1+G1=G2。因为两者的战略关系有一个要点，就是两国互相对应的“一高一低”，亦即，美国“低利率 + 高汇率”，直接对应中国“高利率 + 低汇率”。或者说是美国资本与制度对中国做双重输出，对应中国对美国商品和资本做双重输出。

一方面是中国与大多数发展中国家一样，都在竞争着长期向美国输入低价商品，客观上保证美国享受了长期低通胀，而低通胀就能使美国在大量增发货币的同时维持资金低利率。于是，则由极低的资金价格而促进美国过剩资本投到那些因输入了高通胀势必造成高利率的发展中国家。如中国，不仅使得跨国公司低价资金只要进中国来投资就立即赚取了利差，而且随之变成了对发展中国家战略性的经济领域的极低成本实现控制的优势资本力量！这也是中国相对附加值较高的产品出口中内资占比极低的根源。

而另一方面，由于中国长期遵循“特里芬悖论”不得不维持美元汇价稳定，使得美国在中国的投资收益就是低风险而有保障的。这也就是为什么老有人说美国是“高增长低就业”——道琼斯 500 种工业公司指数是很好，原因之一是美国公司在国外的投资回报率很高，但这不可能同时带来国内就业增加。在中国，从上一个十年，就是 20 世纪 90 年代以来美国在华公司的投资回报率不足 20%，到 21 世纪这个十年，已经超过 30%，平均大约 23%。这个很高的投资收益当然会推高美国资本市场股票价值，吸纳更多投资进去。

总之，发展中国家只要资本极度稀缺，就会竞争着吸引

FDI（外商直接投资），那就得按照外国投资需求来改变本国制度。而美国对海外输出的投资几乎是占比最高的，[①]同期，制度及其意识形态输出也是最多的，跨国公司的海外投资回报率也在同步提高。

由此，我们大都可以理解为什么国内很多部门和大资本也都在说应该投资美元、投资美国国债、投资美国股市。确实，中国官方财经官员和垄断资本这样做，很符合 G2 所内含的美国币权主导的币缘战略体系要求。

中国近二十年相继进入市场经济和资本全球化，得到最大的制度回报是人们欢呼外资大举进入，促推中国改制——“倒逼改革”！很多高官和高知都在为此弹冠相庆。

但是，高知们欢呼的这些东西其实恰恰没算那个“远近高低各不同”的账。

我们长期以来形成的是“双重输出”——大量向美国输出商品帮美国人降低通胀，使得跨国公司有条件以极低价格的资金回过来投资中国的经济命脉领域，控制战略产业；另一方面，以此再取得极高的资金回报率，回流到美国资本市场，再大量吸纳中国贸易盈余作为 FDI 投入美国资本市场。

中国近年来被动承载美国量化宽松政策的后果是典型的输入型通胀。一方面大量购进高价格原材料和石油造成国内 PPI 过高，传导推动 CPI 上涨。银行在 CPI 压力下不能负利率，只

① 美国海外投资占比在2013年低于日本，主要因长期坚持实用主义哲学的美国出于“重返亚太”的战略需求而允许日本搞“安倍经济学”——照搬美国的 QE 政策——大规模增加流动性刺激日本企业在海外投资。类似于美国 1950 年因朝鲜战争而重新武装日本，并且启用了战犯岸信介为首相（安倍的外祖父）。

要国家推行宏观调控，那就会控制信贷、提高利率，导致国内资金市场价格过高。同期，中国金融业出现了政策性息差增加导致利润率虚高的现象。但是，银行利润越高，各地产业收益率过低的实体经济就越没法生存。这就是近年来中国加入全球化以来的规律性过程，而恰恰是输入型高通胀带动高资金价格，也就是银行的高利率，又使得能够吸纳就业的中小企业无法生存。

2011 年南方出现的“老板跑路”，很多学者归结到中国政治体制上，却很少人深究：原来在中小企业里面很活跃的民间资金，为什么这几年迅速质变为高息集资，或者是投机性炒作中的高利贷运作，甚至更多地出现金融大案？例如吴英案。

要我看，其实是有复杂的经济背景的。

美国不断量化宽松向全球转嫁危机制造出来的高通胀，使得任何单一国家的一般意义的国内宏观调控政策不得不失效。现在的中国也因无力抗拒输入型通胀而出现政府失灵，这根本就不是社会上说的政府是否有宏观调控意愿或者是否宏观调控措施过量，而是完全没有国际话语权、更没有建制权的政府，单靠国内调控不可能缓解长期以来外部输入型通胀，因此，是政府无力加入全球治理而国内调控成本过大。

目前工业化国家，在亚洲地区的中国、韩国、日本这三国中，中国资金利息最高。这是一条自己跟自己过不去的、承接巨大外部性来倒逼金融资本化改革的道路。

这个问题只是借此提示各位，要看到美国量化宽松制造出来过量货币往哪去了。其中值得注意的点位是：对于大多数进口原材料和食品的制造业国家来说，大都已经被以美元币权为核心的新币缘战略使用软实力套住了，当我们国内的宏观调控仍然习惯沿用传统的产业资本阶段的老货币政策时，恰好就是因为输入高通胀而被动高利率，同时还试图维持低汇率来刺激出口。这样，就成了被金融资本剥下两张皮的牛。因此，中国与大多数发展中国家的“一高一低”一样，除了逐步小幅调高人民币汇率之外，长期的高利率 + 低汇率恰好和美国低利率 + 高汇率构成一个完美的对接。这是发展中国家全额承担美元币权主导的金融资本泡沫化增发的制度代价！

因此，也可以认为发展中国家上层建筑的最大体制弊病就是：金融和外汇当局都客观上在帮助美国的金融资本集团对外转嫁代价。由此看，中美双方在汇率问题上的交锋，不过是表象的、有作秀成分的伪博弈。

因此，在中国今天讨论入世十周年的时候，人们应该更清楚地看到：中国当前处在所谓传统的产业资本阶段，美国处在当代金融资本阶段。这两个不同历史阶段的国家宏观调控政策之间，是有着巨大差别的。

之所以现在无力应对这种输入性通胀，是因为输入性通胀背后是双方正好对接的“一高一低”，这一对接，就导致我们成为金融资本危机代价的承载者。

（三）中国处在国家竞争微笑曲线的底部

金融资本全球化阶段的竞争是国家间竞争，而非微观的企业间竞争。

因此，只有维护经济主权的全球战略，才有国家参与全球化竞争的胜算。

这里借用微笑曲线，做个中美俄三国态势分析。诚然，俄罗斯属于资源型经济，中国属于产业型经济，美国属于金融型经济。如果把GDP数据做一条斜线，则看上去中国高于俄罗斯，低于美国。

但在金融资本全球化阶段，俄罗斯和美国都处在微笑曲线左右两个上端，中国处在底部。

当人们追随西方意识形态宣传，说到俄罗斯、伊朗、利比亚和委内瑞拉等处于资源经济阶段的所谓非民主化的强权国家的时候，要明白他们虽然都属于比中国这种产业资本更低的资源型经济阶段，但是沿用这个观点，那意味着我们还停留在从传统工业资本主义的经济结构阶段来分析21世纪的金融资本主义的全球竞争。

如果我们认识到世界已经进入金融资本主义阶段，则分析思路就应该完全不同。

因为，虽然所处阶段不同，但资源经济主权一旦在国家手里或者以革命的名义重新收归国有，那么通过国家垄断，就不仅可以直接获得资源资本化收益，并且还在客观上可以间接地与美国币缘战略结合来“搭便车”地获取国家收益最大化。

这也是俄罗斯、委内瑞拉、伊朗和前卡扎菲执政的利比亚等靠所谓强人政治来维持资源主权的国家都遭到美国极端仇视的内因之一。

当然，在一般意义上都应该支持争取自由和民主的群众斗争，但那些意识形态应该与战略研究区别开来。因为，全球危机打击下的街头政治，往往成为新币缘战略和当代巧实力战术运作的主要领域。

与一般批判俄罗斯或委内瑞拉政治集权的主流思想不同，我认为俄罗斯和委内瑞拉选择石油资源国有化战略是符合最大多数国民利益的。何况，这两国都有一个把石油已经私有化或者被跨国公司掌控、又再收归国家的过程，例如，查韦斯掌权之前委内瑞拉石油 3/4 是跨国公司掌握，在掌权之后才强行把石油资源收归国有；俄罗斯也是普京上台后才想方设法拿回资源主权。

能够做这个收归国有的实质性变革的领导者，一定是强有力的政治家，并且都得到多数民众支持。如果这个支持至今仍然占多数，那说明该国人民已经从中世纪单一神教所派生的一元论的普世主义的西方意识形态迷信中或多或少地清醒过来了！

其实，对于资源经济国家来讲，维护资源经济的国家控制是第一要务，否则根本不可能占有微笑曲线左边这一端资源价格上升的收益。因为，微笑曲线右边的另一端，与资源开发出口相关的现货期货金融结算及其衍生品交易等，已经转化成西方资本市场收益，被跨国公司和垄断金融资本等西方利益集团占有了。

所以，当 1989—1991 年俄罗斯被打回到资源经济的时候，不仅苏联、东欧的产业经济几乎都被打掉了，而且实体经济的货币化和资本化这种制度收益也被西方占有了。如此经济跌落造成的巨大反差，俄罗斯人潜于内心的一定是希望夺回在地化的资源主权，这是大多数俄罗斯人拥护普京的根源。且不管大选党派如何斗争，普京以国家名义采取特殊手段从大亨手里拿回资源控制权的做法，是受老百姓拥护的，因为这样就可以将国家政治强权和资源经济之间直接结合形成最大化的利益。

这个依靠强势政治家以民族国家或人民利益的名义夺回左边那半条微笑曲线的过程，在国家竞争战略的逻辑上很清楚。

因此，俄委两国因都处于西方主导的金融资本阶段，虽然本身仍然属于资源经济，但却直接采取国有化战略，遂造成在西方推进金融深化中“搭便车”而由国家占有机会收益！

其实，最值得调整战略思维的还是我们。

中国人应该明确知道，处在“强权化的资源经济”和“强权化的金融经济”这两者之间的中国，就好比处于微笑曲线的下巴颏，对两头都是吃亏的。

而在微笑曲线左右两头，无论左右之间的意识形态如何对立，二者利益内生性结合，却是相辅相成的——只要互相“搭便车”，就能双赢——美国币缘战略炒起了俄罗斯资源价格，对于金融资本国家来说是成功对外转嫁了过量增发货币的代价；而对资源国有化国家也肯定是跟着获益，而且左右还能联手把代价转移给制造业国家。

诚然，他们之间即使不主观共谋也是双赢，代价转移到中国这里，我们就输惨了。因为，我们处在微笑曲线底端的下巴颏位置，就是承载双方转嫁危机之所在。所以，只要西方继续过量制造通胀，美俄无大碍，中国就有很大的变数。

（四）美国大选年增加对中国影响的变数

在全球化挑战下的中国对外政治经济关系中占据主导地位的，到底是哪个利益集团？

如果能够“去价值观”地看中国这种社会结构，其实最具“阶级自觉性”的，就是国有垄断资本。新中国成立以来的大政方针，也长期是这个唯一的“自觉阶级”在主导。

在20世纪的中国社会各阶层中，其他阶层都不具有“阶级自觉性”，都还是所谓“自在的阶级”。在中国工人阶级于20世纪之初终于正式走上历史舞台之前，无论是农民小资产阶级，还是城市刚刚崛起的中产阶级，都处于分散状态。近年来瓦釜雷鸣的中资，不过是从一盘散沙升格为一盘碎石。总之，虽然社会冲突乱象频仍，但混迹其中的小资和中资都不是“自觉阶级”。于是，整个20世纪后半期中国社会群体复杂变化的历史中形成的唯一具有自觉性的阶级，就是遭人诟病的国家垄断资本。

大多数发展中国家没有条件进入工业化，更没有形成这种国家资本，一般也就无法理解国家资本作为经济基础对官僚政治上层建筑的决定作用。这也是一般国家大抵无法学习或理解所谓中国特色的原因。

我们既然进入产业资本阶段，就得遭遇比一般发展中国家更多的麻烦，但一百年来连普通中国人都已经习惯于使用西方中心话语体系来理解东方的事情。诚然，由于我们这些知识分子无能和无德，搞得现在各种各样的社会讨论基本上还得用这套西方话语体系来做解释。

需要引起注意的是，既然中国社会各阶层都不具有自觉性，如果遭遇巧实力不断渗透或直接介入所催化的政治变局，怎么应对？

以前中美之间战略接近，如果按照宏观经济和战略研究学者王建的说法，是个渐行渐近的过程。

那接着请问，美国什么集团主导这种中美接近呢？

过去的20世纪美国主流很大程度倾向于右翼，在冷战时期的20世纪50—90年代的大多数时间里是共和党代表的垄断资本主导，这跟我们国内最具有自觉性的国家垄断资本之间，似乎是某种较低摩擦的结合。毛泽东对尼克松说，他喜欢跟右派打交道……虽然有点过于直白，似乎对当年的中国意识形态宣传做了一个相反的解构，但这是大实话。因为在客观背景上，中美构建战略关系确实是在美国的共和党右派执政时期。那时的中美战略接近，当然符合美国传统地缘战略的利益，特别是符合美国冷战时期的地缘战略利益最大化。中国亦然，恰恰也是在被冷战舆论误以为是左派的前苏联处于产业资本主义鼎盛时期威胁对华核打击的紧迫时候，促成美国总统访华的。

任何研究者如果只能按照冷战遗留的意识形态化理论来讨论问题，就把自己低俗化了，思想库做战略研究的参与者当然会认同，苏东发生那些变局根本就不是意识形态的问题。

如果对比当前，恰是被传统意识形态误以为是美国左翼的民主党执政时期，尤其当美国国内矛盾在大选年恶化起来、有更多人认为“我们是99%”被1%的垄断金融资本剥夺的时候，依据民主党相对而言的政治传统，有些情况下总统也会站在弱势群体一边，当前也试图以此为争取选票的政治性表述。因此，民主党强调变革，把增加就业当竞选武器，为此，批判中国的声音就会很大。

相对而言，民主党为了短期政治利益而完全不按照当年共和党与中国共产党形成战略同盟关系的需求出牌，这是完全可能的。近期看，除了振兴美国产业需要迫使中国提高制造业成本的经济策略之外，还在政治上提出“区别中国与中共”的策略，以及遏阻中国出现强势政治家而策动舆论战等，这些都可归于巧实力的战役动作。

因此，唯中国在国际环境上充满变数。

俄罗斯人要维护资源主权，就需要强势政治家维护国家强权。美国大选年，民主党要想靠大危机压力下的选票保持连任，就会有更为激进一点的动作，或者采取西方意识形态意义上属于更左翼一点的政策。总之，更偏向于出台不利于原来中美“结盟”时期的政策。

这一点，恰是我们在思想库讨论中分析不足，中国执政者应对准备也不足的。

我上一次座谈会给你们交的发言修改稿指出，日本因为放弃基本的国家主权而获得了在战后的美国地缘战略中“搭便车”的机会，所以日本可以极低成本地推进所谓“外向型经济”。因为所有的市场和通道都是美国人花钱、美国人派兵控制和保护的，日本不用花一兵一卒的军费开支就可以方便地占有能源原材料市场份额，并且不用投入国防力量就得到海上通道运输的便利。这个“搭便车”的制度收益，对于日本战后再工业化和日本政治崛起，都起到了重要作用，也使日本从来就强调与美国紧密战略同盟关系成为一个前提。

美国人现在对中国人提出的要求，其实是不许“搭便车”。

表面上看有道理。因为，日本“搭便车”的前提条件在于朝鲜战争陡然爆发，这就造成本来被美军占领没有军队、连警察都只有棍子的日本，突然变成是美国战略前沿的一个不沉的航空母舰。再后来，则是美国跟苏联、俄罗斯之间进行战略对抗的主要军事基地。另外，日本也几乎不提所谓国家主权问题，日本政客知道在美国军事占领条件下提出完整国家主权是没有意义的。

但是，现在美国人一方面强烈要求中国人不“搭便车”，但另一方面却又绝对不许中国自己构建海外通道和资源产地的安全体系！这对于中美两国战略对话来说应该是个重大议题，中国方面完全可以把这个问题直接提出来讨论。

如果中国人在中美战略对话中进一步地解释到位，说明中国处在产业资本阶段和美国在金融资本阶段币缘战略之间，确实有非常巨大的落差。由于我们的产业经济扩张实际上向美国做了双重输出——既维护了美国低通胀、承载美国向外转嫁的通胀代价，又遵循“特里芬悖论”维护了美国的金融全球化，那中国就的确不是“搭便车”，而是金融全球化之中处于微笑曲线底端的代价承载者。美国如果坚持不许中国“搭便车”，那就意味着要打掉中国这个最大的承载美国金融资本化代价的主体。美国可以再找个承载者，但没有哪个国家像中国这种体制承载代价的能力这么大。

以上说法，只是沿用从西方引进的百年话语逻辑对现实问题做分析，不是我的本意。

（五）地中海经济区的一体化整合

21 世纪的今天看地缘战略重组，无外乎三种组合模式——中美、中欧、欧美。

出于对这些年的话语逻辑已经形成的理解，应该是没有更多疑点的，但我总觉得这里面还是有问题。在哪儿呢？不妨从刚才说的道理来看。

第一，在这个全球危机爆发以来的地缘政治变动中，地中海沿岸国家已经构成资源、能源、粮食、制造业和金融经济等多元互动的结构性板块，逐渐构成了原来欧盟成之为欧盟的条件。欧盟成之为欧盟的一个条件，是因为区内贸易大于区外贸易，这就是欧盟发起的重要前提。

如果我们看地中海沿岸 60 个国家市场总量、经济总量、能源和原材料供应能力、货币量和经济量相关性等，都相对是一个良性结构关系。地中海一体化板块自身就是一个已经初步形成内部区域整合条件的地区。

历史上，无论是古罗马、古埃及、拜占庭还是奥斯曼，只要在欧亚非结合部形成一个大帝国，几乎都是控制地中海这一带，形成环地中海的地域概念。历史上就是这样，当代还是这样。那是不是还有其他的另类的可能呢？

当我们都认为这次债务危机不仅没有打垮欧盟和欧元区，

反而使它更趋向统一的时候，我以为大家都看到了一个重大变化，就是原来像利比亚这样的石油大国，过去由于石油资源主权国有，而在北非属于高福利国家，因为被欧盟军事运作打垮了，所以它的资源主权全数交给打它的国家，这是后殖民主义地缘战略下的石油资源的再殖民化，利比亚算是最典型的。如果伊朗、叙利亚这些产油国的资源控制权，也以政治借口进一步被西方改变了，那就是说在资源经济阶段的资源主权重归了币权主导国家，这对于西方来说是利益最大化的。

地中海区域整合的可能，在于一个非常重要的条件，就是美国人在阿拉伯地区驻军只有 10000 人的时候，它的三艘航母只是保持区域稳定，那这个区域的经济整合机会，就留给了更具有区域主导权的欧盟。

我原来认为欧盟不具有区域整合条件，因为只有纵向的整合才是成功的，那时我以北美自由贸易区为例说，美国占有资本、技术和贸易高端，对下整合加拿大的自然资源和墨西哥的劳动力。而欧盟各国之间如果产业结构是平的，那平面就不可能整合。可现在北非和阿拉伯的资源都被欧盟利用政治机会强行包纳进来了，欧盟对地中海地区就具有了纵向整合的条件。

所以，全球危机下的区域变化中，还可能有很多另类的区域战略或亚区域战略选择。

我们最近召开首届南南论坛发表的声明，第一条强调的就是资源主权，第二条强调的是社会合作，第三条强调的是可持续的安全。所针对的，一定程度上是近期开始的区域重组。

第四节　欧债危机实属政治危机

2008 年的全球金融危机爆发之后，欧洲持续发生着政府债务危机，这类政府危机考验的不仅是欧洲政治家的眼光，也是政治制度。

因为，欧元区的政治国家有一个基本的制度缺陷，就是当 1999 年欧盟国家开始发行欧元的时候，意味着加入欧元区的政治主权国家丧失了其经济主权的核心部门——货币主权。

欧元区的各国政治家要向市民承诺他们的社会福利会不断上升，同时还可以少干活，接着，在当选之后就得兑现。因为他们没有中国这样的完整经济主权——政府可以渐进地制造通货膨胀，迫使百姓承受政府债务转嫁而来的通胀压力，所以加入欧元区之后的欧洲各国政府不能不断地、逐渐地制造通货膨胀向社会转嫁压力，于是就不断地累积政府债务——每一轮竞选产生的政治家轮替，都得许下更多承诺，一旦承诺之后就加重政府债务，不能增发货币就得靠增发债券。当然国债评级就会下降，债务则无从化解。

美国和中国的国债评级都不差，这是因为两国政府债务的比重可以靠不断发行货币来减少——货币的分母会不断增加，债务作为分子就会下降。

所以，希腊、西班牙、爱尔兰这些国家的债务问题，主要是因为这些国家制造业比重下降，虚拟资本经济又玩不起来。欧洲那些制造业较强的国家，如德国、法国、意大利，相对来讲还撑得住。其他边缘国家却在不可能维持货币主权的情况下不断累积债务。最后，只能等着欧盟、国际货币基金组织来救助，决不可能靠自己国家的力量。

但是欧盟很多政治家认为不该给钱救希腊债务危机，他们的道理是直白的：没救。

包括中国在内的发展中国家的负债都比较高，能不能有效地把负债转嫁成社会的代价，这算是任何类别的国家政治体制内在的一种任务，如果不带有任何主观的价值判断，则应该知道：这种向社会转嫁代价是任何主义的现代政府都一定要做的。

当加入欧盟的所有主权国家仍然维持着所谓政治主权，而执政者维护其政治主权却是要靠向普通选民买好来获取选票，那这种维护就是要付出巨大代价——越是自由主义的、多党制民主的政治和治理，就越是会导致政府债务的刚性增加，这就是规律。

诚然，自由民主的制度值得向往，但其成本是相当高的。在这个政治制度下，要么政府有条件将债务向外转嫁，像美国强迫中国和日本这样的贸易顺差国家购买其国债。如果没这本事，像英国这样则只能傍美国大哥，大哥才允许英镑汇率长期高于美元 50% 以上，有时候甚至高 80%，以使英镑在国际外汇市场上，或者说英国国债在国际市场上有相对比较高的信誉。这样的特殊条件，是大哥给的！

美国人作为大哥，有两个地处大陆之外的岛屿小弟在战略关系上最好，一个英国，一个日本。因为，这样可以用欧陆之外的岛国英国控制欧洲，用亚洲大陆之外的岛国日本控制亚洲，所以英国和日本是世界上永远会跟美国保持紧密战略同盟关系的国家。对美国的关系是最重要的战略关系——英国和日本是永远这样公开表态的。

在亚洲外汇市场上，日元和美元是互补的，每当美元要下跌的时候，一定要日本政府大量增发日元买美元，这就把美元汇率撑起来了。因此，相对于美元化的地区，日本是美国在整个亚洲地区最好的宏观政策工具。

欧洲人比亚洲人聪明一点，欧洲人发行了欧元。但与美元有紧密同盟关系的英镑决不加入欧元区，因为一旦加入欧元区，英镑将大幅贬值 40% 以上。完全从客观角度看，这符合英国经济结构的要求。英国第一大产业就是金融，为了保持自己的币值稳定，只能取得美国特许，因为这个特许英国才有在国际金融竞争中的地位，并不是比谁资本市场管理运作技术高。可如果从实物产业来说，德国不知要比英国大多少，因为英国的实物产业已经完全退出了。英国第一大产业是金融，第二大产业是旅游，如果从产业角度来说，英国并没有国际竞争力，但美国赋予他仅次于美国的国际金融资本地位，这就导致了德国现在很难处理这个关系。

法国是整个欧洲大陆拥有最长时期国家政治史的国家，据说有一千五百年的政治国家的历史，在拿破仑时期曾经统一过大部分欧洲。其他国家基本上属于年轻国家，比如德国 1832 年立国，意大利 1847 年立国。所以，欧洲的整合一定程度上是在法国人的推动下进行的。

从这个角度看，有助于我们了解欧盟危机。不妨认定为：

这是“一批维护政治主权的国家放弃了货币主权导致的客观结果”，这样看，就比较清楚了。

若愿意深入思考，则从中可以知道，既然欧洲危机的本质是政府危机，那么这个危机是否会爆发，就取决于美国是否认为它不再需要这个在金融资本竞争中处于对立矛盾、政治上却是冷战时期遗留下来的战略关系的伙伴。

现在 IMF（国际货币基金组织）出手来救希腊危机，在很大程度上是由于欧洲这些问题国家都属于美国的战略同盟，大哥说一声给我去打阿富汗，谁不去？都得跟着去。大哥说大家去打伊拉克，谁不去？大家都去。美国不可能一国单干，那叫侵略！当年打朝鲜就是联合国军，有 16 个国家参战。当我们认定欧洲所谓的政府债务危机时，就不得不看政治背景。实际上，国际政治中美国仍然需要这帮小弟一块去打这个打那个，才能证明它不是侵略。也因此，美国控制着的世界银行、IMF 就得出手去救欧洲。

可见，欧盟国家只要在政治上仍跟美国保持紧密的战略同盟关系，那欧洲的危机就不可能全面爆发，欧元也就还能维持，中国就不必急于调整外汇储备结构。

按常理，我们该建议中央考虑调整外汇储备结构，抓紧卖出欧元，因为欧元区的危机显然属于放弃货币主权才导致的主权债务危机，假如 IMF 和欧洲中央银行不出手相救，那就意味着欧元体系的瓦解——无外乎两种意见，要么欧元区开除希腊、爱尔兰等，进一步再开除西班牙，但只要一开除，欧元区就随即瓦解了，所以不可能开除。但如果要维持，欧洲这种纵欲贪婪的政治文化其实不足以靠国内经济来维持，因此这种维持决不是经济的，而是政治的维持，也是美国地缘战略需要的维持。

综上所述，欧洲危机本质是政治危机，但解决政治危机不可能只是靠传统政治经济学讨论的经济复苏，而是靠欧盟继续绑在美国战车上。

第五节　日本研究中的另类思考[①]

人们看到日本的政治、经济体制有严重问题，却很少有人注意日本属于长期稳态社会。从 1991 年日本进入衰退的二十年（也有说是“失去的二十年”），却一直是日本最稳定的时期，既没有高失业，也没有社会动乱，哪怕十年 9 换相，不论自民党党内派系斗争复杂还是执政党轮替，其政治和社会也还算是稳定的。

现在很多人想当然提出的问题，并不是日本自身的问题，而是从西方的所谓先进制度出发，来反观落后的亚洲，但这只是意识形态而非科学研究。

其实，我只是希望从事日本研究的学者把日本这幅图画尽可能画完整。还请各位注意，我讲的主要是这些年多次去日本，到处调查研究和与人交流形成的粗浅看法。

① 温铁军 2012 年在战略思想库关于日本问题座谈会上的发言，已经本人审阅。

（一）从日本的视角看东亚地缘战略格局中的日本与中国

我认为应该有一个基本的分析视角，因为中国很少有人从日本自身的角度看日本，特别是从日本自身的发展历程看日本在东亚乃至国际社会中的关系演变。

大家应该看清楚的是，在西方人长期推进殖民化以来，在包括东亚的这个西太平洋扮演主要角色、纵横捭阖的，从来都不是中日两国。

日本跟俄罗斯之间的历史关系大家也都知道。

其实，日本与中国的军事冲突，乃至于二战期间和二战前后的很多涉及中日关系的地缘政治问题，背后都是一方是英美势力，一方是俄德势力。

由于一战德国战败之后不能搞军重工业，遂转移产业投资到苏联。因此二战前的德苏在客观上具有某种产业联盟关系，都不可能就范于张伯伦的“绥靖政策”。只是由于二战之初德国打下的整个西欧都属于产业同构、缺乏能源和矿产，才不得不向东进攻苏联。殖民主义列强纷争的产业资本阶段内涵性决定冲突性质的这个道理，同样适用于日本，而日德两国二战的境遇相似。日本20世纪30年代本来受到美国军火支持，先向北去打苏联，却败于诺门坎战役，这才回头向南。也是打下中国东部沿海没有得到能源和原材料，但却已经得罪了欧美，遂不得不与欧美为敌进攻东南亚占据能源通道。

从19世纪中叶东亚遭遇殖民主义侵略和瓜分至今，传统的产业资本阶段的地缘战略仍然有很大作用或者影响。所以，在这块版图上先列强、后大国上演的一幕幕，都不是用中日两国关系变化就可以简单概述的。

因为，东亚近代历史本来就是一个西方大国博弈的历史，无论是从列强纷争，还是到双寡头控制，再到美国单边主义霸权与俄罗斯再度崛起在东亚的互动。

此外，日本是一个典型的东亚原住民国家，是单一民族而不是一个移民国家，文化上具有一定的保守性。但是，别忘了日本人在尚武文化中有一个非常坚硬的内核：日本人自以为是西方推进殖民主义历史上唯一的一个有色人种打败了白种人的国家！第一个打败的是沙皇俄国（当然是在中国战场上）；第二个打败的是欧美，二战初期日本人打败了整个西方在东南亚的势力，一直把他们打到印度边境去。日本人认为，在整个殖民主义历史上有色人种都是被白人欺压的，能够打败白种人的只有日本。所以，日本对战争认罪的人远不如内心深处保留民族骄傲的人多。

在美国使用核武器才造成日本承认军事失败之后的全球经济大战中，日本作为一个几乎没有资源和没有殖民地的外向型工业化国家，长期位居世界经济第二。虽说 GDP 赶不上美国，但日本 1990 年制造业主要产品总量曾是世界第一，泡沫化程度远比美国小得多。从这一点看，日本人也有理由自傲于世界民族之林。

我没有“愤青”情怀，客观分析日本政治上的自傲内涵和社会上的超稳结构，才觉得那都是一般中国人不可想象的。

据此，我认为，对于日本在政治经济社会多个方面的情况，中国都还没来得及认真研究。

我在很多内部讨论中都讲，日本是世界唯一的二十年零增长但却不发生任何形式的社会动乱的国家，唯一出过的一件算比较大的事儿就是那个制造了地铁毒气事件的麻原彰晃。①

如果按照中国思想界沿着“左派幼稚病”的犯病传统下激进地纳入资本原教旨主义发展路径的不可逆趋势，来预言如果中国人在遭遇二十年零增长的情况下会发生什么，那将是一个非常不堪的状况！

我们研究日本，无权从中国高增长现状或者欧美的制度出发，片面地评价甚至指责日本的政治经济如何糟糕，应该承认它有很多的仍然保留下来的东亚经验值得我们学习，而不是现在像这种站在欧美的立场上的学者们大部分是以西方的价值观来衡量日本。

以上分析是值得我们研究的一方面。

但是，日本还有另一方面，中国人即使研究了也很难借鉴——主权缺失条件下的实用主义对外战略——日本、韩国这种地缘政治冲突客观造成的主权不完整国家，却得到了美国与俄罗斯对抗的地缘政治中“搭便车”转嫁外向型经济巨大代价的历史机遇。

这也是我现在正在做的危机比较研究的一个内容，即：希望了解日本自工业化以来有过多少次经济危机？什么表现？发生经济危机的时候，代价是怎样转移的？

---

① 麻原彰晃，本名松本智津夫，日本奥姆真理教的创始人，因主谋策划东京地铁沙林毒气事件，造成 12 人死亡及至少 5510 人受伤遭到逮捕，缠讼多年后于 2004 年 2 月 27 日被东京地方法院一审判处死刑。麻原彰晃曾试图上诉，但日本最高法院于 2006 年 9 月 15 日判定麻原彰晃维持死刑，全案定谳不得上诉。

大家知道，所有的后发工业化国家只要没条件对外殖民，在其经济增长、特别是工业化过程中，不仅都有经济危机，而且只有能把危机代价转移出去的国家才能幸免于难，否则就跌入了所谓的现代化陷阱！

很可惜的是，几乎大部分发展中国家都跌入了现代化陷阱，没爬出来。

日本19世纪末期明治维新时代师从西方，日本使团虽然遍访西方，但发现西方模式不可照搬，遂做了“师从德国”的选择。并且，主要是靠“集权政治+军国主义”打败了中国、霸占朝鲜半岛及台湾岛之后，再进兵中国东北，靠军国主义和殖民扩张，这才完成工业化的。

因此，它在早期的军国主义的工业化原始积累阶段不属于以内向型积累为基本特征的东亚模式。并且，日本搞这种外向型工业化就得路径依赖地“脱亚入欧”介入列强纷争。只是命运多舛，后来被欧美打回原型了，所以它脱亚入欧走殖民主义道路的第一场“日本梦”变成了噩梦！

那怎么办呢？在美军占领条件下顺势而为，变成了“仰赖欧美”，在积极地配合美国制衡亚洲、抗俄抑中的战略中，极端实用主义地巩固这种从属关系，从中获取巨额战略利益。

于是，无论日本怎样长期排位世界老二，美国也不会打压势同手足的日本。

不妨看它二战以后的发展路径，因为它不可能挣脱开欧美二战之后对它进行政治、军事、经济全方位控制，于是形成了一个以放弃主权完整为代价的“搭便车”过程——紧跟美国，利用美国以日本作为东北亚的最大军事基地来保护整个地缘战略防御圈，不仅节省了日本如果作为主权独立国家几乎所有必须支付的政治、军事开支，而且，还极大节约了日本的外部市场交易成本：不用按照西方的殖民化模式占有世界资源和产品市场，也就不必遭遇殖民地反抗运动，更没有美俄那种意识形态渗透和斗争、颠覆政权、出兵干涉，甚至局部热战等大国崛起势必发生的几乎所有重大外部性问题。

所以日本战后的再工业化，乃至于达到和维持着全球第二位，半个多世纪以来都是相对最低成本的。其国际形象，也比中美俄都好得多。

我之所以强调说中国不能借鉴日本经验，是因为：只要在全球老二的地位上就必须向老大支付巨额赎买成本，甚至支付成本也不得不面对金融资本阶段的新法西斯主义强权诉诸军事冲突的“极端形式”；而当中国不仅成为老二而且主权相对完整，那就势必成为“被敌对”国家！

这个中日两个先后当老二的国家之间的客观异质性，搞得中国人的精英集团很囧。再怎么一厢情愿地去搞适应老大的“顶层设计”，也无法直接改变中国这种客观具有完整主权国家的基本属性。这也是越深改越触及主权问题的内因。

（二）日本的两个真实经验值得做客观研究

接下来，我们再看构建日本稳态社会的基本制度结构，有两大块算是支撑。

既然提出要把日本这幅图画画完，往往是这个图画的角落起到支撑作用的部分，是人们很少关注到的。

第一大块，就是国内稳定坚持重农主义的基本制度，内生性地形成土地均分制度派生的“小农＋村社”为基础的内部化机制。

这个世界上真正全面完成了村内土地的均等化分配的，只在东亚的儒家文化圈（中国大陆、中国台湾、日本、朝鲜、韩国、越南），而且都有暴力背景。也就是说这些东亚国家和地区在土地这个基本财产制度上，是彻底实现了平均分配的。世界上其他地区，包括亚洲的其他国家、拉丁美洲和非洲等地区，一般找不到类似的基本制度。

因此，东亚可以产生一个连带的、但是很少有人分析的组织现象：这些国家和地区都有一定的农村高度组织化特征，无论是日韩台的所谓农协、农会模式，还是中国的高级社和人民公社模式，还是越南的所谓村集体模式，乡村的组织内涵和层级大都是一致的。由此，也都是通过“综合农协”（日本称为JA）这样的农村高度组织化来形成村社制度内部的群体理性，而这些群体理性，也都在工业化过程中有效地内部化处置了外部性风险。

基于组织化才得以运作的所谓村社内部化机制，本来属于“东方理性”的基本经验，大多数研究东亚的中国人却很少谈到。

我们最近这几年开始组织中日韩的比较研究，从根本上来看内部化机制主要在工业化过程中是如何发挥作用的。

我们说相对于国家稳定这个大局而言，土地均分制是基本制度。这在日本至今没有什么太大的变化，像中国这么大张旗鼓地鼓励外资内商进入农村占有土地这种事情，是极其愚蠢的，而在日本长期以来都是绝对禁止的。日本连一般的地方自然人都严禁占有农地、若自然人要进入农业，必须经过考试、履行一定手续，因为日本是一个农业资源严重短缺的国家，特别是耕地资源短缺，这个资源短缺到已经不是一个可以自由交易的领域。在这一点上，日本人是清楚的，同样韩国人也是清楚的，只有中国的所谓的改革家们和学者们才是糊涂的。

我们只能说：这是东亚稳态社会体系中的一只脚，这个脚跟稳不住就出大乱！中国现在的问题是在自断其足。

我们刚才说两脚支撑日本，这第一只脚就是平分土地之后的综合农协模式。这种模式就是不搞条块分割，把农业的产加销，金融、保险、房地产、旅游、超市、餐饮甚至医疗卫生全放在一个大系统内。没有中国这种条块分割互相摩擦造成的过大的制度成本，95% 以上的农户加入综合农协，政府的支农惠农政策等给农民的好处，通过一个农协系统下达。然后，农协可以广泛地开展多种经营。在农村办超市、办饭店、办旅游、办金融、办保险，一概免税，法律规定 50% 以上的收益，返回给小农。这是日本能够内部化处理外部性问题的一个重要的群体理性。这在东亚社会本来都是普遍存在的。

而与中国最大不同的，其实是第二块，就是日本的所谓综合商社为名的财阀垄断模式。

如果能够去意识形态化地看东亚财阀模式，或者从国家长期安全看，确实具有一定的整体稳定性。其与中国之不同，主要是其海外投资战略配合日本央行对外转嫁危机成本的一致性。我们中央现在对付西方金融危机成本转嫁的办法主要是以国家信用对冲——国内印票子，通过制造温和通货膨胀来向社会转嫁外部性危机。而中国在经济领域接下来的一种可能趋势，也许是国企集团向东亚财阀模式转型。

这个说法我曾经在上海讲过，马上就被那些唧唧喳喳的人误解为我认同日本财阀模式。

其实，无论我们如何主观评价，日本这第二种制度，也许与体改研究会秘书长七八年前就曾经寄希望于中国的官产学媒四大强势群体结盟以形成一个精英治理模式可有一拼？在日本的政治领域，直白地说就是官、产和黑社会结盟。如果日本知识界也得遵循“皮之不存毛将焉附”的道理，那么附在这种皮上的知识分子就只能犬儒主义。

把我分析的日本稳态社会的这另外一只脚画上，有什么道理呢？

日本社会二十年经济零增长却仍然保持稳定的重要原因，其实是经济社会结构中的政商结合 + 黑社会“合法化”参与财阀合谋，共同维护着六大财阀控制全国经济。

客观地讲，人们如果愿意去西方话语地看东亚的话，类似日本这种政治经济紧密结合的制度在韩国、在中国某些地区，包括在中国台湾，都能找到类似的形式，虽然内容上未必完全一致。

至于意识形态上公说公有理，婆说婆有理，与我做的客观经验的归纳研究无关。

人们总得睁开眼睛看看，东亚各国的经济体制类别有很大的相似性。

日本城市中六大财阀和农村经济中的综合农协都具有内部化机制，其存在前提是它们得以分割控制全国经济。那么，就得涉及这种财阀制下的企业微观制度，那就是能够内部化处理市场外部性的所谓“年功制”[①]。企业内部当然不是充分竞争的，但这种内部论资排辈起码有稳定企业雇用关系、长期维护员工忠诚度的作用。

说到此，算是把我认为应该注意的两只脚画上了，请你们批判。

再明确一下我的分析。

日本得以在二十年经济危机和萧条打击下长期稳定，靠的是基本制度中的两个结构性支撑：其一是土地均分制 + 高度组织化，其二是财阀制度 + 企业年功制，二者都带来内部化处理外部性风险的机制。

此外，就是东亚地缘战略中的极端实用主义——紧密结盟美国——战略性“搭便车”带来外部性成本极低的巨大利益。

这些，就是资源极度短缺的日本靠外向型经济再工业化迅速崛起、长期维持世界第二大国却没再次在世界树敌的基本经验！

① 薪金年工制，日本的终身雇佣制的基础是薪金年工制。在一个企业中的工龄决定了一个雇员的薪水。一旦员工要更换雇主，他的薪水将从更换后的时间开始计算工龄，在薪水上比原先要打一个很大的折扣。因此，在日本，一般人很少更换雇主。

（三）大国战略演变与日本参与东亚一体化的可能性

对中日两个经济体来说，实现区域整合的机会还没到。假如排除东亚地缘战略中的西方强权控制而只讲中日互动关系的话，目前大家都有些思考，已经看到了机会到来的曙光，当然是积极的，但不能以此为判断依据。所以，我认为机会还没来。

先回应一下 W 说的板块理论。其中，第一部分关于中国到底和欧盟、日本、美国至今的关系有什么摆布，W 对欧盟的态度是一贯的，认为是敌人；对美国的态度也是一贯的，是正在朝友好的方向发展。所以，W 现在提出这个战略就是南分北和、东连西进，这是一个很清楚的地缘战略摆布。W 在说这个战略之前，谈到日本未来发展态势，其中有两个主要的判断依据，第一个是经济上的，主要讲的是日本的贸易赤字和储蓄率下降，第二个是社会上的，那就是人口老龄化。但有一个数我不知道他为什么没有引，那就是日本是目前发达国家中综合债务对 GDP 比重最高的国家，并且是长期最高。这三点似乎都是不利因素。

我想稍微补充一点。日本高债务跟其他国家不同，除了主要依靠国内储蓄对日本财政金融支撑之外，还有一个重要的东西，就是当我们看到战后整个世界格局的变化的时候，有一点很重要，以前的列强纷争到战后变成双寡头地缘战略，于是在战后同步推进的是双寡头的“双雁阵产业转移”。美国对西欧和对日本做雁阵式的产业布局，那么苏联也是向东欧和中国在做产业输出，双寡头都试图完成地缘战略的控制。也就是说，假如这个产业资本阶段上还是传统的地缘战略控制的话，那么美苏这两个产业输出，相对而言都是构成冷战对峙格局的战略条件。

接着看，后来的麻烦出在哪儿了呢？

在于美国人完成了雁阵式的产业转移，形成了雁阵式的地缘控制，乃至于后来升级到金融资本阶段，东亚就变成美元湖，而这个美元湖原来最大的短板就是中国大陆。但，因为中国20世纪50年代后期跟苏联交恶，到20世纪60年代开始双方敌对，使苏联没有完成雁阵式的产业转移，只对中国转移一部分就不仅草草结束，双方之间还发生了对抗。其客观演化的结果，最终是中国补了西太平洋美元湖的短板。

再往深了说两句，20世纪70年代以来世界进入金融资本主义，美国操作币缘战略于欧亚大陆，用的是两只“把手”：一个是欧洲边缘的岛国英国，另一个就是亚洲边缘的岛国日本。英国在二战以后客观上让出霸权地位，但盎格鲁－美利坚模式本身仍然是一致的，因此构建的是通过英国制约欧盟的“把手”，内涵是传统的盎格鲁－美利坚全球战略体系。而日本则有所不同，主要是二战之后美军掌握日本军事命脉。而美国凭借军事强权扩张同时又赋权于国家信用体系扩张的内在作用，派生出当美国完成军事掌控的时候，其实也就客观构建了日元跟美元之间依靠美国军事强权维护日元信用体系的战略结盟关系。例如，我们都可以看到日本贸易顺差和长期债务率高的时候，其跟美国币缘战略是互动的关系。

刚才为什么说对日本而言机会没有来？

日本作为美元币权经济操控亚洲或者操控所谓西太平洋美

元湖的“把手”这种战略作用，依然是非常强大的。我刚才提到的日本靠外向型经济长期以来只能搭美国便车才有巨大收益的分析。我认为，日本会一直抱着这个大腿，直到抱不住才算完！

因此，我说的日本的机会没来，在于这种日美互动关系的收益大于成本，日本才一定要把美国大腿紧紧地抱下去。所以，对它来说自主选择的战略机会就还没有来。

如果还是按照 W 的说法，那我这个东亚分析，客观上带来了另外一个判断，那就是中国的机会也没来。直白地说，对日本来说还得继续抱下去，对中国来说可能刚遭遇怎么也抱不着的结果。

还有与之相关的另一个不太成熟的判断，就是中美现在由经济而政治的关系变化。

以往的经验是，中国对美的双重输出：通过出口更多造成美国经常账户的逆差，形成中国顺差，再大量投资美国政府债券导致美国的资本账户更多顺差。这两者都有利于美国金融资本全球化，被中美双方的学者和政治家认为是构成 G2 的战略相关性的基础。

但是，现在看来有变。主要是美国从中国得到的低价格消费品、极大压抑其国内通胀率，使得跨国公司得到长期维持低利率的资金，反过来以极低利率的巨额投资投入中国，不仅直接得到中国高利率、低汇率的制度利益，而且几乎控制了中国外向型战略产业，这使得美国通过债务融资，反过来成为在中国投资的债权。这个债务演化为债权的间接收益是美国在华公司盈利从20世纪90年代的不足20%显著提高到新世纪的超过30%，客观地造成道琼斯指数表现良好和美国经济复苏。

这些中国对美双重输出，虽然有利于代表金融资本的美国共和党，但却当然不利于在大选年试图从99%的反抗华尔街的百姓中争取选票的民主党。当前，奥巴马借贸易保护主义诟病中国和力促国内就业的经济政策，配合不顾一切地向中国转嫁即期政治成本，成为竞选策略！这些，恰配合了整个西方危机期间急着找到成本转嫁对象、在国际国内各种问题领域对中国意识形态化的全面进攻。这些紧迫的情况，已经不是中国多做“双重贡献”、努力维护美国大资本利益就能单方面奏效的。更何况，中国低技术含量出口产品的可替代性确实越来越明显。

总之，中美以往靠大资本构建的战略关系本来还可通过利益集团的对话勉强维系，但近年来因金融资本危机的全球深化而导致核心区越来越不顾长远地对外转嫁危机代价，遂致近期中美关系被偶发性事件生变的可能性增大。[①]

第六节　从北非“街头政治”看全球资本主义危机[②]

从突尼斯开始逐渐蔓延多个北非国家的、以“街头政治”

① 这个预见，已经被2013—3014年的情况所不幸验证。

② 这是2012年4月在中国人民大学农业与农村发展学院学生党课上的演讲。

为表现形式的社会运动，若只是从现象上看，主要是“两高一单”造成的——单一殖民地经济面临“两高”（高物价和高失业）打击诱发的；若从本质上看，则仍然是 2008 年华尔街金融海啸引发全球资本主义危机的延续。

（一）西方政治体制的债务危机转嫁于发展中国家

华尔街金融海啸引发的全球经济危机，被金融资本主导国家通过进一步信用扩张对外转嫁危机造成全球通货膨胀。由于这种通货膨胀的全球性，而使经济基础薄弱的发展中国家承载了发达国家危机代价的转嫁。

这在本质上仍然是全球资本主义体制性的全面危机，也属于“环地中海危机圈”的一个组成部分。具体解释如下。

大家都应该认识到，经济基础与上层建筑是一对具有因果关系的矛盾。目前在全球化条件下，发展中国家以其薄弱的经济基础来支撑发达国家最高成本的上层建筑；高成本的西方政治体制造成债务危机，并转嫁于发展中国家薄弱的经济基础，这是全球资本主义体制的基本矛盾。

这一点应该说是我们的科研团队对马克思主义传统理论的一种创新。

为什么说发展中国家承载危机代价，客观上在支撑着发达国家的上层建筑呢？

这是因为：发达国家的政治体制目前被全世界主流意识形态认为具有普遍意义，是普世性的，或说是具有普世价值的政治体系。据此，谁要想说发达国家所创建的这套上层建筑，包括多党制议会民主、媒体自由、选举自由等这些东西有问题，认为这个体制不对头，谁就是“政治不正确”，那就没有形成话语的可能。

但客观情况却表明：这套东西在发展中国家普遍缺乏基本的经济基础支撑，即使在发达国家，它也是中产阶级把自己庸俗化的福利需求过分政治化的结果。

我再重复一遍，虽然发达国家现在上层建筑中的政治正确的话语体系被主流认为是具有普世价值的，但它其实是中产阶级把自己庸俗化的福利要求，泛政治化提出的一种表达方式，它在本质上不是一个代表广大劳动者群体的正常的所谓关于人权、民主的自由表达，而是中产阶级追求自己福利化的利益的政治化表达，于是形成了现在发达国家的高成本上层建筑，这在任何发展中国家都不具有支撑的条件。

所以，一方面，无论对任何人我都应该尊重你有各种各样的理念，包括尊重你接受了发达国家所形成的这种强势话语之后所形成的理念，这如同只要我尊重你的宗教信仰就绝对不会去探讨信仰本身的对错；但另一方面，我无论多么尊重你的理念，仍然得知道大家共同的麻烦客观上在于无论哪个理念要想变成现实，都需要认真计算制度成本！因为，这种成本必须由大家支付。

这应该是大家愿意参与讨论的一个基本观点，因为“环地中海危机圈”，包括当今北非政治出现的问题，主要是由于这些国家的经济基础不具有支撑这种上层建筑的条件。

（二）“两高一单”的经济发展困境

从突尼斯到埃及再到利比亚，这些似乎体现多米诺骨牌效应而出现动乱的北非国家具有经济方面的共性，就是这些国家都遭遇到了高通胀 + 高失业的“两高”特性。

而这“两高”，实际上并不是这些经济体“内生”的，很大程度上是外部输入的。

2008 年至今的全球危机，是一次全面的资本主义危机，不是局部的，不是个别的。这次全球危机本源于信用危机，而制造信用的主体是政府。尤其是自 1971 年美元与黄金脱钩——布雷顿森林体系解体之后，西方主导国家不再维护纸币发行与贵金属储备之间的关系。自此以后，世界上的货币信用和国债信用这两种信用，主要还是政府凭借政治强权创造的。

事实上，最大霸权国家创造出的这两种信用都属于世界最大规模！

最大霸权国家信用扩张、膨胀导致的结果，是其金融和债务形势都恶化的危机向全球发展中国家的转嫁。这种转嫁的渠道主要是通货膨胀。因为，大规模增发出来的货币大量流向原材料、能源和食品（粮食）市场。这种关乎人民生存和实物生产的价格水平的陡然提高，并不是人们的正常需求导致的价格上涨，而是全球金融主导国家大量增发的货币涌进期货市场必然推动价格的大幅度上涨。

根据 2011 年年初的世界银行数据，上一年小麦价格上涨了 100%，玉米价格上涨 73%，大米价格涨幅相对比较低一些，对东亚和南亚的冲击相对小。

由于应对全球危机的政府都在推进信用扩张，不仅导致了能源、资源和粮食价格上涨，而且，能源价格大幅度上涨，还反过来又导致粮食价格上涨——主要由于发达国家推进生物能源计划，将大量的上亿公顷的土地用来生产生物能源，遂导致粮食生产和供给都减少，这势必推高粮食价格。

按照测算，只要石油价格超过 40 美元 / 桶，生物能源就有利润空间；石油价格低于 40 美元 / 桶的时候，生物能源还得要补贴。现在石油价格超过 100 美元 / 桶。上一轮危机时期，石油价格最高达到 147 美元 / 桶。如果石油价格达到 150 美元 / 桶，即意味着生物能源有三倍以上的利润空间。从美国、欧洲乃至巴西、中国、印度等国的发展规划来看，都有大量的生物能源种植计划。这也会继续推高粮食价格。

根据 2009 年国际组织数据，2008 年发生在 38 国的粮食危机主要原因是大量热钱冲击粮食市场和生物能源，占用大量粮食用地。用一国民众粮食短缺程度来衡量一个国家的“饥饿指数”，2008—2009 年的全球饥饿主要集中在南亚、非洲这一带。

需要注意的是，这里的饥饿，并不是说这一带的农业资源有限或粮食的产出低，而是由于大型跨国公司占有了这些地区国家的农业资源，发展大农场，但大农场的产出用于出口获取利润，而并不对这种资本主义农场所在国家的贫民的饥饿承担责任。像南部非洲国家有规模上千公顷的大农场，个别的甚至会到上万公顷，相当于中国一个小县的土地面积。拉美的巴西、委内瑞拉也都是大农场遍地的国家，但仍然有大规模的贫民人口饥饿的问题。这很大程度上与这些国家的殖民地历史有关。

我们的研究团队归纳出来的规律是：越是维持殖民地“单一经济”的国家，食品和一般商品就越要靠进口。由此，越是贫困国家，越是殖民地“单一经济”，其受输入型通胀危机的影响就越大。无论在委内瑞拉，还是在塞内加尔、马里，普通百姓在街上购买到的食品和消费品价格比在欧洲还高，因为主要依靠海外进口。

所谓“单一经济”，是指殖民者虽然表面上离开了，但留下殖民化的经济结构，比如香蕉之国厄瓜多尔，很多老百姓只种香蕉，在香蕉没有成熟的时候就没有现金收入，如果香蕉成熟了没有人买也没有现金收入；平时既不种粮食蔬菜，也不养畜禽，城市里也不生产衣服鞋子；如果没有消费品和食品进口，就没法维持基本生存。当这些普通民众的生存资料都要靠进口的时候，就会直接受到国际市场价格攀升的严重影响。

所以，殖民主义造成的穷国一般都是“单一经济”国家，在经济危机打击之下首当其冲地遭受高通胀的恶劣影响，一旦高通胀发生，这些国家经济基础本来薄弱，于是就会连带着出现企业大量倒闭、劳动者大规模失业的情况。

所谓“两高”，就是“高通胀”加“高失业”，会使得这个社会大部分群体受不了，于是就会出现“街头政治”，不仅北非，此前的希腊、西班牙爆发街头冲突也是同类原因。

所以，是“两高”问题——高通胀和高失业，引发了没有明确组织动员和没有政党纲领的“街头政治”。这并不是19世纪欧洲发生过的阶级斗争政治经验，也不是20世纪民族独立政治，这只是21世纪在“两高”打击之下，因承载了过重的全球经济危机而爆发的、中产阶级广泛参与的“街头政治”。

更为尴尬的悲剧在于：即便换了领导人，无论是军政府，还是新的多党制议会实行民主，也没有解决“两高一单”问题。亦即，是否换成西方化的政治体制，或者无论谁当政，都解决不了输入型通胀和高失业困境，因为，这是霸权国家外部性危机转嫁造成的结果。

（三）埃及和北非地区“街头政治”的特点

埃及人口规模有8000多万，穆斯林占90%，基督徒占9%，年轻人口所占比重非常高，达到60%以上。要注意的是，埃及GDP在2010年增长6.8%，2009年危机年份是4.6%，危机之前的2008年达到7.2%，整体来看，2010年经济增长是较2009年较低水平有所恢复的。而且，埃及是一个人均GDP比中国还高的国家，并不算是贫困国家。

但埃及是一个食品进口国，而且一般消费品也要靠进口，因此，受到输入型通货膨胀的打击比较严重。亦即，“两高”问题严重。对此，数据不统一。官方公布的通胀和失业率分别达到12.8%和9.7%，但据埃及民间人士的观点，埃及食品的价格指数高达30%，年轻人的失业率也高达30%。

在埃及此次运动中，工人、农民作为传统的革命阶级的主要力量，作为19到20世纪阶级斗争的主力，大部分都没有加入到运动之中。高学历失业人群是此次埃及“街头政治”的主体人群，这是非常重要的特点。大学毕业的年轻人遭受失业打击最严重，在埃及此次“街头政治”中，最初上街的主要是这部分人群。其背景则是埃及的中产阶级家庭受到了打击。

高学历人口的失业源于教育体系与经济结构的不匹配，也属于跟从西方的后果之一。

当发展中国家大都按照发达国家的教育体制来安排本国教育改革的时候，教育脱离本国实践的社会代价就严重了。因为美国 GDP 的 85% 以上来源于以金融为中心的服务业，因此美国的教育是服务于美国这个经济结构的。而发展中国家的教育体制一般会照搬美国，显然不可能适应本国经济结构。

比如，中国 46% 的 GDP 仍然来源于制造业，11% 来源于农业。也就是说，有 60% 左右的经济增加值并不是美国那种以金融为中心的服务业。当中国学着美国这样为了高端服务业来推进教育体制改革的时候，就非常严重地脱离了本国以制造业为主的经济发展的实际需求，也就制造了大量高学历人群失业。目前中国每年高校毕业生六七百万人，“毕业即失业”的青年人大量沉淀下来，目前累计已经超过 1400 万人。

这样的情况值得重视，造成高学历失业的教育体制也要重视。

根据埃及著名的“第三世界依附理论”发明者萨米尔·阿明教授分析，此次反对埃及穆巴拉克政府的力量有四部分：第一部分是这种高学历失业的青年人，他们没有组织，但是动员能力很强，既没有参与任何政党，也不认同政治纲领，甚至没有参加组织。其实，就是失业造成年轻人实际困难导致的不满发泄。第二部分才是有纲领有组织的左翼政治力量，他们长期在军事政权的独裁之下受压抑，趁机而起与青年人走上街头结合，主要是这两部分人的结合成为埃及这次运动的最先的发起者。第三部分是运动起来之后，紧急从国外赶回来的诺贝尔和平奖获得者巴拉迪，他是埃及中产阶级或者资产阶级力量的代表，当然，他有一定的国际背景。第四部分是穆斯林兄弟会，在运动已经起来四天以后才犹犹豫豫地加入，刚一加入就试图代表群众运动来跟政府谈判，但并不被多数民众接受。

埃及学者的这种分析告诉我们，这并不是人们想象的通过什么广泛的市民运动、通过什么组织发动等，而就是因为遭遇“两高”打击群众无法忍受，就一哄而起地上街了。

鉴于这些上街的人本身没有纲领，也没有指挥，因此我将其称之为“街头政治”，而不叫革命。当然，后来推翻总统的事实，表明这个运动起到了类似革命的作用，但客观上看还是一种比较混乱的“街头政治”。

可以得出以下判断，即埃及，乃至北非地区的动荡，并不是中亚发生过的“颜色革命”，没有必要给这次运动披上任何意识形态化的外衣。目前国内有一些人把它当成“茉莉花革命”，当成 Facebook（脸书）或 Twitter（推特）革命来借题发挥，某种程度上看那可能是各取所需吧。

当我们把“两高”和“一单”问题作为主要原因，来和南欧国家“街头政治”的爆发联系在一起的时候，也就认识到这在本质上是全球资本主义危机的延续，属于“环地中海危机圈”的一个部分。

（四）发达国家高成本政治制度的转嫁

我们将北非“街头政治”归结于全球资本主义危机的延续，那么接着的问题在于，全球危机是什么性质的危机？

全球危机最基本的表现，在于今天国际政治秩序是严重不合理的秩序。在经济上，主要是发展中国家对发达国家做实物和资本“双输入”。

发达国家大多是依靠资本市场经济，发展中国家大多是推进实物生产经济。

发展中国家把一般商品和原材料向发达国家出口，造成发达国家的经常项目逆差，而越严重的经常项目逆差，却导致发达国家越多的资本项目顺差。这是因为：在全球化推进的转轨之下，发展中国家得到的经常项目顺差要作为外汇再投资，回流到发达国家资本账户中去。这即是今天发展中国家和发达国家关系的核心——产品和资本的“双重输入”。

于是，现在全球经济体里，现代化程度高的发达国家普遍成为世界主要债务国，发达国家负债占到全球政府总负债的70%以上。其中，美国已经成为最大的债务国。美国的政府负债占发达国家政府负债总量的一半以上；美国官方和民间的全部债务汇总，相对于全球GDP的100%。发达国家组成的20国集团里大部分是“发达的高债务国家”，尤其是债务率最高的美国、英国、日本三国形成的“币缘战略”三角同盟，客观上是某种债务国的“抗债同盟”。目前日本的债务率高达GDP的200%以上，美国和英国在经济危机发生的时候债务率在60%左右，现在也都达到了约100%。

尤其是在金融危机之后，2008 年全球政府总负债是 36 万亿美元，2009 年年末达到 38 万亿美元，2010 年年末超过了 40 万亿美元，2011 年预计全球政府负债将高达 50 万亿美元。

过去都是发展中国家欠债，现在则倒了过来，但债权国无权，这在教科书上是没有的。

发达国家为什么会出现集体高负债？这要追溯到发达国家越来越高的政治成本。

人类的现代化理论创造不断演进，现在包括物质文明、精神文明、政治文明和生态文明。其中，大部分认为西方模式的政治现代化是体现政治文明的唯一模式，却很少认识到这是一个极高成本的政治制度。

实际上，发达国家债务占 GDP 比例的提高，是必然的、不可逆的。因为普遍出现老龄化负担增加，产业移出，几乎不再有结构完整的制造业，中产阶级则要求增加高质量消费和高福利。任何一个政治家在发达国家都需要向中产阶级群体做承诺，可以多享受福利少干活，当选之后，则只有通过政府增加负债来实现对中产阶级的福利承诺，目前还没有别的好办法。

在欧洲首先爆发债务危机的希腊是一个典型的例子。在传统的造船业和航运业等二三产业都移出的时候，希腊与传统经济基础相关的产业都萎缩了。而当希腊加入欧元区的时候，由于利率、汇率等政府宏观调控工具也上交到欧洲央行，这就等于砍掉双腿和双手。不顾产业萎缩、继续其庸俗化的福利要求的中产阶级，依然在按照西方意识形态化的强势话语不断地提出泛政治化的要求，庞大的现代政治体制依然需要巨大投入才能运转，而剩下仅有的支柱产业——依靠祖先在奴隶制时代留下文化遗产的旅游业支撑不住，金融危机导致旅游客源下降就成了压垮政府债务危机的最后一根稻草。

于是，债务危机就在欧洲产业空心化国家连锁发生，随之，普遍诱发“街头政治”。

一般情况下，美国不会发生债务危机，因为美元是全球占据金融资本运作主导地位的国际货币，美联储可以推行“量化宽松”政策、依靠货币信用扩张作为分母来缩小政府债务分子，但只有拥有国际硬通货币发行地位的经济体才能如此。

发达国家的老龄化是一种文化现象，也加剧了社会福利开支的大幅增长。

目前发达国家社会福利开支普遍在财政支出的 50% 以上。进入 21 世纪以来，大量的发达国家债务率都在不断上升，高收入的国家政府债务占的比重越来越大，越是高福利国家，债务率上升越高。现在大家都崇尚北欧福利社会，但越是高福利国家，政府的税收占比越重，应该知道：丹麦、瑞典、挪威北欧三国是福利社会主义，政府的税收占 GDP 比重在 60% 以上（北欧三国中最低的 58%，最高的 62%）。莱茵社会资本主义模式国家，政府税收占 GDP 比例一般在 50% 左右，盎格鲁撒克逊野蛮资本主义模式的美国在 40% 左右。

而在中国，全部税收加总占 GDP 比例进入 21 世纪才达到 20%。此前的 20 世纪 90 年代平均不到 15%。任何现代化想象演变为现实，都是得有财力支撑的，否则政治现代化将永远是想象。

作为一个现在十三四亿人口、未来十五六亿人口的发展中国家，不能只是沉迷于政治现代化想象，不论谁有什么理念，都得先算算账，看我们有多少财政能力，能否撑得住？此外，如果撑不住进入高负债，能否如美国那样实现对外转嫁制度成本？

（五）发展中国家会怎样

综合来看目前全球的通胀格局，发展中国家通胀水平普遍高于发达国家。而要指望着一国靠内政来化解通胀或者化解失业，在幅员狭窄的小国几乎是做不到的！只有像中国这样的大陆国家，或者其他有较为健全的产业结构的国家，也许还能做到“内部化”来应对外部性问题。

也应该因此看到，幅员较小的单一经济小国，在承载过多全球经济危机转嫁通胀和大规模失业的打击之下，会相继爆发各种各样的社会动乱。

这就是当前的全球政治经济规律，总体上是不可避免的，而不是意识形态化地指称谁比谁更腐败、更独裁、更专制的问题。当然，西方意识形态强调的自由、民主、人权这些具有全球“政治正确”的说法，都有一定意义的解释力，但不能解释根本。

当前全球部分国家出现的社会政治问题，本质上就是发达国家经济危机压力下的信用过度扩张导致通货膨胀向发展中国家转嫁，而经济容量小、幅员小的经济体承载不住，便爆发了社会动乱，这是最基本的因果链条。即使只有工具理性的知识分子，都不会把这种发达国家转嫁危机所形成的发展中国家社会动乱，替始作俑者解释成所谓的“颜色革命”。总之，不能仅凭一知半解就为虎作伥。

全球资本主义体系性的危机并没有结束，在这样的危机代价转嫁的链条里，还会陆续有这类国家进入动乱期。

那么，在这样的转嫁链条里，中国会怎样？2010年中国进口粮食首次超过6000万吨，进口依存度约12%，其他几项土地密集型产品进口依存度有的也超过50%，石油等能源资源进口加剧，依存度超过55%。[①] 中国的输入型通货膨胀也在加剧。

放眼全球，在近几十年的激进现代化的发展主义大潮中，中国还是一个长期保持没有成规模饥饿的记录，也是所有大型发展中国家中还能够长期维持基本稳定的国家。

那，这是因为什么？

我们的研究指出：实际上，中国工业化资本原始积累和工业化扩张所具有的负外部性也很严重，只是没有像发达国家历史和当今那样对外转移，而是由于中国特有的城乡二元结构，在内部转移了。也因此，中国“三农”之所以成为愈益严峻的问题，主要是因为“三农”承接了城市化、工业化、现代化的制度代价，我们这个现代化的巨大代价转嫁给了“三农”，才造成了农村的衰败、小农的贫困，造成了一系列“三农”问题。[②]

传统“三农”对于稳定乡土中国，乃至于稳定整个中国，具有不可忽视的正外部性。

---

① 本书问世之前的2013年，石油进口已经接近60%。

② 关于中国的周期性危机和成本转嫁理论，可参阅温铁军科研团队发表的著作《八次危机：中国的真实经验1949—2009》，东方出版社，2013年1月第一版。

2008年第四季度到2009年第一季度，由于全球经济危机的打击，中国出现了大约6万家企业倒闭，致使2500万工人失业，但并没有出现失业导致的社会动荡，主要是由于这部分人口回流到了农村，由农村承载了城市化和工业化的震荡。

而之所以农村能够承载，也主要是由于这些年国家对新农村建设有大约累计3万亿元的大规模投入，正是国家对农村基本建设投资的大幅增加，形成了中国的“第二资产池”，同时也巩固了乡村社会的“劳动力池”，形成了吸纳危机代价的能力。①

现在中国一部分激进政治家和企业家一而再、再而三地强调打破传统农业、加快城市化，所有这些都客观地具有扩展投资拉动增长的空间、延缓生产过剩危机爆发的作用，也在主观上符合意识形态化的主流社会的科学理性，但都需要考虑它所造成的外部性问题。特别是在全球危机条件下，要想防范日益频繁发生的危机，就不可以简单地和过于激进地来推进所谓现代化。

---

① 截至2013年年底，中国各级政府自2005年启动的新农村建设以来的各项投入已经高达约8万亿元人民币，“三农”投入已经成为国家财政最大的支出项目。其客观结果是：中国农村已经普遍实现了“五通”（水、电、路、电话、宽带）到村，农民低保做到“应保尽保”，农民子女义务教育完全免费，农民人口纳入新农合参保达到98%以上。

第二部分　现代化困境

第一节　现代化高成本的预言：奥巴马—金正恩难题[①]

当代人们讨论的贫困，是个相对于发展的概念。那么，什么是发展进程中导致贫困的根本原因呢？在做了多种不同的国家比较和国内的区域比较之后，我的归纳叫作制度成本转嫁论，即“成本转嫁理论”。从理论资源来说，它是从萨米尔·阿明的“第三世界依附理论”和沃勒斯坦的“世界系统论”进一步演化而来，认为世界发展不平衡、贫困的原因，是制度成本转嫁造成的。当代加快全球化中的贫富分化本身并不可能靠任何现代化的发展过程来化解，反而会随之加剧。对此，我有几个去意识形态化的经验性归纳。

① 此文为温铁军于2012年5月25日在对外经贸大学的演讲摘要。

（一）资本要素稀缺下的亲资本政策是发展中国家的普遍趋势

大多数后发国家因要进入所谓发展主义现代化，而首先遭遇到的最大困境是资本要素的绝对稀缺。西方经济学立论的前提是要素相对稀缺，这个前提下的要素配置方式在理论推导上可以得出一个结论，即市场这个看不见的手可以自发地配置要素达至最优。而发展中国家客观上最大的麻烦却在于，不具备这个西方经济学构建理论逻辑的前提，经济学理论和我们要研究的客观现象差距太大。发展中国家不存在要素相对稀缺，而是西方经济学不讨论的要素绝对稀缺。如果发展中国家普遍存在的困境是资本要素绝对稀缺，那会怎么样？不论何种体制下，都会亲资本。

我们做的国家比较研究结果发现，不论何种主义、体制、政府，不管谁当领袖，都有一个共性的特点，就是只要资本绝对稀缺，政府就会采行亲资本的政策体系，除非被封锁。

例如中国在20世纪60年代被两个超级大国封锁时期，资本绝对稀缺甚至趋零，因此就出现“去依附”，而转向亲劳动力，亲民众，亲社会。因此20世纪60年代是中国最强调自力更生、艰苦奋斗的年代，也是最大规模动员劳动力，以劳动力替代资本继续维持国家工业化原始积累的年代。在资本趋零的状态下，中国人只能靠高度集体化，成规模地组织最丰富的劳动力资源，去替代最稀缺的资本。而当此前的20世纪50年代中国先是可以获得苏东资本、此后在70年代又可以获得西方资本时，中国就先亲苏东资本，后亲西方资本。客观地、纯粹从发展主义的角度来看，这些亲不同资本的政策体系和发展模式没有什么好坏对错之分。

接下来简单讲讲从 1929—1933 年西方大危机演变为世界大战到战后的新趋势。1929—1933 年西方大危机爆发，本为资本主义一般内生性矛盾的全面爆发——资本主义条件下的工业化扩张势必导致生产过剩。当在像欧洲这样半岛型的狭窄大陆上的全部工业化国家都发生生产过剩的时候，就无法靠一般手段来解决，只能靠资本主义国家之间的战争摧毁过剩生产能力。

相对而言，在美洲大陆之所以有罗斯福新政，是因为它是西方新开拓的殖民地，物理空间广大，可以让国内所有一般资本主义经济暂停。罗斯福新政之所以能够救美国，无外乎是政府在生产过剩条件下，直接把过剩劳动力和国家工业化过程所创造的设备生产能力结合起来，去做国家投资的基础建设，开发中西部。这个做法与中国 20 世纪 90 年代末期朱镕基铁腕调控、大规模增发国债投资中西部基本建设的做法差不多。

当年美国人在西方 1929—1933 年大危机中能够幸免于难，但在狭窄的欧洲大陆上，大家都生产过剩，就不能幸免于难，于是欧战爆发，最后蔓延成世界大战。应该提出的问题是：二战之后，人们都担心要打三战，因为资本主义一般内生性矛盾——生产过剩——并没有解决，只是被战争摧毁了一遍，然后战后恢复重建。那么，战后发生什么改变使人类免于三战了呢？是矛盾根源的产业资本移出。

二战后全球从原来的帝国主义列强纷争（这在政治经济学上可以引入多次博弈来研究），变成两个超级大国双寡头控制，重新按双寡头控制愿望瓜分世界，于是形成一个新地缘战略的发展趋势。双寡头都在尽可能地更多分割势力范围，导致出现与冷战对抗同步的“双雁阵产业转移”。二战中西方唯一没有被破坏的经济体是美国，它庞大制造业的生产能力开始在战后向大西洋的西欧和太平洋的日本，做两条线的产业转移。而这个产业转移，与后来日本在20世纪70年代的第二次“雁阵转移”的不同在于，早期的这种产业转移是战略性的装备输出。与美国同时同理，通过战争形成庞大生产能力之后，前苏联也是陆上两条线的产业对外输出，一条战线输出东欧，一条输出中国、蒙古等。那个年代只要是宣称社会主义的国家，大都得到了前苏联的产业转移。

事实上，受援国接受产业转移的同时，也都接受了产业资本输出国的政治意识形态。接着，到20世纪70年代多数西方国家复兴的产业资本进一步对发展中国家转移，造成生产过剩的内生性矛盾被转移到发展中国家，发生三战的威胁也就淡化了。

（二）关于建国初期工业化与农业集体化的制度安排

1. 中国20世纪50年代上层建筑乃至意识形态的“全盘苏化”。

战后发生的这个双寡头两翼输出产业资本的过程本身也是新的地缘格局形成的过程，而这个过程因为是战略性的，所以输出的是装备制造业，于是有了中国在20世纪50年代在没有来得及搞轻工业的条件下就直接进入重工业的状况。而重工业有一个内生性特点，就是资本增密、技术增密，而且由此势必是排斥劳动的。

对于中国人口这么多的国家，还没有发展轻工业和一般消费品，就先得到发展重工业的机会，那会产生什么情况呢？于是，大家看到，当中国刚完成“一五”计划时，就发生了城乡二元结构。城市不再需要大量的农村劳动力，因为它是重工业打头。再加上1957年，中苏两国发生了一些问题，第二个五年计划苏联不再给予援助性的投资了，所以中国重工业为主的经济发展不得不中辍。

据此可知，二战之后两个超级大国的双雁阵转移有一成一败。

美国战后的产业转移和地缘控制战略基本完成，西欧和日本战后复兴，在20世纪60年代到70年代，原来被摧毁的工业基本上恢复了，同时也形成了西方的政治军事同盟。但是，前苏联的转移，对东欧和蒙古相对顺畅，因为二战期间它占领了东欧和蒙古，麻烦在于对中国的转移。二战之后，苏联在中国保留了中长铁路、大连特区和旅顺港的控制权，前苏联的远东舰队（太平洋舰队）驻扎于旅顺口（旅顺口是苏联太平洋舰队在太平洋一线唯一的不冻港入海口）。中国在东北并没有构成完整的国家主权，军队、行政乃至于经济，很大程度上还受苏联控制。

中国作为一个世界上有着漫长国家史的国家，也许是由于历史记忆太沉重，或者是殖民化时期被打了一百多年却没有被帝国主义全面占领，中国人格外重视国家主权完整。当苏联在

“一五”计划对中国进行战略性的援助投资时，中国确实要按照苏联的经济管理方式建立政府、学校、科研机构等。古典政治经济学的基本道理是，什么样的经济基础形成什么样的上层建筑。为了适应苏联投资形成的这种工业化经济基础，中国当年的上层建筑乃至意识形态“全盘苏化”。八大工业部、计委、财委、建委、经委、农委，所有这些政府设置都按苏联的模式来建立，苏联从它的政府部门中派官员到中国都被叫作“专家”，每个部门都有，实际上按照苏联的经验指导着中国建立政府和院校机构。

但在1955年，中国人已经开始提出“全盘苏化”对中国维持国家主权的影响。1955年毛泽东亲自主持会议，当时有30多个部委的负责人参加，讨论如何改变“全盘苏化”。值得注意的是，在这个时候中苏之间尚在蜜月期，中国人就有了这种讨论。

接着是1956年苏共二十大两党之间开始发生分歧；同年是中国要按照中苏条约规定收回旅顺口、大连特区和中长铁路的控制权，收回过程中也出现很多问题。

此后，与苏联关系的恶化导致中国出现很严重的投资不足和债务危机等。

尽管危机严重，可当中国人1958年试图正式改除“全盘苏化”的时候，仍然是非常困难的！

为什么呢？苏联模式的重工业作为主要的经济基础，甚至成为国家财政主要来源的时候，中国想改变“全盘苏化”的上层建筑，乃至于已经被知识分子们当成看家本事的外来意识形态，能改吗？政治经济学的基本原理告诉人们：上层建筑和意识形态一旦形成，就会反过来制约经济基础。直到全部经济基础发生根本变革，庞大的上层建筑和滞后的意识形态才会或快或慢地发生变革。20 世纪 50 年代末期到 60 年代为什么出现很多政治领域的复杂情况？表明这个调整是痛苦的，代价是巨大的。

2. 农业集体化的作用主要是向国家工业化贡献剩余。

中国经过三次以土地革命战争为实质的国内战争，土地革命内在地反映了农民几千年来的基本诉求——“耕者有其田”。这不可能符合 19 世纪欧洲阶级政治经验基础上形成的西方的任何理论，不论是革命的还是反革命的，左右派对中国都不大适用。土地革命战争的结果是占人口 88% 的农民平均分配村内土地，成了小土地所有者。这些小土地所有者过度分散，是一盘散沙。此后，中国社会乃至于各级政治的很多复杂情况，与无产阶级革命或社会主义体制并无关碍，而更应该和我们这个分散的小有产者群体占比过大的基本国情有关。

中国也是世界上最大的原住民国家，从来没有被外来殖民者彻底改造。而美国原住民人口仅为 52 万，占总人口不到 2%。如果单纯从农业角度来说，大农场的产业化农业与福特主义大生产相适应而被西方意识形态当成先进的模式，但没有哪个大农场国家不是靠殖民地形成的资源条件而形成规模经营的。世界上的大农场国家几乎都是把原住民人口减少到 10% 以下。而整个亚洲基本上都属于原住民国家，由于亚洲原住民人口在西方推进殖民化的几百年中没有美洲和澳洲那样大规模减少，因此，多数亚洲国家的乡土社会是相似的，很少有大农场形成。中国的发展过程根本就不可能和大部分殖民地国家一样。

我为了做国别比较，跑了世界上四五十个国家开展调查和比较研究。在研究过程中发现，像中国这样的原住民大国，它所充满的内部矛盾，并非当代形成，而是历史延续而成。而当代中国人遇到最大的问题是什么？在这么多的农村人口都变成小土地所有者的状况下，政府要进行工业化，交易费用畸高。按诺斯的交易费用理论，当交易对象大到一定量的时候，交易就无法进行，因为交易成本过高。同理，政府无法跟大量的分散的小农交易，因此中国为了推进工业化而开始搞农业集体化，用集体化解决政府为了工业化原始积累而需要从农业提取剩余的矛盾。

集体化建设起来以前，因为搞工业化粮食供给跟不上，陈云 1953 年开始搞“统购统销”。但政府面对那么多农民无法交易，于是毛泽东发起合作化运动高潮，到 1955 年大部分农民进入初级社。毛泽东称之为从“满头乱发没法抓”到“编成辫子就好抓”。换句话说就是，通过建立组织，解决交易成本过高的问题。这也就是科斯所说的“组织是反市场的产物”。对中国在 20 世纪 50 年代的实际经验归纳，也就从诺斯的交易成本理论转成科斯的企业组织理论。

1955 年中国已经成规模生产苏式的拖拉机，但只有七八户、十来户农民组建的初级社，根本用不起那些大马力履带式拖拉机，势必造成浪费。于是，各个工业部门纷纷向中央建议，敦促中央提高合作化的层次，搞高级社，只有以乡为单位建设土地规模经济，才能接收大型拖拉机。于是1956年中共中央提出农业现代化，其真实内涵是集体化＋机械化。如果没有以乡为单位进行规模经营，就没有国家机械工业的出路，这就是中国最早提出农业现代化的背景。所以，农村集体化算是以很和平的形式，服务于工业化早期的工农两大部类交换的要求。这种生产履带式拖拉机的厂子之所以关不掉，是因为拖拉机厂还得建坦克生产线，国家必须要搞现代化国防。这就似乎是一个两难选择了。周边许多敌对势力，国防需要生产坦克，因此工农产品剪刀差体制下的拖拉机一定是高价，那怎么让农民接受呢？当年矛盾就是这么复杂。

十一届五中全会给历史问题定调以后，薄一波写了两大本《若干重大决策与事件的回顾》，其中写道，国家要搞工业化，就得积累，这就得让一部分人作出牺牲，中央反复讨论，决定只好让农民作出牺牲，作出贡献。毛泽东、刘少奇、周恩来和邓小平等当时也都参与了中央这个集体决定。因此，农业集体化并非农业自身的错误。第一，集体化是为了服务工业化建立的；第二，集体化有利于工业化提取积累。因此，农业集体化的微观不经济乃是国家为了工业原始积累大量提取农业剩余造成的。

至于集体化向国家工业化贡献了多少，一直以来都有研究。20世纪80年代的农研中心研究剪刀差大约8000亿元，我们农业与农村发展学院的荣誉教授严瑞珍在20世纪90年代初期的研究中提出，通过集体化向国家贡献的剩余大约在7000亿元到8000亿元。与另外一个数据对比，在1978年改革之初，中国全部国有工业固定资产只有 9600 亿元。近年来我们院党委书记孔祥智教授的研究是新中国成立 60 年来“三农”作出的各种贡献约为 17.3 万亿元。

我来做一个简单的综述：1949 年，在土改期间造就大量分散小农的情况下，毛泽东“代表整个中国人民最大多数根本利益”推行的是发展重工业，接着是为了保证基本的国家主权安全而不能接受“全盘苏化”，则发生中国与苏联之间的政治分歧向国家战略关系破裂的重大变化。并且，仍然还要发展工业化，那就要继续资本原始积累，就要更多提取剩余，当时的政治局决定剩余只能从农业来。到了原始积累完成之后的 20 世纪 80 年代，中国进入产业（资本）扩张阶段，它是一个资本的结构调整和资本的结构性扩张。这个阶段，由于资本扩张，产生资本溢出效益，于是社会收入增加，其实这也是一个很普通的经验过程。

（三）揭示现代化高成本的当代新预言：奥巴马—金正恩难题

我近年来有一个说法，叫奥巴马—金正恩难题，是说现代化制度的高成本存在于任何意识形态或政治形态之中，无论是资本主义还是社会主义，都毫无例外。

1. 无论意识形态或政治上如何对立，它们都遭遇到“上去了就下不来”的困境，这就是现代化的制度代价。

现在，越是经济结构高度现代化的国家，贫富差距也越严重。经济现代化和政治现代化都不解决贫富两极分化。以美国为例，它现在的制造业只有11%左右，农业只有2%左右，金融为中心的服务业占85%以上。虽然，美国拥有全球最高度现代化的经济结构，可是美国的贫富差距却很大，基尼系数高于我们。特别是金融危机爆发，虚拟经济泡沫破裂的时候，美国在最近四年，贫困人口从原来的9%左右，上升到20%，于是有了代表99%的"占领华尔街"等运动。这些运动代表的就是大量失业和贫困人群的呼声。因为美国大量增发货币来救市，扩张出来的信用涌进了金融资本领域。因为它的经济结构中85%是以金融为中心的服务业，所以创造出的新增信用只能进这个85%的领域。而这个行业吸纳就业极少，大多数人不会在金融领域中去"玩吹泡泡游戏"。尽管奥巴马主观上希望改变，但客观上他却不能把新增的信用，创造出的货币信用、债务信用等，用于发展实体经济，所以美国越是拥有高度现代化的经济结构，就越在客观上不可能更多地吸纳就业，只能在国内造成贫富差距拉大和社会撕裂。

再看朝鲜。早在金日成时代，朝鲜的经济结构、城市化率都比我们的同时期要现代化得多。在1989年我们人均国民收入才800美元的时候，朝鲜就已经实现了人均粮食产量380多公斤，人均国民收入接近900美元，并且实现了70%的城市化率，比我们现在还要高得多。农村中有6万台/套拖拉机，完全是现代化农业的集约化规模经济，农业机械化比我们早得多。

我为什么说朝鲜也是"上去了就下不来"呢？1991年苏联解体，1992年经互会不能运作，换货贸易体系垮了。原来朝鲜拿苹果、新鲜蔬菜等换取苏联的石油，苏联解体之后，石油来源被切断，大量拖拉机不能运作。当年年末就有 1/3 的拖拉机不能运作，大量的耕地抛荒，造成 1993 年收成大幅度下降，大量人口陷入饥饿。只要石油没了，石油农业就完了。有人主张朝鲜学中国搞家庭承包，我表示反对。因为我去朝鲜做过农业政策顾问，在调查中发现，这个建议不可取。中国大包干的时候，是 80% 农民，20% 城里人，8 个农民养活 2 个城里人。那个时候我们没机械化，靠手工劳作就养活了。国家只要提高粮价，农民就“少吃一口，多收几斗”。我们大包干的时候粮价提了 49%，农民为多赚点钱，宁可勒着裤腰带少吃两口，就让城里人吃饱了。所以，我们城市化率低，解决问题就很容易。如果让朝鲜 3 个农民养活 7 个城里人，还得靠手工劳动，客观上的确不大可能。事实上它现在是大规模动员城市人口下乡劳动。但是“上去了就下不来”，城市化率搞到 70% 以上之后，还能让城里人下乡去劳动吗？问问我们这些知青，当年好学生下了一回乡，写了多少伤痕文学？正是因为朝鲜超前现代化，一旦支撑现代化的石油没了，现代化就垮了，只好用一系列的强制性的政策维持生存。这就是今天朝鲜的现状。

2．现代化陷阱：城市资本与风险等量集中导致周期性爆发危机，把代价转给乡村。

现代化是高成本的制度演变过程，需要集中资本。但资本集中与风险是同步等量的，几乎没有任何理论关注制度成本。城市化实质上是个集中资本的过程，但也是风险与资本同步集中的过程。在中国的城乡二元结构体制下，城市周期性爆发危机，把代价转给乡村。中国是典型的城乡二元结构，乃是成也二元、败也二元，没有绝对的对错好坏。中国今天成了一个工业化大国，凭的是大量向乡土社会转嫁了城市资本集中与生俱来的代价，因此我们有严重的“三农”问题。今天加快城市化、工业化，其结果仍然是土地、劳动力、资金等基本要素大规模净流出，于是农村现在群体性治安事件大量发生，主要原因在于加快资本集中。

当我们把所谓的工业化、城市化作为现代化的主要内涵时，就意味着我们要准备承担代价。这些代价主要有两个：

一是在“三农”领域中三要素的大规模净流出。这导致了“三农”的衰败，弱势群体变成了草根。从社会角度来说，草尖离开了，农村剩下老人、妇女、孩子。劳动力资本存量最高的部分贡献它的劳动剩余给城市资本了。城市人占有了农业和劳动者剩余之后，给草根回报了吗？中国真正的最大的不公平就在这里。

二是只要在城市过度集中资本就会过度集中风险。我们做了一个经验的归纳，发现只要经济危机软着陆成功，那一定是城市资本把代价转移到乡村去了。凡是硬着陆，那一定是这代价转移不出去，于是硬着陆就砸出了改革。无论改革还是调整，都不过是危机硬着陆在城市资本的结果。

资本，不论国有还是私有，都是人类制造又反过来异化人类自身的异化物，政府也是人类制造的另一个异化物。在一般情况下，政府只不过是服务于资本。但在特殊情况下，会出现政府和资本直接结合——资本内化于政府，于是就政府公司化，虽然节省了政府与资本之间的交易费用，但是，强大了政府权力和资本权力共生的同时，对资源作资本化占有的能力大为增强。而资源在民生之中，只有内化于政府的资本，才能最顺畅地推进资源转化成资本的过程，并甩掉制度成本。

（四）中国经济发展中的三次危机转嫁及“三农”问题的缓解

1. 中国加入全球化之前的三次危机及成本转嫁。

1960 年我们如何转嫁危机？主要是把城市中的过剩劳动力以“上山下乡”的方式转移到农村，城市青年劳动力转移出去 1000 多万人。同时，20 世纪 50 年代为了支援城市建设，我们动员大量青壮年农民进城去挖土方、修马路，1960 年工业停滞以后，这几千万人也被送回农村。用乡土社会的村社经济，承载城市危机甩出来的不能就业的代价。我们有几次高达数千万人的失业，这是经济危机发生的必然结果。

改革以前的三次“上山下乡”运动，其实是中国三次遭遇到经济危机的客观结果。一遭遇危机，就搞“上山下乡”，知识青年送到农村去，城市危机就化解，就软着陆。

1980 年再爆发危机的时候，我们面临着 4000 万待业青年的巨大压力。因为，毛泽东去世，无法下乡了。而且为了休养生息，还得让知识青年回城。4000 万待业青年就演化成巨大的社会犯罪，所以就有“两个严打”。其实不怪当年的那些青年，因为不能正常就业，这些人就买两个塑料包南下深圳当“倒爷”，就开始出现“十亿人民九亿商，还有一亿待开张”的局面。

因为1980年危机爆发在城里不能向农村转嫁了，这次硬着陆就砸出一个大规模改革。首先是1979年政府提出价格双轨制，同时开始推行允许地方财政外贸自主权等一批放权让利政策，这就是改革的开始。自此崛起了中国四大沿海地区，辽东、胶东、苏南、浙北，这些地方都是原来国家工业化地区形成的工业带。这些工业带借着放权让利，形成地方自主权和价格双轨制的机会，将产业在周边做了重新布局——物理空间的产业结构调整。所以，中国在20世纪80年代初的产业结构调整，带出了沿海地区的先发展。当时就提出了沿海先发展，允许一部分人先富，先富带后富这些说法。

中央在财政严重赤字压力下，进一步推进农村家庭承包，这是一种“政府退出”，国家同时把应该支付给农村的基本公共开支（社保、医疗、教育）转嫁到被农民重新均分的土地上。至于城市国有企业改革，主要是甩包袱，把财政拨款改成企业从银行贷款，自己留下利润给国家交税，这样企业就开始有需求搞厂长经理承包责任制，政府与企业分离。但就在同时，因为国家面临巨大的失业问题，所以要求所有国有企业吸纳就业，“五个人的饭十个人吃”，很多国企安排子女顶替，下岗老职工就变成了乡镇企业的技术力量。同时，还有大批干部子女就业困难，于是机关大门打开，办三产，“官倒”就开始捞第一桶金了。总之，早年国企的低效益问题不是国企自己的问题。政府采取这一系列政策被称为改革。类似的政策20世纪60年代也采取过，只是当时被叫作调整。所以说，危机砸在城里，就会有调整或者改革。

但是当经济主体多元化，各个地方和企业都开始追求自己独立利益的时候，我们发现市场关系高度紧张。20 世纪 80 年代开始进入连续通胀，于是就产生了改革界各种方案，导致领导选择价格闯关，陡然就给刚刚问世不久的“官倒”公司创造了历史性的机会。于是，20 世纪 80 年代机关办的三产公司直接囤积居奇，导致物价飞涨，进而导致老百姓抢购。那时候的教训是，用改革解决改革造成的问题使得市场关系更加高度紧张。于是，1988 年物价指数攀升到 18.5%，导致了 1988 年银行为了防止挤兑大幅度提高存款利率，8 年期的存款保值补贴利率高达 24%，几乎超过了任何产业能够产生的利润。银行提高了存款利率却没有同时提高贷款利率，因为那时候财政和银行还不分家，于是 1988 年造成了将近 500 亿元的赤字直接进入财政，就造成了 1988 年年底、1989 年年初，财政公布的赤字高达 500 亿元。

由于财政受不了，政府要求银行大幅提高贷款利率，但接着就是流通企业受不了。于是流通企业的经济行为发生变异，不再贷款进货，而是占压生产企业产品搞代销，却照收三级批发加零售的全部收益。它的收益刚性是不能减的，而三级批发加零售至少是 40% 的利润率，而代销应该只有 3%。再加上它占压了生产企业的产品，生产企业不能回收资金，所以生产企业全部运转不起来了。这就导致上游的原材料企业也无法运转。于是全国陷入三角债，导致了生产全面停滞！这就是发生在 1988—1989 年的滞涨形态的大危机，随之是任何大危机都会有的风波。

2. “三农”问题如何才能得到缓解？

我们关注的“三农”到底是什么问题？先看国际经验。

世界上农业本来就分三大类，大农场只适合于殖民地，欧盟国家也是以小农场为主，因此农业补贴占财政的40%以上，同时也造成欧盟农业50%甚至60%以上是市民兼业农业。尽管美国、加拿大这种大农场国家也并不能脱离政府补贴，但没有欧盟那么高。

亚洲的小农国家里最为接近西方现代化的是日本和韩国，我们叫日韩模式。日本农民只剩下558万人，农业劳动力平均年龄64岁。主要靠JA系统来解决问题，它是一个综合性农业合作社。政府给予最优惠的政策，让农民合作社免税进入金融、保险、房地产、购销、餐饮、加工、旅游等各种非农产业，所有在二三产业中产生的收益必须50%以上返还“三农”。其实日韩和中国台湾都是日本JA模式——让农民保证收入比较高，生活无忧的这种模式就叫作综合农协——收益并不来源于农业，因为小农经济在农业领域中是不可能获得高收益的，而是来源于给综合农协以特殊政策，让它可以从第三产业中占有高收益。所以日韩和中国台湾，都是95%以上农民加入综合农协。

所以我们说，东亚经验表明，不是没有办法化解“三农”困境。

麻烦在于，这个办法要从现在的利益集团中去重新做调整，要把金融、保险、房地产、加工、超市、餐饮、批发、旅游所有这些非农产业还给农民的话，那些利益集团是不会让步的。怎么才能让中国农民得到像日韩农民，包括中国台湾农民那样的优惠待遇呢？只有帮助农民组织起来，只有农民组织起来才能跟其他利益集团谈判，谈判才能获得交易地位。高度分散的小农交易费用过高根本不可能谈判。所以今天农民在一盘散沙的情况下是不可能有美好未来的。

再进一步说，如果我们国家想要真的建立市场经济，必须构建信用社会的基础，那也是得让分散的农民形成组织，提高谈判地位，才能形成可维护的契约关系。

总之，没有农民组织化的提高，中国就不可能构建以契约信用为基础的市场经济。

第二节　解构中国现代化[①]

（一）中国现代化改革进程的认真反思

1. 关于西班牙大选问题与蒙德拉贡公共小池塘理论的适用性探讨。

西班牙大选换走了左翼领袖，人们欢呼后发现采取的仍然是紧缩政策，“街头政治”不断。请问如何解释这个现象？

换位思考一下，假如你是西班牙首相甚至是国王，或假如你是任何制度下的领导者，你如何面对高达将近 100% 的债务率？即政府负债对 GDP 的比重超过 100%，如果再加上民间债

① 岭南大学座谈会，2012 年 3 月 31 日。

务，恐怕会超过200%。再加上西班牙几乎是一个没有能力支撑产业经济的国家，到目前为止，西班牙的产业仍然是以旅游、转口贸易、金融业为主——有点像中国香港，那你怎么办？无论你是左翼右翼，现在你是总统，是总书记，在西班牙。

关于奥斯特罗姆（Ostrom）的公共小池塘理论，可以用于蒙德拉贡的企业组织形式内部。蒙德拉贡是一个特殊的财产关系，它由五个被神父感化的街头男孩（Street boy）创办，大家共享公司的收益，后来成长为很大的联合企业，在西班牙排名第四位，在巴斯克地区排名第一。每个员工加入企业的第一年，要贡献自己的全部工资作为个人股权。所有员工都是公司的股东，这样就构成了全员持股。当遇到经济不景气时，只有蒙德拉贡可以基本不倒闭。咱们一块儿在公司打工，我们又同时是股东。经济危机时，我们不裁员，但是15%得离开工作岗位，等经济复苏再回来。这段时间你们可以去学习、培训。因为蒙德拉贡办有大学，有各种培训中心。大家坐下来投票谁离岗，离岗的人一定是劳动能力最差的，因为大家都明白要让公司保证竞争力的话，留下来的必须是劳动能力强的人。你一定要说它是个私有（private）的话，也没错，因为每个工人都是所有者（owner）。但又因为大家共同持有股权，它又是公共的（public），用一般理论很难归纳它。很多企业倒闭时，蒙德拉贡可以维持，甚至借着其他企业的倒闭它可以扩张。它也有失业率，但它不是一般资本主义的劳动与资本对立，它是劳动者就是资本所有者，是职工持股的公司。就用这种方式，它在全世界扩张，但当它扩张到其他国家的时候，并不是职工持股，职工就是打工者，该失业就失业。我们在和他们座谈时，就问他们什么时候把职工持股的制度引用到其他国家的公司？他们说有这样计划，但很难；因为海外的公司占有的收益是很高的。

2．现代化的巨大成本及人们基于想象而产生的改革利益和话语。

无论是西班牙或葡萄牙等国家，现代性问题是，如何从以前的赤裸的军事掠夺，改为以现代民族国家为基础的工业化、现代化，用政治的伪民主掩盖军事的特质。这里可以提出，第一，资本主义在17世纪的欧洲发展时，用抽象的“社会”（society）取代了社会组织的最基本的形态——“社群”（community）。现在面对现代化危机时，是不是可以想象复兴“社群”作为超越现代化的可能性？第二，当今天西班牙作为一个民族国家处于衰败的时候，对比起来，中国好像还在崛起，是一个成功的例子。中国作为民族国家的形式好像很少被质疑，但是如果参照欧洲民族国家的历程，又如何在解构现代化的同时设想不同的经济和社会组织形态？

何为经济现代化？政治现代化是不是就是民主？经济危机发生连带转化为“街头政治”危机的时候，这个想象就开始暴露其本质。与其说西班牙不如说我们自己。当我们反思中国香港经济危险不危险，危险在于高度现代化。现代化难道是一个人们都要追求的梦想吗？在香港讲对现代化的批判似乎还比较平和，人们很少站出来反对，因为人们已经在这个环境中，并且感受到很多问题是不能解决的。而在内地讨论对现代化的批判，学术上还是可以的，但在很多方面是有问题的。因为现代化已经变成了一个政治话语，它有高度的政治正确，它被写进了所有的文件，在所有领导人的讲话中都是以现代化为目标的，同时体现了唯一的执政党的政治正确，它已经和现代化高度结合了，很难对现代化作出批判。

在整个资本主义五百年的历史进程中，现代化是随着现代现象产生的　　人们发达了，可以不用付出多少劳动就可以得到几乎是全方位的福利保障，人们把这当作现代化。但这真实吗？生活在这个图景中的人们没意识到，最终现代化的成本被转嫁给了资源、环境、生态灾难。少数人反思到绿色主义、环保运动，反思到绿色和平这种激进的组织，民间也有素食主义。甲烷气体的排放量是大于二氧化碳的，它来源于大规模养殖，一个万头规模的养殖场，它排放的甲烷气体相当于一个中等城市的汽车尾气排放。于是就有人呼吁大家少吃牛肉，少喝牛奶。如果大家都要现代化，每天喝牛奶切牛排，那么甲烷的排放就足以摧毁大气层。

因此就有西方进一步提出“华盛顿共识”，说 20% 的人享有现代化，地球就已经受不了了。现在 80% 的人都想现代化，麻烦就会很大，特别强调的是 13 亿中国人，如果像美国人一样消费的话，得增加四个地球。于是这个地球就争吵不休，发展中国家就说，我们像你们一样搞，为什么现在就不让？把到目前为止的人类行为做一个经验，根据这些经验归纳出的精神财富、理论、思想，恰恰是助推着人类走向不可持续的、毁灭的现代化。因为现在“让不让现代化”变成了国家间的竞争，于是乎就很难放弃。比如让发展中国家不要追求现代化，那么我问，假如你是中国国家领导人，你能提出什么发展目标呢？说从现在开始大家不要吃肉了，改吃素？把西方的激进思想搬到中国来能行吗？假如是民主制选举，一定会下台。因为中国大陆中产阶级正在崛起，他们越来越扮演着一个新生的角色，要求跟西方人一样的生活水平，一样的政治自由。尽管他们占的比重只有 23%，但是他们的声音非常大。因为大多数的教师、记者，这些知识生产者和传播者在传播着他们的声音，他们就是占人口 23% 的中产阶级。所以现在人们听到的声音通过媒体——中产阶级传播着，你们听到的就是中产阶级的声音，这就变成了以中产阶级为主的社会运动。是不是它代表着所有人？不是。所谓中产阶级，是否愿意真的让所有人都享受一人一票的权利？大多数人会模棱两可。中产阶级和占 5% 的大资产阶级，这些精英群体有一个共同的内在要求：就是我们谈判可以，我们素质高，对问题探讨得更深刻，但不能让 72% 的民众和我们一样。这个世界上，有任何一个现代化政治，是让占人口 70% 以上的下层阶级占有权力的吗？如果有，就不会出现西班牙 28% 的失业率，失业的当然是下层群体。

人们往往被想象弄得很痛苦。比如现在想象现代化，那能不能达成呢？不能，因为充满了矛盾和斗争。已经达到的，已经破坏了人类生存的环境了。那你要求我不要达到，你能退下来吗？不能。这个世界确实是很有威胁的。这个矛盾几乎不可解。我们在十几年前推进中国大陆的乡村建设中，就提出在思想上要有对现代化的解构，我们不是 de-structure，而是 de-constructure，我们试图中性一点地来看待这一切。从这个角度，我们说精英之间可以谈判，但精英和大众之间就不是双向的了，大众占 72%，他们是很难参与现代化分权的，他们贡献了财产、劳动，贡献了几乎一切。在大多数发展中国家，这个结构都差不多，大资本包括外国资本占极少数，带来了占百分之二三十的中产阶级，剩下的占百分之五六十的大众。这个还是一个金字塔结构，相对比较稳定。麻烦在于在大多数发展中国家，是一个枣核形结构，比如在印度完全无财产的人占 50%。中国的占 72% 的人目前还是小有产者，这是中国和大多数发展中国家的差别，就在于中国还是个金字塔结构，下层还是小资产阶级，比如农民虽然很穷，但他还有地，至少饿不死。中国大陆目前的政治合法性，还取决于 60 年前开展的土地革命。它是所有土地都平均分配了，所以中国大陆在基本财产关系上每个人都有一份。有和蒙德拉贡类似的现象在中国大陆并且长时间发生过，那就是以村为单位的社区农业。江苏华西村就是社区工业资本的庞大联合体。所有华西村的村民人人有份，就和蒙德拉贡的职工一样，华西村所有村民都有财产权，这种村在中国大陆是普遍的。广东南海、顺德很多地方，在村一级每家每户都有股权证，一个县或一个区，一年凭股权证能分到几十亿元。这个股权证代表它拥有土地，土地被开发成厂房了，这个厂房收的租金按股权证分配。类似于此的财产所有权关系在珠三角就是一个普遍现象，但在严格意义上不符合 20 世纪 90 年代以后的法律，中国进入激进的私有化改革，世界银行共识在中国实行，变成很大的私有化运动。珠三角是早在 20 世纪八九十年代推进私有化改革以前就已经实行了土地开发了，土地权力变成股权证发给每家每户收不回，并且在20世纪90年代被广东省委正式发文件承认了，所以不能收回。这在广东、苏南是存在的，但在很多地方，已经不存在了。

所以今天中国大陆，中产阶级的表达，是把20世纪90年代的私有化改革当成真改革。今天的改革要保护的是20世纪90年代私有化改革的利益。在这其中，相当一部分官员变成腐败官员，因为搞改革的官员中有一部分人就是凭借权力去占有股权的。这个过程我了解，因为我当时就在推进改革的队伍中。人和人不一样，我可以很自豪地说，我没得一分钱的好处。后来当因某种原因让我停止工作三年后，人家有个道理说，这个人搞了那么多的股份制改革，没有一分钱的股票。我可以保证我自己没有，但不能保证别人没有。得到利益的这部分人形成了改革利益群体。现在的部分利益集团大到足以影响中央决策。现在有一股反对改革的思潮，然后我们要坚持改革，这个斗争是表面的，内在的是不同利益集团的斗争。相当部分的大众失去了财产，站出来说你的改革不合法，剥夺了我，我的财产是土地革命战争中流血换来的。这部分人反对20世纪90年代剥夺他们财产的改革。相对一部分的工人站出来说，这个国家原来没有资产，我们贡献形成了资产却被你们占有了，你们得还给我们。这些人就被定义为反改革。谁在坚持改革呢？那些在改革中获益的那部分人认为自己是改革派，要保护改革。外面的人稍不注意，就被某个利益集团牵着鼻子走了。

（二）经济基础决定了相应的上层建筑，包括话语权

1. 今天中国的现代化想象及其演化出来的一系列结构性变化，掩盖住了很多正常的声音。

大家以为改革就是民主、自由、正义，其实所有这些都是被媒体包装出来的。如果我们讲现代化是种想象，国家也是种想象，那么现在被包装出来的改革，也演变成了一种想象。真正内含的和我们想象的具有正义、民主、自由的改革是不一样的，它有着非常复杂的形成利益的过程，现在我们要站出来保护我们的利益了。当年我是推进改革的，我并没参与利益的分配。在今天的知识分子中，站出来反思改革的人很少，我站出来反思比较轻松，这是因为我没有利益。要让那些既得利益者站出来反思，比如我们有一批财经高官，他们当年都是和我们一起参与改革的，现在已经有了各种利益关系。让他们站出来反思改革，是100%不可能的，这会使他们边缘化。所以现在反思改革的人大部分是底层民众。而他们又由于信息获取的严重不完全，没有对整个过程的深入了解，所以现在底层社会的声音很混乱。相当一部分人由于找不到知识分子的引导，转向了“文化革命”，类似于毛泽东时代那样的，因此现在底层毛泽东热。戴一个左的帽子给大众是很容易的，现在很多媒体在搞这个事，上来就说是“文革”余孽，这种帽子比比皆是。但他们是吗？不是。他们找不到其他的方式来表达。他们知道自己被剥夺，但找不到表达的方式。我们这些承担知识生产任务的学者们，不会去给他们做知识生产，媒体也不会为他们发声，所以他们现在确实处在一个比较窘困的状态，不具备表达的条

件。再加上精英结盟不打算向大众分权，这是中国当前社会政治的主要矛盾，但是在所有媒体上都看不到这样的分析。我们即使有这样的分析，也不会被任何媒体表达，因为利益不同。比如数千媒体聚焦两会，大家表达的当然还是精英们的说法。当然有些人会以大众的名义发声，但并不意味着这是真的。今天中国的所谓现代化想象和演化出来的一系列结构性变化，掩盖住了很多正常的声音，比如社区性。中国至今仍有 70 万个村，有多少亿的人生活在农村，但表达他们对于社会、经济、文化、政治等需求的几乎没有。底层的大众得不到正常表达的机会。

2. 格物才能致知，明白经济基础才能明白上层建筑，以美国和香港地区为例。

可以稍微简单一点归纳中国的现代化——任何简单归纳都很粗暴，会失去很多宝贵信息——但仍然还要归纳：从政治经济学的角度来说，我们认为经济基础决定上层建筑。这就粗暴了，被批判为“经济决定论”，在经济决定论中又可以被批判为“生产力决定论”，那就更麻烦了。但经济学家会辩解，不讨论生产力，还能讨论别的吗？就像我们讨论香港，一来就问，香港经济到底是个什么生产力结构？否则我们说不清香港是怎么回事。去年我来讲课，我讲了香港经济结构，你们听后明白了香港经济危险，那请问这种危险的香港经济支撑的上层建筑，难道不危险吗？我承认我的话很粗暴，但不做这样的归纳，就没有分析框架，就容易一团浆糊，就不能达到中国古人所提倡的“格物致知”。何为格物？把客观事物归类出范畴。比如最简单的，男人是个范畴，女人是个范畴。把男女范畴放到这个世界去，就形成了对阴阳的认识。阴阳之谓道也，这是老子思想的最朴素的见解，所以一生二,二生三,三生万物，这个世界就成了多样化的，这就是朴素的自然辩证法的表达。当然把东方的这套思想体系和西方一一对应也不合适，我们知道早在两三千年前的中国哲学思想，在讲究对世界客观事物的认识时，要求同样要先做不同范畴的认识，叫格物；把事情归到某个格，才能根据对这些规范的认识形成某种讨论，这叫致知，从而达成对某个知识的认知。

因为当今中国的知识分子群体作为知识生产者，大部分不下乡，所以忽略了很多大众的知识。他们不能把大众的知识状态进行格物，所以他们今天所致的知，是一个严重缺失民众经验的知，是没有基础的知。所以今天大家得到的信息是混乱的，对此必须做出解释。

大家感兴趣的话可以去搜一下我们最近发表的文章，说当代全球危机不是一般意义的经济危机，而是西方现代化模式的成本过大，其成本很难顺畅转嫁。有转嫁条件的国家，开足马力拼命转嫁；没有条件的国家，像西班牙、希腊，就内部爆发。有转嫁条件的国家也不代表它就转嫁得出去。最有条件的国家——美国——正在通过 QE1（第一轮定量宽松货币政策）、QE2 来大规模增发货币。它的财政货币主权都完整，并且它的货币主权是全球货币，可以把自己一个国家的国家主权转化为全球主权，靠的就是全球 84 个军事基地。美国在经济危机非常严重的条件下，国家负债历史最高，达 40 万亿美元，但它依然保持军费开支是全球的一半。所以硬实力（hard power）无人可比，它经常指责他国增加军费，自己从不批评自己，因为它还有另外一个软实力（soft power），是用来建造政治正确性的，说我增加军费是为了维护世界和平，我打你，是为了维护世界和平。全世界的媒体都不敢说你打他不对，而会跟着说，你打他是因为他有问题。比如你打伊拉克是因为它有大规模杀伤性武器，打了后一查没有，但是有任何一个国际组织，说侵略伊拉克的布什应该上海牙国际法庭吗？没有。尽管在伊拉克，造成了 100 万的平民伤亡，其中死亡人数是 20 万左右。美军死亡人数则在 4500 人左右。没有人把美国告上法庭，因为它已经建立了政治正确的软实力，这个意识形态再通过硬实力支撑的金融体系的滥发，现在已经滥发到每个月接近 1000 亿美元的货币量。发出来后，用于买到各种各样的资源，包括全球范围内大型机构投资人对全球资本市场的控制权。

比如香港的经济主要靠金融资本和房地产市场，但很少见到香港的民主派、自由主义运动去反对金融资本和房地产资本，因为这两个东西是维持大家有自由的主要经济来源。香港的经济是不健康的，因为没有生产，具有典型的寄生性。这个寄生性唯一可比的是美国。美国是 85%，中国香港是 82%。这就是所谓以金融为中心的第三产业支撑经济，支撑 GDP。

很少有人去分析香港经济结构的不合理和危险性，因为香港所有的一切都要靠从外边来。原本我和刘老师讨论时，大家会批评我说，你说的一切基于什么？后来他们去种菜，开始做有利于民众生计（livelihood）的实体经济时，就有讨论的余地了。如果只说不做，对我这个从工人、农民底层出身的人来说，就觉得你没有跟我讨论的条件。我做了十几年的工人、农民和士兵，贡献过我的劳动剩余。我所有的劳动剩余都在国家资产里，你占有我的资产就是犯罪。我可以这样说，因为我贡献了。我认同国内的劳工群众的各种诉求，是因为他们和我一样都是贡献者，所以我们应该有我们的声音。再怎么宣传你是自由民主都说服不了我，因为你没有表达占 13 亿人口大多数的这部分人的意愿。所以我不相信中国内地的自由派，说你们只不过在向大资本要权，你们在形成精英政治，这不代表大多数民众。因此我不加入，甚至不参与他们的讨论。因此当你们说到你们笃信的自由和民主时，它只是在这样的一个经济结构中的表达，并不代表着一种真实。这个批评就比较重了，你们姑妄听之，我则姑妄言之，在香港这个话语环境中我肯定没有政治正确性，就像在内地的现代化话语环境中我没有政治正确性一样。但因此恰恰说明了我有一个学者的公正，在任何不同的环境中我都属于少数派，那才要求保护少数人发表意见的权利。我在所有的争论场合都不坚持，假如有谁说温铁军你错了，我会立刻认错。因为只有保持不争论才有说话的可能，如果一定要斗个你死我活，那我连个说话的余地都不会有。所以我会对所有人认错，只要你认为你正确，那你一定有某些构建你的正确的逻辑。我觉得与其去辩论，不如我先把你的逻辑借过来，我们见招拆招，看看你的逻辑有什么问题，才有讨论的余地。否则在现代政治，大家一定要对立斗争，一定要证明你错了我对了就没了讨论的可能。我最怕的就是用对错、好坏来简单地对客观事物做归纳，这种粗暴比我用言语归纳的粗暴还要差几个级数。我不太认同现代政治家们之间的争论。当有人问我时，我说，the politician in the world anywhere is the same（政客们在全世界任何地方都是一样的）。

（三）西方模式现代化的危机转嫁机制

回到最开始的话题。因为它是一个西方模式的现代化的综合危机，因经济危机的爆发而导致政治危机；又由于政治经济学早就指出，一个上层建筑和意识形态一旦形成，就会长期存在，不可能随经济基础的改变而同步改变。这是一百多年的政治经济学的基本原理。只有当全部经济基础发生根本变化，庞大的上层建筑才会跟进发生变化。请问西班牙的经济基础是否发生了根本变化？如果没有，那么西班牙的上层建筑根本不可能发生变化。无论谁上台，都会维持现在的经济基础和上层建筑，危机会延续下去。

1. 美国的危机转嫁靠印钞、军事强权和话语强权。

可以单独解决问题的国家只有一个，就是美国。它靠不断地印钞转嫁成本。增加的货币量上哪儿去了？它们到了原材料、能源和粮食市场上，导致全球粮食价格、原材料价格、石油价格全面上涨。谁最后承载了增发货币的代价呢？大量进口原材料和能源的国家承载了这个代价，因此美国成功地转嫁了成本。于是就出现了像中国这样的制造业国家，因为要大量进口原材料，于是 PPI 价格上涨，然后就是 CPI 上涨。所以中国现在的一个大问题，就是进口通胀。于是我们自己作为经济研究的学者进行测算，发现中国现在的 CPI 指数中，有超过一半以上的因素来源于进口。今天世界上很多人在对之讨论，但如果没有对这个基本关系的了解，很难将其认识清楚。

今天美国的主要敌人不是中国，而是拥有石油主权的国家，比如委内瑞拉。原本委内瑞拉的石油由外国公司控制，3/4 的石油资源被美国为首的跨国公司控制，这是 20 世纪八七十年代通过 CIA、军事手段干出来的。那时没有民主可言，但到了查韦斯通过军事政变、发动民众，收回了石油资源控制权，这时就出问题了。因为拥有石油主权的国家，拥有了对冲关系。这个对冲关系非常重要。意思是：你增发货币导致石油价格上涨，如果这个石油是你控制的，那就意味着你把增发货币导致的石油收益上涨也拿走了，成了两头挣钱。这是美国对大多数国家占有收益的手段，成就了自己世界一哥的地位。但现在委内瑞拉把这个对冲关系收到自己手里了，所以就成了美国的敌人。同理，尽管普京是通过选举上台的，依然是美国敌人，因为普京也是用各种手段把石油收回国有。

由于美国失业率依然很高，美国的贫困人口不得温饱，贫困率从 9% 上升到 19%，因此奥巴马现在的政策是有增长、无就业，他并不能解决大众的问题，解决的是少数大资本通过金融控制、能源控制、粮食控制来占有收益的国家想象。这对美国来说没有问题。麻烦在于他同时制造出了自己的劲敌。普京、查韦斯为什么会是美国的敌人？因为他们把原来美国大公司控制的石油收益收回了。因此俄罗斯人可以通过普京政权大幅度提高收益和福利，委内瑞拉连 80% 的贫困人口都得到了政府因石油收益增加而发展福利、办教育的好处，所以贫民窟的老百姓站出来拥护查韦斯，而知识分子则是反查韦斯。所以委内瑞拉一方面是贫民喜闻乐见的革命：跳着桑巴舞，穿着红衣服，举着红旗去拥护他；另一方面，90% 以上的知识分子、大学教师、媒体反查韦斯。你如果去接触大学教师、知识分子，他们会说查韦斯是反民主、独裁者，这套话语谁给他的？美国。美国用它的软实力影响委内瑞拉和俄罗斯。俄罗斯的自由主义政党也是这样的，高呼自由主义口号，但是 60% 的俄罗斯大众拥护的是把石油主权收归国有、向大众增加福利的普京。

伊拉克的萨达姆为什么要被干掉？因为他拒绝用美元；普京和查韦斯还是用美元结算的，还不是美国最彻底的敌人；最彻底的敌人是萨达姆·侯赛因和金正恩。这两个国家领导人都拒绝用美元做出口结算。现在中国成为美国敌人的条件上升了，因为中国开始越来越多地与周边国家签双边协定，咱们不用美元了，我进口你的，你用我的货币。这个变化很大，在美元虚涨的庞大泡沫上捅了一下。所以，真正成为美国死敌的，是那些拒绝使用美元结算并具有对冲能力的国家。若从这个角度看，利比亚的卡扎菲，伊拉克的萨达姆，这两个人都必须死。美元增发，相当大程度上要靠石油对冲。萨达姆不用美元用欧元来结算石油出口，于是美国人出兵打伊拉克。利比亚的卡扎菲更过分，连欧元都不用，要用黄金，于是欧洲人出兵把他端掉了。你连对冲货币增发都拒绝，就意味着当我作为欧元区国家，增发欧元支撑欧洲共同基金来解救我的财政困难时，你连我的这个能力都要毁掉，你卡扎菲一定是恶魔，于是你就只能死。欧洲人出兵，美国人乐得说这是你们欧洲人的事，我就不出兵，所以干掉卡扎菲的是欧洲人。

国内媒体很少介绍的是，卡扎菲通过军事政变上台，强力把利比亚的石油资源都收归国有，用石油收益来支付社会开支，因此国民高福利，全利比亚没有一个街头流浪汉，教育、医疗、养老全部免费，福利程度比欧洲各国还要高。如果拿社会发展指数衡量，它有全世界最高的社会发展指数。干掉卡扎菲有其他借口，但这是最主要的原因。只要石油收归国有，你就有对冲能力了，国家不再是个想象，因为经济主权中的石油主权在你这儿。伊朗也是其中之一，因为宗教革命使伊朗的世俗政权把石油收归国有。

干掉伊拉克萨达姆的是美国军队，他的石油主权被美国人占有。干掉卡扎菲的是欧洲军队，先开始动手的是法国，所以法国占有利比亚 34% 的石油主权，剩下的 2/3 归了其他的战胜国。这就是再殖民化，根本不意味着什么正义，只是重新控制别国的石油资源。所以许多西方人高呼着，这根本就是石油战争，而不是什么人道主义。我不会去争论，只是提供一点信息有助于丰富你的理解，我并不坚持，因为这些信息在媒体上根本看不到。不会有人告诉你，这个世界上发生的经济关系是这种对冲的关系。

2. 美元垃圾消纳场与发展中国家的严重问题。

第一超级大国美国滥发货币，是为了控制石油和粮食这两块市场，叫美元垃圾消纳场。滥发货币肯定会通货膨胀，但为什么通胀就不发生在美国？去年课上我告诉大家，将来谁当政府首脑，如果不去增发货币，根本过不了日子。为什么？就因为成本需要转嫁。任何一个美国经济学家都不会解释说是美国市场制度好，这么解释大家都会跟软实力走，会迷失而永不得解脱；其实它只是把它的痛苦转嫁给你了。当货币进入这两块市场，因为是发展中国家要大量进口原材料以及粮食来进行国内实体经济生产，于是这些国家便发生进口通胀，而美国人便不再通胀。中国是受虚拟资本扩张双重攻击的国家，一方面我们要高价进口原材料，进行大量生产，另一方面向美国出口大量廉价商品，因为要跟别的国家竞争，比如印尼、越南、印度也在生产廉价商品，所以大家在进口高价原材料后都争着把生产出来的廉价商品给西方，还有中国香港。而美国增发货币却不通胀，因为拿到的商品是最低价的。从引发通胀的两大因素看：货币大量增发造成通胀基础，当你的需求引发价格上涨时，通胀才会发生；当市场价格上涨时，人们去抢购食品、日用品，从而带动一连串的价格上涨。在美国超市你会看到，连拿食品券（coupon）的穷人都拿车在往外推廉价的商品。仅中国一个国家，每年向每个美国人提供 12 件衬衣、7 双鞋。因此美国人在广交会上买中国商品不是按件算的，是按吨算的。

当商品价格不上涨，就意味着资金价格极低。如果我是美国的投资机构（institution investor），我得到的资金就是世界上最低价格的资金。也即假如美国的物价指数在 2%，那我的存款利率维持在 3% 就可以，贷款利率在 4%—5% 就可以。也就是说，物价在 2% 之下，让老百姓的存款不至于负利率的话，就把利率定在 3%。存款要贷出去才赚钱，银行赚的是存贷之间的利息差，所以贷款利率定在百分之四点几就够了，过高的话是暴利，企业就不干了。我如果是银行的投资基金，得到老百姓的存款给的是百分之三点几的利率，贷出去就可以用百分之四点几的利率。因为我和银行是一体的，可以拿到大量成本极低的资金，用于 FDI（外商直接投资），到发展中国家去投资。发展中国家则由于进口石油、粮食、原材料，它的 PPI 和 CPI 都很高，一般都在 7%、8% 甚至 15%、16% 或 20%。中国在 1994 年的 CPI 高达 24.1%。一个低价的外国资金以百分之四点几的利率进来，我们通胀率是 24.1%，那我们的银行贷款就得至少在 27%、28%。为什么大家要吸引外资？因为国内资金的利率太高，利率高则是因为 CPI 高，而 CPI 高是因为 PPI 高。所以，为什么发展中国家老是这么糟糕，老是出问题，原因不在于发展中国家。它是怎么被人家剥了几张皮的它自己也说不清。因为软实力，包括话语权，它统统都没有。

现在，没有这种货币权的国家，比如西班牙将货币权上交欧盟了，不能增发货币。那能干吗呢？发债，债就成了垃圾。美国人发货币，货币成了垃圾，被食品、石油市场消纳，但只有美国一家能缓解危机，欧盟不能缓解，最后导致整个环地中海的国家都发生危机。埃及、突尼斯、利比亚、希腊、西班牙、意大利，无论什么主义，什么政府，谁当领袖，都发生危机或“街头政治”。值得考虑的问题是，现代化的综合成本无处转嫁的危机都会爆发。我们有篇文章解释这个问题，是全球西方模式的现代化成本无处转嫁造成的危机。

（四）中国现代化的危机转嫁机制

那中国的现代化能不能转嫁成本呢？中国越激进时，就越不能转嫁成本。因为中国相当于一个超大型大陆，13 亿人口相当于欧美人口之和的两倍还多。美国人口有 3 亿，欧洲人口有 3.4 亿，加到一起是 6.4 亿，再加上 1 亿的日本人口，中国的 13.4 亿人口差不多是他们的两倍。同时中国面积是欧洲的三倍，因此它具有小经济体不能比拟的优势，叫内部转嫁。中国不是不转嫁成本：大资本、中产阶级能维持高收益的原因在于它把代价转嫁给了下层群体。中国现在的资源环境问题严重的原因是，下层承受不了，将代价转嫁给了资源环境。农村过去是完全没有污染的，现在成了污染的重灾区。过去为什么农村没有污染呢？因为城里人的排泄物运到农村成了堆肥，那时农村人抢着到城里去拉粪。城里的废品公司送废品到农村去时，所有有机物都变成堆肥，所以是完全有机的，也没有多少农药，因此作物种植是多样性的，才能使病虫害不大面积发生。而且为了提高产量，精作套种，农村消化了大量的城市污染。现在，农民不吸纳了，都用化肥了，于是城里的排泄物只能流进江河湖海，大面积的富营养化，导致水体污染。我这些话不是凭想象说的。我是国家环境资源委员会的委员和专家，国家环境资源委员会是把自然科学和社会科学结合在一起的委员会，我们对环境污染的现状是非常担忧的。这个情况能不能改回来呢？很难。所以现在中国的现代化也有巨大的成本，过去是向农村转嫁的，但激进现代化导致可承载代价的大众越来越没有承担能力，于是向资源环境转嫁的速度越来越快。所以中国的现代化，以目前的高速态势，是不可维持的。

最后，人的贪婪和纵欲被西方的软实力变成了一个普世价值。我并不认为，在这样的体制下，人能自觉地走出危机的局面。只有下一次的危机爆发，才能使连带受了损失的精英群体有所调整。中国以前任何一次的调整，都是危机的产物，没有自觉过。所以这次底层不能承受危机代价而最终爆发的可能性已经存在。我不是悲观，只是指出客观规律，危机一定会爆发。爆发后，人们才愿意思考。指望现在危机不爆发，让人们自觉反思，是不可能的。同样，香港的经济也很危险，因为他们几乎对实体经济持完全排除态度。在所有香港的政策领域中，都找不到让第一产业发展的可能。人口不断增加，社会开支也在不断增加，连本来可以发展起来的渔业也要排除掉。何况香港也几乎没有第二产业，他们正在消灭第一产业。我们不知道一个浮在空中的第三产业能维持香港所谓现在的繁荣多久。这种发展是寄生性的，而且这种寄生性是危险的。要知道美国的发展是依靠占全球军费的 47%—49% 的硬实力来维持的。这种政策是典型的自杀政策。当然我指的是代表香港大资本的政治家们。这些关于香港的民主自由的报道中见不到反映。这至少说明投身于香港政治的人对于香港经济自身的问题缺乏认识和警觉，吵的问题中不包含这些真正涉及香港长期生存和可持续的问题。

第三节 人民币的故事[①]

（一）关于人民币故事的两个序曲

你们也许知道，中国人从清末就试图进入所谓现代币制，也曾经试图发行货币。我印象中是在载沣主持清政府财政的时候，他曾经以财政支持发行过货币，但那是在清朝末年，因为清末财政基础很差，关税已经被英国人赫德掌握，而又主要是用那点“值百抽五”——就是外国人控制的、只允许有5%的关税率——去支付清政府应该支付给洋人的战争赔款。

1840年以后多次帝国主义侵略战争造成的连续的大规模的战争赔款，比如甲午战争，中国支付3亿两白银赔款，到庚子事变，中国支付4.5亿万两白银赔款——使清政府的财政完全空虚了，因此以国家财政为依据来发行货币的努力，一开始就注定了失败的命运。所以，清末实行纸币制度的努力是短暂的一瞬，出生之前就预示着它的夭折，没能成功。

此后中国其实一直仍然延续着明朝在16世纪以来推行的以白银作为货币的制度，我们叫它白银币制。那么，到底什么时候中国才真正发生向所谓纸币制的变化呢？

讨论人民币，先得看此前的币制是什么？

---

① 2012年6月温铁军接受上海电视台《人民币》纪录片栏目组在北京采访时录音的整理稿，已经本人审阅。诚然，那个片子的编辑即使出于端饭碗的原因也很难采用这些不被主流认同的思路。这次全文发出来，算是立此存照。

1. 序曲之一：民国年间的币制改革与高通货膨胀危机。

1935 到 1936 年，国民政府改行纸币制，叫作法币。为什么要改呢？改纸币制的后果又是什么呢？

我现在所看到的资料显示，主要是源于 1929—1933 年西方发生的资本主义大危机。当时，中国自己不产白银，它的白银供给要靠海外，那么中国的白银币制也就得靠海外平价供应白银才能稳定。

当 1929—1933 年大危机爆发的时候，一定会导致贵金属价格——黄金价格上涨，跟今天的道理一样，那时白银相对于黄金的价格是温和下降的。为了稳定银价，美国、中国、印度等八个产银或用银大国还签订了稳定银价的协议。但是随着英、日、美这些西方国家告别金本位制带来的货币大幅贬值，白银相对其他货币价格上升，已经使中国发生贸易逆差白银外流；到 1934 年 6 月，美国出台《白银收购法案》，就更加剧了这一矛盾，随着国际银价大涨，中国白银大量外流，于是乎就出现白银供给短缺。

这不是一般意义的短缺，这意味着当国际市场白银价格上升的时候，中国国内的白银会外流，会出现白银外流造成的严重短缺。这点恰恰和早期西方在中世纪晚期所谓资本主义拉开序幕的时候情况类似，西方首先是出现白银外流，发生白银危机，导致欧洲长期的白银战争，白银战争的战败国，变成了所谓开拓新大陆的掠夺者。那时欧洲白银没有了，流到哪里去了？流到东方来了。

现在是东方发生类似情况。正值 20 世纪二三十年代民国

“黄金增长”的同一时期，出现白银外流，于是导致通货紧缩，通货紧缩条件下，同样是政府发行货币的一个宿命约束。也就是说从 1935 年年底民国时期的政府不得不改行纸币制的时候，他们首先遭遇到的是通货紧缩的打击。

接着，我们还得讲“人民币序曲”，也就是说，法币制这个纸币发行是人民币的序曲。

因 1935 年出现日本侵占华北，日本在日占区抬价抢购白银，导致中国进一步出现白银外流，贵金属储备大幅度下降，于是 1936—1937 年就从原来的通货紧缩转化为通货膨胀。

所以，民国政府放弃银本位、改行法币制这种纸币发行的最开始，就应该叫作“流年不利”，先遭遇到了 1929—1933 年大危机，被迫改行纸币制；接着又是日本侵占华北，导致白银进一步外流，储备下降。于是乎，政府当然又得准备作战，备战又得使用贵金属才能购得国外的物质装备。而这个时期是英美支持日本，大量的日本战争装备主要是英美供给的。也就是说，日本侵略者射向中国的枪弹、炮弹，40% 以上来自美国。当年陶行知先生是留美的，他在离开美国的时候愤怒地指称日本打中国的军事物资 46% 是英美供给的。中国要想得到军事物资，也得用贵金属，政府靠法币是买不到任何军火的。

中国在战争压力之下出现贵金属进一步短缺，于是政府发行的货币就注定进入恶性通货膨胀。1937 年日本侵华战争全面打响，中国进入了全面通胀。这个全面通胀一直延续了 12 年，到 1949 年，甚至 1950 年仍然在延续民国时期遗留下来的恶性通胀，而这个过程，就是法币史，也就是中国自从实行现代纸币以来的连续 13 年通胀。

通胀到什么程度？到 1948 年国民党政府改行金圆券的时候，以新疆地方政府发行的货币来看，最大面额的竟然是 60 亿元，等值多少金圆券呢？1948 年的 60 亿元等值于 1 万元金圆券。可想而知，通货膨胀本币滥发到了严重通货膨胀的币值是多么的空虚。

所以我们说，民国 1948 年改行金圆券并没有解决所谓纸币制的长期危机，国民党政府在大陆执政时期的最后这场金融灾难表面上是法币转化为金圆券的灾难——借了 4800 万美元，以美元作为基础来发行金圆券，仅四个月就垮掉了。

垮掉的结果是 1948 年年末到 1949 年年初这个阶段，国民党出现严重的全面财政金融崩溃。没法再支付现代化装备的军费，也就不可能再维持国家。于是几百万军队摧枯拉朽一样垮下来！因此，现代财政金融，或者叫现代币制的彻底解体，导致了民国政府先亡于现代货币经济，后亡于现代军事政治。

因此，去意识形态化地看我们早期推进的现代货币制度的代价极大，在中国面对的多种复杂的国内外因素作用之下，是一场长达十几年的灾难。

所以，我们就不能简单地说 1953 年因为中国进入了计划经济而使现代化金融经济中断。这个说法缺乏历史感，如果一刀砍在 1953 年，把以前整个民国时期推进现代化的惨痛教训全部都忽略不计，这只能是我们自己脑子里思维出现短路，那就无法解释后来所发生的一切。

先得告诉大家，1949—1950 年，当中华人民共和国成立，以及其所谓的纸币制打算建立的时候，有一个很大的先天性的不足，这个不足大家从报纸上都已经看到，各种各样的资料也揭露过。大陆的黄金储备几乎全部被拿到台湾去了，形成了台湾建立稳定的纸币制度的贵金属储备基础。因而，大陆要进入所谓纸币制度，亦即一个政权要发行主权货币，那这个主权货币从一开始就是没有任何贵金属储备的货币体系，因此，它不仅延续着接受了民国 13 年纸币制以来的通货膨胀危机的恶果，而且是从一开始就是没有黄金储备的货币。

这时候你无论叫计划经济还是叫市场经济，都没有实质性的历史意义，因为中华人民共和国一开始遭遇到的通货膨胀，当然不是计划还是市场的问题，而是没有货币发行依据——贵金属储备。

我们都知道，布雷顿森林体系解体后的当代主导国家货币的发行大都不再以贵金属储备作为依据，其主要的信用来源，源于政治强权，而不是源于其他——比如有多少商品生产，有多少贵金属。这是当代金融资本主义阶段信用体系的另一个基本特征。

但是，20 世纪 50 年代早期的中国政权还不稳定，货币信用还是要源于有多少贵金属储备作为基础的。

这也就是我们为什么要从 20 世纪 20—30 年代讲起，这是从头讲起，是因为 20 世纪 30 年代在贵金属储备不足的情况下出现白银外流，政府就根本不可能维持货币的稳定，只不过是迫不得已进入所谓货币经济，代价就是大规模通货膨胀。这个教训，可以认为在 20 世纪 30—40 年代是摧垮民国经济的一个重要因素。

请问，今天在谈人民币国际化的问题的时候，有多少人引述过当年法币危机本源是什么呢？当年就是全球化的作用，本源是西方的资本主义经济危机波及中国促推而成的币制改革。民国当时是白银币制改为纸币制，是这个西方大危机波及的结果，由于承载了这样一个危机，导致中国十几年的通货膨胀。

2. 序曲之二：建国之初的几大重要举措及货币的作用。

据此再说1949—1950年，中华人民共和国建立之初的所谓新的一轮通胀，本源于什么？源于本币发行没有贵金属储备，源于继承了十几年通货膨胀的恶果。中国大陆当时的通货膨胀按月计算是百分之三十几。这时候，政府发行的每一分钱都是“毛票子”，请问怎么进入现代货币经济？

我得告诉大家，中国是怎么改出1949—1950年的高通胀危机的。

新中国刚刚建立的时候，银行保证老百姓能存“白米、白面、白布”，那时候就叫“银行存三白”。听说过商业银行干这些事吗？当然，不是老百姓拿着“白米、白面、白布”到银行去存，而是银行向百姓承诺，不管货币毛到什么程度，你今天存的钱能等值买多少“白米、白面、白布”，到取的时候，银行给你等值的能买同样数量的“三白”的货币。

我印象里很早的时候侯宝林说过一个相声，后来他还因此受到批判。就是讲刚解放那会儿的“毛票子”，500块钱买一个窝头。他拿这些事调侃时并不是恶意，但后来批判的时候，就说他是诬蔑新中国。

新中国一开始继承了民国遗留的高通胀危机，这并不是新中国的耻辱，只是一个客观情况。按月通货膨胀率超过30%，比今天要恶性的多，请问这货币经济到底怎么搞？据此可以说，根本就不是谁想搞计划经济，谁想搞市场经济，今天把这些后人对历史无知造成的牵强附会变成一个具有政治正确的意识形态灌输，那是非常糟糕的，会使人不能正视历史。

我们得有勇气正面看待历史，就是说：1949—1950年中国出现高通胀的时候，简单化推出货币制度是运作不起来的。所以只能把当年侧面上起到了推波助澜作用的、导致通货膨胀恶性发展的那些投机性市场关闭。

因此，中国大陆新建立的中央政府在所谓计划经济之前，先采取的是抑制通胀、遏阻严重货币危机继续泛滥的那些措施。

首先是银行可以存“三白”建立社会对银行信用的认可，接着大规模地实现农村的耕者有其田，也就是土改。

全国土改在1951年完成的时候，已经使中国人口的88%脱离了现代货币经济——农村没有现代金融、现代财政，客观上导致农民脱离了现代化危机。对此，我们叫作占中国人口88%的农民“去现代化”了，跟城市现代市场经济可以没关系了，因此中国政府不用再担忧88%的人会遭到这种通货膨胀的影响。

顺便提一句：这跟1980年大包干使得农民离开高通胀的城市危机一样，是类似措施。

因此，在大危机打击下，政府只要帮助大多数人回归小农经济，回归传统农业社会，本身就是降低城市经济波动代价影响的一个最重要的措施。

可见，一是城市先恢复银行信用，二是恢复农村小农经济占绝对比重——88% 以上的农民变成了传统的自然经济，跟现代城市财政金融没关系了，于是，中国基本上恢复了社会稳定。

这点应该叫作序曲之二吧。

序曲之一是民国年间的高通货膨胀危机，序曲之二是建国之初的几大重要举措。这两个序曲，是理解 20 世纪 50 年代的人民币制度的重要前提。

如果认真地研究一下从井冈山开始发展到赣南闽西的苏维埃的所谓货币史，或者研究一下井冈山苏区经济史，就会发现，毁掉井冈山经济基础的恰恰也是那批教条主义的白区党中央领导，他们强迫苏区照搬了所谓苏维埃制度，甚至把苏联的制度照搬到井冈山，才使得以瑞金为中心的整个根据地的经济出现严重的危机。

井冈山本来属于传统农业社会，根本就不能适应所谓现代财政金融制度，如果硬照搬那一套，结果就是小农承受的负担过重，于是苏区经济先垮掉，军事上再搞所谓阵地战反围剿，就导致经济先垮，政治军事后垮，才不得不大规模转移。

这个道理提出本身，就已经去意识形态化了。其实就跟我刚才讲民国政府先亡于现代财政金融的彻底崩溃，后亡于现代军事制度的彻底崩溃，内在道理是一样的。

早期的中国现代化，从清末到民国，都不意味着中国社会的进步。我们今天把现代化当成一个颠扑不破的伟大目标，也许是我们自己脑子短路？如果我们把中国人百年追求现代化的历史延续起来看，几次解救中国大危机的，都是去现代化（de-modernization）。

也许我跟许多主张现代化的学者的观点不一样，但是毕竟也是一家之言。如果没有观点的交锋，这片子就是个宣传片。没有矛盾冲突就没有新闻。大家如果一面倒的只说好，那有什么意思呢？

所以客观讲，这个人民币正式成之为人民币之前的序曲很重要。

先得说清楚，民国年间怎么回事，建国之初怎么回事。如果都说清楚了，那就知道，其实土改是一个中国“去依附”——对西方现代化的“去依附”，因为全面恢复小农经济。土改实现的是中国农民几千年的诉求，那叫作耕者有其田，只不过是这个打出来的党，满足了部分参加革命的农民的利益需求，实现了耕者有其田，就是小农经济去现代化、去城市化了，中国大陆也是靠彻底地恢复了小农经济而总算走出了民国追求现代化的大危机。

这么一来，政府不用再管 88% 的小农怎么回事，只管那 12% 的城市人口。农民得到土地的生产积极性提高，产量增加，不仅维持住城市需求，而且农产品供大于求。是农民的力量弱化了高通胀，货币作为城乡之间工农产品交换的中介物也就稳定了。

要知道，中共 1947 年就主张要建立新民主主义国家，就主张城市发展私营经济，农村发展中农经济、富农经济，促进城乡交换，同时对外开放，原来在 1949—1950 年想搞的新民主主义，其实就是民族资本主义，并没谁打算封闭。

至于什么叫计划经济？1953 年那时候中国人懂吗？几乎没有人懂。只不过因为朝鲜战争打来了苏联重装备生产线，大概有 100 多个现代工业生产线的大型项目搞起来了，国内配套的是几百个工厂，这才使得中国陡然有了城市工业。

那么，有了城市工业和城市产业资本经济，就有了对城市经济交换中介的润滑剂——货币的需求——货币是促进交换的中介嘛，也就有了人民币不断增发这种需求。开始谁也不懂怎么玩这个现代货币。

计划经济本来是 1950 年伴随苏联生产线一起开始的。早期谁都不知道那是什么，只是因为苏联的各种装备生产线进了东北，东北局就配合着苏联工厂的管理需要，建立了东北“小计委”。1953 年，朝鲜战争结束。但是，早在结束之前，不仅因为苏联送来了就近支持战争的装备生产线，而且因为打仗造成中苏战略性的结盟关系，苏联承诺对中国进行整体的工业建设支持，当然 70% 以上是军事装备生产和配套工业。因为这个大规模的工业建设是从 1950 年开始的，随之到 1952 年就变成了整个的对中国多数城市的工业布局的建设安排。这样，就等于有 600 多个工业项目要上。可见，中国并不是 1949 年建国就进入计划经济的，而是 1952 年才开始建立国家计委，也就是把东北“小计委”整个搬到北京，建立了国家计委。

国家计委一建立，因为工业建设在多个城市开展了，需要大量粮食供给、农副产品供给，需要跟农民的大量交易，而这时候农民刚刚在 1950—1951 年完成土改，正在过自给自足的小日子，凭什么得给城市交易？农民不愿意增加交易数量。农民自己还想多攒两袋麦子，等着将来憋个好价。当时是高度分散的1亿农户、4亿农民，交易费用过大，不愿意跟政府交易。不要以为放开市场，让农民交易，农民就乖乖地进入市场做交易了，那时候的农民不需要城市工业品，至少家有三年粮，才不至于再受穷。对吧，刚刚开始过好日子。

所以1952—1953年城市想跟农民交易的时候，农产品交易量并不上升，看那个年代的曲线，产量的上升是陡然向上曲线，农民一旦恢复小农经济，生产积极性非常高，产量是陡然上涨，但是交易量可不上涨，曲线是平的，两个曲线并不同步，形成一个大喇叭口，这才使得城里很紧张。

如果看看《陈云文选》或者《陈云百年纪念》的那些文章就知道，1953年为什么搞统购统销，是因为城里没粮食了，工业化速度这么快，城里没粮，跟农民交易不着，农民不买账，怎么办？中央提出了七八种方案，最终没有别的选择，只好搞统购统销。

搞统购统销一开始就说好，按照市场价格，国家统一收购，这时候农民已经恢复生产三年了。到1953年的时候，农民已经憋了三年的存粮，这时候说敞开收购，农民乐得给你这个大规模收购者，所以1953年很顺利。

这时候货币的作用也是清楚的，因为它是一个交换的中介。1953年的时候并不因为这时候提出统购统销就搞计划经济了，货币就失去作用了，这不是客观历史，而恰恰在这个阶段，人民币有效地促进城乡交换，货币体系的作用发挥得很好。

而且就在这个阶段，你看当时城市经济也开始欣欣向荣，因为还没到你还债的时候。1953 年刚刚打完仗，中苏两国正是热恋期，刚刚形成一个所谓“新婚燕尔”，人家也没让你还，这时候觉得大规模投资多好，苏联不断给你送进来设备制造业，“三通一平”大量带动非农就业，所以那时候大规模动员农民进城支援工业建设，2000 多万青壮年农民进城。进城当然干活拿钱了，吃得饱还穿得好，还能拿到现金收入，所以这时候城乡之间是没有任何限制的。政府尽管有统购统销，但是只是把农业增量形成的剩余——农产品生产的增量部分，按照市场价格收购用于搞城市工业建设，同时政府不是大量动员农民进城去干活吗？一个壮劳力进城挖土方、修马路，不需要什么文化知识，懂得铁锹镢头就行。

此时的城乡之间是一个良性互动，因为还没到代价爆发，没到还债的时候。20 世纪 50 年代的高增长、高收入，社会没有问题，是因为现代化成本还没有表现出来呢。

（二）新中国计划经济时期“去货币化”的另类解读

1. 重工业优先发展与不得不形成“去货币化”的计划经济。

什么时候出问题的呢？不是 1958—1960 年，是 1955 年。

这也不能怪政府，为啥呢？因为你想引进苏联的生产线，中国人懂什么叫重工业吗？工业是个资本增密、技术增密的过程，中国有资本吗？有技术吗？大部分是进城的游击干部带着进城的农民工，政府干部基本上是游击队出身吧。以北京周围的整个华北大区为例，70% 以上的干部基本还处于半文盲状态，靠革命队伍弄点识字班、文化补习班，算是初步扫盲而已，真正说完成扫盲任务，那还确实需要相当的工夫。当时没有多少人懂现代城市经济，没有人懂工业。所以毛泽东才说，“三天不学习，赶不上刘少奇”，是因为刘少奇是在城里长期从事城市工作的领导人。大量进城的老八路，大都是游击队出身，怎么懂得城市工业呢?

所以，那时候完全用苏联专家来帮中国建政府、建学校、建机关、建一切企事业单位，工厂里都是苏联厂长、苏联总工程师、苏联技术员和技术工人。中国请一个苏联厂长，得支付比国家主席还要高的工资；请一个苏联工程师，得支付部长级工资；请一个技术员支付局长级工资，请一个技术工人，也得支付处长级工资，而且苏联还曾经提出双份工资的要求。

这时候，开始有制度代价了，中共领导人觉得如果要是全套的政府、学校、机关、企事业单位，全是苏联化的，那打了这么多年仗形成的国家主权怎么办？所以1955年毛泽东组织新建立的30多个部委主要负责人开会，讨论“全盘苏化”是应该被接受，还是应该反思；或者应该考虑改除苏化，这是发生在1955年年底的事情。

接着，1956年就开始出现中苏两国在重大国际事务上的分歧。

一是1956年匈牙利事件，苏联对东欧加强控制，中国共产党认为不对，提出苏共不能以老子党自居，这个干法不行，要提出我们的批评意见。但是为了大局，我们仍然可以服从，这就惹恼了苏联领导人。

二是 1956 年中国完全按照中苏条约收回了旅顺口这个军港和大连特区，收回了中长铁路，把一切沙俄或者苏联在华利益收回了，导致双方出现了一系列的争议。

到 1957 年，中国“一五”完成“二五”时期刚要开始，苏联对中国不计代价的整体性的工业化援助，就陡然停止了。

这才是中国刚刚建立的货币经济出问题的开始，并不是因为 1953 年进入统购统销，说什么由于计划经济，中国货币开始出问题。因为在 1953 年，外国实体性的产业资本是大量进入的，而且这个资本进入当时又是不计代价的。这在同期促进了中国货币增发，用于城乡交换。

苏联对中国的产业资本投入从什么时候计价了呢？从 1957 年的“二五”才开始。

我为什么说中国“二五”计划其实没执行，是因为根本没有办法制订和执行。“一五”是人家不计代价给你，大量的资本投入进来，到 1957 年突然停了，而且人家开始撤了，等到 1960 年基本撤完，那就对不起了，工业化需要的技术密集不断增加这个条件首先没了。同期，资本密集这个条件也没有后续追加的了，国家“二五”计划再想要维持那种资本密集投入，那就得买。

拿什么买？中国人有什么呢？人家给的是已经过了季的东西。比如汽车，人家给你吉斯 150 生产线，就是 50 年版的车型。但到 1960 年苏联需要中国偿还债务的时候人家已经上了 160 吧，那中国生产的 150 就不可能返销苏联。当然，在中苏战略同盟的时候，中国得到的几乎全是苏联新的型号，不像中国 20 世纪

80年代引进的西方旧的型号。比如大众公司的桑塔纳，是人家德国在20世纪70年代以前版本的汽车。那个旧车的生产线已经算二次转移设备，先转到巴西，卖不动了才转到中国，到现在为止，桑塔纳在中国还算是相当主流的车系，这是西方的产业转移。

一般而言，发达的制造业国家转移出的是人家落后版的生产线，发展中国家接受过来当成本国看家的工业基础，这种产品能返销吗？比如桑塔纳返销到德国去，那怎么可能呢？好了，西方转移到这儿的生产线，生产的工业品不能卖回给人家，那么，拿什么还给西方呢？主要是农产品，还有稀缺矿产品。

当然，中国是1960年开始还债，一是拿稀缺矿产品抵掉了一大块，二是农产品抵掉了一大块。农产品就要靠统购统销拿走人家要的农产品还债，比如说小麦必须统购，是因为小麦人家要。此外，很多肉类、蛋类、鲜果菜类等这些副食品人家都要。

那时候其他的东西宽松些，比如地瓜人家不要，像高粱、谷子、荞麦、糜子这些东西，苏联也不要，这些农产品占统购份额就很低。所以后来出现的一系列问题，包括1960年中国经济陡然进入危机状态，那主要是20世纪50年代大量吃进人家的产业资本，当时没付钱，就没表现出大的制度代价。到1957年苏联不再给了，并且要在1960年以后，得全部汇总算账还回去，又不能拿工业品还，只能拿农产品。

这时候，统购统销所起的作用更加突出，货币不可能再发挥作用。宏观背景的阶段性变化是重要原因，如果这时候仍然是货币经济，就会陡然出现因供给短缺，加之没有贵金属储备支撑的货币是毛票情况下，会像民国那样再度导致严重通货膨胀。

所以我才要说，20 世纪 60 年代的货币经济不能发挥主要作用，是福是祸，还另当别论。

假如接受 20 世纪 30—40 年代民国政府的经验教训的话，这个阶段中国经济“去货币化”，恰恰是躲过了一场恶性通货膨胀的灾难。

那好，接着我们说货币经济在农村对农民造成的影响。

应该说前期是积极影响。因为，在中国土改，农民恢复了小农经济，有三年的生产恢复之后，累积的农产品的增加量正好等着政府这个大买家来买，于是无论叫统购统销还是不叫统购统销，都问题不大，只要政府给足够的钱（再加上从 1950 年开始存“三白”，已经稳定了政府的银行信用），货币的币值是稳定的，统购统销给农民支付的是国家的主权货币，农民要的恰恰是资金这种稀缺生产力要素。于是，人民币这时候已经成为一种促进城乡之间交换的国家主权货币体系了。

诚然，在 1957 年之前苏联停止成规模地不计代价地向中国做工业化的整体投资，中国的城乡交换是相对比较顺畅的。问题主要出在 1957 年苏联终止了整体投资，以及之后出现了 1958 年的公社化。

2. 高级社时代的不得不“去货币化”。

原来高度集体化产生于 1956 年，是高级社制度，为什么提出呢？

从 1955 年开始，城市工业能逐渐生产大型机械了，这个工业化速度非常快。20 世纪 50 年代还是“一穷二白”，一场朝鲜战争打出来一个工业化，中国城市开始有了工业产品，不是一般的轻纺产品，更为重要的是大型工业品。比如 1954 年开始生产拖拉机，1956 年生产汽车，那这个拖拉机给谁？如果是一家一户的小农经济，要“斯大林 50 号”履带式拖拉机吗？如果不要，拖拉机生产就压库，不就是一堆废铁吗？压个两年，锈成铁疙瘩了。

到 1955 年工业各部门纷纷要求中央，说农民这种分散状态，城市工业品下不了乡，这时候已经是初级社了，那是毛泽东帮陈云解决统购统销推进的。初级社之前跟 4 亿农民打交道，交易成本太高。毛泽东就组织合作化高潮，把 4 亿农民编成了 400 万个合作社。毛泽东跟陈云说，你是满头乱发没法抓，我们搞出合作社叫编成辫子就好抓。

如果按照西方的制度经济学理论，那叫作降低了交易费用。就是国家的统购统销跟分散农民之间交易成本太高，变成合作社，交易成本降低。所以早期的合作社，是为了贯彻国家的统购统销，占有农产品剩余，那时候还基本上是市场交换形成的。

到 1955 年工业部门开始提出的要求就是办高级社，以乡为单位办农业规模经济，不要以为我们中国人没有搞过农业规模经济，当年就是以乡为单位，数万亩的集中土地，便于农业机械下乡，这件事情就是 1956 年干的。目的是什么？中央政府 1956 年提出农业现代化，目的是通过集体化来形成农业机械化，对应城市的工业品下乡。

所以这个集体化高潮，在 1956 年严重侵犯农民利益，把农民好不容易经过土地战争形成的土地权利，上收到了乡一级。

就在这时候，农村金融的基本作用导向被改变了。这对农民有什么影响？这时候金融的作用变成了帮助国家完成工业化原始积累，发挥了从农业占有剩余的作用，通过“剪刀差”占有剩余。那么，什么叫“剪刀差”占有剩余呢？一辆拖拉机多少钱，得换多少吨麦子？如果拖拉机不能下乡，城市工业品就没法完成一个生产循环。

所以建立起高级社以后，同期做到的是什么呢？国家财政和国家的农业金融，就是农业银行，这两个体系同步下到了高级社这一级。乡这一级。同时国家的粮食部门和统购统销的供销部门，也下到了公社这一级，就是乡这一级。同期到 1957 年苏联停止投资之后，1958 年改成人民公社，就变成了公社这一级。乡这一级是一个大的规模经营性单位，同时又是国家财政金融权利和国家粮食物资商业系统，都下到了人民公社这一级，构成了一个完整的交换和结算中心。

这是什么道理？国家按计划把拖拉机分到了乡这一级，建立拖拉机站，后来叫农机站。好了，国家说你不能光叫拖拉机站，你还得配套有农机厂，为啥呢？拖拉机老出毛病。你得有农机配套，还得有配套机具，所以农机厂、农具厂等，就要建立五小工业。五小工业建立，国家就同时把生产出的车床、钻床、铣床各种工业设备，下到了乡一级。

这是谁干的呢？是金融干的。就是农业银行给公社指令性的贷款，你拿到这个贷款，定向地去买拖拉机、买车床、买钻床，装备买进来，国家还得给你下达指标，你不能光有了这些工具性的设备，你还得有原材料运输，就钢材配给你，木材配给你，于是工业品就下乡了。

这又是谁干的呢？当然是农业银行给人民公社贷款，人民公社统一接贷了以后，就等于负债了。负债怎么还呢？好了，这时候就发挥作用了。让各个大队，各个生产队向国家交售农产品，什么价格呢？极低的价格。那边下来的价格是国家计划分配的工业品，价格很高。这边收购的农产品价格很低，中间的“剪刀差”农业银行一结算，跟财政一对接，差额国家拿走了。

通过这种方式，在1956年建立集体化，到1978年，在二十多年的时间里，国家从农业占有了多少积累呢？占有了7000亿—8000亿元的“剪刀差”积累。这就是农村人民公社，配合国家工业化完成的从农业提取原始积累的作用。这个对于国家工业化高度有效，但对于农民来说，就意味着一种剥夺。因为“剪刀差”嘛，压低农产品价格，抬高工业品价格，中间这块，静悄悄地就流失掉了。

这时候农民除了集市贸易之外，向国家交售的大宗农产品并不见现钱。为啥呢？为啥货币的功能并不发挥作用呢？因为它走了财政和金融的内部结算。

不一定要大量增发货币，因此农民并不见现金，各级产品交换结算都可以走账，它就仍然是一种非货币化的交换制度。这种制度当然就不导致大规模增发货币，即使在物资严重短缺的条件下也不会导致恶性通货膨胀了。

注意，当时因为国家占有了大量的农产品剩余，只允许少数农产品在自由市场流通，自由市场流通会导致自由市场价格跟国家的统购价格之间，差别很大，但这并不意味着通货膨胀率上升。什么道理呢？就是因为并没有多少人用货币来进行交易。大量的城市消费分配靠票证来保证。这时候你并不用货币来标志你的全部消费能力。货币就变成了第二票证，第一票证是各地政府下发的那些本啊、票啊之类的。这个第一票证系统决定你该得到的份额，货币只是你得到这个份额的时候的一个中介物，它并不是一般商品等价物，它的基本货币功能并不体现，所以中国这时候仍然叫作“去货币化”的时代。

3．对建国初期“去货币化”的作用解读。

这个“去货币化”我已经讲了，是从1949年开始的，中国不得不“去货币化”，因为民国政府时期的货币化是一场灾难性的现代经济崩溃。因此，整个20世纪中期，中国主要是“去货币化”的时代，这个时代恰恰没有出现民国那个年代的灾难。这个好坏对错我不评价，我只是说它是一个客观的历史过程。

大家都说这个时候形成了城乡二元结构，农民受到了极大的影响。不错，但那不是货币造成的，而是这种工农产品“剪刀差”，为了国家工业化提取原始积累，占有农业剩余，是这样的一个体制造成的，它是一个客观的历史经验过程，没有这个过程，就没有中国工业化。

所以它是不是因为缺乏货币，缺乏自由竞争，缺乏市场经济造成的呢？我说那是后人拿着学到的那点知识，生生地套到前人的经验过程中，所得出的判断。与其那样做，还不如老老实实地看看前人到底做了些什么，我把这些经验过程做归纳，这段时间属于“去货币化”的时代。

这个时代延续到什么时候？一直延续到20世纪90年代。中国人的真正货币化什么时候开始的？在1992年，这中间一大段历史我们全都放过去了，因为其实占人口最大多数的中国农民并不以货币来作为自己的财富的标志，货币不是一般商品等价物，也不是商品交换的中介。

所谓计划经济，无外乎就是保证城市工业化原始积累，可以一方面从农村得到剩余来支持工业建设，一方面来稳定城市市民的基本生活。用这种方式，使中国在完成整个国家工业化原始积累的时间上，比西方用几百年才进入工业化要短得多。我们大概只用了二三十年的时间，就基本上完成了工业化原始积累，中国的工业化的振动幅度也要小得多。

当然这期间有自然灾害，造成了很多人因饥饿而死亡。话又说回来，民国年间在20世纪30年代那场大灾难，因全球经济危机造成民国大规模的饥荒，有约2300万人的死亡，再加上战争3700万人的死亡，合计损失了五六千万人。

依我看，整个20世纪50年代就是一个工业化原始积累的十年。

这工业化原始积累的十年里的资本集中的代价，非常大。自然界的基本道理，作用力与反作用力，体现在人类社会中，就是有一份资本就有一份代价。资本的那份收益你占有了，那份代价甩给谁了？甩给农民了。

工业化主要集中在城市，这个工业化原始积累造成的巨大代价甩给农民了，农民就承载这个代价所造成的一系列的问题。

这到底是不是跟所谓货币化、非货币化有关呢？我说，中国由于非货币化而没有在这个阶段中遭遇恶性通胀，没出现民国连续十三年的大通胀导致其现代财政金融全部垮掉！不仅没出现这种灾难性后果，而且维持住这个国家工业的基本存在或社会稳定，就已经难能可贵了。

客观地看待历史经验，应该说只要想搞资本原始积累，就要付出巨大代价，只不过要看清楚这个巨大代价甩给谁了。

（三）中国启动货币化的两个前提

1. 1992 年中国启动货币化的一个前提是助推中国经济增长。

我为什么说是从 1992 年才开始货币化呢？是因为，1992 年财政承受不了巨额的对票证经济的补贴，中国政府才放弃票证制度。并不是谁主观上说因为 1992 年宣布要进入市场经济，政府就主观上放弃票证体系，而是因为票证到了 20 世纪八九十年代，已经变成了一个从过去“补贴温饱”，也就是过去补贴吃饭不饿死，到后来财政得“补贴吃好”。

要知道 20 世纪 80 年代以后整个工业农业的发展速度都非常快了，人们穿衣吃饭不再是问题了，但还是让占人口 20% 左右的这部分市民，继续享受财政的全额的补贴。到 20 世纪 90 年代的时候，我们当时希望打破城市乡村之间的二元结构壁垒，记得我当时在政策部门曾经参加过一次讨论。当时公安部户政局的同志说，我们不背户口这黑锅，坚决主张放开户口，别再说不放户口是我们公安部的事，我们要求放。几乎所有的其他部委都急了！可不能放，一放我们完了。为啥呢？财政部先说了，那得加多少补贴，城市里每一个市民，比如像北京这种市民，20世纪90年代初期一个市民就是几十万元的补贴份额，无论是吃穿用度，还是生老病死，全都在国家财政的全环节补贴之内。如果一个北京市民30万—40万元，那一般的中等城市市民，怎么也得是20万。到了县级城关镇这一级，大概补贴少一点，也少不了七八万元，十万元左右。

所以为啥20世纪90年代开始出现卖户口，为啥北京户口不能卖，是因为北京的补贴太高。一般城市为什么可以呢？地方财政短缺，卖点户口，你买个本地户口，就可以享受本地城镇居民待遇，其实就是本地政府把你的未来的享受的财政补贴，先吃了，寅吃卯粮，不管后任政府承受多大包袱。

所以，不是谁主观上推进改革，而是因为财政承担的城市居民要吃好穿好的那块福利性的补贴越来越高。20世纪80年代时，城市人口相对算是中产阶级，农民才是中国的弱势群体，甚至是真正无产阶级，没有任何政府补贴。

当这个补贴大到一定程度，再加上1988年、1989年大危机爆发，1988年高额通货膨胀，1989年生产停滞，典型的滞胀危机全面爆发的时候，1990年进入严重萧条。萧条阶段没有收入增量，财政的刚性开支就不得不减，刚性开支中的一大块是城市补贴。于是到1991年财政再进一步遭遇恶性赤字打击的时候，1992年终于忍不住了，只好中央政府放弃所有票证。各地随之不得不在一夜之间放弃所有的票证，除了边远山区、边疆的个别地区，我印象里那时候只有二十几个县没放，其他市县全部放掉了。所以一夜之间放掉票证的结果就是，这时候人民币真正成之为货币了——国家没有票证这个第一分配系统了，货币就成了交换中介。

所谓 1992 年是中国的“货币化元年”，使货币成之为货币，恢复货币作为交换中介这个基本功能，是自 1992 年起。

再说我们如何启动市场化改革的？没有货币这个基本的交换中介，市场交易何在？价格当然在 20 世纪 80 年代有很多波动，当然也有很多改革等；但是要我说，对中国而言，真正起到本质性的重大改变作用的，是 1992 年在财政严重赤字压力下，在政府再无力承担对城市居民的消费补贴的情况下，中国彻底放弃了票证分配系统。1992 年就成了中国人民币真正成之为货币的第一年，可见，中国货币化始于 1992 年。

记住，什么时候中国开始货币化？ 1992 年。

如果把 1992 年以前的所谓银行的存款和贷款与今天相比，几乎完全不可比，那只不过寥寥一点，连今天的零头都不够。当年每年大致是个几千亿的规模，一年增加个一两千亿元、两三千亿元的信贷规模，存款相对来讲也是一年千把亿的这么个数。哪像现在，每年动辄几十万亿元，金融资产总量高达 100 多万亿元！

我印象里 1978 年整个中国银行全部社会存款只有 200 多亿元。贷款只有一千多亿元，不到两千亿的规模，就这么点金融的运作。

1992 年是至关重要的，中国启动货币化，恰恰和什么结合呢？中共十四大提出建立社会主义市场经济新体制，于是被货币化所带动的高增长证明了市场化改革的“政治正确”。想想看，大规模货币进入市场，带来大规模的交换——货币化的一个直接功能，是使原来不可用货币来交易的资源通过货币的中介作用变成了可交易的、可变现的资产，于是导致中国按照 GDP 统计的通过交易创造的增加值陡然大幅度增加。

谁这么干，都会带来高增长，只要进入货币化。当然，这个货币化的前提，是国家得有相当足够的经济总量了。也就是说，我们从 20 世纪 50 年代以来进入工业化原始积累，到 20 世纪 70 年代末基本完成原始积累、进入所谓改革开放时期的产业资本扩张，形成了庞大的资源性的物质资产，这个物质性资产在 20 世纪 80 年代基本形成之后，正好在 20 世纪 90 年代初进入经济货币化，那就把这些资源性的物质资产变成可货币交易的资产。于是就可变现，财富总量就大幅度增加了。

所以，到 20 世纪 90 年代中后期有人算过账，中国的实质资源性和物质性资产，已经是百万亿以上规模了，这时候政府大规模增发货币，正好对应的分母是所谓物质性财富，分子是大量增发的货币资产，随之中国经济陡然进入高增长。

这就是以人民币这种中国的主权货币，在中国推行经济货币化的一个非常重要的作用。

我们不能简单化地把高增长归功于人民币为工具的经济货币化，只是说这个货币化进程有极为重要的历史性作用。

2. 中国启动货币化的另一个前提是要避免苏联解体的教训。

我在 1991 年苏东解体的时候，正在美国做访问学者，那个年代西方是典型的中国崩溃论甚嚣尘上，不像现在西方舆论的主流是中国威胁论。所谓中国崩溃论，就是认为苏联已经被美国搞垮了，铁幕都垮了，中国只不过是个竹幕，很容易就被搞垮，中国人撑不过三年。苏东怎么解体的？按照美国人的解释当然是因为意识形态，共产主义是恶魔，没有正义性，所以就解体了。

如果这只不过是西方意识形态解释，那真正的原因是什么？

看看我们中国今天主流的解释，到底是什么？我不敢相信一般的说法，只能靠自己眼见为实，于是我背着包就去转了七个前苏东国家，给我最强烈的刺激是只要带一张 100 美元的支票，立刻变成百万富翁，为什么？因为苏东国家的货币体系坍塌了。本币价值一落千丈，兑换率大幅度下降。比如说苏联，以前一个卢布的币值曾经可以兑换二点几个美元，因为它是非货币经济，一块钱的实际价值远比完全货币化，甚至过分泡沫化的货币值钱得多。

那时候整个苏联的一般消费品还在分币时代，打个电话几分钱，买个面包八分钱，就跟我们中国当年 1992 年货币化之前差不多，坐个地铁五毛钱，打个电话一毛钱，我们还是毛票时代。苏联则在分币时代，这两个非货币化的经济差别并不大。

苏联因为政治改革优先，而支撑货币体系的是政权，政权先倒了，货币体系随之陡然坍塌。所有老百姓存的钱，一夜之间化为乌有。

为啥苏联老百姓后来这么恨那个政府，一定要改朝换代，就是因为他们输得太惨。整个国家的资源经济、产业经济、实体性财富被国外货币的涌入所“货币化”，外国金融资本占有了大量的托宾税，就是被货币化的收益，这个巨大的制度收益被国外金融资本占有，本国在经济上却输得一塌糊涂。这个过程我是亲眼所见，亲身感受，何况我们也是这个体系，这才明白，政治改革优先于经济发展的结果，是依托国家政治强权的货币体系彻底坍塌，国民财富积累一夜之间清零。

回来以后我写了报告，“苏东私有化的观察与思考”。我先后去了七个苏东国家，国国如此，看来不是单一的教训，而是一个具有普遍意义的教训。

至少苏联整个经济不进入货币化阶段的历史教训，我们算是避免了。尽管苏东国家的实体经济产生的制造业产量是全世界第一，按工农业总产值计算，它肯定是第一的，但是对不起，如果按货币量计算交易过程的增加值，就是按 GDP 法计算，当然就不如西方。于是西方舆论这个软实力就说苏东的体制不行，但其实质性的问题只是没有进入货币化。

中国恰恰是从 1992 年进入高速度货币化，GDP 陡然大幅度增长，西方舆论也突然就从中国崩溃论变成中国威胁论了。

我们得益于什么？恰恰得益于无形之中推进的是货币化加快，恰恰又配合了市场经济改革。如果中国没有规模化的货币投资这个所谓的龙头要素来撬动其他要素进入所谓的市场经济，光靠放开市场这个看不见的手，很难发挥作用。

所以，苏东解体基本教训是没有进入货币经济，这是一个经济发展领域中的基本教训，人们接受不接受，反正是我实地考察的结果，是眼见为实的结果。

中国在20世纪90年代的最重要的经验是，自主的货币化创造了高增长。

因为货币化如此短期加快，中国出现了一个重大的利益结构改变，崛起了与中央政府利益相关的金融资本集团。今天很多人批判国有经济，反垄断，包括批评国有银行，其实无外乎是批评金融垄断资本。

中国跟其他世界上的大国一样，因为人口众多，国家经济总量大，对货币的需求也大，于是产生了几大国有银行占绝对比重的金融资本系统。这个大银行系统占有了全国资金总量或信贷总量的70%，于是它变成了一个在中国乃至于世界都排在前列的大企业。这是客观上造成的结果，不是主观的，是客观上中国进入了一个高速货币化进程而由原来的国有金融部门来运作大规模增发的货币。

当然，这个运作的过程，开始因为政府短期内就把全国各种各样的资源性的要素和资产性的要素大都货币化了，这些资源和资产在哪儿呢？大多在地方。所以，早期的中国货币化是地方政府主导。如果看整个20世纪90年代的地方政府，那真是“八仙过海，各显其能”，每个地方政府拼命地在加快本地的GDP增长。

那个年代，我们叫作“中央承担全部金融风险条件下的地方政府公司化竞争”。这个竞争过程中就有一批沿海的先富起来的地区，在此之前并不特别突出，但在这个货币化进程中，沿海的优势就凸显出来了。因为从20世纪50年代，特别是20世纪70年代以来，整个国家的工业布局大部分在沿海，就是实质性资产的主要聚集地。

当沿海地方政府把国家工业化形成的这部分实质资产货币化的时候，资本增量显然比内地大得多。于是沿海按GDP统计就发展起来了，内地就跌下去了，出现了非常大的区域差别。同期，农民收入的低下尤为凸显出来，因为农业属于自然经济，货币化程度很低。所以在20世纪90年代农民货币化低的时候，城乡差别也就拉大了。

那好了，中国正好在20世纪90年代初期进入高速度货币化，尽管后来我们遭遇了更为严重的债务危机，为什么过得去？就是因为在高速度货币化的过程中产生了巨量的所谓货币化的制度收益。这个制度收益又因为我们的货币市场不开放，使得中国几乎全额地占有了自主货币化的制度收益，这就是我要讲的人民币在20世纪90年代的历史贡献。

（四）中国启动货币化的巨大代价

接下来我们看20世纪90年代这场货币化的代价是什么？

三大差别拉大，这是一个代价，更为重要的代价是什么呢？就是当地方政府发挥主导作用把自己本地的资产和资源都货币化的时候，根本不顾整个金融系统会形成多少不良资产。

到20世纪90年代后期，金融系统不良资产一般在20%，个别金融部门高达30%以上，这要在一般的银行市场化的国家，在货币自由兑换融入金融全球化的国家，这种金融部门就会破产，雷曼兄弟公司就是例子。

雷曼兄弟公司当时不良资产占多少？有我们20世纪90年代末期国家的银行高吗？没有。为什么它破产，我们的银行为什么不会破产？并且不仅不破产，而且在21世纪成了全球排在前几位的大银行，什么道理？就是因为这个时候财政和银行并没有完全分家。中国的财政金融什么时候分家的？算是比较彻底分家，尤其是金融不再被地方政府所绑架，是在1997年东亚金融风暴发生后，中央非常艰难地推进了银行商业化改革，把银行独立于地方各级财政，这时候，财政银行才真正分了家。

当然，银行对中央财政并不能彻底分家，因为大量的有毒资产被剥离之后，自有资产趋零，这就得靠中央拿钱，用外汇储备建立中央汇金公司，再把国家外汇储备变成对国有银行的资本金注资，中央财政再拿一部分资本金注入，这样充进了银行的自有资产，银行才能作为商业化的银行去尝试着独立运作。

这个过程从1998—2003年用了五年的时间，基本上使银行从地方财政剥离，但和中央财政外汇紧密挂钩，变成了中央控制的垄断金融资本。于是我们有了世界上排名在前的大型垄断金融，而这恰恰和世界金融化过程都是大型垄断金融获利的趋势吻合。

（五）中国货币化与金融全球化的关系

1. 就人民币整个发展过程来看，货币信用的来源是政治强权。

在金本位时代，储备黄金是货币信用的来源。那“去金本位”以后呢？世界在1944年去金本位了。所谓布雷顿森林体系不外乎是美国承诺用黄金作为储备，有多少美元可以随时兑换黄金，其他国家就都放弃金本位了。

为什么呢？战争打的。每一个国家都要用自己的贵金属去换军火，那还有贵金属储备吗？都没了怎么办？只有那个大军火生产商，向整个战争提供军事装备才赚得盆满钵满的，全世界 70% 的黄金储备在美国人手里。因此，美国向西方世界承诺可以兑换。1944 年就意味着全世界放弃黄金储备唯美国一家承诺。但是，1971 年美国也撕毁布雷顿体系协定，于是，世界彻底告别了金本位时代。

那请问货币的信用来源是什么？政治强权。

美联储大家都知道是个私人银行的联合部门，它并不是政府部门。而中国人民银行是国家确立的发行货币单位，是政府一个部委。不管是什么，总之是背后一定有一个强大的政治强权，发行的货币才有信用。

全世界都知道美元币值严重高估，为什么世界 60% 以上的外汇储备都是美元，因为没人相信美元会垮。为什么？因为美国人的军事开支占全球军事开支的一半左右。谁都相信有这么大军费开支的国家，能垮吗？不能。想打谁就打谁，所以其他都有可能垮，美国不会垮，还是存美元保险。

那为啥现在人民币这么硬？因为大家嚷嚷了半天，无论是中国崩溃论还是中国威胁论，中国仍然屹立不倒，只要中国维持现有的这套集中体制，它的币值就是坚挺的，不断升值。因此中国才能顺畅地跟周边国家，甚至跟欧洲、非洲、拉丁美洲国家都开始签订货币协定，和中国的贸易用人民币结算，他们当然愿意，因为人民币的币值在上升啊。

因为中国空前稳定，没有按苏东那种方法改。客观来说，现在世界上这套政治强权就是今天各国货币信用的基础，货币信用的大小多少，其背后是其政治强权大小做为基础的。

一旦把这个关系说清楚，我们就知道人民币到底为什么叫人民币。人民币的信用基础乃是一个国家的政治强权。不同国家叫什么币，不重要，这个币值的变化，除了经济决定之外，还有很强的政治因素，在于国家的政权是否稳定，国家的政治强权是否足够大。你再去看看其他国家的货币，哪个不是？英国人不是得把女王的头像印上？随便换一首相行吗？因为首相是走马灯一样地换，女王不换，她是一个长期稳定的政权的象征。印度换了多少总理，哪怕不同政党都轮流上来，对不起，还得用甘地的头像来当印度卢比的大头像，印度人都认他是开国元勋。历届政府领导人不断换，但大家都公认只有一个开国元勋，他是政治权威啊。

这样就看明白了，美国每年军费开支占全球差不多一半，美元就值钱，就有全球储备硬通货的信用，谁也不敢说美元明天就垮。所以，过去人民币就是紧盯美元，没有办法，因为美国的政治强权，庞大的军事开支维持什么？不就是维持美元币权吗？

2. 金融资本全球化与维护币权主权的重要性。

接着就得说人民币在全球金融化，或者叫金融全球化的进程中的故事。当中国终于在 2003 年完成了银行商业化改制的时候，陡然遭遇到什么？有谁注意到 21 世纪之初全球正在连续发生金融灾难呢?

从1997年东亚金融风暴发生以后，世界上连续发生拉丁美洲金融灾难、俄罗斯金融灾难，一个接一个的，最后终于发生了华尔街金融灾难，发生西班牙、希腊及欧洲各国银行灾难等。这些金融危机爆发的症结在哪儿?在于金融化要求以一国政治强权赋权于金融体系所形成的货币信用，来货币化他国的资源性资产，这叫作金融全球化。

这个世界谁能对抗美元，就意味着谁能对抗美国的军事强权，实际上没人能对抗，只好臣服。仅有少数几个国家顶着，这些国家都是金融资本全球化的敌人。

接着说第二个现象，一般人没注意，当进入金融资本全球化的时候，币权就成了核心的权力，一切其他权力维护币权，为什么?因为政府能够凭借政治强权来两手扩张信用，一手扩张出来货币信用，大量增发货币，另一手扩张出来债务信用，大量增发国债。谁这么干?美国政府这么干，中国政府也这么干。无论什么意识形态，叫资本主义，叫社会主义，叫其他什么主义，这才是政府要干的最主要的两件事。在金融资本全球化的时代，谁扩张出的信用大，谁就是赢家。

但是，这么说有点太简单了，其实这里面有一系列复杂的问题，不可能通过电视画面讲清楚，但有一个情况比较直白——大量增发的政府信用，并不只在本国发挥作用。比如美元是世界货币，大家都储备美元，全世界70%外汇储备是美元储备，于是它变成世界范围内的金融扩张了。

美元大量增发流到哪儿去了呢?除了我们增加外汇储备之

外，还有一个重要的作用，就是增发的货币超过绝对比重，至少 60% 以上流向了世界原材料、能源、食品、粮食市场。于是粮食价格大起大落，原材料价格大起大落，石油价格大起大落，每一个“起”都意味着有大量货币进去，每一个“落”就如同它变成了一个货币垃圾消纳厂。一“落”，消纳掉了几千亿美元、上万亿美元的货币符号。因为它本来就不是实质性财富，只是一个被政府用强权创造出来的信用，只是个符号，这个符号可高可低、可多可少。每一次大规模的下滑，就替政府消纳掉了一部分大规模创造出来的增量的信用。

这个虚拟资本此消彼长的游戏，美国人玩得是非常之精妙，根本不用派兵打你，只要你们大规模进口能源，那我制造一次能源高通胀，你就出现严重的国内高通胀。随之，一般低利润的制造业就垮掉，就大量失业，就上街，你的政权就不稳定，连带货币体系不稳定，弄不好甚至把你玩完。然后我的货币进来了，把你剩下的资源性资产、生产性资产，一股脑地给货币化了。其中，货币化收益我拿走了，你怎么在灾难之中痛苦挣扎，那是你的事，我反正把你玩了。

在今天这个世界被这样玩掉的国家比比皆是，麻烦在于我们的知识分子看不见。北非就是这么被玩掉的。

什么样的国家敢于站出来说，不行，这个货币游戏我不玩了，得把我自己的资源变成我的货币化来源了。谁？俄罗斯。原来几任领导都信了那套说法，把自己玩进去了——政权解体、货币垮台，大量的财富被别人货币化占有了。好在上来了一个领导人，年轻气盛，他干的最大的事就是把原来的资源，比如它最大的是石油天然气资源，收归国有了。

一旦收归国有，你这儿增发信用制造涨价，我就水涨船高，能源市场价格上涨所产生的溢价收益，被俄罗斯拿走了，拿回来以后给国民发福利，老百姓拥护，这就是俄罗斯游戏。所谓今天的俄罗斯魔方并不复杂，美国人创造垃圾信用导致通货膨胀，俄罗斯占便宜，也叫“搭便车”。这一“搭便车”就把美国搭火了，美俄之间的关系就高度紧张了。

敢说不的国家还有哪儿呢？委内瑞拉。查韦斯现在还要竞选连任，尽管他病得很重。他本来是军事政变上台的军官，上台后干的一件事也是石油资源收归国有，然后也是水涨船高，美国人吹货币泡泡导致石油价格上涨，石油收益就大幅度上升，于是政府就可以把石油收益用于安抚贫困社区的平民百姓，老百姓就拥护。

类似像这种做法还有哪儿？伊朗。此外，还有原来的利比亚。卡扎菲也是军事政变上台，上台以后石油资源收归国有，过了几十年的好日子。当年的利比亚街上没有任何要饭的，所有的老百姓免费医疗、免费教育，养老根本不用担心，政府全包了。为什么？就是石油大量的收益被国家占有，用于社会福利开支。而现在一场战争打下来，尽管说给了利比亚人民自由，但其实石油资源被跨国公司全部瓜分了，率先发动战争的法国，拿走了百分之三十几的石油资源。这时候想再支撑原来的社会福利，没钱了，跨国公司把整个石油溢价收益拿走了。

今天看货币是干嘛的？货币已经变成了一个独立于其他的领域的、异化于物质生产和人类民生的力量。这个异化的资本力量，因为和政治强权的直接密切的结合，而成为今天的金融全球化的一个具有内生性的主导力量。就是这个内生主导力量，会导致世界格局发生重大的结构性变化。而这个结构性改变如果不能被我们正常认识，如果我们还停留在原来产业资本时代，停留在西方19世纪阶级政治经验的话语之中，就将无法认识21世纪金融资本全球化，靠大规模增发货币信用和大规模增发政府债务信用这两手所形成的新的竞争格局。

中国今天之所以还能够立于不败之地，无外乎就是一直强调货币主权是国家经济主权的核心部分，一直强调本币开放没有时间表，将来会开放，但现在不承诺。由于我们的财政是自主的，金融是自主的，外汇是自主的……这一套在金融资本时代的现代政治经济手段的自主权，仍然紧紧地掌握在中国政府手里。

因此他怎么干，你可以怎么干。他在世界上干，你在中国国内干。假如中国和周边都签订了双边货币协定，那就带着周边国家一起干。基于今天中国在金融资本时代的所谓表现，怎么来看待在这个时代的人民币呢？人民币为什么越来越被大家要求国际化呢？是因为客观上，人们都没有认清楚这个规律到底是怎么回事。

这个节骨眼上，恰恰是乍暖还寒最难将息，怎么看待人民币在下一步国际化的进程中所应该发挥的实际作用，怎么让它配合整个国家在金融资本全球化中构建主动竞争的地位，这恰恰应该是新的所谓货币全球化战略、金融全球化战略，或者叫作维护国家币权的币缘战略的一个重要问题。

第四节　我的三个困惑[①]

“我活着，因为我思考”，这是一句电视剧里的台词。

“我思考，因为我困惑”，这是我今天的台词。

我不认为自己是一个做规范性学术研究的学者。这种规范研究，按照清华大学一位教授的说法，所追求的应该是“一种片面的深刻”。这样研究的学问越精致化，学术水平越高，就可能会离客观现实越远。不过，书斋学者当然可以这样研究下去，因为他们不必根据调查研究来解释现实。

与规范研究学者不同的是，由于我从20世纪80年代起得到了参与农村政策调研的最好的机会，能够把人生中最好的时光，花在“用脚做学问”上，因此，这种客观经历，使得自己靠长期下基层搞调研积累了一些粗浅的感性认识。也许，这恰恰是我的不足，因为不懂多少理论，所以，十多年调研到现在，也不过只是收获了一堆困惑。因此，回到学校面对老师和同学们的时候，只能向大家汇报一下我的困惑。

（一）第一个困惑：怎么理解中国的农业现代化

1. 对中国农业现代化的困惑。

记得在1998年，江泽民同志在一次讲话中实事求是地把过去文件语言一向强调的农业现代化，改变为“率先在沿海发达

① 2002年10月25日，温铁军应邀到中国农业大学新报告厅为“邓小平理论学习”课程演讲。

地区实现农业的现代化”。这当然是与时俱进的表现，因为中西部农业的生产力水平确实没有、以后也难以得到根本改变。

尽管中国经济总量已经进入世界前五位，但是就大多数传统农村而言，小农经济基本特征并没有得到改变。这是由于受到人地关系紧张这个基本国情矛盾的制约，使得我国农村地区在客观上不得不长期维持小农经济，这是农业的生产力水平一直没有条件根本改变的原因。

在最近有关中国加入 WTO 的讨论中，国务院发展研究中心的陈淮研究员指出，在完全市场经济条件下，如果按照中国实际已经达到的中等发达国家的水平，当前全国的 19.5 亿亩土地应该只需要 4000 万—5000 万劳动力。其他讨论虽然没有那么极端，但大多数接触实际的学者也比较一致地承认，我国农业在生产组织形式上基本上仍然属于传统农户的兼业化经营。因此，如果加上农户的养殖和其他经营，实际上只需要 1 个亿的劳动力。那么，农村中剩余的大约 4 个亿适龄劳动人口，就需要非农就业。这确实没有现成的经验可以借鉴，世界上没有哪个国家有这么巨大的剩余劳动力要安排，客观上也没有安排到哪儿去的可能。因此，农民的非农就业问题越来越突出。

在 1995 年有关实行紧缩方针的讨论中，我曾经提出应该把促进就业作为基本国策。近年来也多次说过，如果 20 世纪中国最突出的问题是土地问题，那么 21 世纪中国最突出的问题是就业问题。

中央主管农村工作的温家宝同志早就指出，要想富裕农民，就得减少农民。不过，咱们政府的相关部门有没有关于这些农村剩余劳动力就业的针对性的政策？目前看至少还不完善。将来即使政策完全对路，农村城市化加速，从中长期看，今后二十年内，农民人口的比重可能会下降，但绝对数仍然会在 7 亿—8 亿，“不得不小农经济”的问题也是中长期难以解决的。

那么，在“不得不小农经济”的制约下，如果农户的人均土地面积难以增加，绝对地租也就无法增加，种植业从长期看可能就是低效益，甚至是负效益的，那么，资本、技术这些至少应该得到平均利润率的要素又怎能投入到农业来？如果劳动力难以转移出去，小农经济条件下劳动力的边际效益现在下降到哪怕零以下，仍然不可能被其他要素替代，那么市场经济所依靠的“看不见的手”又怎样发挥作用？

如果上述问题确实无法解决，人们可能会比较容易达成共识：西方那种农业现代化的思路不能用来解读中国农村的现实。

2. 对农业经济科学的困惑。

接着产生的，或者派生的困惑，可能显得更有挑战性。如果由于上述种种原因，我们中国客观上没有条件重复西方农业现代化的道路，那么，是不是应该提出农业经济科学是什么科学的问题呢？

一般认为，农业经济学是个部门学科，是属于西方经济学微观领域。它之所以是西方的科学，是因为这种理论主要是从西方的经验过程中提升出来的。但是在中国，并没有与西方相同的那种给定的、使之能够成立的条件。因此，农业经济科学在中国农村，至少现在，恐怕还难以称之为科学。

这就要提到科学方法论。

所谓的科学成果，应该是可以在同样条件下、沿着相同的技术路线被重复的。如果我们通过“在地”试验，西方社会科学的一些基本道理就不能被证实，严格说就应该叫证伪。如果某个所谓科学理论不能解读约占世界农民人口 30% 的中国农民面临的现实问题，那这种科学有没有普世性？如果没有，那么学生在校学的、老师教的、研究人员据以进行论证的都是什么呢？

随之派生的困惑可能不是我一人的，但却更令人不安。因为在大多数场合我只要这样提出讨论，马上就会有人指出，如果不能按照西方的科学理论来解释农村的现实问题，难道要退回到传统的所谓计划经济理论去研究吗？对不起，这样的非此即彼地提出问题本身，就是在西方“一元论”哲学支配下不自觉的反应。对此我只能斗胆反问：所谓计划经济，难道不是另外一种西方的理论吗？

其实，我们最需要的应该是“问题意识”，最忌讳的则是“意识形态化”。

需要说明的是，我本来一向是尊重理论的，但是对那些不符合本土现实、只会盲目照搬的理论，实在容易使我这种搞实地调查出身的人产生困惑。因此我不敢轻易地在学者云集的大学里议论“理论”，尤其对那些所谓集大成的“体系”敬而远之。

将来，你们这些年轻人可能会逐渐根据中国农村发展的经验过程归纳出理性认识，但现在，还是别急于盲从。即使不敢谈对老师“发难”，或者对学科本身提出颠覆性的观点，哪怕能在平时学习的过程中多一点困惑，就如“困惑着我的困惑”，就算不容易了。

当然，中国的知识分子不能就此停下，不能对国家、民族、历史和现实不负责任。因此我认为，我们这一代与共和国一起长大的人有责任去解构（de-structure）那些具有高度正确性的话语。通过下基层调查，通过向实际学习，重新认识已经被我们这一代约定俗成的概念和共识。例如今天所提出的，我们是否应解构农业现代化？也许我们这一代没有能力，将来，可能得由下一代来完成重新建构的历史任务。

当然，建构本来就在解构之中，不破不立，大破则大立。

说了这么多，对这部分讨论归纳出的只是一句尽人皆知的老话："实践是检验真理的唯一标准。"这话是 1978 年划时代的十一届三中全会的指导思想。无论过去还是现在，那些盲目照搬、照译的书本上的理论有不少是伪科学，甚至是垃圾，根本不能用以指导我们解释中国农村的现实问题。因此，我们才应该体现陈云同志一向强调的"不唯书，不唯上，只唯实"。而我们的解构，其实就是一种直面各种挑战的尽力回应，也是弘扬中国历届领导人试图形成不同于西方的指导思想的战斗精神。

（二）第二个困惑：怎样理解"有中国特色的社会主义"现代化

中国的现代化进程，客观上没条件与美国、西欧、日本相比，只能与拉美、南亚相比，因为中国是一个后起的发展中国家。在这一个多世纪追求工业化的近代史上，我们不断请"洋和尚"来念经，不断接受人家强加给我们的教训，也不过是从

“邯郸学步”，进步到“摸着石头过河”而已。现在的问题是再摸下去行不行？令人踌躇的是，西方人放在前面的那块石头我们可能没法再摸。

还是得先提出方法论问题。自然科学的专家一般认为，到目前为止的社会科学理论，还只是些无法验证的说法。社会科学之所以不能成为科学，主要还是方法上的问题。如果不能通过在给定条件下重复试验得出其成果，那是不能被称为科学的。社会科学的大部分理论都不能被试验所证明，还因为这种科学所依存的经验，必然有时空局限，亦即，试验条件在大多数情况下是无法实现的。

我是 20 世纪 80 年代中期被国家送出去学方法的那批人中的一个，多少了解研究方法对学科建设的基本要求。从方法论本身的发展看，即使是到了后实证主义，也还是认为最科学的仍然是实验法。在社会科学中，如法律学、犯罪学，可在忽视道德的情况下采用单面镜观察法（one mirror reflect）看人在极端的条件下的一些本能的反映。今年的诺贝尔经济学奖给了一个搞实验的学者，尽管他在理论上名不见经传，方法上也机械地照搬自然科学。他在一定的可控条件下，把人作为经济动物关在一个封闭的地方进行试验，观察其表现。这反映一种倾向，即试图把实验法引入经济科学。其实，这仍然是庸俗化经济科学的一种表现。

现在，我们再看一下，既往的现代化是个什么过程，是否可以被重复？这就要分析欧洲是如何完成工业化的。

欧洲的现代化必然经历产业资本的形成过程，其中包括对外进行了约300年的殖民扩张，这是在罪恶的“三角贸易”进程中开展的。西方工业化的前提是，大量地向殖民地移去贫民、犯人、异教徒（而并非是富人和有道德约束的人）。结果，仅是美国就移进总数达4800万以英国人为主的欧洲人。同期，南美1个亿、北美1个亿的原住民被抢夺和清洗，人口大规模死亡。在美国，印第安人作为一个种族基本消失了，到1992年只剩下82万。过去生活在那里的上亿的印第安人，被作为殖民地对欧美工业化的伟大贡献而基本消灭了。

如果欧洲不进行这样的移民，现在欧洲大陆上估计会有10亿以上的人口，这么多人集中在欧洲大陆上，就与我国现在的人口状况差不多。结合欧洲人的以个体为基因的文明共同作用，世界大战何止两次，三次、四次早都有了。因为，发动世界大战是解决传统产业资本扩张的必然途径和唯一有效办法。第一次世界大战是为了瓜分世界资源，但没有瓜分停当，为第二次世界大战的爆发酝酿了祸根。北京大学中国经济研究中心经过研究证明，美国解决其1929—1933年经济危机的并不是罗斯福新政，而是第二次世界大战挽救了其传统制造业，是战争解决了美国足够庞大的产业资本的出路问题。

中国曾经采取的独立自主、自力更生的发展道路一度被批评为“闭关锁国”，其实当时也是受其外部环境限制而“不得不自力更生”。且不说美苏两个超级大国都先后卡我国，在与西方16个国家打了朝鲜战争之后，即使我国想“对外开放”，也无法实现。20世纪50年代中后期，中国的产业资本已初步形成，但世界也瓜分完毕，再没地方可以扩张。20世纪70年代以来欧美和日本都大幅度调整产业结构，传统制造业逐渐让位于以金融为主的服务产业和以军事需求为主导的高技术产业，中国才在当好“下家”的条件下成为制造业产品出口大国。

历史证明，中国这样的后进工业国家根本不能重复西方的现代化路径。问题是，如果重复不了西方通过殖民地扩张和战争方式实现现代化这样的路径，却要学从这样的经验过程中提升出来的所谓科学理论，那些被我们奉为瑰宝的东西是真正的科学吗？现在，学术界只出现一种声音，大家努力做天上的学问，西式学者站在庞大的西方话语体系里，毕其一生精力在片面地深思，他们都没有时间理睬脚下的热土。

（三）第三个困惑：如何在今后二十年保持经济高速增长

当前我国的产业资本扩张面临的国内外制约很严重。首先，本土能提供的基本能源如矿、水等有限；其次，我国已经成为全世界第二位的高速公路国家，石油需求日益增大。总之，自然资源短缺是个硬约束，能够被资本化的资源越来越有限。

关于石油进口问题。日本现在每人每年石油消耗量为 2 吨，自己一滴不产，全靠进口，每天 90 个油轮对着开。我国去年进口石油 3000 万吨，进口超过国内总需求的 30%。此外，中国加快城市化，为了减少环境污染，城市需用天然气。按照现在的城市化的速度，不用到“十五”末期，就会有大约 7 亿城市里和沿海的中国人需要消费石油，中国需进口的石油可能要达上亿吨。到 2010—2020 年，如果城市人口达到 8—9 亿，而国内产量仍然维持在 1.5 亿吨，那就需要进口更多。波斯湾一半以上的石油不可能都归中国。一旦石油短缺，或者石油价格大幅上涨，就会成为制约中国经济增长的严重问题。

现在，中国的周边环境有点险恶。我们在南海没有巡洋舰，而越南就有，更不用说控制马六甲海峡了。中国想大规模地进口石油，就得对海上石油运输线有控制权。而海上石油运输线曾经是日本的生命线，为此它曾发动过太平洋战争。1999 年，中国驻南斯拉夫领事馆被炸，后来 2001 年又在我国的东部沿海地区发生了所谓的撞机事件。现在中亚、西亚又出现了问题，朝鲜又被美国划定为邪恶轴心国。这些客观上对中国形成了环形的包围圈，国际环境异常险恶。在东北亚，日本、韩国和我国的产业结构的同构程度明显，竞争强化到你死我活。无论如何，我们需要和平的发展环境，我们经不起战争。值得庆幸的是，党的三代领导人已经为我们提供了 50 年的和平发展环境。现在，为了对付将来石油供给的不可测问题，中国正在建设“西气东输”工程。

进行产业的资本化过程中，一个严峻的问题是中国的主要矿产品短缺在 50% 以上。以水资源为例，整个北方的 300 多个大中城市全都缺水，五条主要河流全都断流。而城市人口的平均用水是农村人口平均用水的 26—27 倍，城里人天天洗澡，他们的爱车、宠物都是爱干净的。在这样的制约下，北方的城市如何扩张成了问题。可现实中我们还是要继续“化”下去。然而，当前的现代化是否能继续下去呢。如果我们了解了这样的国情，则无法这样做。这也许是我杞人忧天，因为有人坚信车到山前必有路，如技术发展到可以利用太空中的资源，可以水变油，可以利用风能、潮汐能、太阳能等。等待技术发展就可以解决这些问题，这也是唯一的办法。

当然或许可以大幅度发展泡沫经济性质的金融产业。在现代化的进程中，我们十几亿人口的出路在哪儿？地球上还有无可以占领的大陆？如果说农业可以超前技术化，那么造林带早都围绕地球一周多了。所以，我们现在对当前现代化的路径进行思考，在思考中困惑，其实就是在质疑、解构现代化。

现在来看产业化中的实际情况。1996 年粮食多了，过 1 万亿斤，卖粮就困难了。当年国家因此统一制定保护价，造成压库 5000 多亿斤，财政补贴多占几千个亿。这么多粮食要出口，价格还要比别的国家的高，政府只好进行补贴，但是别的国家进行抗议，因为它们认为这违背了 WTO 的有关条例。再看工业、加工业的产业资本扩张问题。在广交会上，我国制衣品是 1 美元 1 斤，以前是连箱子 40 美元，现在是 8 美元。这个世界现在这样发展，逃脱不了制造业的一般规律。现在利润低到了 5%—15%，而加工贸易的大头利润都大量地流出了。产业资本的形成和扩张是有规律的。任你政府再怎样号召西部大开发，一江春水从来就不大可能“向西流”。试问 1999 年开始的西部大开发，有多少资本在三年之内流向了西部？即使几千万的劳动大军流到东部，也都是在东部发达地区，省内都不向西流，何况省际。

现在的论证具有御用性，正反说都会有理：一会说是产业调整，一会说是产业退出，又是什么雁阵式转移，什么利啦、弊啦，这是一种僵化的错误思维方式。学问在以前是老八股，现在是洋八股。这都不能解释我们的问题，又如何解释这样的现象：浙江私有化程度最高，市场机制最完善，为什么大资本却绕它而过？外资也不进去，反而只找北京等国有企业较多、政府似乎比较官僚化的地方。中国对外大量资本输出达千万个亿，而中西部建设却缺乏大量资金。珠江三角洲加工业的80%来自港资，欧美资本都到哪儿去了？只能说这些都是由资本的追逐利益最大化的本性决定，由当地是否有资源可以资本化、是否为当地政府掌控所决定。

第五节　中产阶级的“去城市化”[①]

随着中国当代中产阶级的财富和文化崛起，乡土感从过去那种小资群体已经被充分表达过的“一缕乡愁”或农民打工者返乡过年的“难舍亲情”，愈益演化成为一种中资主导社会变迁的“去城市化”群体行动。

但如何认识这种趋势，还是应该有国际的、历史的视角。

（一）资本主义三种模式对城市化规模的影响

首先，我们要明白的是人类处在资本主义历史不同阶段的不同趋势。

① 温铁军于2012年8月25日对湖南卫视《回不去的故乡》纪录片编导组的谈话记录。

中国目前还处在产业资本阶段，主流认可的以大城市来聚集人口的城市化，是典型的野蛮资本主义模式的表现，通常叫盎格鲁－撒克逊模式。后来通过殖民扩张和两次大战出现了英美结盟之后，进一步演变成了盎格鲁－美利坚模式。这种野蛮资本主义模式对世界的滥觞，产生了过多地集中人口的城市化模式，也同步造成我们都能看到的发达国家的城市病，比如毒品泛滥、黑社会分割控制等乱象，以及普通人在大城市生活高度紧张导致的社会性精神病态。

不仅所有被这种模式覆盖的发达国家的大城市都有这种弊病，例如早期的伦敦和曼彻斯特随殖民化被复制到芝加哥和洛杉矶，而且在全球化进程中，先是在被称为“美国后院”的拉美，出现了里约热内卢、圣保罗、墨西哥城等，接着扩展到亚非，蔓延到大多数发展中国家，比如印度的孟买、孟加拉的达卡等，到处都是大型贫民窟。此外，还有埃及的开罗、菲律宾的马尼拉等都出现了这个问题。

这种把本来分散在农村的贫困人口“空间平移”集中到大城市贫民窟的野蛮资本主义模式，给产业资本化解内生性的生产过剩释放了空间。但同时，所造成的制度代价和发生的社会危害却数不胜数。

可见，只要是以盎格鲁－美利坚模式来推进本国经济发展，那么在这种野蛮资本主义模式下就都有类似的情况，哪怕这种模式演进到金融资本主义，在金融资本之都的纽约也还有多个贫民窟。美国这样一个奉行新自由主义的高度现代化国家，也不能根本解决大城市病。

这也是我为什么说首先要有国际视角、要有历史感的原因。因为，如果简单地加快大城市为主的城市化，那只不过是沿用了资本主义发展阶段的某个特定模式来主导中国经济社会发展所产生的人口迁移。

资本主义历史阶段中还有第二个模式，叫莱茵资本主义，主要就是指法国、德国和意大利这一带，在欧陆中心的这些国家大城市很少，主要是中小城市和城镇化为主的城市化进程。它体现了城乡兼容、城乡统筹、城乡融合的社会文化。此外，它的工业中小企业很多，大多是坐落在乡村的，很多服务业也在乡下，并不是把所有的资源向城市过度集中。例如，在欧盟产业资本最为雄厚的德国找不到几个百万级人口规模的大城市，不像中国不仅到处都是百万级大城市，连千万级的城市也是世界之最，而这种千万人口规模的超大型城市在欧洲基本上找不到。所以，欧洲不像美国或照搬美国模式的发展中国家那样，经常出现枪击案件，也很少见到黑社会分割黄赌毒势力范围和社会性精神病等城市病。

莱茵模式为什么不会造成严重的城市病?

中国人说的思乡情结，那是中小资产阶级身上出现的，那是城市病的一种。它只不过是城市生存压力过大，不愿意在城市残酷压力之下变成精神病，想找回一点自己的自然属性，也就是要找回人成之为人的那点本性，所以思乡了。但如果在欧洲看看，这种乡愁别绪似乎很少。因为，在莱茵模式下这种以中小城市为主的城镇化，在城乡不那么严重分割对立的地方，不会动不动就有枪杀案出现。中国相对比较安全的地方也不在大城市，恰恰是在中小城市。正因为莱茵模式不过分追求城市化，所以那里的工厂、学校周围就是农田，很多建筑物根本没有隔离区，也没有高墙和铁线网。政府根本不搞统一的草皮，也不反生态地去确定那些“市花”“市树”，从工厂望出去就是绿色的果园、牧场和农田。于是，人们也就不用去找田野乡情，那里的农村经济追求的也不是所谓土地产出率，政府确定的农业政策是生态化的景观农业，要求搞多样化的可持续的循环农业。这样，人和自然就和谐共生，人的心理是相对比较健康的。

资本主义历史阶段中的第三种模式是国家资本主义，也就是政府经济——资本内化于政府，就成了最大的垄断公司。其实这种模式的特性类似于盎格鲁－撒克逊模式，只不过主要因为这类国家大部分是工业化的后来者，实行这种国家剥夺能够很快完成原始积累，所以这样的政府公司化运作方式之下工业化发展会很快。其中，我们城市民众的一缕乡愁就是在这政府经济制造的水泥森林、柏油沙漠里形成的。

我们国家类似于这两种模式的混合体，挣扎着试图走出盎格鲁－美利坚模式，适当借鉴莱茵模式，可能最终是要形成不同于西方的亚洲模式。因为我们不可能像欧洲一样，把产业大量地转移出去，整个生态得到恢复。我们也进入不了美国模式，因为没有华尔街金融资本主导的高度虚拟化、泡沫化的，金融吃全球那种铁嘴钢牙的条件，没有美国那种同时控制两大洋的海权制胜能力——中国人从来没有在海权竞争中取得过胜利，我们早过了郑和的时代了。

（二）中产阶级崛起对“去城市化”的客观需求

中国在新世纪初完成了国家垄断银行资本的市场化，随即进入了一个金融业和地产资本紧密结合的城市化高速扩张的时期。短短的十年，海内外大地产商把无数的钢筋水泥堆到了各个城市的有限空间里，造就了一大片使所有的人都感觉到压抑的水泥丛林！让人在这种巨大的水泥丛林里产生了一种自我的矮化感。在这个过程里，我们作为人，人性和人所有的最基本的自然属性被剥夺，这是一种很残酷的人的属性的杀灭——房奴、车奴、蜗居与穷得只剩下钱，这是一类问题。

还有一类问题，为什么人的精神压抑，被伤害的这种感觉会越来越普遍和强烈？因为最基本的衣食住行越来越不方便、不安全，医疗和教育也是如此。其实，这是资本导向的公共资源过度集中造成的结果，使得大家都不方便、不安全。

此外，现在大家关心的食品安全也是这个资本导向造成的。因为，城市扩张挤占了大量的土地，而且是最好的土地。当人们对食品的消费需求越来越多，那就只有不断地使用化肥，到处大棚泛滥，为了让土地有更高的投入产出比，再加上城市的扩张吸引了大批青壮年劳动力，农村只剩下老弱病残，政府集中让农民上楼居住，以便更多占有农村建设用地。结果是养猪的都变成吃猪的了，这就更得加大高污染化肥和有害饲料的使用，造成食品的品质越来越低，但包装和广告越来越华丽。这也是为什么我们现在很多城市人都要在周末去乡下的农家乐的原因：他们觉得农家乐比较环保，相对安全。

人们在这种地产压抑和不安全的挤压下，就得去思乡了。

现在政府和媒体主流的意见是工业化、城市化再加农业现代化，这样的主流思想罔顾三大制度代价的恶果相加必将爆发，也许这种顶层设计的参与者大部分是裸官或者兜里有绿卡。

其实，在我们强调这些之前，世界上已经出现了三四十年的逆城市化潮流。

城市化，特别是大城市化，只能满足过剩的金融资本和地产资本相结合的获利需求。在前面说的这些城市病的挤压下，人都会有那种“去城市化”的愿望，这在20世纪80年代的欧洲就出现了。所谓思乡，是伴随着中产阶级崛起而必然出现的一种“去城市化”趋势，当然也伴随着中产阶级社会责任感的增强。

美国推动绿色食品消费和绿色经济的是“布波族”，布波族是布尔乔亚（Bourgeois）和波希米亚（Bohemia）的缩写组合单词，来自一本翻译所引进的书《天堂中的布波族》，布尔乔亚阶层和波希米亚文化这两种完全不同性质，甚至相互冲突的社会因素混合在一起，构成了一个看似自相矛盾的“布波族”。布波族既讲究物质层面的精致化享乐（讲究所谓的“质感”），又标榜生活方式的自由不羁和浪漫主义风度。他们是21世纪的精英一族，追求心灵满足是其工作的动力，并善于把理想转成产品。这群精英族，同时拥有20世纪70年代被视之为波西米亚人的嬉皮及20世纪80年代的被视之为布尔乔亚的雅皮特质。

大家都知道我现在正在搞城乡融合的新乡建运动，推进生态环保的绿色经济。我们2003年在农村推行合作社试验形成的建议被全国人大2007年通过合作社立法之后，这个乡建就转型为城乡融合的“公平贸易”试验。以前搞过的几个项目都失败了，后来在北京苏家坨镇搞的叫小毛驴市民农园（简称小毛驴），创建于2008年，位于北京西郊自然风景区凤凰岭山脚，是国仁城乡（北京）科技发展中心在其多年积累的生态农业与城乡公益网络基础上，整合推出的创新性探索。借鉴国内外CSA（加拿大标准协会）经验，通过建立一套可持续的农业生产和生活模式，倡导并实践“发展生态农业、支持健康消费、促进城乡互助”的行动理念，推动食品安全、生态文明与城乡良性互动，促进中国城乡统筹和可持续发展，最终将商业模式与社会责任、可持续发展理念融为一体，引导城市健康消费合作社与农村绿色生产合作社对接。通过城乡之间生产者与消费者的直接互助，重建社会的信任与合作机制，实现城乡良性发展。简单说，就是市民从事农业的模式，现在已经在全国各地自发地搞了200多家。

社会维护农业的方式多种多样，如市民农业、校园农业、小区农业，只要农业进城，大家在大城市压抑下的紧张情绪就会得到缓解。

今年乡建志愿者们正在联合搞一个活动，就是“爱故乡”活动，也就是回故乡。

21世纪最大的社会结构变化，就是中产阶级的崛起。这无所谓对错好坏，反正已经是不争的事实。随之，中产阶级引领的“去城市化”则势必成为一种趋势。

那么，比较客观的问题是乡土社会怎么吸引城里人？城里人怎么回归乡土社会？不可能把城市的楼房和硬化路面照搬到农村去。因此，我们这十几年推进的是“生态农业和环保农村”，试图让农村维持生态文明内涵的多样性，让农业有生态修复和人的自然属性修复的功能。这样，就可以每年组织城市的人到村里来，让他们有一种回归自然的感觉、与城市生活完全不一样的感受。

我们有很多志愿者推进的类似的社会活动，其中一个是让大学生下乡，让他们不要忘记脚下的热土，这已经坚持十二年了。

河南省兰考县这个国家级贫困县有个村子叫南马庄，2009年习近平主席曾经去考察过，也是值得去看的。那个村以村两委主导的农民综合合作社，已经发展很多年了。他们从发育农民资金互助合作开始，在村里发展多样化的生态农副业，以“中原第一生态村”为发展目标。南马庄过去和很多其他村庄一样，遍地垃圾，现在则是在合作社的组织下，做“购猪认养”的城乡互助试验，有农民替城里人养“快乐猪”，放养遍地跑的那种，市民得先交定金，这样的典型很值得关注。

浙江安吉县推进的“美丽乡村建设”吸引了大量上海、南京、杭州的中产阶级市民周末和假期去村里租房、包地种菜；遂昌县人大决议全县禁绝化肥农药，也都是值得关注的典型。

现在很多地方搞的撤乡并镇其实是对乡土文化一种极大的破坏，农民分散式的居住方式是庭院经济得以保证的根本，现在对农民土地的掠夺就破坏了这种传统的庭院经济的发展，这是农业恢复生态的基础条件。

第六节　发展中国家的发展问题[①]

早在二十多年前的1985年，农村政策领域的学者大都在研究大包干以后的农业发展、粮食问题和经济作物的结构调整等问题的时候，我就开始把打破城乡二元结构、推进城乡一体化作为主要研究方向。二十多年后，当人们普遍在大声疾呼城乡统筹、打破城乡二元结构、加快城市化时，我的观点反而显得保守了，一再告诉大家城市化是一种趋势，但并非必然趋势。城市化也并不仅仅意味着城市人口占总人口的比重，我们切不可眼中有“数”、心中无“人”。

这些年来，也因为这些说法，我在社会上受到了很多误解，今天想利用这个场合，跟大家多说些相关的研究情况。

（一）城乡统筹中的“城”与“乡”

1. 城：“城乡”统筹好！但“城市”统筹了吗？

城乡统筹当然好，但是，最容易实现统筹的城市内部统筹了吗？我们讲“城乡统筹”，最该首先统筹的应该是城市内部。

比如，城市中的农民工群体，被所在的城市真正容纳进来了吗？北京有一个打工青年艺术团，创办之初被工地的老板打，被黑社会欺负，现在终于得到了团中央、文化部等的肯定。现在电视上如此火爆的国家大剧院，如果不包括2亿

① 2008年1月，温铁军在成都召开的“中国统筹城乡发展论坛”上的发言。

左右的流动打工者，那么它是什么，是国家的吗？是人民的吗？

2. 乡："农业现代化"与"现代农业"之辩。

今天我们强调城乡统筹，集中农民上楼，节约土地用于规模化生产，在发达国家，特别是比较强调多样化、多元化、生态和环保的欧洲，现在的农业是什么样子呢？已经变成景观农业了，强调农业的多样性。当现代农业在中央政策层次上提出来的时候，我们之中的大多数还没有转到这个方向上来，可是海外已经来找我们说，中国终于出现了农业政策指导思想的重大变化。如果可以比较的话，2007年"一号文件"中提出的多功能的现代农业概念，意味着中国开始把农业政策指导思想调到了欧盟20世纪90年代末或日本20世纪80年代末强调的方向和内容上。

我们知道，世界农业开始追求产业化、商品化、区域化、规模化等一系列的"化"，是在20世纪20年代以后福特主义大生产成为工业发展的主导趋势，并且由于工业是强势产业而影响到农业，从而把农业的指导思想变成了产业化、商品化、区域化、规模化……其实，就是在20世纪20年代以来的短短半个世纪里，人们把农业搞成了立体交叉污染最严重的、制造了负外部性最严重的产业。

经济学早就指出农业现代化的这个两面性问题：传统农业，尽管其生产者未必能得到很高的收益，但因为其经济过程和自然过程高度一致，所以是一个正外部性最大的领域。当福特主义大生产从美国席卷全世界的时候，小农经济国家也跟着要搞农业产业化，这种农业尽管短期内能为生产者增加收入，就像我们的官员今天都会讲的“千方百计让农业为农民增收多做贡献”，但结果是什么呢？是由于农业脱离了和自然性状相结合的基本特征而造成了负外部性最大化。今天中国农业污染已经成为占总量 1/3 乃至一半的污染行业。

不仅如此，这种农业在制造污染的时候还制造了食品不安全，严重威胁着人类自身乃至子孙后代的安全。今天我们大家都更多地看病吃药，因为我们把农业化学化了，农民是“家家都种卫生地”——谁都不愿意使农家肥了，主要使用化学肥料、农药、除草剂；“户户都养化学猪”——使用重金属抗生素，还得加上点“蒙汗药”和激素才能“瞎吃瞎长”。最近一个国际组织发表报告说，大城市周边的大规模养殖场中（如万头牛场、万头猪场等），牛、猪们联合起来打嗝、放屁排出的废气对大气的污染程度，比城市里的汽车尾气污染还严重。很多人以为不可能，其实那个报告是认真的，当然两种废气的化学成分不同。

当我们开始追求这种化学化农业导致的高产的时候，欧盟、日本却因为农业规模相对较小，早就告别了福特主义大生产。日本政界著名的“阿角”——田中角荣曾提出一个理想，要使日本农民经营规模达到户均 2 公顷（这和中国人“三十亩地一头牛，老婆孩子热炕头”的梦想是一样的），但是日本直到 20 世纪 80 年代初都没实现。于是田中角荣提出“国土整治论”，从此日本开始了大规模的新农村建设，谓之“农村综合整治”，于是乎，日本 80% 以上的农田实现了归集地表水为主的灌溉，也达到了户均2公顷。就在这个阶段上，他提出了农业政策调整转向，即不再以追求农业经济收益为主，不再让农业主要为农民增收做贡献，也不再单纯追求农业作为一个所谓产业的发展，而强调农业是村社为核心的区域发展中的一个部分，同时强调食品安全、区域发展和农业经济。这是日本20世纪80年代农业政策调整后提出的“三农”问题。

中国20世纪90年代初期开始强调的“农业问题”改成“三农”问题是个复杂过程，其中，我发表以“三农”为题的文章是在1996年。而日本早在80年代就强调“三农”问题了，只不过内容不同。日本转向后，带动韩国和中国台湾也跟着转向。

继日本之后的是20世纪90年代欧盟政策的调整。欧盟农场规模大于日本五倍以上，大约平均在10公顷以上——欧盟各成员国内部不一样，但平均规模比日本要高很多——因此欧盟转向晚于日本，到1996年污染过重才开始转向。

恰恰是在20世纪80—90年代，东亚小农经济和欧洲小农场国家先后顺应规律地转向农村综合发展之时，我们却逆向了，开始在农业现代化的大目标之下强调农业产业化！诚然，农业要提高效率的主观愿望是无可厚非的，也符合西方农业经济学教科书，但是由于缺乏对世界不同资源条件下农业差别化发展的了解，客观上造成20世纪90年代以后我国农业的化学化程度大幅提高，亩均化学化程度远高于世界平均水平，甚至远高于发达国家，当然也就造成严重的食品不安全。这又带动了整个医药产业突飞猛进的发展。虽然都核算进了GDP，可这样高增长的结果不是害大家吗？①

“新农村建设”中的“新农村”是什么？我们那些志愿者搞了一些生态建筑——生态办公室，是半地下的礼堂，能坐300人，外表像大棚一样的，因为是半地下的，可以冬天不用暖气，夏天不用空调；生态农宅，大约180平方米，建筑材料成本只有2万多元。我们没有使用钢筋水泥，所有这些基本上都是木结构、草土墙，全部建材都可以回收，以此形成新农村建设的生态化。

这些在农村基层的事情做了差不多三年之后，刚刚闭幕的中共十七大提出了生态文明的概念，其内涵是人类社会将步入生态社会，这是一个重要的历史阶段，如果转变及时、调整力度大些，大概对以往所犯的错误还能是个挽救。

（二）重新构建符合生态文明要求的分析框架

依据十七大提出的生态文明这个指导思想，我们应该重新建立分析框架，来看看发展中国家的基本问题是什么？

1. 认识论：一元论向多元论的回归。

① 这些问题值得我们认真分析和认真思考，但我做的反思并不是批评。当年研究产业化问题的人中也有我一个。我的那份研究报告，可能是国内以农业产业化为研究课题的第一份报告。当时姜春云同志到中央主政农村工作，我当时在农业部农研中心，搞政策研究要揣摩领导意图、把脉，就分析姜副总理头三脚踢什么？我说第一脚肯定要踢农业产业化，农研中心若要为领导服务，就得先做农业产业化研究。那时的研究人员大都不认同，说什么叫农业产业化？农业本来就是产业，产业还要产业化吗？同义反复，连起码概念都不懂。但在我的坚持下还是批准在内部立了项，我就做了一份农业产业化研究报告，所提出的不同意见只是强调一个基本观点，就是衡量农业产业化成功与否的根本标志，不看政府是否增加税收、企业是否增加利润，而看农民作为第一生产者是否分享到了社会平均收益，这才是衡量产业化成功与否的基本标准。我当时不仅提出了标准，全国人大转到农业部的人民代表关于大企业进入农业的提案，也是交给我来写成答复的，这些说来话长，按下不表。可是请问：今天有谁在推进产业化的时候拿这个基本标准说话？没有啊。

生态文明的一个内在的重要观点是从一元论回归到多元论，即把世界本来是多元的这样一种客观事实重新加以确认。

生态文明是个内涵性的改变，它首先改变的是认识论。要认识到世界是多元的，不是一元的；认识到人类历史进程不是被斯大林主义教条化了的单一的五个阶段论的线性发展，就像我刚才说，城市化是人类社会的一种发展过程，但不是必然的、唯一的、一般的发展过程一样。我们多年来被这样一条单线式的思维禁锢着，这使我们很难突破，很难创新。而生态文明的提出，对于所有的学科来说，都需要重新构建其分析框架，这样我们才能回归到社会和物质世界的本质上。

并非今天，其实“五阶段论”与“亚细亚形态论”在20世纪30年代的中国曾发生论战，随着强调马克思通过自我反思才提出亚细亚形态的这批知识分子被打成“托派”，中国就被纳入了一元论的、单线式的、五个阶段论的、教条化的意识形态解释系统。

多元论的发展本是世界的常态，只有理解和包容才能真正和谐。

2. 重新梳理不同的人类发展路径。

我们从清末开始照搬、延续到今天的社会科学理论体系，一般都会受到背后起决定作用的“科学哲学”的制约，其实大致可以归为“西方中心主义”的一元论的制约（当各位都在自己的学科中勤奋耕耘的时候，千万别耕了人家的“地”，荒了自家的“田”）。甚至可以说是被中世纪宗教神学“一神论”派生的哲学所制约——宗教上只许信一个神，和社会科学只许有一个真理是一样的。

然而几千年来，包括美洲、非洲、亚洲等，都属于非地中海文化派生的多神宗教、多元社会，存在着与“西方中心主义”一元论历史观解释不同的、异质性很强的人类历史发展路径。只不过，非洲、拉丁美洲、南亚，都先后被殖民化了。而非殖民化的发展中国家虽然很少，但其无论是制度形成，还是制度改进，最终总还是受到自身有社会历史内涵的一定文化因素的制约。中国属于以黄河、长江为主的大河文明，而西方大多数属于以欧洲半岛为中心的海洋文明。以此可以解释为什么中共中央过去战争年代难以服从斯大林领导的第三国际、强调独立自主，后来的和平年代也强调自力更生，现在强调“有中国特色的社会主义”——包括今天中国的新农村建设，也和当年日本韩国不一样。

因此，我们需要重新梳理不同的人类发展路径，形成不同的人文社会科学思考，然后才有条件重构生态文明的新的分析框架。

（1）“西方中心主义”文化。

“西方中心主义”文化内涵的个体性，是以地中海周边特殊的资源地理环境为条件的早期西方文明的产物。它内含着那里的人类告别蒙昧进入文明之初的早期采集和狩猎的生产方式，必然形成以个体为基础的社会文化表现，以及后期的冲突、契约命题。除了西方以地中海沿岸为主形成的早期采集狩猎文明外，所有以早期灌溉农业生产方式形成群体性为基础的社会文化的其他各大陆文明都不是这种个体性特征。

中国近年来曾经发生过网上热炒教科书问题，因为有人指出书里有“让孩子‘吃狼奶长大’的内容”。在欧洲，随着文艺复兴制作的话语体系具有了“政治正确”，“吃娘奶长大”的概念其实得到的是一种发扬光大。

据说古罗马就是两个双胞胎男婴靠“吃娘奶长大”然后形成的城邦国家。所谓古希腊、古罗马的文明，被中世纪以后的文艺大师所复兴出来的文明内涵，其中就包括对“吃娘奶长大”的文化的肯定。（当这类文明终于被自己内涵的内部矛盾灭亡的时候，整个古罗马、古希腊就都进入了长达二千年左右的被殖民化的历史进程。直到1847年，当大部分大陆的历史已经进入了近代史的时候，意大利——古罗马早期文明的发祥地——还只是个地理概念而非当代的政治国家概念。）所以，西方对外的杀戮掠夺，乃至于对殖民地的疯狂征占等，都是那种文化中的内涵。

文艺复兴的实物有很多。各位真到欧洲去，要去那些大的博物馆，如卢浮宫、大英博物馆、日耳曼国家博物馆、意大利国家博物馆，在那里好好待上几天，好好看看他们表现的是什么，文艺复兴到底在复兴什么？其实复兴的是个体文化为基因的海盗文明。其中，什么叫谈判，什么叫契约，什么叫谈判和契约之间的对立统一，乃至于今天的所谓自由契约理论到底来源于何处，在这里都是可以看得到的，都有很好的形象表现。

灌溉农业文明也有很多文化表现，比如埃及最古老的博物馆所展示的就是大河灌溉文明。

（2）真实的美国发展经验。

什么是真实的美国发展经验？很少有人注意，我这里做了一个简单概括。

工业化初期阶段的关门和开门：美国在南北战争之前，是个典型的殖民地国家，为欧洲提供原料，并且为欧洲提供产品市场。美国完成了南北战争之后，战争英雄格兰特将军 1868 年当上总统，上任的第一件事情是什么？就是关门，闭关锁国，不许对欧洲开放，他说“直到我们有足够的实力，我们才能重新开放”。经过不到三十年，经历了美西战争以及美国对亚洲的侵略等，直到 19 世纪 90 年代，美国终于成为一个工业化强国，这时才重新开门。

美国工业化的中期阶段：同样遭遇到贫富差别、城乡差别、区域差别拉大。东西两大海岸和中部地区、南部地区的差别非常大。1929—1933 年的大危机，美国同样逃不过去，生产过剩必然造成危机，而危机在欧洲表现为战争，在美国表现为历史机遇，美国抓住了历史机遇，安然度过危机并成为工业化大国。美国不用像中国今天这样费劲，因为欧战帮它解决了问题。

成为金融资本帝国：因为欧战，美国成为西方世界的中央银行，于是美国大幅度调整产业结构，成为金融资本主导的帝国主义国家。靠金融资本牟利比任何产业都轻松得多，它可以追求通过印票子占有收益。当苏东解体之后，美国就可以对全球印票子，于是全球化顺理成章地被美国倡导了。（那是金融资本的全球化，我们跟着嚷嚷什么呢？）

（3）发展中国家照搬西方制度的后果：制度收益归谁？制

度成本归谁？

制度是不同原始积累方式所形成的，是派生物。我们强调制度，不错，我多年来一直强调制度。很多人以为当我说制度是派生的时候就不重视制度，其实我只不过指出了制度从何而来。

发展中国家照搬西方制度，制度收益谁得到了？制度成本谁来承担？就像今天有许多人在谈论农民问题，其实农民只是没得到制度收益，而承担了制度成本而已。

这种单极霸权国家主导的全球化所带来的全球发展极端不均衡，从而引起极端对立，结果一定不会是好的，很多发展中国家甚至拉美国家开始左倾化甚至游击队遍地。我先后到这些游击区去过好多次，目的就是为了考察为什么在美国的家门口，完全照搬美国的制度反而闹得社会不得安宁、游击队很强大？

（三）发展中国家的发展比较

1. 城市化的一般比较。

当城市化成为一种必然的时候，大家有没有注意，比如发展中国家的城市化是靠贫民窟实现的？

做一点比较就可以知道，当我们讲着一系列“化”的时候，很少去做发展中国家的比较。殊不知中国是最大的发展中国家！很少有人去想想，为什么中国没有出现人口超过1亿的、大型发展中国家在追求城市化加速的过程中都必然出现的大型贫民窟？我们不是没有，在一些老工业城市，过去的工人区已经变成了贫民窟了，但这些产业转型期间形成的贫困，并不像印度、孟加拉、巴西、墨西哥等这些国家的贫民窟，二者差别是很大的，这些贫民窟动辄上百万人。非洲等地一些后起的国家也在追求工业化，比如最近闹事的肯尼亚，为什么肯尼亚闹事能一呼百应，就是因为空间平移了贫困。本来原来还是分散在四里八村的贫困，因为追赶工业化，大量人口向首都聚居，没地方待，就待在河沟、路边等地方，住在板皮子、棚布搭成的大面积移居区中。现在得到外援的总统，尽管掌握着国家机器——军队，而原有的总统却可以在贫民窟一呼百应。当贫民窟人口超过几十万的时候，想要对什么发言，就靠发动这些贫民窟的百姓上街。

中国现在是 2 亿左右的进城打工人群，如果按人数算，我们进城打工的打工者数量远大于其他发展中国家的贫民窟人口，我们为什么还没有出现这些事情？当然个别事件另当别论，在中国还没有演变为大规模冲突，其背后的重要原因在于我们今天都认为是绝对负面的体制——中国的城乡二元结构。

任何事物都有两面性，千万别只讲一面。

我从 1985 年开始强调打破城乡二元结构，二十多年之后我开始保守了，开始希望放慢脚步，不要一味强调城市化，甚至建议是不是有可能以新农村建设过程中县域经济的发展带动城镇化？而不要只讲城市化。

我越来越退步，越来越趋向于保守，什么原因呢？就是怕乱。在座的各位恐怕大部分都属于中产阶级，中产阶级成熟为一个自觉的阶级后，一个重要的诉求就是稳定，谁都怕乱，乱起来大家谁都受不了。

2. 中印发展比较。

印度与中国最具比较分析价值，两国起点相似，相差在哪里？在于基础设施。印度到现在刚刚开始建高速公路，原来我去之前就听人说印度是个“高速公路零公里”的国家，我到了一看，果然。现在各个邦还不行，到各个邦去的时候，别想着遵守时间——都说印度人不遵守时间，是因为没法遵守，路是混行的，公共汽车顶上人都是满满的。路上马车、驴车、牛车、拖拉机混在一起，中间连分道线都不能划，因为没有划的地方。出一个事大家就停在那儿，在路边埋头做饭，一天都走不了——在印度不要讲究效率，那是不可能的。

印度农村的多子女家庭，住的是茅草房，进去后屋里连张床都没有，贫雇农的农业没有任何机械、没有畜力，只能用人力来耕地，非常贫困。回来后我对我的学生们说，谁想了解30年代的中国农村，谁如果觉得过去好，就去印度；谁想了解80年代的中国农村，去越南。

印度与中国发展差异巨大的一个重要原因是基础设施的不同。印度的交通非常糟糕，任何一个路口就是汽车、摩托车、摩的甚至跟牛挤在一起，交通规则是很难遵守的，大家都是在抢。城市化不过是多出点装饰、多出点广告而已。一个国家如果没有交通、没有基础设施、没有三通一平、没有起码的前期投入，不可能有FDI和其他发展类投资。中国为什么能长期靠投资拉动？一个重要条件是基础设施，中国的高速公路里程是世界第二。

印度没有基础设施的原因是土地私有化。农村土地私有化，造成了印度34%的无地农民，就跟新中国成立前造成了37%的贫雇农相似。印度7亿农民人口中的34%，就是2亿多无地农民，他们干什么呢？每当农村里有点灾的时候，他们就拖家带口进城了，进城就是进贫民窟。贫民窟建在哪儿？城里土地也是私有的，你敢在私人土地上私搭乱建吗？不敢。在哪儿呢？所有的贫民窟都搭建在公有土地上，就是铁路边、公路边、河道边、公园边等这些地方。于是，你想搞基础设施建设修条铁路搞双轨，就得拆棚子，一拆就是上百万人闹事！

可见，“空间平移、集中贫困”，不是等着人家和你打架吗？

想修铁路、修公路，把棚子拆到哪里去？都是老百姓。想把河道裁弯取直让它行洪通畅，别一下雨就是暴雨成灾，淹没半个城市，你敢吗？沿着河（河道都是曲里拐弯的）都是底下用竹竿子撑着，上边用竹篾子搭成板，在这上边搭起来的棚子，成千上万的人就住在河道两边，因为那是公有土地。

请问，我们主张土地私有化的朋友们想过这个场面吗？去实地看看啊！不远，五个多钟头就到了，从成都走更近，大概三个多钟头就到了。也不贵，几千块钱就够了，我有很多考察都是自费去的。

两国经济发展情况的比较。以前中国经济大起大落，那是在进行资本原始积累。印度经济始终平稳，但它平平稳稳地走到现在，和中国的差距越拉越大。拉开差距的喇叭口，最早是在1969年，那是中国“文化大革命”如火如荼的时候——但不管怎么讲，中国就是在那个时候完成了工业化原始积累，进入工业化快速增长期。于是，中印两国差距越来越大。

经济结构的比较。2005 年，印度服务业已经高达 53%，而中国的服务业还在 40% 左右徘徊着。从结构上看，中国大大地落后于印度，但是从制造业来看，从全世界的发展中国家战后追求工业化的路径来看，中国的制造业比重是 46%，印度一直不到 30%，也就是说，印度到现在为止还没有完成工业化。当然，如果用生态文明的角度来讲，没有完成工业化并不意味着不好，不进入工业化不意味着不好、也许会更好，这话另外再说。

我主要是想告诉大家，不要看什么意识形态，而要看真实的发展情况。今天很多中国企业家都说，中国的制度不好。当他们出去到其他发展中国家的时候，发现他们寸步难行，甚至有很多已经被抓了。我到印度去调查的时候，企业家们说在这里没法干，稍微让工人超过八小时就罢工了，然后就把中国企业家告进法院了。要是稍微拖延给钱，就进监狱了，还得花好多钱保出来。

从二十年的减贫绩效比较看，中国的减贫成就全世界有目共睹，不需要多说了。

3．工业化的共同规律。

大多数 20 世纪以后独立的发展中国家，都以工业化为主要目标。工业化都需要一定的资本原始积累。

任何发展中国家追求工业化、城市化加速的时候，只要不能像西方人那样向外转嫁矛盾，就一定会导致本国农村的衰败。什么道理呢？有一次我跟领导同志讲，请问为什么 80 年代中国没有“三农”问题，80年代农民收入连续四年增长速度快于城市，城乡差别迅速缩小，并且第一次出现了农村人口（县以下）的消费（占总消费的比重）高达64%（没有扣物价指数），即农村人口占多大比重、消费占多大比重，然后中国出现了黄金增长、内需拉动？为什么90年代市场化、法制化都加强了，“三农”问题反而越来越严重？到21世纪，新政充满了政府善意，但“三农”问题愈演愈烈？

就因为其中有一个基本规律，特别请学经济学的朋友们注意：当这个世界进入金融资本主导国际竞争的时候——金融资本的特性是在流动性不断加快的过程中获利，我们就会出现金融资本因追求流动性而异化于产业资本，越是没有流动性的产业越是被异化。而农业正是一个毫无流动性而言的产业——农业必须和自然过程结合，除了那些大棚生产可以有流动性外，正常的农业生产，只要是和自然过程结合，只要是生态的、有机的，就一定没有流动性。因此，金融一旦成为一种独立的资本，其本质决定就是异化于任何产业的资本，必然追求流动性获利，那就会大量投入股市、期市、房市这三大投机市场，并且不断催生金融衍生品交易，此乃金融资本主导竞争的当代经济的基本规律，可逆吗？不可逆。

既是规律，就只能运作下去。接着，就会出现中小企业因流动性差而没有贷款，农业因流动性差没有贷款。金融离农而去、离中小企业而去，乃是市场经济规律之现象，有什么可抱怨的呢？

只要顺应这种市场经济规律，就会导致农业三要素大规模流出。

大家都知道，土地是财富之“母”，劳动是财富之“父”，资金或曰资本是“父母结合生的儿子”。现在，“不孝子”先离农而去，“一年土，二年洋，三年不认爹和娘”是当今普遍的话。离走后开始休“爹娘”，于是，“爹跑了娘嫁人，儿子各人顾各人（异化了）”——“娘被霸占”是指土地被征占，“爹跑了”是指劳动力外出打工。农村三要素长期流出能不衰败吗？我当时问领导，世界上可曾有过任何经济领域，在三要素净流出而且大规模净流出的情况下，能保持不衰败？那不是奇迹吗？这就是今天的事实，对不对？三要素净流出并且大规模净流出，想不衰败怎么可能？

因此，“三农”问题严峻，体现的就是市场经济的必然规律，不管我们有无善政、有无善意，谁也不可逆规律而动。

4．中国的真实经验是什么？

在这个规律发生作用的同时，加上西方的新“四化”——私有化、自由化、市场化、全球化，会是什么？大多数发展中国家都会出现灾难性的后果，中国大概是唯一的例外。

我在很多国际交流场合上都说，请你们注意，中国是二战后独立的发展中人口大国中，唯一完成工业化的国家，其他没有一个。比如南部亚洲，印度（12亿）、印度尼西亚（3亿）、巴基斯坦（1.8亿）、孟加拉（1.3亿），完成工业化了吗？拉丁美洲国家中人口过亿的有两个——巴西和墨西哥，但这两个国家都不是以原住民为主的，而是外来殖民者和混血人口为主的国家。

总之，请大家注意，发展中国家原住民人口超过 1 亿的国家中，唯有中国完成了工业化。

是不是好事我不说，因为生态文明理念下我们不能说我们自己有多好，但是，有谁认真总结过我们的发展经验吗？很少。前不久英国国际开发署要撤离中国（因为中国已经成为一个中等收入国家），召集一些专家来讨论，他们能把什么样的中国发展经验带到其他发展中国家？因为他们要到其他发展中国家做项目。在座的所有专家都说，千万别带中国经验走，几乎没有一条经验可以带到其他发展中国家去。我前阵子去印度，那里很多朋友跟我说，抓紧写篇文章吧，写印度不能向中国学什么。就像我们不能搬西方、搬来就糟糕一样，别的国家也不能搬我们、搬了也糟糕。

（四）城乡统筹的内涵

以上分析的结论是：任何照搬城市上层建筑都会由于治理成本过高而导致与过去剩余过少的小农经济不适应。这个上层建筑如果是在城市，搬吧，我们不管。但如果搬到农村来，麻烦，因为上层建筑不适应经济基础，这违反了马克思主义基本原理。

所以，我们需要实事求是讨论真问题。

真问题是什么？中国地理上本身就具有三级台阶分布，因此，区域差别乃是资源、地理、环境造成的，并非人为的制度造成的。中国只有 11%—12% 的国土面积是平原，只有 9.4%—9.8% 的面积是水土光热匹配的平原地区，因此农业条件尤其差。

据此看，中国不是一个农业大国，而是农民大国。

工业化的资本原始积累，在近百年的制度史上，导致了三次乡土社会的治理危机。

今天当我们讲城乡统筹的时候，城乡统筹的真正内涵是什么？是由政府承担农村的公共开支和基础设施开支。这一点，2002年中共十六大刚一召开，胡锦涛总书记就讲到了，没有什么可争论的。就在十六大提出“城乡二元结构”的概念并且强调以“城乡统筹”、“协调发展”为指导思想的时候，胡锦涛就说：“我看，今后的“三农”政策不能再口惠而实不至。”怎么解决呢？他说了两个方面。一是把财政的新增部分投到县以下，去解决县以下的公共开支问题，就是教育、医疗、治安、管理等，这些要靠国家财政投入来支付，不要再让农民拿钱了，即公共品要公平。这一点2002年就提出来了。第二条，“国家支农资金能不能改一改？以往70%以上都投到大项目上，跟农民没什么关系还要农民付出代价，今后能不能改成国家支农资金重点投到村以下，去解决和农民生产生活息息相关的小的项目需求，即农村道路、水利、电力、交通等，小的基本建设需求也要由国家支农资金来解决，也不要让农民再加重负担了”。

这届领导班子的指导思想是清楚的，就是用国家“看得见的手”改善三要素净流出并且大规模净流出这一农村必然衰败的规律性原因的源头，也就是用“看得见的手”让三要素回流“三农”。

什么道理呢？市场一定是把三要素抽走的，靠市场是不能让三要素回流的，这点大家都清楚，也叫作“市场失灵”。当你使用“看得见的手”逆市场而动的时候，由政府把三要素送回来，把率先异化于农民的资本这个“不孝子”用国家的手给送回来。农村小项目大量增加，就是请农民在家门口打工，参加道路、水利、电力等这些建筑工程，挣了现金，有了消费，就能拉动中小企业发展，带动小城镇发展，那就有了公共设施的投资需求，进而会使中国农村城镇化成为中国的“第二大资产池”。随之，就会像朱镕基总理1998年启动第一大资产池建设带动了大量FDI进入中国使得中国变成投资拉动型增长一样——假如我们的新农村建设能以城乡统筹为基本内涵，并且像温家宝总理所说，连续投入十几年。①

2002年十六大之前很少出台社会政策，2003年之后表达政府善意的政府善举、善政大量增加，2007年增加得最多。我们看到：最近几年中央出台的这些社会政策的背后是中央财政转移支付从2003年以后陡然地向上增加，这就是胡锦涛总书记“两个反哺”的贯彻。

城乡统筹其实不是把城市这套强行去“化”农村、把农村化成城市，其实主要是公共品的公平性，用国家基本建设投资去解决农村的、农民的需求，“三农”问题的相对缓解，本来就是城乡统筹的题中之意。

当大家都做城乡统筹的时候，不要说得太偏了，我们其实应该是追求一个可持续的稳定发展。因此，社会科学界的朋友们，要强调符合生态文明理念的社会科学体系的重新构建。

① 温家宝总理说：“我看新农村建设不能搞两三年，要搞就要搞上十几年。投资在现有基础上每年要增长，连续投入十几年。”这在最近的中央农村工作会议、经济工作会议、中共十七大都有体现。十七大上胡锦涛总书记讲得很清楚，就是要加强三个投入，“三个只许加强，不许减少”——好政策只许增加、不许减少；支农投资只许增加、不许减少；财政用于农村公共品开支只许增加、不许减少。

第三部分　新世纪的真问题

第一节　中国进入 21 世纪之初的宏观调控[①]

中国进入商品社会以来，人们追捧的是演艺明星、学界大腕、著名企业家，而那些踏踏实实在基层做工作的人们已经被淡忘了，看来这个社会有点失衡。当年毛泽东说人怕出名猪怕壮，名家是最没有学问的，咱们还是应该尽可能把自己的心态放平和些。

自从 2003 年以来，我觉得自己去农村调查研究少了，出席公共场合各种会议多了，这让我非常不安。到退休我还只剩下七年时间，而我能做的事情本来应该更多的是去把握基层的实际情况，更多地去做发展中国家跟中国的比较研究，给后人留

① 此文为 2004 年温铁军在湖北图书馆的讲话。

下些做研究可参考的材料。

在我内心深处，怎么说呢，比较真实的想法是我们这代人犯了太多的错误，应该自我反思，应该把自己的问题搞清楚，这样才能老老实实俯下身子当一块铺路石，让后面的人踩着我们走过去的时候能稳一点。这不是自谦，而是在实地调查中不断反思的结果。

今天向大家汇报，最近中央科学发展观的提出，和我们现在宏观调控局面之下的各个方面的问题解决有什么关系，和老百姓的生活有什么关系，其必要性和紧迫性体现在什么地方。主要有这样几个内容：

第一，2004 年年初，中央提出宏观调控以后的国际外部压力意味着什么？

第二，就中国国内而言，这种不同压力又代表了怎么样的复杂利益关系？

紧接着，我再跟大家汇报一下：宏观调控并非只是企业家关心、政府官员关心，每一个老百姓其实都在实现调控的问题上有非常深刻的感受。

大家应该记得，我们 1997 年软着陆以后那是什么局面，大家还应该记得 1994 年曾经出现物价上涨 24% 的问题。如果再往前一点，上点岁数的人也许记得，1988 年物价指数涨到超过 18% 的时候出现了什么？国有企业职工下岗、搞再就业是从什么时候开始的？其实，都与前两次宏观调控有关。

大家知道，自 1988 年那次通货膨胀之后，政府宏观调控，大幅度调整利率，接着就出现了三角债。然后就是国企的困境，大面积关停并转。1994 年发生通货膨胀以后，1997 年虽然软着陆成功，接着也是大面积的企业不景气。而且不光是国企问题，民企也开始不稳定。

现在，我们又面临着新一轮的宏观调控，情况会怎样呢？

实事求是地看 1988—1989 年、1993—1994 年和 1997—1998 年，我们的经济发展表现为一种周期性危机爆发，这个问题首先要解释清楚。

（一）宏观调控面临的国际背景

我们先从第一部分宏观调控的问题分析入手。大家看到最近中央政治局在强调，要各地贯彻中央的宏观调控。很多企业包括各个地方都在担心，宏观调控到底持续多久，国家计划会不会进一步卡紧，人民银行会不会紧缩银根，银行利息会不会进一步提高。如果这些大家担心的现象都出现，肯定会导致各个地方的经济建设放缓，所以人们现在对宏观调控普遍持有一种不那么认同或不那么适应的态度。

在最近一系列会议上，中国周边国家对中国经济以宏观调控政策来实现经济减速，也纷纷表示不理解。尤其是那些在中国周边资本市场以中国概念来炒作金融投机的大投资商更是持负面评价，因为中国一提出宏观调控，周边股市的中国概念股就纷纷下滑。而 2003 年中国经济态势表现非常好的时候，国际上大的机构投资人都在中国概念炒作上挣了大钱。现在，他们说丢钱了。丢钱的当然会有意见，当然会不满。还有人说，中国经济已经成为世界经济增长的发动机，你们这个发动机要减速，整个世界经济的车怎么能走得下去呢？于是，批评声一片。

可见，国际上的批评，其实是有很强的利益相关的。什么利益相关呢？就是国际上金融资本泡沫在放大。那么，为什么东北亚地区反映更强烈呢？原因之一是日本 2003 年增发了 20 万亿日元，大家知道，这些增加的货币资本要进入国际资本市场获利。到今年（即 2004 年）日本计划再增发 140 万亿日元，当然也大部分要进入国际资本市场。

你们知道，这些所谓世界硬通货国家，货币发行早已经脱离了传统的货币理论。它的发行并不必根据自己国家的生产，也不必根据国际市场交易，总之，可以不根据实质经济需求。那货币发行主要根据什么呢？要我看，一定程度上是资本与政治的联盟的需求。

日本为什么超发日元？是因为 2003 年中国经济增长速度很快，中国的外汇储备成为世界第一，超过了日本。此前日本是世界第一，大概 4000 多亿美元，2003 年中国官方外汇储备就达到大约 4000 亿，民间外汇存款还有 1000 多个亿，加在一起总共达 5000 多亿美元，如果再加上香港的大约 1000 亿外汇储备，中国就有 6000 亿左右。于是中国超过日本，成为世界第一。而这部分外汇储备过去又有大约 70% 是美元，美元外汇储备中又有 70%—80% 是在美国资本市场上。因此，中国外汇储备的大量增加，就意味着中国在美国资本市场的份额增加。这就导致了一个大家都能从报纸上看到的说法：中美两国之间的关系处在历史最好时期，那就意味着中国在美国资本市场的投资是最高的。因为，美国是典型的资本经济，尤其重要的是金融资本经济，那美国自然会明白中国的资本投资在美国资本市场的作用。大家知道，外资进入美国资本市场最高时达到3000多亿，2003年中国在美国资本市场上买美国政府债券、进入美国的资金规模大约是1500多亿。而美国如果有经济危机，那往往是外资进入美国资本市场的总量大幅度下降。

记得2000年我在美国杜克大学进修的时候，有些参与资本市场的华人朋友们问我华尔街股票市场会怎么样，我说有个规律，只要把握了，你们就可以挣钱。什么规律呢？就是你们看外资流入美国的速度和规模，如果外资流入美国的速度下降，规模也大幅度减小，那美国资本市场肯定要下滑；反之，则会上升。

2003年中国增加了对美国资本市场的投资，是导致中美关系形成历史上的最好时期的主要原因之一。大家也知道，客观上现在美国是世界上的一超，或者叫独霸天下，日本、韩国这些国家都跟美国有紧密战略关系。而在这种情况下，日本超发20万亿日元，就导致日本可以增加1800亿美元左右的外汇储备，使日本从原来4000多亿的外汇储备在超发的情况下进一步超过中国，再成为世界第一外汇储备大国，以此来跟美国建立更为紧密的资本同盟关系。

我不知道大家听明白这个道理没有，这个国际战略格局变化不靠老百姓的情绪，不取决于主观愿望，而靠大资本之间的战略关系。

2004年发生钓鱼岛事件以后，日本就说，中国如果在钓鱼岛这个问题上与日本发生冲突，美国是不会坐视不管的，是会站在日本一边的，等等。也许这是因为2004年日本新增发的140万亿日元将会进一步提高日本在美国资本市场的份额。

这其实仍然是资本的力量。

客观来说，当一个国家的领土上有外国基地和大量外国驻军时，就意味着其主权不完全独立。以此看日本、韩国，都是美国驻军的国家，因为本土上有大量的美军，在伊拉克问题表态上就紧跟美国，一步不离。

在这样的周边形势下，中国的压力非常之大。原因其实还不仅仅在经济上，很多问题是关联在一起的。日本2003年超发的20万亿日元、2004年的140万亿日元，极大程度上助长了国际资本市场的泡沫，变成了大量的国际热钱，又要重新去寻找投机获利的机会。我们知道，“金融大鳄”这个提法是在1997年东亚金融危机以后逐渐被中国人所熟知的。可大家知不知道，咱们现在还在面对一个更为可怕的金融大鳄，血盆大口已经张开，正等着要吃你。因此，国际的压力不是一般的压力。

我们内部当然有分歧，最为模糊的估计是国际热钱以各种名义进入中国的比例，绝对值已经高达1000亿美元，可能1000亿美元这个数太大，大家对其没有概念。我们简单解释一下，1997年东亚金融风暴发生的时候，大约20亿美元热钱进入泰国，摧垮了泰国的金融体系，泰国的货币大幅度贬值。大约40亿美元的热钱进入韩国，就把韩国的金融体系搞垮。最后为了重建货币体系，韩国的老百姓捐献自己的黄金首饰。因为国家需要有足够的黄金储备，其所发行的货币才能保住兑换率。而以往没有出现金融风暴之前，则不必这样。因为全世界已经放弃金本位，就是不再以储备多少黄金从而决定发行多少货币了。但为什么韩国老百姓要捐献自己家里边的这点金首饰帮助政府来发行货币呢？是因为货币体系垮了。同样道理，你们看印度尼西亚，看马来西亚，看看周边的那些东亚国家，都是不过几十个亿美元国际热钱——就能叫作金融大鳄，就能摧毁一个国家的金融体系，而且根本不会看到鳄鱼会流下眼泪，这不亚于战争造成的破坏。

但是大家也应该记得，1997 年香港回归以后，40 多亿美元国际热钱流入香港，最后大败而逃。为什么？根本就不是因为香港有最自由的资本市场制度、最自由的市场经济制度、最民主的什么制度，现在香港的一般人所讨论的那些问题，完全是猴吃麻花——蛮拧。实际情况是，中国人讲面子，不可能香港刚一回归，刚宣布是一国两制的典范，就立刻让香港经济垮掉，这是不能允许的。于是政府站出来说我手里有 1800 亿美元外汇，加上香港外汇储备是 2600 多亿美元，咱们就对决一次。你不过是 40 亿美元热钱进入，你要多少我有多少。所以香港根本不是靠自己，而是背靠一个强大的祖国，成功阻击了亚洲金融风暴。因为中国内地的货币市场不开放，任何热钱进来，国家银行照单全收。正是在这种垄断货币体制下，我们才没事。我们说东亚金融风暴发生，唯一幸免于难的应该是香港。再看今天进入内地的 1000 亿美元相当于什么？大家很清楚，50 倍于当时搞垮泰国的热钱，25 倍于搞垮韩国的热钱，难道不是很大威胁吗？

我们加入世贸组织承诺在 2006 年放开金融体系，允许外资银行在中国开办人民币业务。这对于本届政府，对于十六大以后产生的这个新的领导班子是重大考验。这个国际压力一般在地方层面上、企业层面上是感觉不到的。不研究国际战略的人，搞不清楚为什么我们现在这么紧张。那是因为国际热钱大量进入，更由于我们这种单一货币体制，不论进了多少外汇，不论是美元、日元，全都由国家的银行统一收购。因此，进来的外汇就有很大部分变成本币增发的压力，当然就是通货膨胀的重要基础因素之一。如何防范曾经发生过的金融风险？不能说这个风险没有，客观上它已经有了，因此中国目前必须做好充分的准备。这一点，我想大家很难从一般文件、报纸、电视上看到。跟大家把国际上的重大风险和已经在我们国内发生作用的情况，做一个归纳，介绍一下，以免大家不理解。

为什么现在中央出台宏观调控政策？最近我见到香港大学的一个金融专家，他告诉我，进入中国的热钱60%来自日本，40%来自美国，也就说世界上两个最大的资本泡沫经济——日本和美国，目前等着从中国榨取利润。这点也是我们必须高度关注的。我们必须看到金融资本在泡沫经济的压力下，它的行为当然不可能超脱规律，那就是泡沫化金融资本只能到那些制造业为主的国家榨取投资利润。这就是当前我们说必须引起高度关注的国际方面的问题。它难道不是一个非常复杂的、背后充满利益关系的局面？

（二）最难应对的是国内利益关系

那我们反过头来再看国内。

大家也可以再回忆一下，1994年，消费物价指数上涨高过

24% 的情况是怎么发生的？你们记不记得？1994 年中央就决定要加强宏观调控，要适度加强计划调控，一定程度上紧缩银根，控制信贷规模，主要是因为 1992 年、1993 年、1994 年连续三年经济快速增长，这个时候就已经出现了很多瓶颈制约。当时电力紧张、交通紧张、煤炭紧张、原材料短缺等方方面面的问题已经明显表现出来了。于是 1994 年中央决定要适当紧缩，否则国民经济运行不健康。而结果呢？可能地方的同志不爱听，其结果是各个地方都不执行。跟今天的情况何其相似！1994 年中央也想软着陆、缓刹车，别把整个经济的增长一下打下来。但是那时各地正在大干快上，收不住。结果就是一听中央这方面要刹车，要适度从紧，各地就赶快拼着抢着上，要在被卡住之前抓紧跑几步。这一抓紧可了不得，造成了整个宏观环境更紧张，原材料价格更加上涨。这么一涨，就涨出 24 点多的物价指数，明显是通货膨胀，恶性循环肯定发生。

其实那个时候你们也看到，与现在一样，也是进口大量增加，银行超发货币，这些事情都与今天非常相似，而那个时候还同样发生了“圈地运动”。从 1992—1994 年连续三年，各地政府大规模圈占土地，大办开发区。那几年办了 8000 多个开发区，我们这次是 5307 个，那个时候比这次还要多，因为那次村村都办开发区，也是抢占农民土地，然后开发区从银行套钱，然后政府跟企业分肥。

这不过才是十多年前的事情，在座的都应该记得，至少我们这个年纪的人很清楚。在某种程度上，地方政府如果抓紧再多跑两步，就会出现真正的恶性膨胀。1996 年，中央不得不急刹车，中央政治局决定，不能再批一亩土地，即严禁任何新增土地审批，那就是所谓的一刀切了。这是上下摩擦出的结果，因为在此之前各级不可能自觉适应中央宏观调控的结果，造成不得不急刹车。另外，中央政府也禁止任何计划项目的审批，要求各省计委不得向国家计委报项目，报也不批，一下把经济打入低谷。这才有 1997 年软着陆成功，1998 年之后只能靠增发国债拉动经济。

这个教训，难道不够大吗？今天我们国内出现的情况与上述教训很相似。

首先是 2001 年开始第三轮“圈地运动”，大规模圈占农民土地。这次比上次（1992 年）整个房地产投机狂潮更为严重。为什么呢？时间仅是上次的一半。上次用了五年时间才圈占了 3000 多万公顷的土地，这次在两三年的时间就圈占了 5000 多万公顷的土地。而根据 2003 年国土资源部查处结果，在这轮圈占土地狂潮中，总计 16.8 万个案件是违规违法的。如此严重的问题，怎么处理？它仍然是地方与中央双方不适应，最后导致要急刹车。2003 年初温家宝总理发批示指出，这个问题已经很严重了，引发了各地农民上访告状，群体治安事件愈演愈烈。然后接着发文件，连发三个文件，我们叫“三道金牌”，说一定要实行最严格的土地审批制，一定要严肃查处各种各样的土地违规案件，一定要严厉惩处在土地征占过程中有贪污腐败行为的干部。文件出台，各地没有动，反而进一步加剧，发文件也不管用。当年 6 月底开了全国电视电话会议，中央领导同志跟地方各省书记、省长在电视上会面，各省都表态坚决拥护中央政策，但是会议完了继续圈地。批示没用，发文件没用，开会没用。最后迫使中央不得不组织五部委联合工作组，派出去十个工作组下去查，各地纷纷启动地方保护，提出违规不违法的各种理由。十个工作组下去查了一圈，最后，只撤销了一个人的职务。这难道就是中央派出十个工作组查处的结果吗？2003年10月15日领导同志听汇报，非常不满，要求进一步调查研究、组织专家座谈，要出台治本之策。当年11月初国土资源部组织专家组开会，四个人参加，我是其中之一。我说：既然是中央要求拿出治本之策，请允许我说句老实话，这是政治问题。中央行政能力弱化，到下面执行不了。不是要跟中央保持高度政治一致吗？不是要维持安定团结大局吗？土地征占引发了大量上访告状恶性事件，这难道不是政治问题吗？政治问题要用政治手段处理。于是就提出，不拿掉一两个高官，这问题解决不了。

治土地违规案不拿下高官就解决不了。上一次是1996年中央严令，哪怕任何一亩地都不许批了；这次呢，说是任何开发区，都不得再批，哪怕承担代价！但是，这钱就砸进去了。上次仅房地产一项，造成3600亿元银行占压资金，造成银行不良贷款大幅度增加。这回得多少？提醒各位，尤其是在座的企业家朋友们，切不可掉以轻心。别以为你可以跟中央权威玩，玩不得的。真逼到那个份上怎么办？只好采取行政手段，拿一把手说事，谁敢不听，就地免职。奉劝各位，不要试图考验中央政府的意志。

很多地方同志说，我们发展经济有什么错啊？你是没有错，但你并不承担中央的责任。中央面对的问题很清楚，那就是我们已经到了一个相对而言比较紧迫的程度。原材料价格大幅度上涨，这和上一次调控一样，电力紧张、煤炭短缺、石油短缺、天然气短缺、大量的原材料紧张，还包括交通运输紧张。现在为什么在严厉整顿交通秩序，查超载？越是“瓶颈”，就越频繁出现违规。所有这些一系列紧张都会导致“瓶颈”制约越来越严重。这个情况其实跟上次是一模一样的。

我们刚才说土地问题，狂征乱占耕地，使 2003 年一年耕地减少了 3000 多万亩。咱们号称有 19 亿多亩耕地，2003 年跌到剩下 18.51 亿亩，直接导致粮食大幅度减产。大家说中央一号文件好，其实中央一号文件每次必提的政策是要老百姓搞粮食，怕出粮食安全问题。

一个大国，难道是我这样坐在书房里的学者读了两本书，就说，放开进口吧，靠国际市场解决问题吧？！意识形态化的学者就是不愿意真去做学问，查查国际粮食市场价格波动跟中国进出口的关系。那两个数据形成的曲线很容易做，20 世纪 90 年代我发表的文章里就写过。中国在 1995 年净进口 2000 万吨粮食。后果你们知道吗？世界市场小麦价格上涨几乎达到 100%。大多数发展中国家对中国不满：你们富了，有钱了，你们大量进口，国际粮食价格随即上涨，导致我们穷国饿肚子，因为我们买不起。

大家熟知的莱斯特 · 布朗，1994 年写了一本书叫《谁来养活中国》，我不知道在湖北是否有反应，但它在北京引起一场轩然大波。他的话没落地，中国就大规模进口粮食，西方就开始嚷嚷，说“谁来养活中国”正在成为现实。然后接着出现一股唱衰中国的风潮，从美国开始弥漫整个欧美上空。然后就有美籍华人章家敦，号称在中国工作了十年，回去写了一本《中国崩溃论》。他这边话没落地，那边中国又高速增长了。中国经济一增长，马上就出了新的中国威胁论了。

我参加过很多国际会议，不仅是发达国家认为中国严重威胁了整个国际经济秩序，发展中国家也这样认为，墨西哥、印度、巴西……所到之处，发展中国家都在问，中国怎么了？你们为什么要这样？因此我们的国际环境相对而言就不那么好了。

最近莱斯特·布朗来中国，中央电视台组织我去跟他对话，讨论他的一本新书，我们翻译为《B模式》，副标题是“拯救地球延续文明”。这本书出来，变成了中央党校省部级高官科学发展观研讨班的参考书之一。对话时我就问他，十年前你是唱衰中国第一人，说“谁来养活中国”，然后就有人跟着说中国崩溃等。我问你：你1994年出版《谁来养活中国》，接着中国回答你的是1996年我们的粮食达到历史最高产量，我们不仅自己养活自己，还粮食过剩，过剩到我们不得不出口，中国人这不是回答了你的问题吗？他听完了以后，一点笑容也没有，跟我说，你们粮食高产的代价是什么？一方面你们大幅度提高粮食价格，另外一方面你们大规模超采地下水，结果使你们整个大华北平原区，包括河北、山东、辽宁南部一直到河南这一带地下水严重超采，地表河流全部断流，这就是你们的代价。他说：我现在提出了B模式，就认为A模式需要改变，中国仿效的就是那个A模式，正在重蹈发达国家的覆辙。

现在又登珠峰、又乘热气球的那个企业家王石，万科的董事局主席，前不久我们共同参加另外一次国际会议，在所有参加会议讨论问题的中国人之中，他和我同时被国外的朋友们称为是最为另类的。我解释说，因为中国面临1997年东亚金融危机发生之前的局面，所以必须加强宏观调控，经济减速是为了经济健康可持续发展，当然我做了一大套数据图表来解释。而到会的其他国内的学者，仍然在鼓吹着这种所谓高增长。到会的大多数企业家也对现在的中央调控政策不理解，而唯独王石站出来说：你们错了，算什么企业家，我认为你们现在就是投机心态。王石说，很多人投资于钢铁，投资于重化，投资于电力，竟然说最多三年就回本。最为极端的是一个企业家说他投资一个钢铁厂一年就可收回投资。王石说，你们是干什么的？有谁愿意回忆，当年你们最初投资搞原始积累的时候多少年回本？没有十年八年的你们能回本吗？那是在轻工、纺织、一般制造业和一般贸易领域，你们尚且需要十年八年才能收回投资，现在怎么可能设想在重化、钢铁领域中，一年到三年也能收回投资？如果有这种想法肯定是投机。而如果投机造成宏观政策调控卡了你，那我认为你吃亏是活该，因为你不过就想投机取巧。他说，我这个企业按说在房地产行业算是好的，一般的房地产业最高利润率5%—8%，我是12%，我投资一项也得八年才能回本。房地产行业的利润还算比较高的，重化工的利润不能算高，随便放眼望去，世界范围内钢铁行业的利润是多少，有超过10%的吗？一般都在5%左右。如果你想一年回本，那你一年是100%的利润，怎么可能呢？只有投机才能这样，对不对？

只有牛市你才能挣钱，所以永远爱说是牛市，不愿意说熊市。这点我理解，但是我们看看，宏观形势到底怎么回事？所以会议结束被人们包围的还是王石。

这话如果是我说的话，你们肯定会意见很大，王石毕竟是你们的同行嘛，可能意见小一点。

（三）缓解资本泡沫

接着，再跟大家汇报一下我对中央强调科学发展观的理解。这跟我们上一部分提到的中央现在加强宏观调控，其实是相关的。

大家看到，一方面，科学发展观的提出，是在十六届三中全会上，中央把过去单纯追求 GDP 增长目标，转变为追求综合发展目标；另一方面，中央同时强调了五项统筹。

很多人对统筹这个概念缺乏正面理解。不仅国内，国际上也无法明白中国提出的统筹是要干什么。进入新世纪以后，世界银行在归纳总结中国经济发展经验的时候强调了三个“化”。认为：中国经济发展经验的主要内容，叫非中央化，或者叫去中央化（decentralization），就是不再讲中央的集中体制，然后是地方化（localization），再就是全球化（globalization）。最近几次世界银行发展报告没有公布之前，要征求各国专家的意见，我参加了讨论。我对他们这个概括有些不成熟的不同意见。怎么说呢？现在提出统筹，其实一定意义上意味着中央权威的强化。这点，我想大多数地方的同志还不理解。而在内部讨论的时候，其实就已经讨论过一些倾向性的问题。

中国经济高速发展的后果之一，是资源紧缺所带来的资源泡沫和国际问题复杂化。中国这样一个大国，既有世界上最大规模的人口，相对而言资源又非常紧缺，人均资源的比重比世界平均水平低得多。经过近几年的过度开发，从1949年中国开始进入经济建设的增长时期到现在五十年来，我们的经济总量翻了10倍，但是我们的资源消耗量翻了40倍以上。

一个例子就是石油。过去我们是贫油国，到后来发现大庆油田、胜利油田，使我们成为石油出口国。20世纪70年代、80年代乃至90年代初期我们还是石油出口国，从90年代中期进出口平衡，90年代后期开始进口，到现在则是大规模进口，国内油田逐渐枯竭。前不久，美国的那位布朗来到中国的电视台对话的时候，他说不仅中国这样，整个A模式就是西方主导的工业化、现代化模式，已经出现的不仅是金融层面上的资本泡沫，而且出现了资源环境的泡沫。所以他把中国现在的经济纳入国际分析，说全世界都在透支资源环境。他说，如果说1989年前后，就是20世纪80年代，世界经济增长和资源消耗的关系是100%，那么在20世纪90年代，就是120%。经济每增长100%，导致120%的资源消耗，他把这叫作资源环境泡沫经济。

金融资本泡沫是怎样产生的？本来应该是生产产品，需要多少商品交换就对应发行多少货币。但现在就全世界范围看，已经是99%以上的美元货币根本与商品交换无关，主要在资本市场的虚拟的泡沫经济中运转。这是一个不断涨发的泡沫经济，早晚一定要崩掉，这对人类、对现在的市场经济都是一场灾难。

我们且不说那些金融危机，单看中国自己国内的资源储备，根本不能够支撑经济高速增长。而我们一旦扩大进口，客观来说就是求之于人，这样的经济高速增长，已经造成了一种不可持续的国际国内的严重问题。

先讲2003年的一个明显的例子。大家看得很清楚，2003年中国为了9.1%的GDP，消耗了全世界10%的能源、30%的矿产、40%的水泥。我们人口近年来占世界人口的17%，这当然会引起国际社会相当强烈的反应。

在世纪之交的时候，一个研究中国问题的权威机构——美国哈佛大学的费正清东亚研究中心的主任写过一篇文章，其中有一句话我提醒大家记住。他说：20世纪日本和德国崛起，曾经因为改变国际秩序而引发过两次世界大战；而21世纪中国的崛起，也必将因为改变国际秩序，而对人类、对国际社会构成重大挑战。他倒没有说再发生世界大战。

相对地，我们领导人提出和平崛起，但如果大家注意看到我们的刊物，在《改革内参》上，有过两三篇文章在讨论，我们说的和平崛起，国际社会根本就不会相信。

为什么？因为如果沿着西方发达国家所走过的道路发展，从来就没有和平崛起的先例。而既然是摸着石头过河，摸的就是西方发达国家放在河里的那块石头，是什么？坚船利炮。发达国家在资源短缺、缺乏市场的情况之下，往往靠坚船利炮打出去。300年的殖民地战争，占领了世界上四块大陆，北美、南美、大洋洲、非洲，大量向外转移贫困人口，然后从这四块大陆掠夺资源，支撑发达国家所谓工业经济和自由贸易。这段历史越来越少地被我们国内的知识分子记起，但在大多数发展中国家却经常被谈及。

我是国内知识分子中去发展中国家比较多的人，最近这几年主要的精力是在搞发展中国家跟中国的比较研究。如果换个角度看欧洲，如果欧洲没有通过三百年殖民战争大量移出人口，今天欧洲的人口会是多少？现在欧盟，把整个东欧、西欧人口加在一起共 5 个多亿。但是把欧洲在海外的人口计算回来，已是 10 个多亿。如果把在海外的混血人口再计算进来，有多少？恐怕人口总量比中国多。那在这个小小的半岛型大陆上，你能够相信个人利益最大化？相信谁块头大、谁膀大腰圆，就该多吃多拿？

说白了，无论你想还是不想，当然中国想和平，咱不想战争，可客观上没条件了，世界上不会再有四块大陆让你去殖民化。稍微往外走点人，就说你们是“人蛇”。世界各国现在大都采取了严厉的制度审查中国签证，哪怕是过境。你们看凤凰卫视闾丘露薇这次随温总理去欧洲访问的时候，她说现在只要你是中国人，各国差不多都是拿放大镜查你。

目前的这种情况不能简单化地解释。当你大量进口的时候，实际影响了国际价格，也影响了在国际市场的份额，这就叫作改变国际经济秩序。这对周边国家，无论发达国家还是发展中国家，难道不是挑战吗？当然是。因此，一方面在国内我们看到原材料短缺，看到“圈地运动”的兴起，看到投机经济的泛滥，这些都是中央不得不下决心调控的内容。但并不完全是因为国内。原材料不够用要进口，大量进口就会带动国际问题复杂化。

我们不能说布朗先生的分析是错的。在座的各位，要么是年轻人，要么是自己有孩子的人，请想想，再过二十年，当中国人口接近16亿的时候，按照现在耕地下降的速度，那时还剩多少？我们现在已经有1/3以上的省份，人均耕地低于一亩；而人均面积高于一亩的省份大部分是干旱地区，有土的地方没水，有水的地方没土。我们的经济地理就是这样一个客观约束。

（四）缩减贫富差距、缓和社会矛盾

我们又都知道，不论是农业经济，还是工业经济，不论农村还是城市，都往往适宜在平原地区发展。而中国的地理状况是特殊的三大梯级分布状，这个结构决定了人口、资本、经济往往都集中分布在东部。因此，大家不要怪一江春水向东流、孔雀东南飞，只要是市场经济，连麻雀都东南飞。这是规律，逆不了。因此区域差别就扩大，中部渐渐地和西部拉平，赶不上东部。对不起，这就是在市场经济条件下，经济地理规律决定的。所以，区域差别扩大是不可逆的。

再进一步看，哪一个发展中国家不是在增长过程中出现贫富区别拉大问题的呢？

中国也出现贫富区别拉大，当然是同城乡差距拉大同步。因此，中国社会科学院从事分配研究的专家给了我们一个非常难堪的结论，中国现在已经非常大的贫富差距不可能缩小，只可能进一步扩大。

请你们翻开《邓小平文选》，他在改革开放之初就曾经这样说过，如果我们的改革开放最后造成贫富两极分化，那我们的改革就失败了。今天怎么评价我们取得的一切呢？难道不是贫富两极分化在拉大吗？

也正因为小平同志当年有这个论断，所以中国社会科学院社会学研究所的所长陆学艺拿了社科院重点课题40万元课题费，做了全国的抽样调查分析，结果认为中国出现了十大阶层。中国语言文字比较丰富，但在英文翻译上“阶层”与“阶级”是一样的。他分析的结果，也非常让人不高兴。因为最高阶层是官员，第二阶层当然是企业家，第三阶层是知识分子，……而最后第九、第十阶层是工人和农民。大致如此。

我们不仅不能失败，还要从一个胜利走向另一个胜利。我说这话的时候你们笑，我可一点没笑。为什么呢？这恰恰是对执政党的十六届三中全会最好的解释，不理解十六届三中全会为什么要统筹吗？对不起，按照一般市场规律走下去的结果就是黄金分割，二八开。中国人改得了华盛顿共识吗？改不了。华盛顿共识是什么意思？因为二八分割规律，只有20%的人能够享受现代化，那80%的人就该承受经济危机转嫁的恶果。在我们国内呢？每当经济危机发生的时候，损失代价很大。当然政府埋单，但政府只替国有银行、国有大企业埋单，经济危机产生的巨大代价、损失也是遵循二八分割这样一个定律，向中西部和弱势群体转嫁。

这规律你认也罢，不认也罢，反正它是规律。

在座的各位知识分子，你们可以把文章写出花来，但是基本规律其实是简单的。

我们的责任不是用各种各样的模型把事情说复杂到谁也看不懂，而是要把事情抽象简化为基本规律，甚至简化为基本常识，这样才有助于认识这个世界，大众才能从你的研究中受益。

大众关心什么，还不是我会不会受损？现在小的有产者或小中产阶级们开始着急了，担心的是在银行有 100 万元或者 50 万元存款能否保值。有些人有外币，那到底存美元，还是存日元，还是存欧元呢？有些人开始做外汇交易，投机心态总是有的。有人甚至做外汇期货。现在的中产阶级大概占人口百分之十几吧？已经担心起来了，他们更关心的是自己。

但是作为中央政府关心的是什么？是我们面临的三大差别如何调解。我们说，当中国三大差别拉大并且已经形成了阶层的时候，面对如此普遍的社会问题，你们认为中央政府应该怎么办？难道应该继续鼓励这种分化吗？而要想缩小这种差别，一般的靠市场是解决不了的。

我再讲一个例子。2003 年两会召开，温家宝刚就任总理答记者问，大家说他大脑像计算机一样能储存数据，你知道他回答问题说出的第一组数据是什么？是我们中国有 7 亿多劳动力啊，而发达国家劳动力总和才不过 4 亿多。后来我发表文章说温总理的数字可以修订，因为农村 60 岁以上老人不退休，没有谁给发退休金，他还得干活。为什么不能休息呢？是因为税制，农民直到临死都得交税，农业税是按人摊的，初生婴儿要交税，连百岁老人都要交税，世界奇闻。农村十几岁的辍学孩子成千上万，也得下地干活，如果把这些半劳力、失学的和不能退休的都算上，中国劳动力总量是多少？ 8 亿以上。几乎是发达国家劳动力总和的两倍。

请问：什么主义、什么政府、什么制度、什么政策，能解决8亿多劳动力的就业？而一般所说的基本人权——劳动就业权怎样保障？国务院发展中心有一位研究员算了一笔账，说按照中国现代生产力水平，农业需要多少劳动力呢？他说大约需要1个亿劳动力，而我们农村有5个亿劳动力，那就意味着要转移4个亿。请问，往哪转？靠什么转？他进一步分析，如果按照中国要达到的一般中等程度的发达国家的水平，十几亿亩耕地只需要4000万—5000万劳动力。就是说我们大约应该在2020年前奔小康，2030—2050年实现中等发达国家水平。到那个时候，我们应该是多少人口呢？16亿。大概有8亿人能变成城里人就不错了。因为城市消耗的资源，远比农村消耗的资源多得多。咱们知道城里人生活用水是农村人的27.5倍。生活在现代化城市的人要每天洗澡，甚至很多人洗澡喜欢多享受一会，那就多消费好多水。城里人都讲究穿羊毛衫，多穿一件，那鄂尔多斯高原就多几亩沙化的戈壁滩啊！越城市化，越讲现代消费，结果资源就越遭破坏。你们待在城里，大家知道所有城里的水泥路面、硬化路面，下面都是沙漠，因为不能渗水。这还不包括那些大广场，用大理石铺砌，不渗水，结果就是地下沙化。早晚有一天，你们看的那个美国电影《黑客帝国》暗喻的情况会成为现实。这个电影透露出了深刻的危机感。将来，你只有在虚拟世界中才是风风光光，可以转着弯地跳跃，可以躲避子弹；一旦离开虚拟世界把脑袋后面的那个芯片拿掉，回到现实世界，就是断垣残壁，一片狼藉。好莱坞也有思想者，包括《未来水世界》的暗喻，将来海洋是越来越大，北极南极冰川融化，整个世界多数国家进入水下，剩下有限的几块大陆，只有原来的山区还浮在水面上。思想者告诉我们，大家现在喜欢开汽车消费石油，都是用不可再生的矿物能源，最后的结果就是人类自己把自己毁灭。

我们接着再看国务院发展中心算的账：全球发达国家制造业劳动力总规模 9000 万人。这意味着把全球发达国家制造业停了，全转到中国，把中国变成一个真正的世界工厂，也不过增加 9000 万劳动力。所以，从温家宝总理 2003 年两会说出的第一个数据看，他最担忧的就是中国是一个劳动力过剩的人口大国。在一般市场条件之下，中国的劳动力是一个绝对过剩、无限供给的要素吗？边际效益率不断下降到零以下吗？今天就是这个现象，就是我们打工一族的实际情况。

农民工为什么拿不到工资？为什么超时加班？为什么没有任何节假日？为什么没有劳动权益？就因为它是绝对过剩要素。在经济学冷酷的轴线上，它只是一个表现为收益不断下降的要素。但是人本身呢？我们说一个最不该引述的情况，为什么中国黄色产业过剩？为什么屡禁不止？为什么抓黄永远也抓不完，甚至变成了某些部门赚钱的手段？就是因为人多。色情服务作为一种古老的产业，在中国的价格之低，甚至低到了几块钱，这就是市场的作用。

在经济学家用模型演绎的市场中，人只是一个变量，这就是它的残酷性。对于包括人在内的所有要素都被去人性化，才能非常标准地转化为数据。

测算我们的劳动力转移的前景问题，尽管温家宝总理提过，但我们的经济学家至今还没有对这个问题给出一个很好的回答。解决中国目前高达 8 个亿的就业问题，既不能靠市场，也不能靠计划，两者都不可能。这几年全国范围内的拖欠工资，有人说拖欠 1 个亿，有人说拖欠更多。不管多少个亿，总之，这是必然现象，符合市场经济的基本规律。难道不信规律？因此，乃至于我们这样一个大国，竟然迫使总理去给农民讨工资，那也不过才给熊德明那个村 20 多户农民讨到了工资，整个云阳县的农民仍然拿不到工资。

我老讲那个故事，就是 2003 年中央电视台年度经济人物颁奖晚会开始之前，我看到熊德明一家瑟瑟缩缩地待在位于王府井的那家豪华饭店里。在王府井那么豪华的地方，她一个养猪的农户，似乎感到自己无地自容。电视台的年轻朋友对农民挺好，说："温老师，你找她去说说话吧，也可能你们可以聊到一块。"我就过去了，用四川话说："你不简单喽！"她一看我跟她说家乡话挺高兴。我问她："要是没有家宝总理去要工资，你怎么办？人家都说你应该去找劳动部门。"她说要不到。我说为什么呢？她说那个不管事。我说那就像报纸上说的去打官司，你可以找法院嘛。她说那个也不管事，打不得。农民对这些问题的判断其实是非常有直感的。我说，那怎么办呢？她说："哎，多养几头猪嘛。"聊起来以后，我说其实最担心的是这次你有总理帮你要工资，可将来你的老公、你的孩子再出去打工，哪个企业的头都不敢要。既然你有本事要到工资，那我就不要你。为什么？你们看，每一个工地，每一个工厂门口排队的打工者上百个，我要十里挑一。我们现在使用的是打工者最好的年龄段，老板就要最好的年龄段、最好质量的劳动者，占有最多的剩余价值，给你的只是维持劳动力简单再生产的那点工资。谁敢说不是这样？工伤也好，病了也好，要交劳动者的社会保险，只能交给打工当地的政府，被那些发达地区的政府扣下了。然后，无论打工者是因伤因病丧失劳动能力，得回到你的不发达地区去，靠你的贫困地区政府来解决。

这公平吗？这难道不是问题吗？

我请问在座的各位研究经济学的朋友，有谁给我一个经济学的办法，来解决这个问题？如果你们不同意中央加强统筹、加强调控，给我一个办法。

解决三大差别且不说在我们这解决不了，所有比我们更早转向市场经济、建立了市场经济体制的发展中国家，没有一个解决了的。

我们去看看发展中国家城市化的典型者，如墨西哥，据他们的学者说 80% 的城市化率，比我们至少高 40% 吧。按照国家计委测算，我们未来要达到城市化目标，到 2020 年才会实现 50% 以上的城市化率，墨西哥现在就是 80% 的城市化率。人家怎么实现的呢？有人去了解吗？那就是靠大型贫民窟去实现，而在大型贫民窟里面的就是这些大量的无地农民。他们的土地被征占了，或者买卖了。私有制条件下，任何大农场主都大规模占地。任何城里有钱人，也都可以在乡下包一块地，至少弄个别墅。我们中国已经有 1 个亿的中产阶级人口，谁家手里没有几十上百万？而农民动不动就要现金开支。家里有个病人他能不卖地吗？家里有孩子要上学，他能不卖地吗？

也许我说得太极端，我可以做自我批评，希望大家别计较。但幸亏不仅仅是我说的。大家知道在中央电视台的颁奖晚会上，王小丫说："温铁军有一句话，说农民头上三把刀：上学、告状和医疗。"那是2003年非典刚刚起来，中央台叫我去谈农村问题。我说现在的问题是我们有个"城市老爷卫生部"。教育、医疗、卫生、司法，所有应该提供的普遍服务都是高成本。中央台把节目做出来，台里边领导审查，要把这段话删去。我说也是天公作美，刚要砍，因为非典，卫生部长下台了，编辑紧急请示台领导就用上了。后来这句话就变成社会广泛流传的一句话："农民头上三把刀：上学、告状和医疗。"然后，在党中央召开的十六届三中全会上，你们看看总书记的讲话——他是一个语气平和的大政治家，他说："农民现在有三难：上学难、告状难、医疗难。"我现在真是感谢中央领导。他们这样说了，我的这些刺耳的话就没毛病了，要不还老担这份心。

根据我们所看到的这些现象，你一般讲的现代化上层建筑，就无法和这个产生剩余过少，并且高度分散的小农村社经济结合。

农村玩得起现代化吗？中国玩得起布朗先生说的"A模式"吗？

三大差别客观上拉大，确是必然趋势。经济学家们已经指出，它不仅现在拉大，将来还得进一步拉大。按照一般的市场方式，能够解决三大差别吗？

我问过墨西哥学者，墨西哥难道不比中国更市场化、更自由化吗？不比中国更美国化、更全球化吗？解决问题了吗？他们承认，不仅没解决，反而内部矛盾在激化。

你们上网可以搜到我的一篇在墨西哥的现场考察报告，叫《现场目击墨西哥蒙面军》。从2000—2004年这四年期间，我先后去了四次墨西哥，为什么？我目的很清楚，当时不能明说，现在做完调查我就可以说了。我去墨西哥的各种考察各样会议，就是为了每次都找一个机会，去深入到墨西哥和危地马拉边界一带印第安土著民族生活的那个拉卡多尼亚原始森林地区，了解为什么这一带发生农民起义？他们的农民战争已经坚持了九年，至今还控制着1000多个印第安社区，而且在1994年起义时就宣布打响了“反全球化”的第一枪，尽管他们和所有农民战争差不多，打开监狱，释放犯人，宣布农民夺取政权等，政府军一镇压，就退入深山。政府军一次屠杀了大概几十个连女孩子都在内的农民老百姓，就发生了墨西哥全国的抗议。政府不得不跟起义者谈判，他们表示愿意和平，只要政府允许土著自治。这一谈判，就从1994年谈到现在。直到现在他们都还是统一戴着滑雪帽，露一双眼睛，统一穿军靴，但服装乱七八糟、非常土的一支军队。即使这样，他们的军队得到了山区大批老百姓的拥护和支持，老百姓也都像他们一样，军队戴着黑的滑雪帽，老百姓就用围巾把脸蒙住，露一双眼睛，老人妇女儿童都一样。他们对外完全开放，西方地区记者蜂拥而至。可中国大陆人就我一个去了，我见了他们民选代表、四个司令，他们的自治委员会等。考察以后，请他们帮我安排，由向导带着进了他们的游击区，坐独木舟进去，在他们的茅棚里面住了几天。

今天请问在座的学者，有人愿做这种事吗？

几年来我不仅做墨西哥的调查，还跑到印度北方去做农民起义的调查，了解农民为什么要闹事。最后的结论很简单，无地必反。占 1/4 以上的大量的农村人口没有土地，难道不反？而今天我们的学者大声呼吁土地私有化，那意味着什么？意味着我刚才说的三把刀，你非要逼他砍下来，农民就得卖地，成为无地农民。现在已经有 4000 万无地农民了，你们想把无地农民增加多少，能不出乱子吗？

带着这些问题我们回到十六届三中全会所提出的五项统筹和综合发展观，能不感慨吗？如果不及时做出决策，把这种单纯追求 GDP 导致的一系列社会矛盾加剧，转变为追求综合发展的新战略，后果将不堪设想。

十六大强调五项社会统筹，其中的城乡统筹是排第一的吧！

我们如果不能实现这种城乡、经济、社会、资源、环境、人文等方方面面的统筹，难道就为了追求这种 GDP，就得造成社会撕裂、国家出乱子吗？我们这代人给后代人，给咱们会场前排座的带红帽子的小孩们，留下什么？难道给他们留下一片混乱？

所以说，城乡统筹可能是某些人的大忌，可能是我们市场原教旨主义者们的大忌。这意味着不能完全用市场方式来整合中国经济，不能完全用市场的方式缩小三大差别。其实，别说中国整合不了，其他发展中国家也整合不了。

于是乎就有更为极端些的、急于成为经济学家的人问我说：

温铁军，你为什么不同意中国也像其他发展中国家那样，让农民放弃土地进城，不就是进入贫民窟吗？既然其他发展中国家都是大规模贫民窟，为什么中国就不能出现贫民窟呢？我没法回答。但是，那进入贫民窟的是你吗？为什么不问你自己，是不是愿意在贫民窟中生活？这种人已经异化为非人类的思想，甚至有反人类的思想。

可能我这话说得不全面，虽然要政府发挥作用，但政府也有失衡的时候。这个社会要真打算实现综合发展，需要社会各界的综合努力，需要多方面的参与。所以我们今天说的话不是一般性地给政府辩护，而是为新的科学发展观的提出辩护，我针对的不是别的，朋友们，针对的主要是三大差别。而如果我们面对三大差别再一般地强调市场化，就可能会偏激地走向连市场经济也要追求的帕累托均衡的反面了。

我们国家的经济发展到现在，出现了三大过剩：劳动力过剩，工业生产能力过剩，金融资本也过剩。中国的M2与GDP之比曾经超过200%，世界最高。而全世界范围内也是资本过剩。在前不久的那次国际论坛上，我就问所有到会的人，如果你们真的相信过剩是全球化的问题，那中国带着自己的三大过剩，加入本来已经过剩的全球化，是会改善原有的问题呢，还是会恶化原有问题？没有人回答。

我看我们不必等，还是老老实实地眼光向内，走好有中国特色的社会主义市场经济那条路，中国特色不能放弃。

因此，十六届三中全会以来提出的不仅是综合发展战略，而且进一步把它变成科学发展观，这是有现实意义的重大战略提法。我认为，如果一旦确定下来，我们担忧的这些问题一定程度上可以得到缓解。是否可以解决？我还不那么乐观。所以，说来说去不外乎是希望大家注意，科学发展观不是一个虚的、云里雾里的东西，它既和中国宏观调控的一系列政策相关，也和我们下一步的发展所面临的三大差别拉大、三大过剩加剧，以及如何缓解这些问题高度相关。尽管这是客观问题，但宏观问题与微观领域中的情况是高度相关的。无论是做企业的，还是政府有关部门的官员，如果我们对这些问题没有足够的认识，恐怕在我们的实际工作中，就找不到正确的、合理的办法。

其实也跟我刚才分析所说宏观调控一样，假若一个企业家听了刚才那部分，他应该已经在短短时间内迅速形成反应，形成决策，我应该怎么办？或者你是一个手里有点余钱的老百姓，也应该形成反应。所以回答问题的时候，我不会回答具体应该怎样，希望大家还是讨论刚才讲的这两个专题。

第二节　政府公司主义体制的发展及其改革的路径依赖[①]

城乡二元结构在中国是一个基本体制矛盾，也是内向型工业化原始积累派生的。

① 温铁军2009年关于应对2008—2009年华尔街金融海啸转化为全球经济危机的多次演讲中的一次。

早在20世纪90年代中期，当我提出“三农”问题来讨论的时候，就曾经强调，产生中国的“三农”问题的根源是两个基本矛盾：第一个是人口和资源之间的关系高度紧张，这叫作基本国情矛盾；第二个矛盾，是在这种基本国情矛盾约束下又必须加快工业化进程，于是就产生了国家工业化从农业提取积累的客观需求，也就形成了典型的城乡二元结构。

大家知道，中国是一个人口膨胀而资源严重短缺的国家，适合工业、农业和城市发展的平原地区只占国土面积的12%左右，水土光热四种资源条件匹配的地区不到10%，又主要是在沿海地区，聚集了十几亿人口的大多数。“一江春水向东流”的区域发展不平衡，乃是经济地理条件约束的结果，并非人为产生。

在近代史上的殖民化和解殖斗争中，中国的仁人志士们知道了必须加快工业化才能有真正的国家主权的道理。如同所有后发工业化国家一样，随之出现的问题是，靠谁来加快工业化？当然，在中国主要是靠长期战争打出来的强势政府，于是中国的国家工业化不是从一个分散的私人作坊起步的资本积聚的进程，这也就在根本上不同于至今没有进入工业化的发展中国家。

（一）研究真问题：中国的政府公司主义

1. 国家工业化的资本原始积累与政府公司主义。

大家都知道，原始积累是任何主义和体制条件下进入工业化不可逾越的历史阶段，至于这个阶段是由资本家来完成还是国家来完成，只是派生的问题。

中国的工业化原始积累是由国家来完成的，也就由此形成了中国的政府公司化体制。至于应该叫什么主义，那是搞意识形态的朋友们关心的问题，搞经济研究的人关心的只是说清楚经济主体是谁。由于这个原始积累阶段的经济主体其实就是政府，因此，我们改革开放之前属于政府公司化经济体制，或者叫政府公司主义。

政府公司主义不是仅在最近六十年内产生的，而是在19世纪末——当清朝开始推行洋务运动的时候就开始产生了——也就是以湘淮两军借太平天国之战崛起而掌控的地方政府为主体直接从事工业化，当时先叫“官办”，后来“官督商办”，再后来，才是“官民合办”。

2. 两个农业剩余对原始积累的贡献。

中国在20世纪70年代末期改革之前，政府公司主义的国家工业化主要是靠强制建立人民公社这种集体化体制从农业提取两大剩余：

第一，集体化能够成规模地集中土地，也随之成规模地集中农业收益，这就大幅度地降低了国家提取工农产品剪刀差的交易费用。

第二，这种体制能够成规模地集中使用劳动力，替代外部封锁条件下的稀缺程度趋零的资本要素。一般市场经济理论讲的是要素相对稀缺，但在中国工业化原始积累阶段，宗主国停止投资之后的资本稀缺程度趋零！即使有形成市场体制的愿望，也没有现实可能性。在这种情况下，只能用高度组织化的农民劳动力，集中地、规模化地投入于基本建设，以此替代稀缺程度趋零的资本。

3. 后期改革的“路径依赖”。

早期的国家工业化原始积累进程之中形成制度，并且对其后的经济改革构成路径依赖。

20世纪80年代以后的改革，被路径依赖所制约，从一个中央政府承担经济主体角色的中央政府公司主义，直接转制为数万个地方政府公司主义单位——在农业几乎不再有可能产出剩余的条件下，仍然要靠占有农村土地资源、资金和劳动力来继续维持经济增长。

改革前后之最大的不同，在于此前公司化的政府主要为国家工业化提取资本原始积累，此后则是为国际资本提取剩余。此外，改革后政府公司主义的优势在于强力的宏观调控和扩张信用（例如1997年为应对金融风暴，用国债政策大规模推进基础设施建设和吸引外资）。

而在国家工业化原始积累的过程中，则一方是提取农业剩余，另一方是劳动力集中使用替代资本（劳动力分散使用可以形成作坊，劳动力集中使用才可以替代资本）。新中国成立以来出现了剪刀差的情况，中国20世纪90年代以来物价指数的变动过程说明，无论是高物价还是低物价，都和政府如何导向改革，或者说是和制度变迁有直接关系。

大家知道，由于1972年开始大规模引进西方设备和技术改造国家工业，随后在70年代末出现了严重的财政赤字为代表的支付危机，财政危机下的1980年提出的城市改革思想是放权让利，措施上首当其冲就是财政分级承包，结果是一个政府、一本财政的统收统支体系，短期间演变成了当时 7 万个左右的政府都成为大大小小的经济主体——从一个中央政府公司化，演变成多少万个地方政府公司化。

于是，就形成了地方政府公司化体制下追求地方工业化的高潮，因此，出现了三次“圈地运动”，都和宏观政策有关。

（二）改革以来三次“圈地运动”与宏观制度变化的相关性

改革以来出现过三次“圈地运动”，可归纳为独具中国特色的地方政府公司主义发展的核心经验，也体现了农地征占与宏观政策的高度相关性。

三次“圈地运动”中的政府公司化与宏观制度相关性分析，也说明了征地问题表现为城乡二元结构体制下城乡不同方式的原始积累及其资源资本化制度收益分配。

第一次是 1984 年完成农村大包干之后的“以地兴企”，发展乡镇企业。

国家实行财政分级承包制后，在资本高度稀缺条件下，地方政府急于进行工业化原始积累，这种县级以下地方政府工业化平均每年带动上千万亩土地被乡镇企业占用，同时以 1 : 1.2 的占地就业比带动了农民非农就业——因此，不是资本而是农民劳动力和农村土地成为乡镇企业高负债条件下地方工业化原始积累的主要来源。

另一方面，也是当时农村工业化之中的乡镇企业制度创新，既没有引发对抗性冲突、也没有出现“三农”问题，出现的是农民收入和消费大量增加所导致的、典型的内需拉动型的黄金增长！稳定发展的主要原因是：当年村内土地三年一小调，土地对于村民的保障功能因人均占地而得以强化；土地非农化的变现收益主要在乡村内部分配；农村企业收益替代政府财政功能、增加了对村内的支农开支和村民的社会福利开支。

第二次“圈地运动”是“以地生财”。

起因是1992年南方谈话之后各地大办开发区和1994年推进分税制改革时期的地方困境——大多数地方政府工业化尚未完成原始积累，却已经导致全国的“两个普遍”：金融系统无论是穷富地方都是普遍贷差，同时是地方财政普遍赤字。这种严峻的宏观条件下不可能遏止的投资饥渴，迫使地方政府把农地拿来作为弥补地方财政亏损和继续工业化原始积累的主要来源。于是，1992—1993年开始了第二轮“圈地运动”。接着出台的分税制改革，客观上也促进了圈地运动愈演愈烈，直到1996年宏观紧缩时被中央叫停。

同期，在农村资金非农化速度加快的同时，土地与劳动力两个要素的非农化比例愈益不合理，政府占地与带动就业的比例下降为1:0.8。加之农民在农业上的收入增速下降，税费负担却愈益加重，遂使“三农”问题浮现。农村衰败反作用于宏观经济的则是内需不足、经济对外依存度大幅度提高。

第三次是在1998—2003年银行市场化改革后出现的“以地套现”。

20世纪90年代末期的金融危机促进银行的市场化改制。银行变成了商业银行以后就成为有自己独立的利益的金融资本，其异化于一般产业资本的特性决定了金融部门“追大”和

"追快"——银行更乐于追大企业和流动性强的股市、房市、期市。那些越是规模小的、没有流动性的，银行就越得离远，就导致银行必然离开农业和中小企业。而在这种金融异化的情况下，地方政府工业化尚未全面完成，第三次"圈地运动"由此引发——政府只有拿到土地才能以 70% 的抵押贷款在金融部门套到现金，用于地方的产业投入。

由此，就出现了高增长、高投资、高负债！这时，如果在宏观紧缩之中中央政府把银根、地根抽紧，土地供应中断，客观上已经绷紧的地方债务链条就断了！可见，已经积聚起来的政府负债与土地金融连接的破产风险将有可能爆发。

这就是全球化背景下的中国经济演变，高增长 = 高投资 + 高出口（+ 高债务）。

（三）城乡二元结构的缓解

在我归纳的上述两个基本矛盾制约下，我们能否解决城乡二元结构问题呢？当然不能。因为当前的高速度增长仍然造成了农村资源要素向外流出。

世界上的任何经济领域，只要它的基本三要素：土地、劳动力、资金是净流出状态，这个领域就一定衰败，这不仅是"三农"问题愈演愈烈的原因，而且导致恶性循环，使我们变成一个对外经济依存度非常高的国家，一旦遇到国际金融危机，我们就会出现相对比较严重的反应。

这些年，当我们强调所谓出口外向型的发展导向的时候，它的问题其实跟我们原始积累阶段的利益流向差不多，也是两条渠道流出。大家可以看到，就像我们当年集中农业剩余一样，大量的一般商品出口，换汇，导致发达国家出现严重的经常项目逆差，拿到外汇以后再投资到发达国家资本市场，造成发达国家资本账户的大规模顺差或者资本过剩。

这是一个相似的获取剩余的经济流程，说明的是二元结构的普遍性——在我们国内是城乡二元结构，在世界上也是发达国家与发展中国家的二元结构。

并且，这样的二元结构经济流程也就是今天的国际经济政治秩序要刻意维护的。当经济危机发生的时候，占有这种秩序带来的收益的主导国家是不会愿意改变的，比如美国就说这个制度本身没有问题，有问题的只是监管不力；而欧盟国家则要求改变这个制度以增加其发言权；至于那些长期被边缘化的第三世界和进步学者如斯蒂格利茨，则要求重建国际金融秩序。

我们超额的向外出口，发达地区地方资本拿到的是国内劳动力应该得到却没有支付给他们的那部分社会保障和劳工福利，通过廉价出口也分享给外资，同时还把土地、环境、资源也在出口中作为一种“租”让渡给外资了。

实际上，我们在一般制造业上早已经没有利润可言，出口的是劳工福利和资源环境“租”！

因为把“租”出口了，所以不可能在地方财政拿到合理的利润来源做二次分配。现在的二元结构也深化为体制了，外来劳动力来打工的人得不到国民待遇，根本原因在于这种经济方式本身的利润几乎可以说越来越小，导致政府几乎不可能对外来打工者有二次分配。

于是，这个时期就出现了贫富差距拉大，环境问题也越来越严重，中国的二氧化碳排放在世界上逐渐增加。

（四）中国可持续稳定发展的战略及其经验

接下来我们看怎么能够实现可持续发展。

大家知道 1997 年那次金融危机发生的时候，中国与其擦肩而过。这次我提出一个问题，为什么每次发生国际金融危机中国都能幸免于难？

因为，中国是一个超大型的大陆国家，幅员辽阔，因为城乡二元结构使我们的城市可以向农村转嫁危机的代价——当沿海或者城市出现经济危机遭受巨大外部压力的时候，企业出现大面积的破产倒闭，打工者失业了，怎么办？没有人向这些外来打工者支付失业保险、再就业培训，等等。所有政府对于城市国企职工支付的社会代价都不用向 2.2 亿农民打工者支付，他们承受的这些代价使得中国的经济危机可以软着陆——代价转移到农村去。他们回家了，家里毕竟还剩一小块土地。所以，为什么说一段时间以来，有关要求农村土地个体化私有这个思路越来越不被人们谈到，是因为危机来了。当土地家庭化占有的时候，打工者失业回来了还不至于发生太大的问题。

其实，上一轮 1997 年之后的危机已经导致了长时期的通货紧缩，在经济不景气阶段，也是农村承受了危机的代价，这次恐怕还得这样。这个看法没有预设的价值判断，好坏先不说，只是说这个现象正在发生。

近期很多人谈到的中国政府4万亿投资，我在向海外的朋友介绍中国这次应对危机的措施时讲到，我们在危机之前先走了一步，中国从2004年就开始强调、2005年加大了以扩大内需为目标的新农村建设投入，到这次经济危机发生之时再次决定大规模增加政府开支之前，中国政府在2008年第三季度用于新农村建设的投资已经大于城市，超过了政府投资的一半，这个政策的连续执行，使得我们有条件用内地和农村的投入所创造的新增就业机会，来化解沿海中小企业破产所带来的社会危机和社会矛盾。

同理，我们在上一轮经济危机的时候，用3.6万亿左右的基本建设投资，大体上保持了7%—8%的增长率。测算下来如果我们的增长率低于7%，新增就业就会低于800万人。这一轮如果作出测算，如果我们经济增长率低于8%，新增就业就会低于900万人，现在我们每年新增就业人口大约1000万，如果不能就业的人口超过200万，社会矛盾就会尖锐化，各种事件就会大规模发生。

因此，上一轮我们叫“保7争8”，这一轮大约是“保8争9”。上一轮2.4万亿的国债投资带动了其他投资总量达到3.6万亿。这一轮我们从2005年就已经开始，现在提出增加4万亿，各地提出的加总达到18万亿。而目前国内存款大于贷款的总量在13万亿左右，恐怕还得增发两万多亿的国债才有可能保证现在各级政府提出的投资的来源。总之，这一轮中国仍然会以国债投资拉动“保8争9”的方式来维持住中国经济的增长速度，才能维持住社会稳定。

那么，新农村建设投资增加，客观上起到一个什么作用呢？起到打造“第二资产池”的作用——假如20世纪90年代不断增发国债是打造了“第一资产池”，现在则是打造“第二资产池”。

农村公共设施与城市的反差，体现在以下两个方面：县级以下3万个乡镇和60万个行政村需要基本建设投资。

1．60%以上的县没有标准的污水处理场；

2．50%的村没通自来水，3亿农村人口饮水不安全；

3．7000万户农民住房待改善；

4．1.5亿农户需要解决燃料问题；

5．1.3%的行政村不通电；

6．100个乡镇、4万个村（占6%）没通公路。

持续增长的农村基本建设投资，能够拉动每年4000亿元人民币的农民购买力，这是城乡公共设施的差距。

我们在改革开放之前，财政占GDP的比重大约和OECD国家中低水平的差不多，因此，那时基本上还可以实现财政在基本服务方面的公平性。

瑞典、挪威、丹麦属社会福利高水平国家，财政占GDP的比重是58%以上，而中国在激进改革期间大约从35%左右不断下降到20世纪90年代的只有11%左右，政府支付不了基本的行政开支，出现很多严重的问题。现在开始回升，2003年升到了21%，加大了财政保障公平的条件，于是开始阳光普照，对农村增加了投资。

这几年中央政府对地方的转移支付也大幅度增加，就有可能打造“第二资产池”。在90年代末期，政府加大对城市的投资，而现在则需要在农村加大投资打造“第二资产池”。

这应该是与未来一个阶段我们防御全球金融危机有关的一个基本国策——加大农村投资，改变城乡二元体制结构下农村屡次成为经济危机代价载体的状态，以使中国逐步实现相对稳定条件下的可持续发展。

第三节　我们是怎样失去并又重新得到迁徙自由的[①]

（一）背景分析：改革及其前景

1．对改革的规律性认识。

人们大概都知道，在改革前近三十年的国家工业化初期阶段，城市人口享受从出生到死亡的各种保障制度，是靠国家财政补贴维护的。但很少有人认识到，这种对城市人群提供全程保障的制度，一方面能够让国家以“许诺未来”而低成本地换取劳动者的几乎全部剩余，政府仅用了不到三十年就高速地完成了资本原始积累；另一方面，相对于占人口80%、不能分享工业化收益却只能提供积累的农民而言，又能够在这个特殊的阶段内有效地把以国有企事业单位职工为主体的城市人口，变成对社会起稳定作用的“中产阶级”。

① 根据温铁军在天则经济研究所的一次讨论迁徙自由的会议上的发言记录稿整理而成。

客观地说，当年政府提供的尽管是最低水平的保障，但它确实维护了城市社会相对的安定团结。

由于国家在“五五”和“六五”计划期间基本完成了工业化所必需的原始积累，于是就必然会出现改革：

一方面必然进入国际市场实现大规模交换，并且按照市场规律调整经济结构。这就是中国20世纪70年代提出“引进外资”、80年代提出“市场取向”、90年代提出“市场经济”改革的客观背景。

另一方面，代表产业自身发展要求的部门或集团也必然会对原来制度框架内部不能实现其利益要求的内容进行重构。这就是我们先后出现“财政甩包袱”、“金融资本异化于产业资本”，以及“行业垄断”加强、贫富分化加剧等各种变化的原因。

随之，当然会导致产业结构改变和社会制度的重构。

2. 为什么不能对改革寄予太高的希望？

对上述规律的认识所得出的结论很简单：我们对这个改革的阶段及其前景不应该寄希望太高，因为：

其一，以“许诺未来”换取剩余，只可以在特定政治条件下才会有效。今天无论再怎样许诺，我们也根本不可能像发达国家那样建立过高成本的“现代社会保障制度”。由于原有的由财政负责的城市保障体制已经解体，因此，如果不重新调整实际上已经被少数既得利益集团占有的“国有资产”的产权结构，则既不能使财政形势根本改变，也不可能长期维持社保开支。甚至由于垄断利益集团不愿意为实现“保稳定”这个大局作出让步，而社会弱势群体又没有条件形成压力，因此很可能使得决策者即使面临严重经济困境，也难以作出调整“存量”的改革选择。

其二，近期尤其值得重视的是，如果我们也像某些发展中国家那样偏重加工贸易型的“出口外向型”经济，允许泡沫化的金融资本“自由流动”，则无异于在国内资本尚且不强大的情况下，就让庞大的国际资本分享本来被国家垄断资本独占的“货币化”利益，这不仅会导致以“资源资本化”为实质的经济增长的收益大量流出，不仅会在劳动力过剩和自由市场的作用下，必然造成劳工价格不断下降及其引发的社会问题，不仅会进一步加剧区域差别，而且，国际大资本左右国内决策这种最让国人难堪的情况也会由暗转明，其社会后果自在不言之中。

3．改革的主要障碍何在？

我们讨论的“迁徙自由”问题，与上述背景分析高度相关。

现在的政策研究人员应该看到，那些能够参与资本收益分享的发达地区，可能成为把“自由迁徙权利”重新写入宪法的主要障碍。其实，现在发达地区的政府制定的社保政策，在国家不承担“全国统筹”义务的条件下，必然是有利于本地利益集团的。

因此，即使把迁徙自由写入宪法，在没有宪法法、尚且没有违宪罪的判例的情况下，已经成形的、不利于外来打工者的地方政策也难以改变。

（二）历史辨析：失去迁徙自由的过程

“我们也有两只手，不在城里吃闲饭。”这是毛泽东在城市遭遇经济危机不能增加就业、必须动员城里青年人下乡插队的时候说过的话。

对过去的问题，今天的人们很容易用所谓“这是计划经济造成的”一言以蔽之。但如果我们都承认经济发展是有规律的，经济规律是不可以逆转的，那就必须把当年的经济发展及其遇到的问题作为背景。其实，恰恰是20世纪50年代末期的经济危机，导致“自由迁徙”从宪法中被取消。

1. 城乡二元结构形成的三个原因。

随着1958年人民公社的建立，中国形成了城乡分割二元体制，人口的自由迁徙也就随之从1954年宪法中被取消。人们一般以为这是计划经济使然，但这其实是由当时的经济危机造成的。

在1952—1957年的“一五”计划时期内，大约有2000多万农民工已经自由流动进入城市。但从1959年开始到1960年，大概用两年左右的时间，又从城里迁出2000万人，其中至少与三个原因高度相关：

第一，1956年“苏共20大”赫鲁晓夫作了彻底否定斯大林主义的“秘密报告”。其实，苏联在完成第六个五年计划以后形成了社会化大生产，这必然要求纳入国际分工，因此有所谓“苏共20大”及其后的国家战略全面转变。而中国正在“一五计划”代表的国家工业化资本原始积累阶段，实在不可能跟上苏联的发展战略调整。于是中苏交恶，苏联随即停止对中国工业化的后续投资，而此时中国自身的工业刚刚起步，尚不足以形成自主扩大再生产的能力。

第二，1952 年以后，中国转变 1949 年确立的“新民主主义”国家战略，采取了“国家资本主义”模式加快工业化进程，而且当年的财政体制是“统收统支”，全部工业投资出自政府。因此，苏联停止援助后，中国政府财政赤字随即大规模增加，1958—1960 年连续三年财政赤字累积约 270 亿（当时的财政总规模不到 600 个亿），高额财政赤字当然就导致政府基本丧失了扩大再生产的能力，第二个五年计划不得不暂时中辍。没有新增扩大再生产就没有新增就业。于是，从财政赤字大规模发生以后，1959 年政府就开始把已经进城的人向外迁移。同时期，1958 年人民公社建立。政府在公社一级建立财政和农业银行机构以全额提取农业剩余，并且形成了城乡分割的二元体制结构来保证这种内向型的资本积累。

第三，在朝鲜战争及其后的地缘政治环境下，中国“一五”时期所建立的是以军重工业为主的国家工业体系，而重工业有一种内生的“资本排斥劳动”的机制，这也是发展重工业就必然导致就业下降的结果。在没有新增投资的条件下，客观的趋势是城市连自己新增的就业问题都不能解决，不得不向外排斥。

2．经济危机与三次“上山下乡”运动。

从 20 世纪 60 年代起，城市人口“上山下乡”就一直在延续。也就是说，每当城市的人口增加到一定的量，而城市经济又进入危机和萧条阶段，在不能吸纳这些新增人口就业的时候，就会有一次城市人口向农村迁移。

在这样的情况下，实际上我国的经济确实不可能随着工业发展来带动农民的非农就业，相反，是城市必然要向外排挤过剩人口。“文化大革命”时期，尤其到60年代末期经济完全不能正常发展的时候，政府就不得不发动、动员，甚至强迫城市不能安排就业的人都下乡谋生。

可见，当时知识青年都会背诵的毛主席语录是“我们也有两只手，不在城里吃闲饭”，那确实是大实话。

这个逆向的迁移过程表明，在1958—1960年第一次财政赤字导致国家工业化出现危机以后，每当财政缺乏扩大再生产投资能力的时候，就会有一次“上山下乡”运动。从1958年开始先后进行了三次，都和经济危机本身直接相关。

因此，我们对过去的经验很难一言以蔽之，至少不能简单地把过去的问题归结为都是计划经济造成的。

（三）“离土不离乡”：重新得到迁徙自由的解析

人们大都知道，2000年的重大政策改变之一，是中央政府宣布从当年10月1日起“县以下放开户口限制”。随之，有些沿海省份进一步允许省内人口自由迁徙，有的省如河北，甚至连省会城市都允许农村流动人口按照居住地和职业转变身份进城。亦即，我们已经得到迁徙自由了。

只不过，该项本来应该引起农民欢呼的政策实行以来，很多地方反映，城市户口实际上很少有人问津。为什么？难道进城农民不是都愿意转变身份的吗？

面对这种现实，建议我们的经济理论界进一步思考，在这“黄钟毁弃，瓦釜雷鸣”的近十年里，有哪些认识误区。如果认真地、客观地看改革开放二十四年以来的政策演进过程，可能有助于我们深入认识人口迁移的问题。

首先，是理论界的误区。

乡镇企业在20世纪80年代中期大发展的时候，政府的应对政策是强调“离土不离乡，进厂不进城”。当时，很多人对这样的政策和乡镇企业的分散布局就提出了强烈批评，要求乡镇企业集中。于是各地人搞各种开发区，严重剥夺了本来应归农民所有的土地增值收益。再后来，人们则照搬国外理论规范，强调建立“现代企业制度”，非把私有化改制生搬硬套到本来就与意识形态和公有制风马牛不相及的乡镇企业上，其实从根本制度上限制了农民作为真实投资主体分享农村工业化资本收益的机会。

搞到今天，农民真苦、农村真穷、农业真危险成为“三农”问题的真实写照，理论界突然找不到“屁股”来打。不知道他们是否愿意在批判决策失误的时候把自己的错误也捎带上？而之所以出现这些误区，就在于少有人下基层，并实事求是地分析当时的客观情况。

其次，20世纪80年代为什么强调“离土不离乡”？当1984年卖粮难发生以后，1985年农民自发地减少了7000万亩的种粮面积，大规模种上了经济作物。同时乡镇企业“异军突起”，导致农村经济结构发生了重大调整。此时，农副产品的充足供应，本身就推进了农村经济市场化和农民进入城市的要求。于是，在1985—1986年的政策讨论中，就已经提出了进一步发展乡镇企业和开通城乡的建议，但最终还是强调乡镇企业“离土不离乡”，农民“进厂不进城”。

杜老[1]曾经讲过，当时的中央农研室提出允许农民进城的建议，尽管领导也同意考虑，但几乎受到所有城市部门的反对，最后只在1986年的“一号文件”写进去一句加了限制条件的话：允许农民自理口粮进城务工经商。

因为，那个时候城里确实是用财政补贴来维持城市人口的全部社会保障，城里人“生老病死有依靠”，这使得城市人群基本构成了能够稳定社会的“中产阶级”。因此，社会上的刑事发案率也非常低，任何人都怕犯“错误”，因为他的全套保障都在“单位”，而当时“单位”的收支又几乎全部由国家财政负责。

客观地说，尽管政府维持的只是低水平的保障，但仍然基本能够保证社会安定。

而乡镇企业在创办期间根本离不开农村，其制度本来就不应该等同于一般城市中小企业。因为，当时的基本原材料和主要工业品完全在国家计划控制下，除了依托农村资源开发之外，乡镇企业只能以土地和劳动力换取那些被纳入计划分配体系的城市企业转移的初加工或粗加工。无论后来怎样发展，其资本积累也只能来源于土地和当地资源的资本化，以及劳动力的剩余价值[2]。

---

① 杜老即杜润生，20世纪80年代曾经先后担任国家农业委员会副主任、中共中央农村政策研究室主任，主持过那个年代的五个“一号文件”起草。

② 作者曾经在1998年《浙江社会科学》上发过一篇专门分析乡镇企业改制失误的文章《乡镇企业资产的三个来源及其改制的基本原则》，后来收进三联出版社2006年出版的温铁军文集《三农问题与世纪反思》。

（四）人口大规模流动：重新得到迁徙自由的历程

1. 为什么打工潮起于 1992 年？

1992 年以后中国突然出现前所未有的打工潮，当年就有大约 4000 多万农民工流入沿海和城市去打工，此后外出打工农民越来越多，1993—1994 年增加到 6000 万，到 1995—1996 年曾经达到约 8000 万。这主要是因为，1989—1991 年农产品的全面卖难导致了 1992 年的粮食市场几乎全面放开，于是农民进城既没有必要带“粮票”，也不必再“自理口粮”。因此，只要有城乡之间的收入差别，当然就有农村人口向城市的流动。

首先看劳动力的需求变化。1992 年邓小平南方讲话以后，中国经济进入高涨时期，对劳动力的需求特别是对粗工的需求大幅度增加。1992 年经济高涨是以沿海开发区建设为主要动力的，而开发区建设要求“三通一平”“七通一平”，需求大量粗工去挖土方、盖楼房、修马路，修建电力、电信和排水的各种渠道。这种客观变化形成了对劳动力的市场需求，带动了劳动力大规模的流动，同时也引起了各地政府的政策调整。

此外，这和 20 世纪 90 年代初期第二次出现的农产品卖难有很大关系。

全国自上而下贯彻家庭承包制的 1984 年发生了卖粮难，引起 20 世纪 80 年代中期农业结构调整，农产品全面增产，这又导致 80 年代国民经济出现“黄金增长”。

同期在城市，1988 年的“价格闯关”改革，造成在物资相对“短缺”条件下的物价大幅度上涨，政府随即实行“宏观紧缩”政策导致城市需求下降。于是，农、林、牧、副、渔等大宗的农产品在20世纪90年代初普遍卖难。

据当时中国社科院农村所的统计，1991年十几种主要农产品需求弹性大于1的只有一两种，其他大部分需求弹性都在1以下。在那种情况下，其实恰恰是农产品的充分供应和食品价格下降，就把城市财政补贴的食品保障的体系打破了。加之1991年苏联作为国家的全面解体，给了中国深刻的教训。于是，到1992年初，全国大概只有二十几个县粮食还没放开，猪肉、粮食、油料、棉花等大宗农产品基本放开，副食品随之也放开了，粮票和各种票证也都逐渐取消了。

没有了粮食和副食品票证供应这个限制条件，1986年“一号文件”提到的“允许农民自理口粮进城务工经商”政策也就没有实际意义了。

可见，一方面是没有口粮限制，没有副食品供应的限制；另一方面是农民在农产品卖难的情况下不得不追求非农收入，这才有了农民外出打工导致的劳动力大规模流动。

因此，是宏观条件的变化导致了农村劳动力自发地市场化这种制度改变。

2. 加速城市化和允许农民自由迁徙的政策为什么提出后又暂停?

1992年农民开始大规模流动的事实，一度推动1993年开始的户口制度思想的重大改变，那时在多部门的政策讨论中，就已经提出不搞身份限制。

在1994年，公安部的户籍制度改革文件草稿已经写出来了，其基本精神就是改变管理原则，按照职业和居住地来建立户籍管理制度。

但为什么那时没有最终变成政府的文件？是因为1994年以后宏观环境变化。

由于1994—1995年再次发生通胀，到1996年的物价指数高达约24%，并且1995—1997年期间政府再次采用传统手段进行了宏观“治理整顿”，本来已经起草的户籍制度改革文件被暂时搁置，自由迁徙才重新成为问题。

具体情况是，1994年年底这个文件的草稿出来以后，在征求各部委和各地意见的时候，又出现很多难以协调的现实问题。可以大致归纳为以下三个方面：

第一，大城市显然不能完全实行放开户籍政策。当时有些大都市为了应对这个文件甚至提出每一个户口迁移至少要增加几十万元财政开支，而且近郊、远效、城区的户口分别差多少万元。这个费用大致等于每个市民享受的公共物品和政府补贴的总额（后来，世界银行曾经测算出城乡差别的修正系数为0.7—0.72）。其他不同规模的城市，也有不同的“卖户口”价格，各地政府应对性的地方收费政策已纷纷出台了。对这类差别很大的地方政策是否应该承认，如果承认该怎样规范？

第二，农民进入城市是否必须放弃在农村的土地权益？理论上农民不能在城乡都占有生产资料，事实上却是农民的承包土地只是“最低生活保障”。如果农民进城必须退了土地，是否能够在城市享受政府提供的社保？如果要让社保覆盖所有进城农民，各级财政要增加多少开支？

第三，随着流动人口的增加出现了新问题。逐年增加的社会犯罪中，流动人口犯罪的比重相当大，从 1994 年的统计材料看，70% 新增刑事犯罪来源于流动人口犯罪。因此，应该搞“小城镇、大战略”，还是应该向其他发展中国家那样允许流动人口自由地向大城市集中？

3．从宏观政策上看 20 世纪 90 年代的问题和 20 世纪 80 年代的问题不一样。

首先是宏观制度出现了重大改变。从 1994 年开始提出分税制改革以后，各个地方都有自己明确的财政自主权，对不同税种的征收和分成的权利，这和过去 1983 年提出的财政分级承包有重大差别。1994 年人们讨论分税制改革到底意味着什么，在当时就有人指出：既然分税制是联邦制的财税基础，那接下来就得改变中国的集中制政治体制。东、中、西各个地区的不平衡发展会越来越明显，而且会越来越显化为地方政府的收入差别。

此外，随着农民工大批进城引发了是否开通城乡等讨论，这既遇到了重大挑战，也形成新的机遇。因为，20 世纪 90 年代后期加快国有企业改革的同时出现了大量职工下岗或者失业，这导致一些城市政府出台限制农民进城就业的文件。而在同期，也是因为政府财政在赤字不断增加的条件下无力承受过去那种补贴负担，于是开始进行就业和社会保障制度改革、医疗卫生体制改革等。这一系列相关改革不仅有利于人口自由迁徙，而且反过来也影响着城市化问题的政策讨论。

只是，这时候的讨论不再是理论上的国民待遇或是权利上是否平等的问题，而更主要的是在财税体制已经改变的条件下实际操作层面上的问题。

由于相关问题复杂，所以，1995 年国家 11 个部委联合提出小城镇建设的政策框架。联合国开发计划署（UNDP）和福特基金会也投资支持小城镇改革发展的试点项目。

此时，各部委都进行不同内容的改革试点。例如，公安部就提出先选择大概 100 个城镇搞户籍改革试点。

4. 本来就没有人明确反对开通城乡。

上文引述 20 世纪 80 年代时的政策提法，当时就没有人明确反对开通城乡，也没有谁反对应该让农民自由进城，而是各部门提出的实际问题，中央政府的决策者解决不了。

人们提出的问题是：农村人口进来以后教育经费谁开支，道路、交通这些增加的开支谁负责，如果公共物品都是财政开支，其经营也是政府补贴的，如果城市人的粮棉油肉菜蛋都是补贴的，新增人口需要增加的开支和补贴从何而来？

这些实际问题提出以后，尽管中央农研室提出的建议在 80 年代还具有显著的“政治正确”，但也解决不了这些现实问题，所以开通城乡这种理念退下来，变成文件中能够对应解决实际问题的一句话。

综上所述，是 1989—1991 年农产品的卖难，迫使 1992 年的农产品市场进一步放开，导致了 1993 年的户口制度改革的指导思想发生重大改变。后来，随着 20 世纪 90 年代宏观条件变化，财政终于保不起城市补贴了，影响开通城乡的体制问题也越来越少了，才有现在的户籍改革的重大突破。

可见，微观制度上的变化过程和宏观形势的变化过程基本上应该是一致的。

（五）谁可能反对自由迁徙

从逻辑上看，改革开放以后农民实行家庭承包制，随着农村工业化的发展，农产品市场的放开，就应该允许劳动力自由流动，允许农村人口有自由迁徙权。但实际上，20世纪80年代的问题是当时年代的问题，20世纪90年代的问题也是当时年代的问题，进入了21世纪，我们面对的问题和原来也有了很大的不同。

因此，我们应该注意研究不同年代的政策对不同地区的相关影响。

1．劳动力市场化流动的问题。

结合西部大开发战略，分析完全市场条件下要素的流动，为什么1985年提出的“梯度发展理论”和“先富带后富”的政策没有能够成为现实，为什么东部资本过剩却并不西进、仍然是资源和劳动力“一江春水向东流”？

我曾认为，这些年之所以资本不能西进，是因为完全放开劳动力市场以后，劳动力在无限供给的条件下形成的劳动力价格极低，那么投资人在东部地区完全可以坐享投资利益。

比如在广东，粤北粤西离珠江三角洲都不远，为什么在同一个省内资本流不到这些贫困地区？就是因为粤北粤西的劳动力可以自由流到珠江三角洲去。

再如，2000年4月我在江西调查的时候也看到，周围是资本密集区，唯独它是“盆底”，为什么？就是因为劳动力可以从外部流入，沿海和大城市的投资人完全不必支付劳动力流动成本，也不必为打工者支付社保费用，因为外来打工者的社保仍然依托在家乡的土地上。这也是打工者十年工资不变、实际收益下降和劳工待遇难以改善的客观原因之一。

因此，尽管不发达地区提供再好的条件，即使土地不要钱，只要投资者的比较收益仍然高于西部，他就不愿意“资本西进”。

我并不认为因此就应该挡住劳动力的流动，当然应该继续促进劳动力在市场的作用下继续流动。客观上看，这是中国人地关系高度紧张的基本国情使然。其他调查也指出，四川、贵州等土地资源短缺地区，每年有几百个亿的劳动力的打工资金能够流回来稳定农村的户营经济。

2. 不同地区搞社保制度的利弊问题。

现在讨论自由迁徙，问题应该与过去有很大的不同。首先还是地方政府的财政问题，地方政府财政收支不平衡还不止于税制带来的。更大的不公平还表现为，不发达地区的农民必须为发达地区的地方政府贡献自己根本得不到的社会保障开支。因为，打工者的社保个人承担部分在打工地已经支付掉了，发达地区地方政府把那些献出最好青春年华的农村劳动力的那部分社会保障支付占有了，并用于支付本地人的社会保障开支了。当然，发达地区是愿意维持这样的状况以保证自己少支付公共开支的，因此，在发达地区政府建立的社会保障专门账户，基本上是能够做到收支平衡的。

而不发达地区，特别是中西部地区的社会保障账户，是肯定建立不起来了，因为劳动力最好的年龄所支付的社会保障，其实已经被发达地区所占有。劳动力回乡时不能带走已经交纳的社保基金，尤其是那些已丧失年龄优势的、病残的劳动力，他们回来以后造成的社会负担，必然转化为不发达地区所承受。

3．企业与政府的利益是一致的。

所以我说，自由迁徙重新写入宪法当然会有阻力，阻力在哪儿，就是在发达地区。

因为一旦写入宪法，包括发达地区在内，都应该无条件执行，而且应该根据这个条款来修改中央和各地的相关政策。但如果我们承认企业家是以利益最大化为第一目标的所谓理性经济人，那他更愿意的就是现在的制度。因为这种制度会源源不断地保证最好的劳动力来让他以最低的工资支付，一旦最好的劳动力所支付剩余价值被企业占有以后，就得让他们走人，还会再来一批新的最好劳动力，所以发达地区的企业家恰恰是跟政府的利益高度一致的，他们不愿意让这些劳工形成利益集团。

也许，发达地区当地的劳动者可能形成某种形式的利益集团，但那个集团是否是主要的利益主体呢？当然不是。因为它并不在政府的利益分配范围内，有必要推行社会改革时，政府也许拿它抵挡一下。

可见，重要的不是宣布自由迁徙是一种宪法权力，要求任何地区的政府和利益集团必须无条件接受，而是对现实问题背后利益集团的清楚把握和相关制度条件的理性改变。

第四节　资本下乡的交易成本与乡村建设中的社会企业[①]

我先汇报一下对各地资本下乡经验的一般归纳，再提出对社会企业的分析。

（一）交易成本较低的三种“在地化资本”下乡

这二十多年中国改革开放过程中，能够和产业资本比较平滑的进行交易、低成本结合的乡村发展方式，大体上有三种。

第一种是村社集体形成的在地化产业资本。

主要是原来社区集体经济相对比较发达，最近二十多年来发展比较快的这些地方。一是，当社区整体上完成工业化初期的资本原始积累之后，在地化的产业资本就形成了，这就是中国特色的社会企业；二是，那就必然出现一个规律，就是这种社区化的在地产业资本与其他存在形式不同的产业资本一样，也要推进产业扩张。

我们在各地调研所看到现象是什么呢？一般形式的外来产业资本向乡村扩张，必须要和资源所有者进行交易；而当外来企业把分散小农作为对象造成交易对象过多的时候，交易费用上升，交易无法进行。

我们都知道发展经济学的一个道理：产生资本收益的内在

① 本文是2005年3月在云南省昆明市由企业家邀请政府部门举办的座谈会上的发言，由中国人民大学硕士研究生易敏根据录音整理。

机制是把资源资本化。我们也知道国内的一个道理，所谓不发达地区之所以不发达，是那里的资源虽然比较丰富，但它的资本化的主动权不在地方手里。

比方说，陕西延安地下有油、有气，那延安的油气资源却不归延安地方政府和社会公众掌握，而是归中石油、中石化掌握。亦即，大多数地方矿产资源的开发一般归国家大公司掌握。20 世纪 90 年代初开发延安油田的时候，当时的地委书记就说：现在是我们贫困地区在“扶国家的贫”。因为上头把下头的资源占有了，变现了，收益拿走了，可我们还是贫困。

这些年在各地调研和地方领导干部交换意见，我受到很多教育。中国是在政府控制的范围内实现资源向资本转化，这对于我们这种单一制国家而言成本相对比较低，只要上级有命令，下级就要把资源的开发权利交出来。资源开发、资源资本化所产生的产业资本收益，也就由上级的大型国有垄断公司占有。而地方和公众，尽管资源丰富，却仍然贫困。

但是，农村中形成的社会企业，或称“社区化的产业资本”，却根本不同。

比如江苏的华西村，它的产业资本形成之后也需要扩张，也必须要跟别人交易。如果它一点点的扩张，一家一户去跟周围其他社区的农民交易，则交易对象就是千家万户。因为苏南那地方人均不过半亩多地，华西村企业集团要想建厂区，要占别村的地，如果与邻村的一家一户的农民去交易，根本不可能。

所以，在 20 世纪 80 年代末和 90 年代上半期，此类社区产业资本密集的地方都出现了一个现象——整村兼并。山东的集体企业、社区的集体经济也是这样做的，江苏也是这样做的，像华西村前些年就兼并了周围4个村。纳入华西总人口规模就变成了4万。对于华西的好处是什么呢？等于把周围的几千亩地变成它的了。它的企业如果占有这些土地，就用村内方式的交易，不用付征地费，那4千亩地，按照一般工业开发一亩地30万，占有4000亩地是多大的资本？华西支付的什么呢？不外是四个村的所有人享受华西人的村民待遇。给他们盖房子、养老、上保险。这等于做到了一件事情，就是把我们国家大包干以后农地对农民的双重功能中的福利保障功能给区分开了。注意，在土地相对比较稀缺的地方，土地更是村民们主要的保障。华西村用这种方式低成本占有了其他社区的资源，把他们整合进了华西，华西产业资本就扩张起来了。它用很小的成本，不过是支付了房子的建设投资，何况它自己有建设队建起来。所以说产业资本的低成本扩张，在社区内部的交易成本为零，不用单家独户去交易。[①]

这是第一种模式，主要是社区内部长大的产业资本，对周边做整村兼并，在村社内部交易费用非常低，借此实现了低成本扩张。

第二种类型是村社出去的能人在外面形成的产业资本。

若看与第一种的区别，那就是社区集体自己没有形成什么

---

① 据我的团队对华西村的调查，吴仁宝领导华西村在新世纪之前走出产业资本低成本扩张的第一步，完成了对周边4个集体经济空白村的兼并。在新世纪第一个十年再走出第二步：又兼并了周边13个村的几万亩土地，形成了约14万人口的城市（包括外来打工者），同时更名为“华西新市村”，在老书记吴仁宝领导下构建了现代社会中有效治理且最低成本的上层建筑——40个人的村党委班子替代了县级市政府上百部门上千官员、几乎无法监督的庞大队伍——全面管理这个庞大的在地化产业集群。对此，我在调查研究之中称之为：地级市的产值、县级市的人口、村级班子的管理……

产业资本，但它村里有能人，出去以后在外面形成了一块产业资本。回过头来，对本村进行全面改造，以整合本村范围内所有资源。这个类别中的典型案例，就是最近看电视报道那个企业家梁希森，自己在外面开发房地产挣了钱，回头把自己本村改造成黄牛产业基地了。这个本村出去的能人再回来整合当地资源的交易成本也比较低，因为他是先给本村人构建了福利保障体系，也是把土地上承载的农民福利功能剥离开来，才换得了村域范围内的全部资源。

费孝通老先生当年的理论研究指出，社区的血缘环境和地缘环境，使得商品经济的关系在社区内难以发育。但，毕竟社区的血缘环境和地缘环境是一种人文化的广义制度。他可以使得在外部形成产业资本的企业家，回来整合自己本社区的资源，只要承担村里的社会功能，相对的交易成本就会比较低。

第三种是政府推进本地化的经验。在发达地区已经变成有普遍性的政府经验了。

比如江苏浙江都是全省范围内搞“农村现代化试验”。早年江苏提出搞“农业”现代化试验的时候，对于老一代的省领导、省委农工部长的思路，我跟他们交流很多次，说你们改一个字行不行？改成搞“农村”现代化。后来领导班子换了才接受我们意见。核心内容是怎么把江苏这个地方可整合的农村资源整合成村社为载体的、在地化的、较大规模的产业资本。这是一个地方振兴产业经济的内在机制。

我们说改革是什么，改革是转换经济机制。如果改革工作没有把功夫下到转换经济机制的根本上，则事倍功半。

当年江苏要在水网地区搞农业现代化，大上农业机械，搞喷灌和滴灌，大量投资搞规模化大农场，基本建设投资上去了，农业成本过高、没有竞争力的毛病也出来了，投入产出比严重不合理。为什么建议他们改成农村现代化呢？就是因为江苏农村已经有了一批成规模的企业，然而这些企业需要完成社区化改制，否则对外部做产业扩张及其困难，尤其是那些镇级的企业对周边村扩张。因为，如果村这级土地完全由个体承包了，那镇级企业不仅和周围的村没有办法交易，而且直接去和分散农户就更没有办法交易，现在产权确定到个人化了，整合资源的难度极大。

所以，我们当时的建议是扩建中心镇。一个县市的范围内有几十个、甚至上百个乡镇，每个乡镇资源量都很小，哪个乡镇也不能按照资源与产业的合理布局去做整合。所以要搞中心镇战略，一个县域里面不要超过 10 个中心镇，最好是 5 个以下，其他的乡镇都改变成街道办事处，它还是一个镇级单位，但是变成县级政府的派出机构。中心镇对整个周边多少平方公里的资源都可以整合。中心镇变成副县级，下设各分局有县级的职能。于是整体上来说中心镇的经济水平上去了，包括结构调整成本都会降低。

如果村级社区已经实现了工业化之后，乡镇再要整合镇域资源扩充产业就很难。最难的是如何降低与社区产业的交易成本，这需要形成一个整合机制。同理，县域各级政府的工作是如何在本地资源的整合上降低交易费用，这本来就是一种机制问题。所以，改革如果就是转变机制的话，那发达地区的真实经验是什么？真实的、起作用的经济机制，就是如何以相对比较低的交易成本来形成产业资本并且促进产业资本扩张。

在世界范围内，资本主义竞争主要靠的是资本的规模，无论是区域性的资本还是行业性的资本，只要你能够在规模上打赢别人，就有可能立于不败之地，所以就是世界范围内老是在搞500强。

前三种模式，都是社区内部的力量可以低成本整合资源，这就利于产业资本扩张。

上述三种产业资本下乡的交易成本比较低，主要归因于有在地化整合条件。

（二）交易成本较高的外部资本下乡

那么，最容易引发冲突的是政府招商引资请来的外部资本强行进入农村。

前不久和某个产业集团座谈，感觉这种外部资本下乡的方式引发对抗性冲突的风险，比江苏那种地方政府推进内部整合要大得多。

这个集团最典型的案例是改造济南东郊，那里过去就有好多问题村、上访村，群众一听说要改造东郊，不仅以往累积的矛盾爆发出来，不解决就拒绝拆迁。而且没有矛盾的老百姓都忙着房顶上加层、盖小棚，好等到以后跟企业交易出更好的获利条件。这样双方的利益根本上是对立的，凭空增大了很多城市化占地的交易费用。

其中也有个比较聪明的做法是利用原来的社区企业，通过合资控股让出企业占有的社区土地，这就使土地资源变成社区资本受益，至少有一部分让渡给社区群众，以减少外部资本直接进入村内对付单家独户的交易成本。否则，哪怕有一个钉子户，你敢去拔吗？过去大家知道很多报道揭露了现象，有些地方政府为了城市化扩张自己去动钉子户，几乎没有一个处理好的。

现在，宏观环境发生了根本的改变。比如，为什么这两年农村中的群体治安刑事案件、社会冲突减少？农民负担过重引发冲突大幅度降低，可以说降低了 80%，这主要是因为中央减免农业税，加重农民负担一票否决。所以现在农民负担引发的治安事件大幅度下降。但与之对应的是，土地纠纷引发案件大幅上升，尤其是现在城市拆迁的办法已经是非常铁的情况下，去年文件出台以后征地的补偿标准提高十倍以上。这些宏观条件变化，就导致外部的产业资本要想进入分散农户占有土地产权的社区，其交易费用大幅上升。

现在，只要发生冲突，政府立刻退出，站在农民一边。这是因为中央政府的态度变了。这种宏观政治环境发生了重大变化，也导致外部企业下乡的投资风险大幅度增加。

而从另一方面看，中国又是一个资源高度短缺的国家，最短缺的资源不是资本，是土地和石油资源，矿产等资源。现在石油资源、矿产资源基本是被中央政府垄断的。那些还没有被垄断的资源，现在贫困地区的政府搞招商引资，吸引分散的民间资本大幅度“西进”，去跑马圈水、圈煤，其实质是民间资本的原始积累，就造成了类似阜新矿难这样的问题。

这些问题是地方政府传统的执政方式造成的，是没有按照执政党的新的保持先进性教育而改变的那种情况之下形成的问题。这就是今天的政治环境。注意，中央2004年提出“和谐社会”这四个字，非常明显地告诉你这应该叫做人民内部矛盾。但是，人民内部矛盾处理不适当把它激化成对抗性冲突是各地普遍发生的问题。

今天的中国，在产业资本形成之后，它面临的必然的趋势就是产业资本要扩张，但能够直接变现的资源被中央垄断了，没有直接变现的资源在农民分户经营手里，现实问题就是怎么跟农民交易，

外部资本想进入乡土社会，凡是成功了的，必然有特殊的办法，而不存在沿用过去的手段就能成功的可能。外部产业资本介入乡村，要想整合地方资源，就得跟农民降低交易成本，没有技术含量是不行的。因为，强行征用是过时的办法。而且当各地“保先教育”逐步完成的时候，无论哪一个地方政府，当发生社会冲突的时候，都不敢再公开地站在企业一边。尽管让地方政府老老实实站在农民一边，牺牲企业家的利益，也不可能。但这时候企业投资风险就大幅度提高了，整体上看中国资本过剩的巨大压力就要出问题了，那就需要搞出另类发展模式来。

（三）乡村建设与社会企业

如果企业能够以乡村建设的方式来化解过高的企业投资风险，来减少政府和农民之间的交易成本，这就是社会企业的创

新模式。

这种社会企业模式，清末民初就有。毛泽东肯定的新中国成立前几个“中国人民不能忘记”的企业家，其中有像张謇这样清朝“最后的状元”比较聪明，他最早提出“村落主义”，1895 年开始在南通搞了二十年的“在地化”的农工商企业，带动了县域经济与社会的综合发展。此外，创办民生公司的卢作孚是 1925 年起步，到 20 世纪 30 年代，以及整个抗战期间，也是体现社会企业家的社会责任感，把重庆北碚变成了镇级综合发展试验区，整体改造这个离重庆四十公里左右的地方，让老百姓——周围各村的农民都能够随着他的企业在地化进程，改善一点自己的境遇。

可见，这种乡村建设方式早年的张謇和卢作孚就干过，这种方式当年是可行的，只不过取决于对在地化企业如何设计，如何选择一种低成本的进入方式与乡土社会有机结合。

民国年代的乡村建设中形成了世界最早的社会企业，应该是我们中国发展经验中的国粹。

众所周知，晏阳初当年下乡到河北定县，提出农民有四大问题：愚、穷、弱、私。所以他到农村去从教农民的孩子起手，从扫盲入手逐步发展，一直到 1949 年。梁漱溟早年是北大唯一没有学位的教授，中国近代史上之“最后大儒”者，在山东省邹平县做县乡村三级治理试验区。于是，中国历史上就留下了晏阳初的定县试验、梁漱溟的邹平试验。同期，还有黄展云、陶行知、卢作孚等，这叫乡村建设的不同流派。

分析历史上的乡村建设运动，和我们今天面临的问题有很多相似之处。但当年在农村问题上最大的不同观点，在于农村有没有地主与农民之间对立的阶级矛盾。今天的主流观点与当年乡建派的观点完全一致，认为农村没有阶级矛盾，主要是人民内部矛盾，处理的好就能构建和谐社会。所以，领导干部要抓好如何稳定乡村这个历史意义的大事。因为乡村没有阶级矛盾，税费改革之后没有税了，对立矛盾必然缓和，同时也带来了组织空白和制度空白对乡村治理的威胁，我们不能把乡村治理留给黑恶势力、家族势力、非法宗教，留给各类非正规组织，还是要发展良性的正规组织，这就要搞乡村建设。乡土社会中留下老人和妇女，主要是帮助农民搞老人协会，让大家老有所养，老有所为。还得帮助农民搞妇女协会，妇女们谁家有事、大家一呼百应。只有大家安全了，村里有点文化活动了，弱势群体也能够互相帮助了，这就稳定乡村。要不然现在一亿多人口外出打工，很多乡村就空虚化了，留下的属于弱势群体，被各种势力欺侮伤害无力应对。

既然是小农户分散的原子型经济根本抗御不了市场风险，那怎么办？乡建历来强调搞合作社。我们搞合作社其实也很艰难，农民不是不愿意，让他不拿钱入股咱们成立一个协会，那很容易，一忽悠就起来了，但是一下就垮了，大家没有利害关系。我们搞的合作社非常正规，社员每户必须交 100 元入社费。但是，农民不愿意交钱，不放心。咋办？那我先交一万，而且让我这些年轻朋友告诉农民，这是温老师从个人存款拿出的一万，我入社费一万，比你村里人多 100 倍，再说让农民交 100，他就会愿意交了。对农民要动之以情，晓之以理。要是纯粹靠晓之以理，他可能不听，那就要动之以情。我告诉他们：我这 1 万入社费只做股，不计利息，以后合作社有收入了可以用于公益事业，这样说，社员又感动一把。我接着说：你们干好了，你们得好处；万一你们干不好亏损了，就先拿我的钱去抵补，不要用你们的钱。这样，我的入社费起了防范风险的垫付成本。对我个人来说钱不算小数，但对农民来说也不算大数，它有什么作用呢？在于有人带头，用带头人的钱来承担风险，用它的受益来从事公益事业，这样带动，农民就入社了，我们一发动，一般一个村有几十户，上百户就入社了。

这就是乡村建设运动通过有良心的、健康的、正规组织建设，来替代掉一些非正规的、不健康的组织。比如说，咱们村里的妇女协会建立起来了，大家知道云南有些地方毒品、赌博比较严重，妇女协会可以联合妇女帮助劝阻，防止家庭暴力。

现在城乡统一推行现代法制，有些观念在城市是对的，但是对付乡土社会，靠执法机构去对方成千上万的分散小农，同样存在交易成本过高的困难。所以我们的乡村建设其实是利用传统，改造传统。利用旧组织，发育新组织，利用旧制度，发育新制度。好了，我们做的事情先说到这里。

我和这里的企业其实没有什么关系，他们来北京找我，跟我说想学卢作孚，想按照历史上卢作孚在北碚搞试验区的办法搞乡村建设，也就是借鉴和利用我现在干的乡村建设这些事情。这些事情我比较熟悉，但企业如何运作，如何投资，如何盈利，这些是他们的事情，我不管。但是，如果两边结合得好，那就是我帮企业降低了投资风险，帮政府弱化了和农民之间的交易成本，那就可以让他们的项目相对比较持续稳定的发展下去。这就是今天我们要做的事情。

如果这个事情可以成，我就想把张謇、卢作孚的那种社会企业方式，和我们搞乡村建设的那种农村复兴的方式结合起来。这等于是把前三种方式在地化的机制借鉴过来。因此，可能要和地方的很多部门打交道。

很多地方投资搞农业产业化，搞得不成功，因为进入农业主要有两方面的风险——宏观和微观的不确定性。微观不确定性主要是外来企业和分散农户打不起交道，农户不可能执行签署的合同，市场价格高不给你了，价格低了追到你门口，不收就闹事。这不能怪农民不好，是因为政府和外来企业没有事先把机制建立起来。

我们乡村建设团队现在做的事情，就是机制性的建设工作。具体到这个项目怎么做，现在还说不上来，先要让我的助手们下去做调查，把底盘摸清楚了，我才有思路。至于和企业家们怎么结合更是下一步的事情。因此，现在谈的还只是一个思路的问题，我只是提出一个社会企业的概念。

总之，我们是来帮助大家稳定乡村、降低交易成本、构建和谐社会的，谢谢大家。

第四部分　大国忧思

第一节　用脚做学问：我的两次狂野游历[1]

刚才张蓉老师介绍说我是个“用脚做学问”的人，可是得跟大家很遗憾地说，我现在这脚不太行了，左右两个脚跟上都长了骨刺，走路超过半个小时就快走不动了。

说这话没有别的什么意思，是劝大家趁着年轻、脚上还没长骨刺的时候多走些地方，多去看看，别等到像我现在这个年纪了，50 多岁了，快走不动了，再想多走走就顾不上了。我庆幸在年轻的时候，就像“阿庆嫂说她的丈夫”一样，脚比较野，到处走了走。其实这是很好的事情，现在临老了，就容易回首往事，前半生都留下什么东西让我记忆深刻的呢？无外乎就是

① 此文是温铁军于2004年12月31日在中国农业大学人文与发展学院《社会学概论》结业课上，为在场的 100 多名师生演讲“乡土社会的重建”时的开场白。

走得最野的两次。

第一次是我在 34 岁，1985 年，沿着黄河跑了一趟，历时四个月，行程 2 万多里，当然不是用脚跑，而是骑着摩托车跑。当然一路上风土人情，山河壮美，也确实领略了不少。到现在为止，记忆犹新。我会永远记得那天高云淡，会永远记得那一片蛮荒，会永远记得在那一片大自然的蛮荒之中自己显得是如此的渺小。跑过黄河，觉得自己作为年轻人的那种狂躁基本上被大自然磨平了。那是让人成之为人的，让人的宇宙观、自然观、世界观也多少得到改变的一次非常有意义的行为。虽然当时很多人说你不可能成功，因为我当时手头既没有驾驶证，摩托车也没有上牌子。

今天看来这是违法行为，现在法制健全了，这样的事就干不成了。当年可是中国刚刚改革开放，中华民族那种意气风发的精神刚刚被激发出来，不光是我，带着一个小小的队伍在沿着黄河跑，在我们的前后，还有很多人。

你们知道有一个作家叫王立雄的，写过小说《黄祸》《天堂之门》的这个人，跟我的岁数差不多，他也是有点狂妄劲儿。他自己一个人买了几个旧的橡皮轮胎（内胎），到了黄河源头，把那几个橡皮轮胎绑到一起就往下漂。还没漂到龙羊峡，就散架了。幸亏人没有沉下去，否则今天就没有这个小说家了。他回来以后就成了作家。当然不是说因为他沿着黄河漂了回来就成了作家，我沿着黄河违法地骑着摩托车跑了一趟回来就成了学者，不是这样的。但是，趁着年轻，同学们，多接触社会，多去实践，你将来会受益匪浅。

第二次难忘的是1991年，那一年刚好40岁，我绕着地球转了一圈。

大家好像觉得很奇怪。我当时是去美国讲学，进修。在哥伦比亚大学待了半年，这半年就处心积虑地攒钱，然后就想尽办法办签证到欧洲去。当时许多在美国的中国人都说要办理欧洲签证几乎不可能，因为当时欧洲国家对中国非常不友好，正处在对中国政府的制裁状态之中，我又拿的是公务护照，工作单位又有点政府背景，估计很难办得成。我必须在银行存够了钱，拿着存款证明，有对方的邀请函等一整套程序。但我终于在要上飞机的那天上午拿到了最后一个签证。要不然，我就差点走不了。

那一趟大概花了不到2000美元。

前段时间看到有一个小伙子到处给人讲他花了3000美元绕地球一圈，我看了以后不太服气。我本科是学新闻的，对什么都有兴趣了解一下。我这个人又天生好动，到处乱跑，至今已跑了三四十个国家，几乎全都是自费。1991年我才花了不到2000美元转了一圈，而你花了3000美元转了一圈，吹什么？当然，现在我这种岁数一般不跟年轻人叫板，显得特没劲（北京话“没起子”），所以，我对此没有说话。再说我那时确实是没钱，所以就花得少。怎么做到的呢？仗着自己英语还行，到处查阅广告，找到了最便宜的机票，我飞越大西洋只用了200多美元，在纽约还买到了一张优惠价的EURO PASS（欧洲火车通票），在欧洲转了七个国家也只用了200多美元的路费，可以晚上睡在火车上，还是头等舱。火车站一般都在市中心，白天到哪儿就在哪儿转。加上从中国飞美国的600美元，俄罗斯飞回中国的400美元，一共花了不到2000美元。

不过，这第二次野游也算是违规的。当时国家有个规定，如果不经单位同意擅自改变出国地点，就是严重地违反了外事纪律。但我那时确实是想搞清苏东剧变的真实原因。大家知道，当时苏联发生“八一九”事变后，美国人奔走相告，弹冠相庆，说这一下铁幕垮了，下一个就是竹幕（美国政治家对中国的称呼）！我在美国的演讲中说了“no way”（没门），我认为自己还是有气节的。作为一个中国学者，自费去搞清苏东解体的教训，做有利于国家安危的调研，何错之有？于是我们单位的一把手让我写一个报告，证明我确实是去考察了，写出了考察报告，就可以不给处分。当然，写份报告相对于我已经占有的大量调查资料来说是驾轻就熟的事情，于是我写了一个很像样的调查报告，并且在1992年9月30日的《中华工商时报》上发了一个整版。此前是内部刊物发的，题目叫《苏东七国私有化经验教训的分析》。

我认为，那一次的调查方法也是很有效的，你们学社会学的学生不妨做个参考。

到苏东国家，那里的人非常之好，你在一个车站下车，在车站旁的咖啡馆随便买一杯咖啡，就会感到背后有无数双眼睛盯着你，因为在那些地方很少有中国人。

例如，我去南斯拉夫，要路过克罗地亚，那两个国家正打仗呢。而我是从意大利过去的，意大利铁路上的工作人员说，我不能保证把你送到南斯拉夫，如果由于打仗，铁路被炸了，哪儿炸了你就哪儿下来。

当然，现在大家都是独生子女，做这事让家长不放心。但是我们这一代人都是工农兵出身，后来20世纪80年代大学毕业出来了，在机关也待不住，历来就是胆子比较大，因此对意大利人的说法也就没在乎。我是当过兵的，那怕什么，这辈子当过兵却没打过仗，看看别人怎么打仗吧。

火车到克罗地亚，果然铁路炸了不能再走了，下车到那地方一看，到处都堆着沙袋，玻璃上全都是贴着米字的那种纸条，身边都是当兵的，军人满街。于是，我只能随遇而安，在萨格勒布转了几天。然后，先去匈牙利，再下来到南斯拉夫。

我在这些城市很容易找到朋友。一般是到那不显眼的咖啡馆里，问那些盯着我的人：谁会说英文？肯定就有人想跟你搭话。你就跟他聊，聊聊之后，我就说，我上你们家去吧，这就去了，在他们家住。特别有意思的是，那正好是一个战争难民的家，家里住着从克罗地亚来避难的亲戚，我跟他小儿子住一屋。好在他家两口子都会说英文，我一边和他们聊，一边在老百姓中间做直接观察。

就这样，我这一趟去考察了七个苏东国家，回来后，就发现我调查得到的东西和我们的文件上、报纸上说的似乎不太一样。

如果没有这些直观的东西，如果只能是从书本上看，那不等于别人嚼过的馍吐出来又喂给你了吗，那好吃吗？啊，想想都难受，更何况下咽了！

你们的何慧丽老师说她要搞教改，我想，再忙也得抽个时间来。因为高校教改是个大事，如果我们的年轻朋友们，小弟弟小妹妹们将来都能从学校的教改中获益，咱们不只是培养出一批精英——怎么说呢？当然人往高处走是对的，可也不能只知道赚钱做官，或者做学问家，不应该是仅仅培养出这样一批人——而是培养出一批能下基层，能真的了解社会，真的能够了解实际情况，有自己的真知灼见和思想的人，那才叫人。

对不起，这又是得罪人的话。但是，现在社会培养出的人确实让我们吃惊，很难看到有谁还能像我们当年那样做事的。当然条件不同了，也不能强求。

最近，连最典型的“海龟”如汪丁丁，也在反思。他是学数学出身的，在海外拿了博士学位回来，现在在北大当教授。他在反思中写了一篇文章很有意思，批评当今中国照搬美国的汽车社会，说这东西确实给中国带来了 GDP，确实使人们享受到了现代美好生活，但这对历史上从来就是人口密集生活在一起，对于没有多少空间的国家和民族来说，到底意味着什么？这篇文章可以在网上查找得到。

我由此感觉到：只要是正直的学者，他就必然会反思，因为你不得不立足于脚下这块热土，这块热土的热度让你的心凉不下来。

都说我们国家的农民占世界农民人口的 1/3 以上，如果说那些所谓理论跟中国农民的实际之间的差距太大，那叫学问吗？

我来到人大后，有人告诉我说学院派要保持一种理论纯洁，这是在扯什么呢？难道教育部不主张我们的教学科研要瞄准国家重大问题，为国家的重大问题提供决策服务、提供研究支持吗？被强调为重中之重的“三农”问题是学院派的纯洁理论能解决的吗？只要是一个有良知的学者，必会反思。

我们当然应该尊重海内外其他学者的研究，我自己也经常出国，但不光是去参加各种学术会议，我还想方设法找机会下基层搞调研。就拿2004年的事情来说，那年有几次跑出去，大都找机会做农村调查。例如1月份去印度，做了印度北方两个邦大概有6个村的调查。不过就是让印度的朋友带着，去村里接触各种各样的人。

没有这种底层的观察，不参与进去，很难说你了解那儿的情况，如果你只看了文章，只看了统计数据，或上网查了资料，然后最后玩一个模型出来当然也好，也有用，那是现代化的社会科学研究，对吧？因为有人说马克思都说过，不能应用数学的科学不是科学，好像挺有道理，所以现在大家就都用。但是得提醒一句，真正学数学出身的人却说：别拿这玩意来蒙事。说得通俗一点，那根本就不是什么研究。人家数学出身的人很难承认那种办法弄出来的模型就是科学。看来，大家需要把这种调查作为基本研究方式，好好掌握一下，只有这样调研才能得到真东西。

所以，你们何老师说要搞教学改革，要让大家了解一下实际情况，说让我来讲讲，那好，我就支持。再加上，2003年7月她去兰考挂职以后，一年多的时间在农村搞起了好几个基层的农村合作社、协会、演出队等基层组织。这些年纪轻轻的人这样下去，能发动起基层的农民合作社，难能可贵呀。如果我们的年轻的知识分子们有10%，甚至仅仅5%，主动来做这样的事情，那对中国农民来讲，该是多么大的好事呀。

现在我年过半百了，真正值得回忆的也不过就是国内外的调研，认认真真地用自己的脚走了一趟，用自己的眼看了一趟，用自己的嘴去问了一趟，用自己的脑子去想了一趟，这是不容易的。

所以，我先给大家讲讲故事，说说能够让人回味无穷的社会调查。之所以要讲讲这两件事情，是因为这两件事情都算是“为人所不能为之事”，这非常值得回忆。无论别人说我发了多少文章，有多么大的社会影响，终究是过眼烟云。而且，我打算到了60岁退休的时候戛然而止，什么也不干了，因为我已经为这个国家，为这个民族尽了忠了。剩下的时间该是我自己的了，那时再努力把以往的调研上升到理性高度。

人不可无志，所谓“三军不可夺帅，匹夫不可夺志”。尤其是在座的各位小伙子们，别着急在学校里卿卿我我的，一天到晚地着急找对象，得干出点事来，那就“天涯何处无芳草”！别着急高兴，我后面这句话就很难听了——“何处黄土不埋人”。也就是说，你可能会成功，也可能会失败。失败了别黯然神伤，连想都不要去多想，抓紧时间继续干！只要你咬咬牙，一切都会过去的。

做了这么长的一个开场白，是说我确实用脚做过学问，而且说的是从实践中来、到实践中去的这种好的学风，这就是实事求是，受益匪浅。希望你们这些差我几代多的年轻的朋友们，应该继承我们那一代人曾经有过的那种精神，使之后继有人。

千万别相信那些所谓的学院派，那可能会害你一事无成。不仅是说你们，我自己曾经信过，后来才改过来。改也是因为被实践教训的，教训之后深刻反思，当然是很痛苦的过程，犹如大病初愈，感到从未有过的酣畅淋漓，所以才有今天的我。

第二节　执政党面临的两种挑战[①]

在2004年的政策调整中，有些人提出批评，认为新一届政府接任伊始就借着这次宏观调控，中央加强了计划经济、体现了中央集权等。这些批评如果成为下一步深化改革的依据，客观上会造成某种程度的混乱。

我认为，当前这个阶段的复杂矛盾可以归纳为两种挑战。

（一）中央和地方关系的利益结构固化

如果从建国算起，从毛泽东时代就有了中央和地方关系问题。当年被毛泽东批评为“条块分割尾大不掉”，现在利益结构固化到了一种难以调整的境地，这是第一种挑战。

此前，在讨论市场化改革二十年经验的时候，中国体改研究会的马克说，你们讲了这么多，在我看来这些年的改革从实质上看就是一句话——放权让利。而我认为，早期的改革主要

① 温铁军2005年3月21日在中国经济体制改革杂志社召开的有关会议上的发言。根据记录整理，已经本人审阅。

源于政府在20世纪80年代初期应对经济危机发生时采取的“中央财政甩包袱”。

那时候搞改革的圈子里就有这个说法。具体过程是：1981年搞了“关停并转”；1982年提出的“拨改贷”和“利改税”；1983年厂长经理承包制；然后是1984年通过财税体制分级承包确立的中央地方财政之间“分灶吃饭”；这一系列措施缓解了中央政府的赤字危机。但也有很大代价，到1986年经济过热时期就已经发展到连乡镇级政府都积极建立本级财政，客观上使得过去一个中央政府经济演变成几万个地方政府经济，这也造成中央和地方的矛盾，“尾大不掉”从财税体制上全面深化。

这次于2004年开始的宏观调控之所以还算有效，真正起决定作用的手段是类似1996年江泽民禁止地方政府的土地征占。1996年叫停一年，等于刹住了地方政府掀起的那一轮“以地生财”的“圈地运动”，接着就有了1997年软着陆成功。可见，那次就已经不是靠传统计划手段解决问题了，而同期国家在计划上的强力紧缩，反而导致经济衰退。而这次则是中央叫停地方政府掀起的“以地套现”为实质的改革以来的第三次“圈地运动”。先是停止半年的土地征占，半年后又出台了提高征地价格的高门槛政策，这被称为“紧缩地根”，也不是靠传统的计划手段来实现目标。

在这个过程中，占有土地资源资本化收益的地方政府反对是必然的，这其实也反映了1984年财税体制改革以来中央和地方关系调整越来越困难的问题。

正如清华大学一位教授所说，我们所谓的计划经济从来就不是名正言顺的，他说中国过去是“命令经济”。其实，这是国家工业化原始积累阶段的“中央政府经济”。在这种中央政府经济确立以后实行改革开放，如果说实质就是放权让利，那么随之就出现了“路径依赖”，很多产业资本领域的国内外私有企业在地方政府支持下得以发展，虽然被海内外的意识形态认为是自由主义市场经济，但其本质上只是地方工业化原始积累阶段的地方政府经济。

对于这第一种挑战，政府当前应对得体，这次宏观调控期间查处 14 万件土地违法征占案件，应该说中央政府在法理上胜了，因此其政治意义大于上次。但是，中西部很多仍然处于原始积累阶段的地方经济的增长受阻，进退两难。总体上国民经济依然是粗放的，而这和以往放权让利式的改革，应该说有直接关系。

2004 年 7 月的国务院重大问题座谈会上，温家宝总理很清楚地表示，很多人对这次宏观调控认识不统一，其实宏观调控是起因于中央对农业、农村形势的担忧，因为 2002—2003 年土地大幅度被征占，导致粮食播种面积和产量同步下降，同期粮食价格上涨，进而引起 CPI 指数上涨。同时，对环境、能源等问题的考虑，也是中央决定调控的重要原因。由于土地问题引发的社会不稳、粮食安全系数下降导致的物价上升、能源短缺、环境破坏等一系列问题，都属于中央必须面对的矛盾，必须给予前所未有的重视，所以中央不得不采取宏观调控措施。然而，地方看到的却是紧缩投资，最担心的还是影响经济增长速度，所以这些国家层次的重大矛盾显然不是地方政府必须面对的。

因此我认为，短期看调控虽然基本上成功，长期看矛盾却没有得到根本改变。这种挑战越严峻，就越迫使中央加强权威。虽然不缺乏手段，但大部分手段本身受制于下面我要讨论的第二种挑战。

（二）后英雄政府时代的合法性问题

这是第二种挑战。

我对与这个观点有关的海外讨论的了解，是在 1991 年苏东阵营完全解体后，那时我在纽约。美国人对我说，中国要么接着被搞垮，要么自己出戈尔巴乔夫。我说“没门”！为什么？因为，你们在时代上错判了，中国现在刚刚进入后英雄政府时代，是综合竞争实力空前发展的一个时期。

在中国，这个后英雄政府时代可能还有一段时间的延续，面临的问题和苏联当时有很多的相似之处。

国外讨论关于中国政治体制的合法性问题已经很多年了，认为咱们这种单一制国家越来越容易出现问题。看来，这第二种挑战如今也更加严峻。

这些年来，随着经济基础的根本变化，在原始积累阶段曾经有效的传统意识形态，客观上很难再发挥当年那种国民动员作用，连对一般官僚的约束上也难以发挥作用。于是，搞任何形式的思想教育，只能说尚有积极意义，可如果从整体看，对利益结构复杂的不同社会群体的动员作用却不大。

不过，意识形态从来是不可能存在真空的，现在起替代作用的其实是西方的主流意识形态，连各级党校也是以教授西方的理论为主，否则就没有职称。似乎大多数官员们都愿意简单地相信私有化、市场化、自由化、全球化等“新四化”。这种占据主流意识形态的西方话语体系归纳中国的问题“都是（社会主义）制度惹的祸”，不仅是包括官员在内的中产阶级茶余酒后的谈资，已经变成社会上的街谈巷议，而且也已经成为一种强势话语，而这恰恰是第二种合法性挑战的主要内容。

值得进一步分析的是，目前执政党的确不可能有根本性的应对办法，因为我们的上层建筑目前难以超过当年原始积累阶段的基本经济基础所制约的范畴。

在原始积累阶段的经济框架下，近年来形成的相对完整的产业资本和其市场经济条件下符合逻辑的对外扩张，包括近年来发展的对周边国家的工业品换资源，虽然形式上是平等的市场交易，本质上体现的也基本上属于西方工业化阶段的意识形态。

那么，在没有一个像传统意识形态那样能够整合民族、国家和官僚体制的上层建筑的条件下，第二种挑战隐含的问题就是更深刻的。

于是，思想理论界出现两个极端对立的东西，而且越走越远。

一方面是所谓的左派，包括西方传入的新左派、传统社会主义和社会民主主义等，其他如国家主义、民族主义也可以部分纳入。如果不是由于社会上三大差别拉大，这些不同思想流派本来是很难糅合在一起的。但是，这些理论体系过去主要来自西方，不像当年“延安山沟里的马克思主义”，因此也就没有坚实的国内民众基础。

然而，中国社会正在发生着与这些西方左翼思想不同的情况：由于缺乏正确思想的引导，大量底层民众正在自发转向“革命”，对于底层民众真正起作用的是社会上保留的传统意识形态的革命记忆，何况现在的社会矛盾远比20世纪80年代之前要大得多。

近年来一位财经高官曾几次说过，20世纪20—30年代的时候农民能够造反，是因为农民手里的武器和政府手里的武器没有本质差异，而现在则有着本质差异。他的分析不错。某种程度上，工具水平的差异，体现了生产力水平的差别和社会发展的阶段性差别。

为了避免民众流血的悲剧，我近年来做了很多“解构革命”的调查，试图找到化解社会对抗性冲突的改良办法。

通过调查发现，尽管是底层民众为主的各国当代革命，也早就已经不依靠20世纪那种一般概念的思想武器了。真正值得中国人暗自庆幸的是农村改革还不那么激进，给军队提供兵源的农村还没有重建地主制度，至少在我国农村还是以人民内部矛盾为主。

也同样来自于西方思想体系的是另一方面的右翼。众所周知，高速增长本身就易于带来社会思潮复杂和社会不稳，而当前对国家稳定有更大威胁的，主要是以西方后冷战意识形态和资本集团为背景的各种右翼势力的挑战。

现在中国知识分子和官员的指导思想，主要是西方右翼提出的私有化、市场化、自由化、全球化。这新“四化”，已经在传统意识形态坍塌以后成为中国意识形态实际上的主流。这如果都是学术研究，也许无可厚非，但其背后难免有各种正规和非正规的国际组织及国内资本集团的支持，本来就占据了强势地位的主流，受到海外资助的力量影响愈发强大。

例如，我们现在推进的村民直选，由于中国的基层政府拿不出多少钱，于是，这种官方认可的农村社区自治的意愿，就演变为偏重“选举”过程所体现的程序民主。结果，一方面80% 的选举难以成功，还积累了农村社区大量矛盾；另一方面，很多研究者认为这种基层民主实际上已经演变为“作秀”。

类似这些以国际合作交流和学术研究为名所建设的、已经形成强势地位的话语权，客观上是需要庞大的经济实力来支撑的。

不仅外部力量，改革以来产生的、本质上是与地方政府结合的民营私人资本也有意地支撑着这套话语。20 世纪 90 年代以来，这些话语的部分关键内容逐渐成为政府文件语言，这使得执政党在必须做国家政治建设的时候所面对的源于西方的后冷战话语挑战，其实是更内部的、更深刻的、更难应对的。

既然这第二种挑战的经济基础和与之相应的意识形态已经客观形成，那么，上层建筑必然会出现与之适应的变化。我们其实早已培养了很多基本上是自由化取向的政府官员。

官产学媒四大强势集团，在资本的本质属性上本来就是结盟的。那，唯一剩下给平民和小知识分子的，就是网络这种便宜的媒体平台。

我个人对此很冷静，既无所谓悲观乐观，也无所谓对错好坏的价值判断。

因为经济基础决定上层建筑的规律是不可逆的。其实，这种规律性的现象与毛泽东、邓小平、江泽民等领导人都明确中国的第三条道路并没有矛盾。

宏观经济学会的王建曾经分析了一个根本矛盾：欧元问世后，两大主流的货币体系之间，必然出现生死争夺。这个分析，显然还是以马克思主义政治经济学理论为依据的。

目前我国还没完全介入全球资本主义已经达到的“金融帝国主义”阶段的搏斗之中。既然金融帝国主义阶段的两大金融巨头之间早晚会出现拼杀，这对较晚进入那个阶段的中国来说，可能就是一块难得的生存空间，也可能是一种历史机遇。

中国有着非常庞大的实体经济，同时又由于上百年战争才夺取到相对完整的主权，使得中国还是“依赖于这种政治强权所派生的金融主权”相对也比较完整的国家。如果还没有彻底丧失强势地位的国家资本对中国内部的资源整合能够自主完成，那就还有很大的货币化推进经济增长的空间。

比如房地产，1998 年取消福利分房以后，房地产业开始加快货币化，而货币化分配的结果就是房地产业的资本化。房地产资本空前绝后的陡然问世，也是中国出现了一个国家推动货币不断增发、金融资本高速扩张的时代的原因之一。而类似这样的过去以国家为名形成的庞大可变现资源从分配制转变为货币化、资本化，对于中国这种单一制国家，总体还是有利的。

樊纲在 2002 年召开的十六大之前就计算过，中国的国家资源有 50 万亿左右，其中社会资产有 30 万亿。以北京为例，如果把周边的农村进行改造后成为集中居住地，就能算出 7 万亿地产。我那时比较强调自我货币化，认为，如果其中有一半可以使用中国自己印刷出来的人民币来完成货币化，中国的现代金融资本经济总量就会大幅度增加，翻两番没问题。

看来，把资源货币化、资本化创造出新的增量后进行再分配，这可能是下一步改革的实质。只要其是以不开放本国的金融和资本市场为前提条件，中国就可以维持新世纪的金融资本经济（或称为虚拟经济）增长，如果再通过完善税制从富人那拿钱给穷人，逐渐实现城乡之间良性的社会经济互动，就能出现构建和谐社会的条件。

2003 年问世的新一届政府的决策科学化和学习机制的建立，这些年来也看得比较明显，我不赞同简单化地批评江泽民时代，其实，他在任期内大力发展外向型经济和深化邓小平的“国家去政治化”，基本是顺应全球化主流给定的经济规律的。我也不同意庸俗化地批判胡锦涛时代改变了 20 世纪 90 年代的改革路线。近年来的政策导向变化，其实恰恰表现出执政党在大方向上是一脉相承的。

如果说 2002 年之前的政策思想都是邓小平确立的“效率优先、兼顾公平”，但这难道就应该是一成不变的吗?

中国社科院的刘国光老先生向执政党建议做方向性调整：当社会确实发生了如此严重的三大差别的时候，如果不能提倡“公平优先”，至少应该强调效率与公平并重，这才能让国民经济的进一步资本化走得下去。

同理，只有国家资本总量增大了，才能应对金融帝国主义阶段的国际竞争。这个理性的思考，应该算是不愿意中国在全球竞争中垮下去的普通中国人都能接受的逻辑分析。

至于很多讨论中提及的当代史问题，如果我们还认同生产力决定生产关系，经济基础决定上层建筑，那么就应该明白看到，在毛泽东时代可以分为两个阶段，20世纪50年代有苏联投资的阶段和1957年后到20世纪70年代没有苏联投资的阶段。据此，我国经济发展方式当然就会根本不同。有苏联投资的时候，必然形成庞大的以苏联管理体制为主的上层建筑和意识形态，而没有苏联投资的时候，则既要转变生产方式，又要和以往形成的苏联式管理体制的上层建筑做斗争，那就是所谓阶级斗争吧。

这些历史问题之所以被反复地、庸俗化地讨论，是因为人们忘记了：历史不存在假设。

第三节　中国有第三条道路可走吗①

我想，我们与其讨论中国说了什么，或者世界上对中国的说法是什么看法，不如看中国做了什么。我认为，中国其实不过是基本完成了工业化。这种工业化必然要求制度改变，而制度改变又是在中国必须面对的两方面环境下进行的，一是国内

① 这是温铁军2003年在杭州的一次由浙江工商大学主办的国际会议上作的发言。

环境，二是国际环境。

（一）两个约束条件下的国家工业化资本积累

我们先谈国内环境的约束，这有两个方面：

第一个方面是资源约束。

中国是一个资源和人口比例十分不协调的国家。也就是说，人口和资源之间的关系高度紧张。中国人口占世界人口的20%，但是可耕种土地只占世界可耕种土地的7%，而且面临着水资源短缺的约束。南方水资源相对丰富，但土地紧缺；北方土地相对丰富，但水资源短缺。在这样的情况下，中国要想进入工业化，其资源约束就是第一个重大困难。

第二个方面是制度约束。

与其他超大型发展中国家相比，中国似乎是唯一在全国范围内以战争形式完成土地革命的国家。在20世纪前五十年，人们都知道中国有三次国内战争，但很少有人明确地强调这是三次以农民为主体的土地革命战争。战争胜利的结果是给全国的农民按人口平均分配了土地。这个结果造成1949年建国时，全国1亿农户、4亿多农民在400多万个自然村里完全平均占有土地。这意味着中国工业化面临的是一个平均分配土地的彻底的小农经济，于是它的资本积累的交易成本就非常高。因为我们知道，工业化最早的资本的原始积累必须解决工业和农业、城市与农村之间的交易。小农经济越是分散，得到农户剩余的制度成本就越高。

于是，在20世纪50年代中期，为了解决城市工业的资本原始积累问题，政府建立了农村的集体化制度。

尽管人们把这种在农村中建立集中统一的组织制度叫作社会主义，但它实际上的作用，主要是从农村为工业化早期的资本原始积累提取剩余。

农村集体化具有的社会主义基本特征，主要是国家在财政极端匮乏的条件下，仍然在教育、医疗和养老等方面采取发动群众的办法提供了必要的基本保障。

对于中国农村的这种制度在国外已经有大量研究，但因为20世纪50年代是冷战时期的开始，他们对中国当年的资料掌握得很少，一般都是从意识形态角度来认识中国，简单地把那个阶段叫作中国的社会主义阶段。

在中国用农村集体化的方式完成了国家在城市的工业资本积累之后，必然会进入一个新的阶段，这个阶段被马克思主义认为是工业化大生产的阶段。

（二）社会主义阵营中有两个相似的现象

提醒大家注意两个非常相似的现象：中苏两国在不同时期都曾经被批为修正主义，实际上却都是服从工业化大生产的内在要求。

第一个现象是在苏联主导社会主义阵营的20世纪50—60年代。

苏联在20世纪50年代完成第五个五年计划后，随即在苏共二十大提出了“三和一少”路线，对外加入国际分工，对内放弃斯大林路线。在那种情况下，正在经历工业化的资本积累阶段的中国，客观上跟不上苏联的战略转变。不仅中国，其他仍在进行工业资本积累的国家，像越南、朝鲜、罗马尼亚等，也都跟不上苏联的步伐。由于这种客观情况，就发生了社会主义内部的争论，于是，就有了跟不上的国家坚持马克思主义，而苏联为首的工业化国家则被批判为修正主义。双方由此在意识形态上的区别，最终演变为整个社会主义阵营解体。

如果从政治经济学理论角度看，这只不过表明，苏联已经完成了工业化的资本积累，必然按照社会化大生产的要求加入国际分工，实际上这也是不可逆的经济规律，而尚未完成工业资本积累的国家就不可能跟上这种战略转变。

第二个现象发生在中国 20 世纪 70 年代以后。

与苏联相差二十年，大约在 1975 年前后中国也进入第五个“五年计划”，由于初步完成了工业化资本积累，形成工业化大生产，当然也就要求对外开放，纳入国际分工和国际交换。而其他没有完成工业化资本积累，比如因为战争或者冷战，没有条件进入工业化的越南、朝鲜、老挝、阿尔巴尼亚等，他们当然跟不上，因此也发生了中国与他们之间的争论。

这次，中国也同 1956 年二十大之后的苏联一样，被跟不上工业化步伐的后发社会主义国家批判为修正主义。

同样，在国内政策的变化上，中国也是从 70 年代后期开始，逐步放弃了农业的集体化和阶级斗争路线。

（三）国际环境变化条件下的战略转变

根据历史资料分析得到的初步认识，中国早在 1952 年中央政治局的讨论中，就明确认识到中国要做的是国家资本主义工业化，而且在意识形态的宣传上也是如此开诚布公。当时明确提出的是进入社会主义的“过渡时期”。那个时期原来在新中国建立之初被定义为“新民主主义”，也就是毛泽东解释的“共产党领导下的民族资本主义”。后来因为朝鲜战争，中国才进入了国家资本主义。

因此，这个重大变化的根本原因在于1950年朝鲜战争爆发。

苏联为了支持朝鲜战争，从1950年起进行了军事工业的投资，在东北兴建了军需工厂，使中国东北在很短的时间形成了在一般条件下根本不可能形成的重工业。

一般条件下，中国需要经过几十年的农业和轻工业的交换才可能形成重工业的积累，但是因为朝鲜战争，仅仅三年中国就有了军重工业。所以，这就要求国家作出一个选择，那就是：你要这个重工业，还是不要这个重工业。如果要，那就不得不以这个重工业作为国家经济命脉的基础；如果不要，那就得回到原来的新民主主义。

由于这个原因，中国发生真正的战略变化，应该是在它从战争得到了重工业以后，而不是在此之前。

从这一点，就要涉及国际环境的约束，主要是指二战后形成的两大阵营之间争夺中国这个中间地带的斗争。

当时美国的战略防御不是设定在朝鲜半岛，而是设定在日本列岛。因此，美国把中国留在中间地带，是要争取中国成为一个“中立”的力量。当时中国的态度本身也可以说是中性的，并不宣称自己是社会主义国家，也并不打算加入苏联阵营。

从这种国际局势出发，对中国来说，在当时的国际环境中，1949 年提出的新民主主义战略本身是符合中国当时的客观条件的。1953 年提出的重大战略转变，也符合中国不得不因为朝鲜战争而纳入苏联阵营以后国际环境的改变。

可见，中国在这个特殊阶段发生的战略转变，主要是国家工业化的要求造成的。最初面临的资源约束导致新民主主义，亦即共产党领导下的民族资本主义的制度选择。接着，又由于朝鲜战争改变为国家资本主义工业化。因为，朝鲜战争后不可能再进行国际交换，只能在国内进行强迫交换，国家不得不长期从农业提取积累，因此，工农业“剪刀差”出现。

1957 年中苏开始论战以后，苏联停止了对中国的工业投资和技术援助，迫使中国暂停了第二个五年计划。于是，这种靠集体化和“剪刀差”来从农业提取资本积累的过程一直持续了二十多年。

以上，就是我们在改革之前的社会主义阶段所做的。

（四）农村改革的动因是政府退出

中国从 20 世纪 70 年代开始初步完成了工业资本积累，开始实行对欧美日开放后，农村的这个集体化制度就不能实行了。这个变化，也是非常有研究价值的。

1972 年尼克松访华，此前美国解除对华封锁，于是中国借机对欧美日开放，得到很多西方投资，其重点是改变中国偏重的工业结构。

这样，当然就增加了很多支农工业品的生产，导致化肥、拖拉机等农用工业品大量进入农业，农业的成本随之大幅度上升。同期，由于“剪刀差”的既定政策，农业产品的价格是锁定的。一方面农业产品的价格不能提高，另一方面农业的投入品价格非常高，于是导致公社、大队、生产队都出现高负债。

到70年代末期，中国农业已经成为投入产出为负值的产业。

在这种情况下产生了一种制度现象，实际上是政府作为当时最大的经济主体从不经济的农业退出（有人以前认为是农民从集体经济退出），这就是农村改革的基本原因。

因为在过去，政府是中国唯一的经济主体。所以，所谓农村改革，既不是企业，也不是农民，而是政府在农业亏损的情况下从农业退出，同时也就放弃了对农民承担的社会责任，包括教育、医疗、社会保障等，这些本应政府承担的职能随着家庭承包制，被加之于土地，那就得公平分配。

事实上，农民分户经营意味着农村回到传统的小农经济的生产方式。而这种时候，一旦政府不承担农民的基本保障，原来那种让农民感到有依靠的社会主义制度在农村就很难再继续表现。

其实，也是因为这个制度变化，才导致中国从家庭承包制开始真正出现了城乡之间的二元结构。从大包干以后到20世纪90年代，中国的城乡二元结构特征越来越明显，以至刚才杜润生先生和秦晖[①]先生都说农民没有国民待遇。

---

① 秦晖：清华大学历史系教授，中国经济史学会理事，中国农民史研究会理事，中国青少年发展基金会理事，青基会社区文化委员会委员、研究委员会委员，北京天则经济研究所特邀研究员，《方法》《开放时代》《中国学术》和《中国社会科学季刊》等学术刊物的编委。

（五）三个重大的制度变化

下面我们再看改革开放以来我们做过什么。

当前的情况其实很清楚。按照世界银行的一种算法，中国的经济总量已经是世界的第三位。但按照人均量来算，还是在100位以外。人们看到中国发生的非常显著的变化，看的是它的总量在世界上位置的大幅度提高，但按人均量算，中国却并没有很大的提高。

从经济制度研究看中国发生的重大变化，实际上主要表现为三个方面：

1．经济利益主体多元化。

国家在20世纪80年代初经济危机压力之下实行了“拨改贷”的投资体制改革，以及“利改税”和“分级承包”的财政税收体制改革，导致本来全民所有制性质的国家资本逐渐分化为部门垄断资本，国有经济内部产生利益主体多元化，以及中央地方分权化的趋势。

2．中国的资源资本化。

1978年，中国经济的货币化程度很低，与全国约1万亿的工农业总产值相比，社会存款才226亿。在国家实行“财政一本账，统收统支”完全承担扩大再生产投资职能，并因此造成长期赤字的压力下，银行系统才对国有企业贷款，其规模到1978年也不过1380多亿。而到1998年，GDP达到约10万亿，广义货币却增长到近12万亿。前者的增长是算术级数的，后者则是几何级数的，最终形成1998年M2（广义货币）与GDP高达135%的比例（美国为67%）。世界银行1995年发展报告就指出中国的 M2 与 GDP 之比在转轨国家中最高，达到 105%。截至 2001 年我国的 M2 与 GDP 之比竟然全球最高，达到 160%。这个比值增加，表明中国已经是一个资本相对过剩的国家。这二十年的货币增长速度大大超过 GDP 的增长速度。货币化进程加快，实际上指货币经济快于实物经济的增长。

经济货币化只是资源资本化的外在形式，是近二十年的经济增长中最不可忽视的因素。

应该进一步指出，经济货币化本身也为政府收益增加提供了一个主要来源。中央政府通过不断增加货币供应来推动经济货币化和资源资本化。同期，还得通过不断推动企业上市，在资本市场的波动之中消纳过剩投资。这样，它既可以通过发行货币直接占有铸币税，得到经济增长带来的收益，又可以通过通货膨胀稀释金融系统的不良资产，静悄悄地向社会转嫁亏损。这样，中央政府的利益和金融、金融资产，或者直接称为金融资本的利益当然是一致的。诚然，这个金融资本阶段的经济规律在全世界都一样，谁也不可能违背。

3. 资本的全球化。

人们只要尊重事实，那么无论站在怎样的立场，都不可能否认 20 世纪 90 年代的全球化主要是资本自由流动的要求。这在中国，也并不因所谓的意识形态不同而例外。尤其是 20 世纪 90 年代中期以来，外国资本大举进入中国，国内外理论界都认为中国已经出现了国外资本和国内资本的特别是金融资本利益上的相关。这就是说，中国的资本当然会按照国际资本通行的运作规律办事。

综上所述，中国在 20 世纪 70 年代以前，是国家资本积累阶段；而在 20 世纪 70 年代以后，则是资本自身的增长和发展阶段。如果这个观点和相关的描述可以成立的话，所有的问题也就可以得到符合经济规律的解释了。

（六）中国有“第三条道路”吗？

我们再看中国今后的发展前景，有没有所谓“第三条道路”可走。

从目前情况来看，中国按照西方工业化的内在要求所走的道路，其实仍然是那种传统的工业化扩张模式。这让我们不得不担心，今后继续这样搞，很可能走不下去。

根据现在已公布的研究成果表明，中国每一单位能源消耗所创造的 GDP 总值远低于日本。日本每人每年平均消耗 2 吨石油。如果将来中国人比较节约的话，人均 1 吨，假定中国会在十年之内达到 50% 城市化率，就意味着中国将有 7 亿人生活在城市，那么在未来的十年之内，我们就只算城市人口，不算农村，每年至少也需要 7 亿吨石油。中国国内石油的总产量尽最大努力也只能达到 2 亿吨，那么，这种情况下中国至少需要进口 70% 的石油，才能满足它现在的工业化和城市化的发展方式。这还是按照日本标准的一半计算的结果。中国对石油的大规模进口，必将极大地造成世界石油市场的短缺和石油价格的上涨。

因此，尽管我们希望实现工业化和城市化，但从国内资源紧缺的约束来看，中国走不成传统的西方式的工业化道路。同样的道理，如果我们寄希望于中国加快城市化的话，平均每一个城市人口生活用水的消耗量是每一个农村人口生活用水消耗的 20 多倍，而中国又是一个水资源严重短缺的国家，到目前为止已有 100 多个严重缺水城市，300 多个缺水城市。

从这两方面的资源约束看，中国面临的国内的资源约束和国外竞争的不利环境其实并没有改变。再考虑到即使 50% 的人口实现城市化，仍然会有 7 亿—8 亿人口生活在农村，仍然不得不维持高度分散的小农经济，制度约束也没有可能根本改变。所以，中国恐怕必须选择另类道路。可目前看来，又实在没有其他选择，因为欧洲和美国提出的所谓“第三条道路”仍然是西方的概念，而中国人难以跟着走。

第四节　毒奶粉背后的经济学思考①

（一）“市场失灵”及其与生俱来的负外部性问题

上一次在这里开论坛，我跟大家讲过中国奶业遭遇的几次宏观波动，其自身的波动和国家的宏观制度问题高度相关。

当时我告诉大家，当国内的奶业正在为培育基地、更新设备打基础，正在建立健全产业链的高投资的脆弱阶段，却由于 2001 年入世的时候我国对农业让步相对较大，导致南方沿海一些省区可以用进口的奶粉做还原奶，据说某个省区竟然占了进

① 在 2010 年第二届中国奶业高峰论坛上的即席演讲。

口奶粉的80%！这个现象的背后是：这些既没有形成生产基地，也没有足够加工能力的地区，以相对比较低的进口价格冲击了良性业态的构建！于是，正在增加投资做整个产业结构建设的中国奶业就突然受到了巨大冲击，造成的亏损成为了好好做事的地方政府和良性企业的“沉没成本”。

进一步值得追究的是：各级政府的相关部门并没有及时出面解决这个问题，反而出现有些主管部门出台的规则恶化这个问题的情况。随之，就必然出现理论上早就说清楚了的“劣奶驱逐良奶”（劣币驱逐良币）的规律性结果。

可见，21世纪中国奶业的第一次波动，其实并不是奶业自身投资失误或管理不当的危机。

今天的研究者需要正视的这种劣币当道制度的后续恶果是：只是因为它没有被认真处理，就一定会导致这次第二波冲击的出现——上次没有真正投资做好基地建设，没有形成完整的产业链建设的部门和企业，其破坏性投机获利且不受惩罚的规律性结果，再次发生了。

今天我们看到，恰恰是在这几年，大约六七年的时间内，我们的奶业在另外一个源头又出现了问题，那就是饲料问题。为什么饲料出问题？其实也和中国加入WTO把农业作为一个让步领域有关。比如，我们现在进口大豆占2/3以上，主要因为进口大豆大部分是转基因的，出油率高，它产生的增量收益当然归这些年占领了油脂生产领域的外资大豆加工企业。但与此同时，因为这种进口专用大豆出油率高，而大豆的副产品豆粕的蛋白含量就大幅度下降。饲料行业的问题，却出在大规模进口高出油率的大豆上！这个微观收益归榨油企业占有了，而这个宏观制度成本、外部性代价却甩给饲养行业了——同样数量的豆粕作为原料，不再能够生产出具有同样蛋白含量的饲料。

三聚氰胺的发明，难道不是一种科技成果？不是注册专利了吗？当然不是发明人不对，而是过去没有使用。那么，近年来为什么会被使用？因为近年来饲料的蛋白含量不够，因为进口大豆占了2/3，因为榨油企业绝大多数是外资企业，人家追求大豆出油率高是市场经济体制下天经地义的事情，中国的有关部门既不能干预，更没有想干预。

似乎没有人愿意注意：每一个单个的经济主体追求利益最大化，都会甩出一部分自己不承担的代价，而这个代价被谁承担了却长期没有被认真研究。直到今天全社会出大问题，尤其是人人关心的婴幼儿出了毛病，这才引发了社会乃至高层的关注。其实，这些问题表现出的核心机制，就是所谓的“负外部性”。

因此，一年后的今天我在第二次奶业论坛上要讲的一个要点，就是市场经济与生俱来的外部性问题，虽然这是一个经济学的理论问题，但实际上却和每个人都相关。

在座的，特别是企业界朋友们，请你们注意：企业追求利润最大化、政府追求收益最大化，本来无可厚非！但是每一个主体追求收益最大化的微观行为，都会导致外部性。今天我要告诉大家，如今到处造成负外部性最大化的趋势现在不仅没有被讨论，也没有在政策修订中有所表现，因此它正在呈现出方方面面的危害！目前，整个食品行业的不同业态普遍地出现了比较严重的趋势性问题，不是靠加强监管能够解决的。

昨天有苏丹红和孔雀绿，今天有三聚氰胺，明天还有什么？还没有被查验的各种化学品不是在广泛使用吗？直到它危害了生命，芸芸众生才开始懵懵懂懂地加以关注。对于发生的问题，政府出台文件很重要，把责任加到哪一级当然也很重要，但是有谁从源头上认真找一找病根？

既然不是监管问题，那么，这是什么问题？

理论上可以归结为负外部性正在扩大，正在日益恶化的问题。如果我们不能把每一个单个利益主体追求利益最大化所造成的代价甩给社会这样的问题，拿来交给社会大众认真讨论，就不能从根本上解决问题，只能头痛医头、脚痛医脚。就说政府监管吧，这么大的国家，纷繁复杂的农业领域，要设多少部门才能监管？而且监管的后面还要有监管。

如果我们找根本，那就是每一个单体利益最大化所甩出的代价，这个代价被社会承担叫作负外部性，当量越来越大的时候叫负外部性最大化，且有不可遏制的态势。

再说得深入些，负外部性可不可以让市场自身解决？不可以。市场经济本身只制造负外部性，并不解决负外部性。既然这个规律也是不可逆的，那么我们就既不能把市场经济政治化、神化，也不能把希望寄托于加强政府部门权利，不能认为出现一个方向的问题，使用另外一只手加强就可以解决了。

当然，这些观点都不是我的发明，都是经济学理论上早已说过的问题，只不过我们有些理论家只讲其中的一面。

（二）加强奶农的综合性组织化建设，从基础上构建良性利益关系

怎么办呢？当然，两个极端都不能选择。其一是不可能简单地回归到传统的农业经济方式——尽管它的生产者或者投资人收益很难做到最大化，但是因为这种农业是和自然过程高度结合的，因此它往往创造了正外部性却没有回报。其二，对于工业化条件下的化学方式、机械方式的规模化农业，则尤其需要加深讨论。因为尽管它可以使投资人、生产者增加收益，但它却一定是对外制造负外部性却不被惩罚的。

传统与现代两种农业的微观收益和宏观外部性问题，早在古典经济学里就已经讲清楚了，问题是我们今天对西方理论“有选择的”使用。这样，就没有可能从根本上考虑解决问题的办法，也就导致了我们刚才所说的“劣企驱逐良企”等规律性现象，就必然会放大负外部性，最终是全社会受伤害。

刚才农业部的同志讲，如果最终生产者的利益得不到基本保证，那么后续环节的合理利益关系也建立不起来。国家质检总局的同志也谈到利益关系的断裂——其实我们都能看到，在这个产业的业态内部，所有的利益关系都是对立的。

看来，我们必须把研究重点放到如何调整、重构，形成良性利益关系上来。

大家都知道一个非常简单的例子，牛贩子把病牛卖给奶农，把黄牛染成黑白花卖给奶农，而有钱人对于奶农买奶牛是放高利贷的——因为金融也追求利益最大化、风险最小化。于是农民拿到了高利贷，买了病牛、劣牛，都成为沉没成本了，那小

农承受不起，就也得搞短期行为，于是最终生产者也就出现问题了！最后发现：因为没有谁来承担给农民提供必要的、基本的服务的成本，没有谁帮助农民形成能够抗御风险的经济组织。

20 世纪 80 年代我们就认识到，完成大包干让小农散户经营不是我们的目的，农民必有一家一户解决不了、解决不好，或者解决起来不合算的问题，因此我们要发展合作社。合作社就是一个成功的内部化处理利益关系的企业，因为社员在利益上是互洽的关系。

那怎样能在第一个生产环节那儿形成一个不是对立而相对合理的利益关系？怎么能够先把农村第一线的利益关系理顺呢？如果那儿理不顺，就一定是剥夺与被剥夺关系，就是尖锐对立关系。如果基本的第一线的工作都没有做，业态的良性结构就难以组建。靠所谓加强培训，能解决问题吗？企业加强技术服务，能解决问题吗？政府加强监督管理，能解决问题吗？都比较难！所以最基本的工作一定是农村基层，还是毛泽东的一句话："做好第一等的工作。"可现在大家都不做第一等工作。

不解决这些问题，其他的拿多少钱都没有用。

不过，如果要让农民只能单一地搞专业的生产合作，那能行吗？我们知道，农业生产领域是最没有利润的，单一的专业生产合作社一定是没有收益的。国际上成功的小农经济条件下的合作社全部是综合性的。

总之，在这些基本问题上，如果我们再不抓紧拿出真问题来讨论，再不把第一等工作做到实处，不能让农民利益得到真正的体现，没有相关组织对农民利益的真正保护，最后什么好的措施都很难落到实处。高度分散的小农经济——2.4 亿小农户分散生产，要想监督、管理，政府成本多高？所以，咱们还得加强农民的组织化。

现在，终于有了一个能够比较直面真问题的十七届三中全会文件（《中共中央关于推进农村改革发展若干重大问题的决定》），现在有了一个好的开始，希望各位企业界的朋友和地方政府的官员理解，大家能够把工作做到实处，也许能够使整个业态重新回归良性化。

第五节　中国工会与西方工运①

现在，我们全党、全国各个地方都在胡总书记的带领之下，学习和贯彻三个代表重要思想，强调立党为公，执政为民。深刻体会胡总书记今年的“7.1”讲话精神，具体落实到工会工作，就需要对中国以往的历史和新时期的任务有清晰的认识，由此据以指导工会的工作实践，争取有所创新。

（一）不可逆的历史规律

即使这个现在最提倡全球化和国际化的美国，南北战争之后的北方总司令格兰特 1868 年就任美国总统后的第一次演讲就说：我们现在的政策是关起门来，拒绝欧洲。格兰特此番用意

① 温铁军 2003 年对全国总工会干部培训的演讲。

在于，为了美国本土的工业化，不能现在就开放，否则这意味着欧洲那些已经完成工业革命的国家对美国的经济侵略。美国只有在本土工业化已经完成，实现了产业门类齐全、工业结构完整之后，才能对外开放。因此，在南北战争结束后，从 1868 年始，到 19 世纪 90 年代，美国在大约 30 年的时间里实行了一段产业上“闭关锁国”的对外政策，产业资本的北方获得了对南方的土地和劳动力资源的整合权。（资本市场上不是闭关锁国的。战后欧洲投资者大量投资美国，以至 1873 年美国铁路泡沫人们说是美国人剪欧洲人的羊毛。）三十年之后，美国已经形成了本国庞大的工业基础和雄厚的产业资本力量，这时才开始“打开国门”，走向世界，美国从此成为超级大国。

美国的历史经验告诉人们，只有建立一个产业门类齐全的工业体系后，才有可能、有条件对外开放，否则就意味着对民族工业的毁灭性打击。这个规律古今中外，概莫能外。

而一旦一个国家实现了国内完整的工业产业体系，“走出去”就成为一种客观需要。看看我们二十五年的改革开放进程和进入 21 世纪的全球化趋势，这其实是任何一个国家都无法避免的过程。

回首再看 1972 年之前的中国，封闭、不开放的批评如今值得商榷。因为那个阶段就如同美国 1868 年的情况一样，也是为了建立本国相对齐全的产业门类体系而自我封闭。大约是在“五五”计划前，中国基本上形成产业门类齐全的工业体系后，为了改善外部环境，1972 年中国恢复与欧美日的外交关系，大量吸引欧美日投资，这就是毛泽东同志领导下的对外开放。然后从对外开放逐步推进到邓小平作为总设计师的、中国对外开放造成高外债条件下的经济体制改革。

中国走过的这段历史说明，中国在党的领导和全国人民的共同努力之下经过相当长的一段时间，形成了庞大的工业基地和完整的产业门类才开始了对外开放、引进外资。对于这样的一个过程，理论界都很清楚：我们是 20 世纪 70 年代开放在先，80 年代改革在后。

（二）新中国的战略转变

1．以军重工业优先的国企工业发展战略实乃形格势禁。

从微观角度说，国企现在存在着冗员多、效益低、体制不灵活等弊端。但从宏观角度看，从根本上说，中国当年建立工业体系的时候并不是为了市场，而是为了中华民族的复兴大业，为了中国自立于世界民族之林。看到国有企业曾经的历史功劳，也就容易看到其今天的问题所在。

一般的理论分析认为我国的工业化从 1952 年开始。但是，把这个时间当作起点是有偏差的。确切地说，我们国家的工业化从 1950 年抗美援朝战争开始。技术装备精良的美军压境鸭绿江迫使苏联把当时的军事工业生产线搬迁到了中国东北，以支持中朝两国参加的这场对抗联合国 16 个国家的大规模使用现代化装备的局部战争。

派出志愿军参加朝鲜战争，不仅给中国带来了本来毫无准备的重工业，也改变了中国 1949 年的七届二中全会确定的新民主主义发展战略——共产党领导下的民族资本主义经济发展战略。毛泽东在七届二中全会上告诉全党，中国不可能在一片小农经济基础上建立社会主义。1950年年初，毛泽东就提出要在城市发展私人工业，在农村保护中农和富农，以及地主的那部分工商业经济，以促进城乡交换和对外开放，以新民主主义的发展逐步为国家将来的大工业提供原始积累资源。他明确指出，只有将来建立了国家的大工业基地，建立了门类齐全的工业体系，中国共产党才能说服各民主党派和全国人民，在他们都同意的情况下走向社会主义。

但是，事情并不如人愿，尤其是在当时那种复杂的国际环境下。一场抗美援朝战争凭空从天上给中国掉下来个馅饼，换来了苏联出于国际局势需要而转来的军重工业。接收下来还是不要？如果不把苏联转移来的重工业维持下来，中国按照以往设计的新民主主义的战略搞工业化的速度当然会比较慢，而且当时的国际地缘环境也要求中国必须大力优先发展重工业。中央政治局为此酝酿了好长时间，最后决定把战争打来的重工业维持下去。这样，战争结束后的中国就不可能重新再回到以前确定的发展资本主义市场经济的道路。为此，中国不得不改变以前确定的新民主主义战略。

当时的中国工业以重工业为主，尤其是军重工业，其比重达70%以上。要实现这些产品的交换在当时一片小农经济的中国来说客观上做不到。当时5亿总人口只有约5000万是城市人口，工业人口只占不到5%。农村吸纳重工业产品的能力特别差，在小农经济条件下不可能实现工农两大部类的有效交换。

伴随着工业产品要销售出去的需求，国家随着工业体系的建立就开始改造小农经济。从 1953 年合作化开始到 1956 年建立集体经济，再到 1958 年建立人民公社，主要意见是工业部门的。这样做的结果是实现了重工业产品的下乡，实现了工农两大部类的交换。

毛泽东 1953 年提出战略转变时有一个很形象的比喻，我们国家的经济快速发展必须有两个翅膀：一个是国家资本主义，苏联投资形成的工业体系；另外一个就是统购统销加合作化，这可以使国家垄断资源，投入到国家的工业化，迅速完成原始积累。

这个工业化资本积累过程在中国是个历史必然，只是和西方国家烧杀抢掠别国的方式不同，我们的原始积累完全是全体中国人民承担代价。

当年的经济战略改变是不得不适应战争形成的军重工业的结果。从历史角度看待这个过程，就会明白我国国有企业走过的历程：当年以军重工业为主的国企是为了自立于世界民族之林、为了中华民族的伟大复兴而建立的。

2. 后来发生迫不得已的战略改变也是势所必然。

当中国进入工业体系资本原始积累阶段的时候，苏联已经是“五五”计划前后，基本上完成了自己国家的工业体系建设。按照马克思的基本原理，苏联这时必然要求实现产品的全面交换。于是在斯大林逝世之后，苏联要求所有社会主义国家跟着它一起对外开放。跟不上这股开放潮的就是那些没有完成工业化的国家，它们的工业产品无法和苏联抗衡，更无法加入国际交换。当时所有没有苏联驻兵的国家都拒绝了苏联的要求，这其中包括中国、南斯拉夫等，因为中国才刚刚进入工业化。结果，社会主义阵营内部形成了当时的大论战。

论战的结果是，刚刚完成第一个五年计划的中国因为苏联几乎彻底停止了对中国的援助并于1960年撤走专家而被迫停止了第二个五年计划的执行。中国从此之后不得不对依靠苏联形成的工业化进行转型。小农生产、地方国营和集体经济遍地开花，因为依照过去成功的基本经验就是发动人民群众。当时全民大炼钢铁，搞发散型的工业化，结果引发了今天所说的很多教训。但中国就是依靠着中国人民的艰苦奋斗和勤奋好学的精神，自力更生地走出了一条自己国家工业化的历史道路。

同时，中国也不得不偿还苏联以往的援助，并对付交恶的苏联在中苏边境上的军事施压。为此，中国人民勒紧裤腰带，用苏联要的附加值很低的轻工业品和农产品偿还，并同期大力发展国防力量，发展自己的核武器，避免挨打，维持国家安全。最终，当苏联用核武器威胁到家门口时，中国为了8亿人的生存不得不调整国际战略。

1972年，中国恢复和西方国家的外交关系，引进欧美日的投资，优化产业结构，最终形成一个产业门类齐全的工业体系，得以加入到国际分工。在这个历史转折中，中国国有经济也做出了重大贡献。

但是，恢复与西方的关系是要付出代价的。因为要发展与西方国家的关系就要引进欧美日的投资。这一方面改变了过去的工业结构，转而生产化工、石油、纺织、化纤等符合民生需要的东西，另外一方面必须支付大量的品牌、技术和管理费用。

结果造成以往的国有军重工业难以转为轻工业，于是这个产业几乎都被非国有企业的外资和合资企业占领。中国也不得不继续用原材料、轻纺工业和农产品的出口换取外汇偿还更大的外债。

20世纪60年代为了偿债苏联，20世纪七八十年代为了偿债欧美，中国都得作出很大调整。引进苏联的设备为了维护国家主权的调整错了吗？转而发展与西方关系保护国家安全的调整也错了吗？恐怕不应该那样批评。那个年代是全民奉献的时代，是英雄辈出的时代，那个时代的政府是一个英雄的政府，有功于这个国家流血牺牲才换得的独立。

我们切不可否定以往的成绩，否定维护主权独立的英雄的政府和作出艰苦奉献的伟大的人民。

自力更生没有对错，改革开放也没有对错。因为，规律使然。

中国走到今天，意识形态切不可被全盘西化搞乱，切不可相信“资本主义就是好”，尤其是做工会工作的同志。回顾这段历史，我们尤其珍惜如今的和平环境和稳定。中国低起点工业化的历史和在复杂的国际环境中的现实，使得我们只能是被动应对，由此要作出很多的调整和牺牲。包括我们加入世贸组织，虽然传统行业和农业受到的压力很大，但中国不得不加入，因为已经形成了庞大的工业化体系。如果中国的转型做得好，就可以在21世纪实现中华民族的真正复兴，不能平稳过渡则很多问题都会出现。

那么，外在压力和内在扩张下的工会工作能做什么？需要认真分析。

（三）不能照搬以往的工运经验和理论

今天，中国加入全球化的比较优势是什么？是占据高端的设备制造业还是技术、科学？其实，真正让外国投资大量进入中国的只有两个重要体制因素：其一是土地、石油、矿产等生产要素被政府垄断，导致非市场化交易的价格低。人们知道，大资本之间的交易成本比较低，大资本和分散小资本之间的交易则成本太高。所以，越是民营化程度高的浙江省，外资就几乎不去，越是垄断化高的上海、北京等地区，外资则大幅进入。这是外资进入中国的本质原因。其二就是中国的劳动力成本还比较低廉，这使得国外把生产线转移到中国形成“世界工厂”，中国制造的外国产品可以以成本优势行销世界。

从世界产业链的分工看，处于产业链低端的中国的优势就在于劳动力成本比较低。因为中国是一个劳动力绝对过剩的国家。有研究认为，中国人口在 2030 年会达到 18 亿人。温家宝总理在两会期间答记者问的时候说过几个数字：8 亿多劳动力，这是美国人口的近 3 倍，比欧洲国家人口的总和还多。面对着这样的劳动力大军，市场供需规律决定了中国不可能实现劳动力的充分就业和工资的上扬。

那么，如何办好工会？如何保障工人的权益？如果严格执行有关政策，中国劳动力价格优势还会保持下去吗？现在，以加工贸易为主的广东和以一般贸易为主的浙江这两个中国经济典型的地区都出现了平均利润大幅度下降的情况，大部分已经下降到 5% 以下。

另外，中国为了迎接国际竞争的挑战，需要依靠科技进步，不断提升企业设备和技术的更新，于是不断变成资本密集型、技术密集型的产业。这些产业解决的就业岗位和劳动密集型的相比，当然就更加少。

只有资本不断流入才能不断创造就业，只有经济不断增长才能创造就业，而增长的比较优势又来自于劳动力价格低，这不是个天大的矛盾吗?

当一个国家、一个企业不得不依靠劳动力无限供给这个比较优势的时候，能实现对劳动力价格低的现状的改变吗？珠江三角洲工人加班加点，工价还是十年不变。在劳动力绝对过剩的情况下，如果完全讲市场决定，劳动者就完全没有谈判地位，就不会开展有组织的工会工作，也不会有工人运动。只有在西方发达国家那种殖民化和工业化并行的阶段，才有可能形成劳动力谈判能力的提高，形成有组织的工人运动。

但是，中国今天不可照搬欧洲 18—19 世纪工业化高度扩张时期的工人运动式的历史经验，也不能照搬那个时期形成的理论和思想，因为我们是内向性的积累和工业化。中国要学西方式的工会工作经验，必须是已经形成庞大的产业资本并且已经传递到外国去扩张的时候。虽然我们并不主张，也不设想中国的产业资本一定要走上向外扩张之路，但是，任何一个产业资本形成之后必然会扩张，这个规律在微观层面和宏观层面都如此。

2002 年中国钢铁、洗衣机、电视机等产量都是世界第一。当中国工业品的产量已经在全球不是第一就是第二的时候，已经形成的产业资本客观上怎么能不向外扩张？马克思政治经济学的这个基本规律我们能逆吗？如果不能逆的话，18、19 世纪在欧洲本土上形成的、适合欧洲经验的工人运动形式适合我们吗？那么，我们的经验是什么？指导思想是什么？如果没有新的理论和思想进行指导，具体的工会工作怎么能够有创新？

因为我们不可能实现充分就业，现有的工会理论又无法适应这些情况，所以温家宝总理在答记者问的时候提供的数据表明他在困惑，我们大家也都在困惑着。

任何一个地方的党委工作在主要追求增长的目标之下都可能有某种偏差，把邓小平同志说的“发展是硬道理”已经变成了发展主义，GDP 增长优先。到下面去看几乎都说投资者是我们县的座上宾，但绝对不会说劳动者是座上宾。最近社科院做的一个调查显示，东部沿海地区 90% 以上的地方官员不打算执行保护劳动力的政策，50% 以上的企业则不能执行。因为按照现有的规定，完全执行起来则必然导致企业成本提升，竞争力不足，企业就会垮台。在广东做的调查也表明，劳动者保障的覆盖面极低，有的企业连基本的劳动社会保障都没有。

执行目前这一套工会法、劳动法等保护劳动者权益的法律的时候，宏观层面和执行主体都面临着困惑。这需要我们考虑中国特色、面临的国际环境、特殊的工业化道路，并重新反思以往的理论和思路，工会也要开展调查研究去发现问题、解决问题。工会工作同样不能再照搬。如果仍然照搬传统苏联意识形态的那一套，或者照搬欧美当时解决问题的思路，工会工作会面临很大的难题。

（四）当前工会工作的当务之急

工会一个重要工作是保护职工的权益。结合以上的问题，建议要根据党章、宪法和现行有关的劳动权益保护的法律，在私营企业和外资企业中开展维权，而不是拘泥在国有企业上。

首先，要在私营企业、股份制合伙制等私营企业开展工会工作，对职工权益作出必要的保护，这应该是当前的工作重点。要力争做到实处，开创新局面。因为只要我们的党章和宪法坚持四项基本原则，国家对国有企业的员工应该能够提供的保障目前还是能够提供的。而私营、外资企业则属于另一种关系，就是资本和劳动的对立。

其次，资本和劳动的对立矛盾是国际化的问题。国外的大公司都有公司守则，强调企业必须承担社会责任，承担对劳动者合法权益的保护。而我们的工会干部还不是很把握跨国公司的公司守则，建议培训的时候学习一下。

外资和合资企业其实是和我国的体制做交易。外资企业大规模进入中国并非唯一看重劳动力价格的低廉，很重要的一个方面在于我们的经济仍然是在货币化和资本化的进行中，外国过剩的大资本在寻找资源资本化的收益机会。

现在，全球范围内的资本都是过剩的，他们的跨国公司只有占有资源或者进入实际生产领域，才能在资本市场上取得很高的收益。而中国的经济直到20世纪90年代中期，基本上还不是资本经济，1997年十五大才提出资本经济概念。只要中国的资本化还在进行当中，还没有完全实现把我们的资源变成资本，外国大资本就不会停止进军中国的步伐，就不会停止对中国资本化收益的攫取。因此，我并不认为对外资企业强调劳动力的合法保护对他们会有什么损害。

最后，要抓紧对进城农民工权益的保护，否则很难保住安定团结的大局。传统乡土社会下的农民很讲究相互帮助，农民在社区中比较团结。不过现在，已经有 1.4 亿的农民、9800 万的农村劳动力进城，他们最没有正规组织保护，连最基本的医疗保护都没有，如果他们受到了压迫也无处申诉。这将严重影响我国的安定团结的稳定大局。

工会工作要承担起这部分责任，因为他们同样是劳动者，是工人，他们同样面对的是劳动和资本的矛盾问题。只有工会组织才能够实现对进城农民工权益的保护，至于怎么组织和帮助则需要工会积极想办法。

农民工的权益保护问题和贯彻落实三个代表精神高度相关，也和安定团结的稳定大局高度相关。他们代表了中国最大多数的人，帮助他们维护权益，也就维护了大多数人的利益。

第六节　金融异化与学术异化[①]

现在是 2010 年的第一个早晨，大家新年好。

就要有纪念 1911 年的那个感觉——还差一年就是辛亥革命

① 温铁军 2010 年 1 月 1 日上午 9:00—12:00 在北师大 B807 对农民之子学生社团十周年老会员聚会暨“社团发展与三农问题再思考”研讨会上的讲话。

的一百周年，也是中国人追求发展主义的社会进步和经济增长的一百年。很多思考要跟大家交流。

（一）中国人一百年来经历的两个不同历史阶段

首先说我最近在很多场合讲中国与西方的比较发展研究的两个不同阶段的判断：

一是产业资本阶段。20 世纪一百年，无论何种制度演进，都是中国人实现的从产业资本形成到结构调整和扩张，然后再到产业资本过剩的一个客观进程。这是个人类在资本主义阶段的历史进程，西方人用了五百年，其中大部分时间是战争；中国人用了一百年，大约六十年是战争。

二是金融资本阶段。进入新世纪第一个十年，中国人实现的则主要是金融资本从完成对产业资本的异化到走向金融过剩的一个客观进程。这个进程西方人用了五十年，期间区域战争不断；中国人用了不到十年，还基本没打仗。

过去一百年不算短，简单归纳，就是一个追求产业资本从形成到过剩的进程。你们想想是不是这样？提出这个重大判断的不是我，因为早在 1999 年时，林毅夫教授在内部讨论的一个会议上讲过，我们面临的是“双重过剩条件下的恶性循环”。他当时分析了产业过剩与劳动力过剩导致内需不足的规律性问题，并且建议国家应该及时转向新农村建设战略投资。这是中国经济学者在世纪之交最为清醒的声音。

我们传统的社会是劳动力过剩，当我们追求发展主义的现代化时候，增加了一个产业过剩。中国几千年来，它的循环遵循了人口和资源矛盾，每当人口、劳动力过剩，传统的资源不足以支撑的时候，就进入下一个循环，那就无论是天灾还是人祸，人口都会大规模减少，然后资源重新恢复到可以支撑人口，就转入到下一个周期。而我们进入新的这一个产业资本历史周期，是人类进入资本主义社会五百年已经演变了几次的循环。而在我们这里呢，到 1999 年，已经有 3/4 工业产品供大于求，大体上形成了林毅夫指出的双重过剩。

进入新世纪，中国人用了不到十年完成了西方用五十年完成的金融资本过剩的过程。就是从金融资本异化于产业资本，再到金融资本自身出现过剩，这个进程中国人用了不到十年，我们大约应该在 2001—2002 年完成了金融资本的市场化。因为 20 世纪末已经出现产业资本过剩，必然会规律性地出现金融资本异化于产业资本，因为产业过剩了嘛，如果你们在座的各位任何一位是银行家，就不愿意往过剩的产业去投钱，投进去就意味着资金占压，甚至意味着坏账，意味着银行的亏损。所以在这个阶段上，当产业资本出现全面过剩的时候，金融资本一定会规律性地异化于产业资本，很快就异化为独立于实质经济的、虚拟化的资本力量。那么，金融资本异化之后的运作规律就会随之改变——从过去的金融资本和产业资本结合，到金融资本追求自身的流动性获利——那就是什么流动性最快，金融就去追什么。当然就出现了追股市、期市、房市。接着，就会发展衍生品交易和推进虚拟资本扩张等等。

产业资本得不到金融资本的支持，就会首先出现农业和中小企业金融环境的恶化。金融资本离开小农乃是发展中国家普遍发生的现象，不必多说。而中小企业以民营经济为主，必然会出现已经浮现出来的民营经济作为社会主体的政治化反映，那么，就会出现如现在所说的国资与民资之间的矛盾。其实，从本质看，这是金融资本异化于产业资本之后必然出现的资本主义历史发生阶段性变化期间的本质性矛盾。

金融资本一旦以追求流动性获利为主，就会迅速的自我膨胀、扩张，出现过剩。那么我们也就进入到了一个虚拟化的金融资本引领经济增长的全球资本化时代。

大致看，人类进入到发展主义的高级阶段，会出现全球资本化这样一种发展的趋势，这也是规律。到了这个资本主义高级阶段，就是我们原来讲过的资本排拒愈益深化。资本排拒（exclusive），在发展中国家的城乡二元结构体制下，就表现为一种城市排距。各位听好了，我认为资本排拒会表现为城市排拒，客观上与城乡二元结构相辅相成。赵树凯刚才讲的教育方面的教育排拒、市民待遇方面的市民排拒等等，本质意义上，都是资本排拒。产业资本排拒则导致产业过剩，是个资本主义规律。

当世界资本主义发展到金融资本异化于产业资本的时候，就到达全球资本化的高级阶段，必将出现金融排拒与金融危机并存，这也是个资本主义规律。

金融资本的流动性获利是内在的，因此追求的是全球资源和资产的金融化才能增加虚拟资本交易规模，全球的金融化（global financialization），或者叫全球资本化（global capitalization），最终出现虚拟资本上千倍地多于实质经济总量而导致全球性金融过剩。

这是在全球进入金融资本主义历史阶段后发生的规律性的必然现象。

马克思主义经典理论分析人类的资本主义历史阶段（马克思本身也是一个受到西方中心主义思想体系影响的全球主义者，马克思身后的第三国际的全球主义者也可以说是一种教条化的发展主义者），本来就说得很明白：人类进入资本主义历史阶段，是由于人类创造了一个自身的异化物，那就是资本。这个异化物创造出来以后，会不断地把人类生存依托的各种要素、各种资源都反过来异化为可以产生各种资本利润的生产要素，乃至于最终把人类自身也异化为劳动力要素。当资本把人类也完全异化为劳动力要素来占有其劳动剩余价值，以形成资本利润的时候，资本主义这个人类的历史阶段也就终结了。我背不出原话，只能一般理解他这个意思。

马克思在他生活的那个历史时期，主要意识到的是产业资本异化，还没有条件意识到金融资本是可以异化于产业资本的这样特殊的一种滥觞全球的资本力量，在发展主义的高级阶段的能够主导全球资本竞争的力量。20 世纪 90 年代的诺贝尔经济学奖得主，已经不再讨论金融不能获得独立利润，产业资本主导阶段金融能获得平均社会利润，90 年代开始讨论钱能生钱，就是印老头票能下崽，这个讨论本来是荒谬的，过去没有人会相信印老头票会下出毛票来。但是诺贝尔经济学奖在 90 年代已经成为钱能生钱的这样一种理论创新的激励，也就是说，金融资本自异化为独立资本力量以来，它是在追求自己独立于实质经济的虚拟利润，需要学术界建立一种理论模型去推导它的合理性，形成了这样一种逻辑。

（二）何以“学高为师，德高为范”

看到你们这个农民之子《十周年征文材料》，里面有两篇文章值得一读。我其实在来的路上还没有想好跟大家说什么，本来想你好我好大家好，因为大家起个大早，无外乎庆祝一下。但是看了里面有篇尧育飞写的文章《农民和农民之子的自救》，觉得有点意思。

原来冥冥之中有这么一种鲁迅“隋洛文”的感觉。试问，鲁迅为什么死得那么早，因为他把他本来在60岁以后的话先说出来了，他就死得比较早。很多人问一个预设了回答的假设：鲁迅活在1957年会怎么样，我说你们这个设问是不对的，因为对于一个死去的人，是不能假设他在未来的一个社会是怎么样的。我们只能假设他在自己生活的当时社会的那些言行之间是怎么联系着的。因此，我这个思考不是那种假设，而是与他当时的言行有联系，觉得他是把本来60岁以后说的话都说了，所以就提前逝世了。

你们社团的姓尧这小伙子，当然我不是咒他，他话也说得太早，把我这个年纪应该说的话他都提前说出来了。然后他就遭到了很多网友的批评。就像鲁迅当时横眉冷对有点孤军奋战的感觉，也因为话说太早。但他说得对不对呢，我觉得有点像那个扁鹊见蔡桓公的感觉，也像鲁迅有篇杂文说你们家病人肯定要死，就遭人暴打……说早了呢，就容易遭人批评，但确实是超凡脱俗了。

看了这东西以后，让我想讲点我现在正在思考的很多问题，提醒各位，特别是青年社团不要陷入当前社会上的无谓的炒作，不要去炒这些事，无外乎你们中间有人说得早了点，那说早了总是要挨批的。

所以，我今天先说一下中国人的上个一百年，无外乎完成了一个产业资本过剩的过程，中国人进入新世纪的十年，无外乎完成了金融资本过剩的进程。这些话，以我这种年龄来看也说早了，将会使我自外于西方经济学那些主张钱能生钱的主流的学术界。但对你们年轻人，我想拿这些话为铺垫，来解释一句话，叫“学高为师，德高为范”。

何以为学高？学，理论界几乎人人都说我们在治学。治学直译，to govern study，那就得有 the governing system，就是要有治学的体系，然后就得遵循学术界的规矩 regulation，刚才赵老师开始讲这个 regular、rules，然后就得有 who govern whom，谁去治谁？就得有这一套体系性东西提出来。治学者被治，被谁治呢？被形成这套制度的人去治，因为形成这一套制度的内在作用是利益分配。所以，今天这个治学就变成了被研究 being studies，因为你被 govern 了，被治了，所以就进入被研究 being studies 这样的一套学术体系。最终你还能学高吗？不能了，因为你已经被 govern 了，已经进入了被 govern 以后的 being studies。

我把这个道理用于全球二八开的分析，就是我近年来在反复讲的制度致贫规律，至今不能被主流学术刊物所接受的关于贫富差距的规律性论述：制度性致贫（the institutional being poor）,其实就是解释你怎么被贫困的，讲这个世界的二八开是怎么形成的。这个关于制度的理论解释，和一般人说的微观精准去扶贫的感觉就不太一样了。其实，也就是说，致贫的最根本问题不在于你，你要被人家扶，可你本来不是贫，甚至你本来很富，你被制度性地致贫了。怎么被制度性地致贫了呢？institutional being poor？当你把这些问题拿出来讨论的时候，你就已经不是主流的学术了，既然这个讨论不是被治理 govern 条件下的被研究 being studies，那你就超过了这个学了，也就学高了，这时候呢，也许就有条件学高为师了，对不对啊？

还不能，因为你还没有制度 system，就不能治理 govern 别人。而没有 system 的核心原因是你没有形成利益分配的条件。当你超越这个学问体系的时候，你还想有这个体系的利益分配吗？或者，想另外还有个利益分配体系？门都没有。

所以，谁想真做到学高为师，就得不再被利益分配体系所局限。打个比方无论鲁迅还是我们现在，为什么话说早了，无论对错都有毛病，因为会被各种既得利益集团挑战。

以我自己为例，现在二级教授拿到了，再往上奔不太可能了，现有的利益分配对我就没制约了，也就可以在不根本性地撼动主流的同时，稍微超越现有的治学体系（system），可以有条件做些另类的思考，然后把这另类思考表现为一种新学。

所以我说，不应该怪大多数在被 govern 条件下的、被利益分配条件下的青年人，他们只能去这样“被学”。要大家一定要学高为师，是不太可能的。

同理，德高为范也不太可能。

因为在这个体系条件下的，它要求的是一个刚才赵树凯讲的这个规矩（regular），它去规范你们所有的学。是因为，客观的地讲，比如说20世纪大家都处在产业资本的形成阶段的时候，资本要异化人为生产要素的时候，他就要规范人类的所有的知识系统，才能将人类本来具有的多样性生存资源被其异化为被产业资本所使用并被它占有价值的生产要素，实现这个过程是产业资本赋予教育体系的任务，因此教育的过程也就是所谓的being studies，也是一个被学习，被教化为性质同一的生产要素的过程，这是产业资本客观的需求！

如此而已，何以德哉。

遂有著名经济学家说，经济学不讲道德。

诚然，无可厚非，不过是个很客观的表达罢了。

而这样来看20世纪90年代中国人高速度地追求产业扩张时期的教育产业化演变，也是在这个阶段的必然，教育既属于生产力，则势必产业化。因为它是让人异化、变成劳动力要素的规模经济过程。另一方面，教育又附属于上层建筑，那是因为这个体系它本身蕴含的利益分配制度及对其做科学化理论包装都是支撑着上层建筑的。然而，上层建筑内涵具有规范教化和国民动员功能的意识形态，还得靠教育体制予以合法化解释和普及传承，这就内在地与教育产业化之间构成了上层建筑不适应经济基础的本质矛盾！

所以在这个阶段，我们不能够要求教育什么？我们不能要求教育改为有教无类，构建一个多元化的、非常开放的、包容了所有的多种人类生存环境条件下多样化存在的体现生态文明理念的教育，这样体现有教无类的、使人回归于人的生态文明教育，有悖于产业资本需求，难度很大。

当然，我们如果不批判整个教育体系，只不过是要这个教育体系更多些包容，那也许可以做得到，比如说非得有什么人自己愿意去做非常另类的、但体现人类社会多元化生存的这样的学习和研究的时候，那就得耐得寂寞，少得分配，坐得冷板凳，啃得馒头喝得凉水；就不能指望像其他热门专业那样去积极服务于产业资本的崛起的需求就吃香的喝辣的、出去一次演讲给多少万。

那么，就有了在承认教育体系的这种内部的利益结构的差别条件下，仍然可能靠自觉来实现鲁迅戏称“隋洛文”的可能。

这时候，既然知道教育体系内部追求学何以为高的这个可能性基本上是不存在的，也就是解释了为什么说中国百年教育很难再出大师的原因，是因为这个教育本身体现了一种作用，在于把人异化为一种生产要素、可被产业资本占有剩余价值，它的作用是服务于这种产业资本的崛起的。

那它的积极意义在哪呢？如果中国人不崛起，没有以产业资本立国，你得挨打。

因此，就不能简单地批判这种教育制度完全是错误的，完全反动的，不能如同当年发动“文革”那样，也不能像现在这个姓尧的小伙子对教育持完全批判的态度。不过，他有这种稍微超越的思维，大家也不必去批判，他只不过是稍微讲得早了点。我们看到身处其中的这样一个产业资本主导的社会发展历程，谁想提前做些思考，提前有点理论超越，那谁都会被这个产业社会所批判，所不容。

（三）独立思考

要解释以上道理就得跟大家交流我的思考过程。

这么说，就是结合点实际跟大家说，要想真有点能力，真有点思想，要想学高为师，那你一定要有一点比较另类的思考能力。举我自己的例子吧。

我记得是在 1979 年看一个手抄本文章，当时叫“四签名”，在北京高校很流行，我至今依稀记得四签名写的文章题目叫《社会主义结构性经济危机》。今天我不知道你们谁看过，如果讲读文章，我觉得这篇文章很有意思。这四个年轻人敢签名，就意味着他们敢独立地承担风险。承担什么风险呢？承担指称社会主义也存在经济危机的理论风险。我们传统的服务于国家产业资本崛起阶段的原始积累阶段的教育，那更是需要统一思想，谁都是向国家资本贡献全部剩余价值的劳动力，谁都在被学习中别有什么其他的想法，有其他想法一定被批判。那大家只有认同这一套思想，才能够最大化的献出大家的剩余，形成最快的产业资本原始积累。这主要是因为那时候比的是快，因为谁慢谁就挨打。所以我们在一元政治环境高度紧张甚至是战争威胁条件下的产业资本原始积累，要求的就是只有一个思想，不能有其他的。而到达产业资本原始积累完成，进入产业资本扩张阶段的时候，就出现了挑战单一思想的文章。

现在学者们强调的所谓这个普世价值和原来单一思想没有

什么本质差别。当那个阶段单一思想还处于统治地位的时候，出了个“四签名”，四签名这四个人有朱嘉明、黄江南、翁永曦、王岐山。当时对问题认识较深的现在还剩一个在位的王岐山，国务院副总理、政治局委员。其他先生现在有的在海外，有的下海经商，都还算比较成功吧，至少算社会上的成功人士。

你们想，那个年代就有人公开挑战主流理论界，如果我们稍微往前推一点，“文革”期间早期就有很多人在思考，提出很多挑战性问题，只不过后来被淹没了。如果现在有人重新做“文革”史的研究，你会发现那个时代人们思想是活跃的。事实上，1979 年及早期思想解放都仍然是个延续，延续到“四签名”手抄本的文章之后的西单路口大字报墙。

如果回到那个阶段做反思，而那个阶段的思想解放运动，很多讨论其实是完成了产业资本积累到产业资本扩张、再到过剩期间出现的一个结构调整所客观需要的多元格局。因为，过去国家资本是单一重工、单一军工这样一个为了打仗的军重工业体系，相应地也就形成这样一种单一思想体系、教育体系和理论体系。而到 20 世纪 70 年代这个阶段开始出现产业资本结构调整追求产业扩张的时候，就有对此前单一结构的反思认识。何况，我们也有单一结构导致的经济危机，也有很多人认为这个经济危机是因为结构偏重的造成的。那时候，各种挑战性思考很厉害，不要小看那时候年轻人的思考，因此，我也说不要小看现在年轻人的思考。尽管思考的内容、提的问题不同，但都值得我们关注，去保护，叫做我尊重你的说话权利，不要来不来就把他扣帽子打压成什么。

那个阶段出现的情况非常重要。我的思想形成也受到那个阶段重大问题讨论的影响，其实，后来我的文章发表也不过是画蛇添足。例如，我在1988发表《危机论》，这个“危机论”讲的可就不是结构性危机了，而是讲周期性危机。就更大胆了，对吧？1988年还是原来的那个主流理论体系掌握这分配体系和学术规则，还是这个体系还没有被彻底改变的时候。那是从斯大林模式继承下来的思想理论体系。就有反对意见说：你怎么胆敢把资本主义经济运作的规律——周期性经济危机，拿来运用到对社会主义经济历程来进行分析！这是原则错误。

对我1988年5月那篇文章的严厉批评被8月发生的通货膨胀淹没了，后来到年底计算全年的通胀率18.6%，我的文章也被《新华文摘》全文转载，接踵而至的1989年生产停滞进一步教训了那时候的主流理论家。

那时候，我的思考虽然还很幼稚，但是已经把我们追随发展主义的过程，把整个人类进入资本主义文明阶段的历史规律现象开始做讨论。也在同年，大家没关注过的我的另一篇讲民间资本原始积累的文章发表了。既然讨论了官方的资本原始积累了，接着就开始进入民间资本的原始积累的讨论了，而民间资本怎么原始积累的，和地方政府的保护行为怎么结合的，本来都是很实际的问题。那文章也是《经济学周报》发的。那个老编辑是何家栋，思想解放些。

总之，20世纪70年代末到80年代末的很多讨论，是对中国经济运作基本规律的初步的探讨。

也就是在那年，同时发生的一件事，也就是刚才赵树凯讲的 1988 年关于农民协会的讨论，我那时候在国务院农村发展研究中心的农村改革实验区办公室，领导就跟我们说，咱们如果能够在将来把我们这个办公室变成中国农民协会的办公室，咱们的任务就算完成了。20 世纪 80 年代的领导很早就有这样的认识，不是只有现在的学者刚讨论。

因此可以说，我认识产业资本运作规律的文章是 1988 年。我们认为农村改革的目标是办中国农民协会也是 1988 年。

也就在同年，领导提出了我们这一代中青年知识分子应该做的事情：应该在我们退下来之后，和前辈——二三十年代的时候，即梁漱溟、晏阳初、黄炎培等这一波做乡村建设的知识分子——的工作做一个对比，看看我们各自是怎么做的，分析两代人做农村改良事业的异同。所以那时候，我们还派人到北京图书馆把早期的梁漱溟、晏阳初、卢作孚、陶行知等人早年所做的事情的历史资料复印，装了满满一柜子，打算等什么时候有空再拿出来做比较分析。因此，我们在那个时候就清楚要积累档案资料，积累历史资料。哪怕我们做不了，也可以留给后人做。

可是，我们怎么会在产业资本开始扩张的年代就去关注乡土中国的变化呢？

那是因为，我们认识到产业资本的基本运作规律，它一定是从三农获取剩余的。直接把三农要素流出转化为产业资本的资本化收益。这个规律早在那个年代就已经认识到了，所以不是今天，而是早在 20 世纪 80 年代，我们就已经这样看问题了。

请注意，今天人们讨论的改革，很少有人讨论 80 年代的思想，因为那时思想对于产业资本而言是有超越性的，是有真知灼见的。请各位务必注意，再后来形成的工作，比如我们去帮助志愿者，甚至小的 NGO 下乡支农等，这些事情其实并不是后来自发形成的。甚至早在 80 年代中期，记得我们的老师杜润生就说，你们这个农村实验区办公室要是能够动员成千上万的知识分子和青年学生志愿者下乡，你们就成功了。

我当年就是联络室的干部。中央农村政策研究室有个联络室，责任就是联络各个高校和科研机构的知识分子、青年学生，动员他们下乡调研，我们每年寒暑假鼓励青年知识分子和学生下乡，给他们调研回来的报告评奖。也有在报告评奖后又被揭发说是抄袭的，记得 1986 年我还到一个山东大学生调查所在地去核实是否抄袭，主要看他是否到村入户了，他的报告内容与调查过的村户情况是否吻合。可见那个时候的工作是非常认真的。

再到后来，比如我分工搞《中国改革》杂志社的时候，也算狗尾续貂地组织大家调查研究，也拿大学生的调查报告来评奖，给大家结集出版，所做的事和 80 年代中央农村政策研究室差不多是一样的。那时候中央农村政策研究室、国务院农村发展研究中心在干这样的事，所以它当然也被认为是客观地代表了农民的利益参与中央决策的部门。中共中央国务院当时是有这样作为“三农”代表的部门在操作着中央政策调研。而对这个能够代表“三农”参与政策的部门的认识一度有偏差，后来也是被重新肯定的。无论哪个领导都认为，80 年代农村政策是我党农村政策是最好的时期，这一点，到温家宝 1997 年要当分管农业的副总理的时候，他就这样表过态。说我们能不能再搞成像80年代中共中央农村政策研究室这样的机构，那个年代是农村政策最好时期，因为来自于“三农”，服务于“三农”。

以上说明，20世纪70年代到了产业资本扩张初期阶段时，因有结构性的变动的需求，就出现了关于结构性危机的讨论，后来20世纪80年代又出现了关于周期性危机的讨论等。那时候人们对产业资本的认识，和对产业资本从三农提取资本原始积累的认识，从某种程度上说应该是完全公开的讨论，并没有遮遮掩掩。真问题拿出来讨论的情况下，就有真知灼见。

回到研究上来，那时候就叫做学高为师。

因此，为什么人们都说那时候一批中青年精英集中在这些中央政策部门，而没有集中在高校，是因为高校的整个知识体系，这个教育所体现在上层建筑的基本功能，还是在于试图把人教化为统一的生产力要素、可以被产业资本原始积累来占用的产生剩余的这样一种要素，因此，很早就是统一的教材、统一的理论，而这一套，20世纪70—80年代在高校里还没有改。

你们不知道，当时教育面临改革大潮时，当时的教育部长讲的什么，他提出的口号叫“全面恢复十七年”！而十七年是什么？主要是斯大林模式的，服务于产业资本需求的，把人异化为劳动力要素的这样一种制式教育体系，是把人异化为标准化的生产要素的十七年。因此教育走向了和社会进步不那么同步的所谓改革，我也不敢说相悖。

教育之所以今天被人们广泛诟病，其实是当时教育内在利益结构的要求，在恢复十七年口号之下得以延续。因此我们说，这个教育体系到90年代当它得以变形的时候，又激进地转变追求美国主导的国际化，国际化无外乎其实就是指美国化，而美国又是一个85%的GDP来自于第三产业的得以剥夺全世界的特殊经济结构，而这个美国经济结构所要求的美国现代教育，恰恰和我们处在产业资本扩张阶段的教育在内涵上本来是不一样的。他们要求的是培养以金融行业为中心、全球外资进入最高的国家金融资本阶段的人才。而我们在90年代改革的时候并没有形成如此庞大的金融资本，我们尚在产业资本扩张阶段，因此我们盲目追求的这个美国结构，造成越是排名靠前的学校，越是变为整班整班的留美预备科，然后他的班会可以在美国开，所以大家就都愿意去美国。结果是全国有限的教育资源是用来为美国输送人才，因为那才有你这种美国模式的国际性教育的客观市场，因此我们的高等教育人才市场演变成了美国导向之下的人才积压。

而大多数得不到教育资源投入的普通中小学、农村教育和职业教育就都衰败。而由于高等教育恰恰不符合产业资本从农村提取劳动力的这种要求。于是乎，也就出现了良莠不齐地各种各样的民办的职业教育——官办的职业教育衰败了，民办的职业教育兴起了等这些光怪陆离。

这就是为什么中国没有大师，越是名教授，越没学问，因为有些名教授只了解美国，不了解中国。

因此，也在这个阶段出现了越来越多的青年学子在本质上对教育的无法认同。大家趋向于60分万岁。和80年代进高校的学子不同，那时候大量学生的都是被社会锻炼过的。我进高校的时候是28岁，我们是被工农兵生活锻炼过的，满脑子是问题。进学校是求知的，发现老师发给我们的是“十七年”的发黄的教材，迫使我们到处寻找手抄本文章，参与大量社会讨论……我们党支部确实在当时起核心作用，带领全体同学对抗这种维护教育体系的既得利益结构的陈旧教育。

举一个例子，我那时候上了一个外经外贸的选修课，拿了一篇结业文章交给老师，他说你这个文章观点不对，要给我不及格。我说观点不同，要看是否言之成理，跟你谈判，算我没选你这科，你也别给我不及格。今天的教育体系再也不可能允许我这种人出现了。还如，上党史课我给老师写了一篇英语的论文，老师到我宿舍找我谈，说你这个是什么意思啊，我说因为老师你讲得好，你这个课讲了很多史料，我觉得对你讲的史料的分析可以用英文发表。所以我上课就用英文记录了，期末就用英文给老师写了一篇结业论文。老师当时就要我给他口头翻译这篇结业论文，还得了良好。

还有很多当时师生之间的故事，因为我们是“文革”后恢复高考入校的那批老学生，那时候跟老师年岁差不太多。我是十多年工农兵生活，是实践中出的真知，你书本知识要跟我在实践中获得的真知对话。

当时那个教育体系确有很多人不认可这东西，所以，我们那时候满北京找有思想的老师去听课。哪个老师的课能让我们接受就去听，不能让我们接受的课就逃学。这里再举一个例子，当时有一个老师，讲课把学生都讲跑了，看班上还剩下三五个学生就非常愤怒，说：期末考试我就考笔记，谁不记笔记，谁就不及格。我说你这叫什么考试？我当时是学生党支部书记，就开党员大会，所有党员一致通过在这个老师要考试那天组织所有要入党的学生积极分子上党课，不来本支部就不发展你入党，然后逐级上报给上级党委，最后只能把考试取消。

到20世纪90年代，高校学子演变成了各种各样的支农学生社团。因为这种延续下来的教育方式仍然和学生实践中形成的良知不符。因此你们农民之子为什么能坚持十年，虽然每个人观点不一致，甚至是冲突的，是因为每个人内心深处这颗善良的心，最基本的东西是以良知做人。

所以北京师范大学的农民之子作为支农社团，学高为师看来达不到了，德高为范总要追求吧，那么怎么办呢？我们自己去做一些力所能及的事。

当资本排拒表现为城市排拒的时候，试验着做了点不认同这种排拒的事，以我们有限的知识，去做一点有限的事情，表现了一点我们师范大学的一种德，无德何以为师啊？所以那是大家一种良知未泯的一种表现。

我们说什么叫作德？坐而论道，可谓德乎？四体不勤，五谷不分，述而不作等，这些有任何德的含义吗？难道仅以现在这种学，就可以生成德吗？当我们把这种学和现在这样一个历史阶段密切结合知道不可超越历史的时候，因为他的利益分配整个来源于这个阶段所产生的收益，是二次分配得到的份额。所以说这个阶段所需要的这种学，难道可以产生德吗？如果有，或者定义为德，那绝对不是真的。那会如鲁迅先生那篇杂文《狂人日记》所写的一样，满纸都是……不再往下说了。其实会有人看到这些问题，于是乎他会发出呐喊，在极端痛苦的情况下他会有“狂人日记”，当要做某种精神回归的时候他会“闰土”。

当你们需要有精神家园的时候，这个纪念册里又有一个文章，作者是黄凯平，来了吗？《在这片土地上筑造家园的一群人——我眼中的“农民之子”》写得很好，你至少在想到故园，想到当年鲁迅先生写闰土的那种感觉。谢谢你，坐下吧。

我说你们这些年轻人啊，真不容易，循着自己内心深处未泯的良知，你们走下来了。十年了，你们走到今天，还能让老会员们回来在一块开个座谈会，再跟新会员们在一起交流交流。你们不易。

为什么？是因为你们开始建筑根据自己内心深处未泯之良知而形成的所谓“德”。何以为德？没有在实践中对自己的改造，凭着学了几个什么“拉夫”、什么“斯基”，你就“德”了吗？你肯定有了他在他那个阶段中他对于那个客体的反思所形成的认识而被人所归结为“德”的那部分知识，但那部分知识并不意味着你就有“德”。

作为教师，你们作为北京师范大学的毕业生，应知这个“学高为师，德高为范”的校训，当讲“师”和“范”的时候，你们知道为人师表。那德是什么？德何以为高？如今这个德何以高？不经过你们这样的支农实践，去长期地关注弱势群体，连一般知识分子的素质都没有，何以为师？

什么叫“知识分子”？说得很清楚，不管你是不是有高等学历，只看你是否代表着人类良知去做社会批判，并且在这个批判之中去践行你在社会批判中所提出的理念，这就叫“知识分子”。哪怕你们没有上过学也是一样被称为知识分子。

梁漱溟为什么被称为“大知识分子”，是因为他上过高等学校吗？非也！是因为他一生坚持了那种批判精神，且竭尽全力地身体力行了。

最近有一篇文章在纪念萨缪尔森，萨缪尔森难道是学经济学的吗？他为什么被称为“二十世纪最伟大的经济学家”？难道是他读过经济学教科书？错了，是因为他写了经济学教科书，但你们要知道他是一个没有读经济学教科书而写了经济学教科书的人，因此他才被叫做最伟大的经济学家。

今天中国教育界可能有这样的大家吗？唯“附庸”耳——附着于某种利益集团而为其张目者，何学之有，何德之有？！

2010年的第一天不应该说太多。说到这，咱们就戛然而止。

谢谢大家！

（四）互动交流

沈湘平（主持人）：温老师用“纵横捭阖，洞若观火”的思想为我们讲了对一百多年历史的判断，还有对我们当前社会问题、教育问题的症结的诊断，还有从他一个有良心的知识分子讲了在我国在我们这个时代应该有的“治学”的立场，我们很受启发，很受鼓励，还让我们警醒，让我们再次以热烈的掌声感谢温老师。下面我们来到提问阶段。

SFQ：温老师，我以前读过你的一篇有关“三农”问题分析的文章，今天听您演讲比原来我通过我自己的理解，我感觉自己有更大的提高了。我就觉得，感觉您在中间分析的从产业化然后到金融过剩的过程，好像是历史的结果，个人无法改变的一个决定论的东西。一定程度上说这个历史的进程可能不是由我们个人的或者个别因素的改变甚至个别政策的调动所受到影响的。那么，我们就是这样一个被格局化的人，处于利益的某个纠葛中。我们这些老会员可能感受更深，好多同学毕业了以后就可能是一个老师啊，或者某个公司的职员。就是我们，尤其是农村出来的孩子，碍于面子这些问题，碍于养家糊口、赡养父母等诸如此类的问题，在这样的情况下，我们有一种悲剧的色彩或者说是悲剧的命运。

我们知道历史车轮是滚滚向前的，不可阻挡的，甚至是处于某种决定论当中的。那么，这样的一种情况下，我们这些知识分子可做的有多少？或者，我想的另外一个角度，就像温老师您刚刚讲到的德，我觉得有中国历史上有知识分子为民请命或者类似于这样的一种情怀，那么这中间我觉得是矛盾的，也是我自己长期纠葛得比较多的。我不知道温老师有没有类似的纠葛，对我们会有什么启示？

温答：你听我谈过自己的苦恼吗？没有。说得简单一点吧，就是没工夫。假如我要停下来考虑我的困境、我的苦恼、我的羁绊，那就麻烦了。我们这一代人吧，从生下来就比别人忙，所以显得比别人老，一直忙于干活，什么事都比别人晚。我说我上大学 28 岁吧，我上研究生的时候是我同班研究生的爹的那一辈，就更晚了，我拿高级职称的时候快 50 了。什么都晚，所以就来不及。你们还有工夫停下来叹口气，我们是没工夫叹息，所以你问我这些事，也许是不适合，我没想过，也来不及去想，我即使想了也不能怎么着，就是得抓紧去干事。

也因此呢，我要感谢你们一句。其实我老想停下来，但就是停不下来，就是被你们这样的年轻人，还有社会各种各样的人推着，生生推到……我看到这个小伙子写的文章说知识分子懒惰，我其实也并不是不懒，我也挺懒，但就是停不下来。毕生只有一个感觉，就是没工夫！有时候，说句俏皮话就是“为什么我的眼里常含泪水，因为我对这片土地爱得太深。为什么我的脸上常带着微笑，是因为我面对的矛盾和困难太复杂”。所以不得不含泪地微笑，或者另一句话说的，就是因为我面对的批判太……太那个吧，所以就只好笑着面对这一切。你要想稍微拉下脸来，整个人就会太沉重。

我倒想多说一点你刚才说到决定论或者所谓的“宿命论”。

我们首先承认规律，我觉得“宿命论”不是个重要的东西，是因为当前很多被人们说成是规律的东西可能不是规律。我刚才说“何以为学”的时候，我记得是在提出一个东西，我最近在很多讨论中开始这样提问，有时候甚至把那些听报告的人激怒，我是想说，判断真理目前没有别的好办法，现在所谓“创新”和“被创新”太多，所以判断真理只有两个办法。

第一个是看理论的科学性。无论你建构的理论逻辑多么完美，看你这个逻辑的起点是否能够和历史的经验过程吻合。是否“宿命论”我说不好，只要你的理论逻辑和这个历史的经验过程在起点上不是一致的，那这一定是涂抹理论色彩的“包装”，带有某种意识形态目的的“包装”。比如说，我们今天把市场经济作为市场主义提出来讨论的时候，它就已经是一种包装了，因为它没有和历史的经验过程在起点上做到一致。

同理，假如我们一定要把中国1978年进入改革之前的发展过程定义为计划经济的话，那么这个定义以及我们关于计划经济的批判，全部批判逻辑也因为找不到历史起点或者不能和历史经验过程在起点上一致而不可能是真理。

我最近开始写书的时候就跟大家说，中国改革前其实没有来得及搞完整的计划经济，我们的第一个五年计划并不始于1952年，而是在1950年朝鲜战争苏联开始军事投资以后就形成了苏联人指导下的中国的那个特殊的军重工业发展过程，不是按照“一五”计划搞起来的。我们的“二五”计划只有几个控制数，但因为苏联人投资中辍而基本没有能拿得出来。我们的“三五”计划本来是想调整农轻重比例，但由于周边地缘环境趋紧必须加强战备使“三五”没有最后完成文字工作，大计委就被小计委取代了。也就是说“一五”不是我们的，“二五”没出来，“三五”讨论半天，最后负责制定计划的计委失败了。如果说我们改革开放之前是五个五年计划，那么对不起，“文革”期间“四五”“五五”还算有计划，但其实“文革”中也根本就不是像我们想象的那样可以按照计划来做。

所以如果把改革之前定义为计划经济，起码应该知道实际上它是怎么制定、怎么执行的，你找不到计划经济和中国经济发展历史的经验过程相结合的那个起点。

这也包括我们的改革，据说是建设市场经济体制，但你也找不到西方那个可以参照的市场经济体制的经验起点。

因此今天高校的教科书解释既不是真科学，也不是真理。

所以我说，你第一个问题源于现实中很多解释让你感觉到的是历史宿命论，但你得到的通俗化的理论解释它既不是真理，也不是科学，因为它找不到它的解释逻辑的那个历史经验过程的起点。

第二条，怎么判断客观结果的科学性。假定我们要认定某个客观结果是科学结果，那一定是要在给定的同样的条件下，沿着同样的技术路线可以重复得出的同样的结果，也就是说结果可被重复。请问当代社会经济领域中哪个被理论界认定的结果可被重复，如果没有同样的条件，只介绍技术路线，任何一个社会经济过程是可被重复的吗？

根据这两条，可以在我们今天的所谓“学”中，何以为学的“学”之中，请大家去做点衡量，做点评价。你们会感觉到，我刚才这句话问得是有道理的。何以为学？因此我说你所说的那个历史宿命论本身不是真实历史过程，人类历史本来并不是这样的，它不是个被人打扮过的戴着小红头绳的姑娘。你的问题内在地表明，在人类的这个阶段，大多数人生是被扭曲的。明明她是个老态龙钟的老妇，给她戴上小红头绳就是小姑娘了吗？尽管历史都是今天被扎个红头绳，明天被扎个绿头绳，这样被扎来扎去的，但它依然扎不出个靓丽来。

CJH：刚刚听完温老师的演讲，我很赞同您说到20世纪80年代的真知灼见在如今的学界是很难再有超越的了。然后您也说到“四签名”中的王岐山，最近我找到一套《走向未来》丛书，编委会第一位编委也是王岐山。本想问您和赵树凯老师同一个问题的，就是刚刚赵老师说到农村从90年代开始计划生育最难执行，收税、收费难，是矛盾集中点，那么现在是维稳，可以说现在的“三农”问题从单方面走向了全面性的问题。

从 80 年代到现在，这么多人，这么多知识分子的努力，三农问题其实没有得到改善，反而有一个更加严重化的趋势。温老师，您现在是人大农村发展研究院的院长，也是农村发展研究中心的核心，是我们农民之子里面大多人的榜样，就是想进入体制内获得一定的体制内的资源去做推动社会的事情。我们从 2005 年开始也有一些项目和活动走到体制外去做事情，我们也受到您的很多启发，到农村脚踏实地地去做。实践出真知，这一点我很认同。虽然这几年下来，社团里还保留着这样的两种观念，一方面削尖脑袋往体制里钻，然后想办法做事情；一方面认清楚体制是一个很强势的东西，希望能在体制外做一些事情。我觉得，温老师，这么多年来，体制内的事你也做了，体制外的事你也推动了不少。所以，我想问温老师，您觉得这两种不同的路线可以怎么结合起来？

温答：听起来好像我参与了很多策划似的，其实都没有。只是，怎么说呢，可能是我们受过一点传统教育吧。修齐治平这点基本的东西是有的，只不过看条件吧，能做的时候多做一点，不能做的时候少做一点，完全不能做的时候呢，那就独善其身吧，读书去，做书斋研究去。

我刚才不愿讲我这个经历呢，是因为太复杂，太多的挫折，包括有相当长的时间什么也不能干，只好去读研究生啊，做其他研究什么的。我没法给你们一个如何结合体制内外资源的启示。很多年轻人都希望得到一点箴言啊什么的，其实人这个动物他真的是千差万别的，我最不会做的就是思想工作，也最不会跟人家讲这些。

对不起啊，我实在回答不了你的问题。独善其身不容易，但无可奈何之际只好独善其身，你还能干吗？

FBX：温老师，我问您一个具体一点的问题。我知道在土地问题上您是坚决反对农村土地所有权私有化的，您的立场也是很清楚的。现在的制度能够保证农民工有耕地这一个最后的保障，保持社会稳定的趋势。

我想问的问题是，在现在这种土地所有制的情况下，在城乡结合部征地的过程中，农民基本上没有发言的权利。您觉得在现在的土地所有制的情况下，可以解决这个问题的可能的途径是什么？

温答：看来你还是没有很认真地看我的文章，问的问题还是 ABC 的问题。

我得跟你说，我首先讲的是："农地本无事，征地自扰之。"

在农业用地领域中，农地本来就不是公有。自 1949 年"土改"以后是私有，只到 1956—1958 年短短的一段时间，是变成被乡镇、亦即公社一级所有。到 1960 年以后，恢复到以队为基础的时候，土地所有权也就是以自然村为基础，而自然村为基础的就相当于私有性质的地权，在几千年来都是客观存在的。所以，我说无论是"土改"还是"大包干"，都无外乎恢复了中国传统农业文明延续下来的农村财产关系，也就是说大家都在一个村中聚落而居，那村中的公共事务是靠公共财来维持的，在一般农业文明中没有现代资本主义意义的绝对产权。即使是在民国年间，在加快资本主义进程的历史阶段上，也是有许多农村维持着祖宗田、族田、庙田、学田等公田。大范围看，越是南方土地资源短缺的地方，土地对人口保障功能强的地方，在民国时期的公田的比例就越高。比如像闽南这一带，像珠三角这一带，很多村的公田占比都高达80%以上，比现在被称为社会主义的制度还高得多。

后来，“大包干”之后土地只是名义上的集体所有。所以我说，人们现在并没打算讨论真问题，愿意讨论的是伪问题。农村农地的集体所有，事实上只是社区内部成员权的集合，真实权利是成员权。

具有历史意义的矛盾在于，包括过去的旧民主主义和新中国成立后的新民主主义，中国的领导人想的都是要实现资本主义规模农场，所以我们的政策本质上反对农民根据成员权来分配土地。其实成员权是在农村社区内部最彻底的私有，也就是说我生下来以后就有一块地保证生存，这是数千年农地制度历史变迁内含的一种本质特征。应该理解，大多数发展中国家的领导人，之所以都要想方设法地把这个本质特征否掉，目的只不过是要推进资本主义农场，以此促进工商业发展。我们先要把人类进入资本主义历史阶段之后的这一点起码的道理搞清楚。

我们20世纪80年代“大包干”，既是财政危机压力下的让步政策，又是政府退出、三农休养生息。其后多年来都要求土地产权清晰促进流转规模经营，本意也是想推进资本主义农场，不是仅仅为了保护农民权利，那又是另一回事了。

现在发生土地矛盾冲突一般不发生在农地，随农民工外出，农地早几年就大范围出现流转了，书面合同也好、口头协议也好，张三愿意李四帮他种着，然后打工无着了再要回来，那是他的事。至于你是否实现规模经营，和农民一点关系也没有。可我们非得要强行介入，是我们的毛病。当然我们知识分子脑子里想要法制化，要签协议，要签合同，其实那些也是“狗拿耗子，多管闲事”。

对抗性矛盾主要出现在征地上，那征地有什么问题，无非城市工商业和城市房地产资本，这两种资本必然和金融资本结合，然后配合上地方政权，制造出有利于资本的制度供给，这在资本主义条件下本来是常态。在任何发展中国家，在加快产业资本进程中，也都出现这些问题。也没见哪里因为土地公有、私有或者农民所有就解决这些问题的。你们得做点发展中国家的比较啊，所以我说农地没事，别拿农地说事。这是第一。

第二个说法，“农民本无事，中产自扰之”。

谁要农地自由买卖呢？是日益崛起、人数已经是全球之最的城市中产阶级。而中产阶级正在裂变着半个世纪中国主要以小资为主的国情特征、成为21世纪中国的历史性短视和邯郸学步的内因。其实农民大多数认同村内土地均分制形成的保障性质的成员权，本身并没有提出这啊那的，就像前一段时间我说“农民不抗旱，媒体在抗旱”，其实地方政府也不抗旱，因为地方政府就追求GDP，农民不抗旱是因为农业收益过低，抗旱投入没有可能得到相应的回报。那谁在抗旱呢？只能满大街媒体在抗旱，这是今年中国农业的真实情况。同理，现在究竟谁要把农村土地私有化呢？主要是随过量增发货币而虚拟财产不断增加、不得不寻求避险投资的城市中产阶级，那些已经崭露头角的农村新富精英也有类似要求。无论是这些高校知识分子也好，媒体也好，老板们也好，还是房地产资本，这些大都属于这个新兴中产阶级，因为土地没有彻底地私有化，富裕群体既不能跟农民自由交易，也不能像政府那样垄断性地直接占有农民的地。

别拿农民说事，别拿农地说事。基本常识搞清楚，先把土地性质划分开来，我们才能讨论土地问题。别简单化地说：你到底主张土地私有化，还是主张土地公有制？我从来就没有主张过那种服务于产业资本扩张的所谓土地公有制，也反对这种偷换概念地试图照搬西方意识形态的土地私有化。我一直说，自从三次土地革命战争之后农地本来就是农民作为社区成员共同所有的，这在本质上也是一种私权。所谓私有化是满足你们可以凭借过剩资本占有农民生存资源的那个制度，是吗？

说问题得先说清楚 ABC，现在讨论问题往往不从基本概念讨论起，而把城里人所提出的利益诉求假托维护农民的利益来表达，这也是长期来农民的利益在客观层面上无从表达造成的。都说自己是代表了农民利益，其实你代表自己。

农民的利益千差万别，在高度分散的小农经济条件下，如果没有农协帮助提高农民的组织化程度，农民的利益表达的机制尚不存在，根本就没有可能被代表。所以别拿农民说事。

土地制度改革与历届领导人百年制度变迁的主导思想高度相关。我从来指称大包干主要是“政府退出”过量提交原始积累因而负债过高的不经济的农业领域的结果，而不认为这是农民的需求。

FXJ：我想问这样的一个问题，你说的要成立农会中首先要讲明农民的概念的问题。所以说我觉得咱们现在所讲的农民是不是就是 1956 年的时候，为了国家的资本积累而形成的一种城乡分据和社会身份的一种行政化划分而形成的一个概念。因为农民在这个现代化中，他作为一个阶层，其本身也在不断地发生变化。那么将来的话，农民作为一个社会阶层是不是会消解掉，因为农民是现在我们的概念下的行政化的划分公民，他本身的这种转化的趋势，也需要掩盖掉当时由于城乡身份而划分的趋势。所以说如果将来成立了农会的话，那么它有谁来领导，它的利益诉求由谁来提供？我觉得这是一个很重要的问题。

温答：很好，这个算是今天提问题中最好的问题，也是最需要花工夫来讨论的问题。

但是，因为时间已经没有了，所以不能跟你讨论太多的“城乡二元结构”，这是否就是一个行政性划分？

如果你真想了解的话，我建议你把我那个去年 1 月 9 日再版的那本《三农问题与制度变迁》拿来读一读，先来了解一下城乡二元结构是怎么回事，是不是就如我们一般媒体所说的它就是一个二元行政性划分。然后，你再考虑一下城乡二元结构会不会在可预见的将来就转化为单一结构，也就是说乡土社会的崩解，农民身份向市民的转化，在可见的将来就能完成。这个是我先说的你需要做的一个大势上的判断吧。

其次，如果你有兴趣的话可以看一看我在发展中国家比较研究中关于发展中国家城市化和农民进城问题的分析，我在20世纪90年代以来的调查和分析，一定程度是促成今天中央强调城镇化的一个原因。人们都知道，目前为止，在发展中国家找不到城市化成功的典范，是因为发展中国家的城市化无外乎资本扩张，农民破产，破产农民携家带口进入城市，变成城市贫民窟的非正规生存或非规范生存的人口。这是不是就意味着农民结构发生的分化？这个分化到底有什么趋势？这些问题还有待于进一步的讨论。

所以说你提了个很大的问题，也是很好的问题，但是我用这么短的时间无法回答，还是请你们去看看什么是我真正的观点，以防止被做媒体的人所误导。

第七节　中国林改的历史背景与现实意义[①]

非常感谢有这个机会来向大家汇报在林业改革调查研究中形成的体会。

20世纪八九十年代的两次林改，我都是当时政策调研方面的参与者，本来以为这次新世纪的林改参与不着了，没想到国家林业局的领导又给了我参加这次林改的机会，使我有一个从

① 温铁军于2011年11月28日下午在国家林业局“全国集体林权制度改革专家座谈会”上的发言。

20世纪80年代以来伴随着整个的林改全程参与形成的历史感。据此，谈谈体会。

（一）分—卖—分：三次林改背景分析

林改的历史意义主要在与国家不同发展阶段的需求客观上一致。

纵观过去三十年的林改，20世纪80年代是以分为主，20世纪90年代是以卖为主，这次2003年以后又是一次以分为主的林改。

20世纪80年代以分为主的林改确实带来很多问题，我们在完成家庭承包分户经营时就认识到，大包干不是农村改革的目的。家庭承包所解决的问题远不如它所引发的问题多，所以才要进一步深化农村改革。因为，几千年农业文明历史上我们农村就是家庭承包，我们搞大包干实现分户经营并没有超过前人，这一点当年就很清楚。因此，后期农村改革中出现的“三农”问题形势严峻，主要是没有按照客观规律进一步深化农村改革的后果。

同理，今天林改重新实现了以分为主，但如果不能进一步确立、重构农村经济主体，就不符合深化改革体系规律的要求。30年前以分为主的改革完成后，我们就提出农村经济主体包括农户、合作社和企业这三大类，虽然农户是其中一类，一般意义地维护农户分户承包也是正确的。但培育合作社与企业同样重要，不能把分户经营“意识形态化”处理。

20世纪80年代，在林区以分为主的林权改革缺乏后续制度安排，确实出现了一些破坏性砍伐，在当年的政策部门也得到了高度重视。老一代参加林改的同志都知道，我们在 1988 年发起林改试验区的时候，在南方集体林区推进的就是今天做的这些内容：在山权、林权清晰化条件下促进市场化转让，同时形成以股权为基础的林业合作组织作为林区的经济主体。实践证明，只有在林区的规范交易经验足以构建制度的条件下，才能进一步引入外来企业投资。

后来之所以在 20 世纪 90 年代陡然转变为以卖为主，是因为 1993 年中国遭遇到了财政、金融、外汇三大赤字同步爆发的政府债务危机。世界银行曾经计算过中国在 20 世纪 90 年代的综合负债率与 GDP 的比值超过了 146%。今天欧盟国家遭遇到的债务危机早在 20 世纪 90 年代中期的中国就曾经严重得多地爆发过！在那个仍然维持对中国制裁的年代，西方主导的国际舆论普遍是幸灾乐祸的“中国崩溃论”，没有谁会出手相救。今天欧盟发生债务危机要中国人出手相助，他们忘了当年中国人是怎么渡过金融危机的。其实中国包括国企的许多方面都在“以卖为主”，更何况林区，很多地方财政是高度赤字，银行是严重贷差。在以林木和林地为主要财政资源的地方政府推进以卖为主的改革，主要是他们应对赤字和债务危机的客观结果，并非谁主观上就想这么做。

到 1998 年因国企改革造成数千万职工下岗、农村改革造成农民负担过重等问题都加剧了内需不足，加之东亚金融危机导致外需下降，中国开始进入了产业过剩和通货紧缩。接着，世纪末的生产过剩又相继引发新世纪的商业过剩和金融过剩，也就是说产业资本、商业资本、金融资本这三大资本在新世纪都出现过剩，而这一点恰恰和当今“全球化的内因是全球过剩”在本质上是相似的。

在这种情况之下，2003 年以后开始的再次以分为主的林业改革就具有了相当重要的现实意义。

如果说 20 世纪 80 年代初以分为主的那场林权改革，是在 1979 年和 1980 年国家财政严重赤字压力下，被中央地方分灶吃饭的“财政甩包袱”政策给带出来的，那么，派生的一个客观效果却有重大历史意义，当年“一镢头刨出来个大金娃娃”的说法很形象，实质上就是占人口 80% 的农民和所谓城市资本密集的工业化过程相对而言脱钩了。从经济角度来说，在发展理论上这叫“去依附”，中国 80% 人口生活的农村地区，可以不再依托现代化城市部门，这是一个被称为二元结构的特殊的体制条件。

而此前之所以林业“危困”，在于国家工业化的原始积累造成林区资源的被资本化——国家直接占有林区资源，以极低的林价来获取剩余。所以说，不仅农业有“剪刀差”，林业也有“剪刀差”，“剪刀差”是导致林区和农村一样的贫困状况的主因。因此，那不是林业穷，如同农村普遍贫困不是农业穷是一个道理。

正因为，国家工业化原始积累提取了过多的积累，才有 20 世纪 80 年代的以分为主使得政府“退出”最不经济的农村，才有包括林区在内的农村和资本化过度集中的城市经济脱钩，那既然实现了“去依附”，就意味着 80% 的人可以依靠农民家庭与平均占有自然资源的直接结合来维持基本生存，而这种体现农民“耕者有其田”理念的制度安排，历朝历代都做过。

（二）新时期林改的战略意义

这次新世纪的林权改革，与以往的不同在哪？

它的实践意义在于，在分的过程中，实际上拿出了集体林区28亿亩林地资源向山区农民做了一个重新分配，这相当于20世纪80年代那次拿出了20亿亩耕地资源向农业地区的农民做了一次分配，这其实是具有根本变革意义的财产性分配。

更为值得关注的是政府重新“进入”农村经济领域——这个财产分配恰恰配合了2003年“三农问题重中之重”的民生新政和2005年的新农村建设——政府连续加大农村基础设施建设投入。到2009年全球危机爆发之前，中国95%的山区、林区、传统农区实现了五通（公路、水、电、电话、网络）。

大规模的政府基本建设和公共投入，带来了外部投资资本“搭便车”的机会。因此，这次林改有一个与过去不同但很重要的现实意义，帮助已经过剩的产业资本和金融资本重回山区和其他资源地区，得到占有资本化收益的“搭便车”机会。

在这种三大资本过剩的情况下，对中国林改来说，国家战略层次的现实意义还在于2009年全球危机大爆发的时候，过剩资本可以因避险需求转而投向资源地区。最近这些年，林业地区得到的外部投资大量增加，达到几千亿的规模，这是历史上前所未有的事情。随着资本回流，带动劳动力回流，一方面导致林区农民增收的速度快于平原农区；另一方面，林区还吸纳了大量的区外农民流动就业。这就是新的财产性分配带动过剩资本追求避险流动所客观发生的结果。

改革史上的这三次林改各有特点，新世纪的这次应该说是条件最具备的，因为我们是在世纪之交三大资本都过剩条件下，通过林区的林权改革促使资金和劳动力要素回流，而且是全球危机打击下国内资本的回流。

我们认为，中国已经开始的金融化发展阶段上的一系列变化，符合资本运动的客观规律，无论不同理论视角的学者怎么归纳总结、评价都不过分。只是我们还没把其与这段林改经验相关的现实意义，进一步提升到国家应对全球危机的战略高度上。

归纳一下新世纪林改的战略意义，大致是两个。

第一，林区改革有力地帮助中国成功地应对这次全球危机。根据这个现实意义可以做一下测算，国内资本有多少回流林区、带动了多少流动就业、林区的林农收入增加多少、财产性收益占多少？为什么现在林区的林农收入高于一般平原地区传统农业的增收速度？这些，都是值得我们认真总结的。

第二，林业改革有利于国家生态文明建设。2007 年中共十七大提出了生态文明,2008 年中共十七届三中全会提出了“两型农业”。这次林改所客观产生的结果完全符合中央提出的“资源节约与环境友好型”的、多功能的农业和林业发展模式。特别是在这次林改中，很多地方把社区林业作为构建林区生态文明的基础，这是符合人多地少的基本国情矛盾的合理对策。而社区林业与企业化林业之最大不同，就在于把“以人为本”能积极地、互动地维护资源环境安全的指导思想，纳入社区林业的综合发展，并直接与股份合作社建设相结合。这样把微观组织建设与国家战略调整结合的分析，使林改的现实意义能进一步得到升华。

（三）进一步深化林区改革的要点

最后，对于深化与社区林业相关的投资改革，谈一些具体的看法。

当我们谈到这次林区投资改革的时候，首先应该强调社会上钱是过剩的。上周末开会有人汇报，仍有大量的应该在今年完成的小额贷款完成不了。我认为主要原因如下：

第一，产权改革需要加强财产收益分配制度建设。

很少有地方像重庆现在这样的做法，结合“地票交易”向偏远山区转移城市地产增值收益，同时借机把山区的土地财产权益及其分配做了比例划分——15% 归村集体，85% 归农户。这是现在重庆能形成以土地为中心的股份合作制的原因——至少让出 15% 给村内“精英集团”。

各地一般讲的所谓产权清晰，无论是土地做股还是土地交易，都没有做出这样的制度：按照一定的百分比分配收益。重庆为什么要这样做呢？是因为土地的实际受益者并不仅仅只是农民，还有村内“精英集团”。从我们在各地调研的经验看，他们事实上享有权益一般不低于 15%。政府现在征占土地，如果不给村集体留 15% 的收益，就无法打动村内“精英集团”，一般会出现由村内“精英集团”所主导的反抗。尽管前面冲上去的是妇女、老人、孩子，后面真正主事的还是“精英集团”。土地收益分配如果不保证精英占有 15%，而是完全归农户个体占有收益，这个体现私有化的完整物权的制度设计，客观上是做不到的。

第二，吸纳外部资本进入林区需要加强合作社建设来化解制度成本。

要看到，指望任何商业性金融去面对分散的林区农户做小额信贷，都会有相当大的信息搜寻成本，商业银行是克服不了的。因此，我们认为最好的办法是尽可能“搭便车”——利用财政投入构建的公共项目获取的农户信息，在县级银行设立对综合性合作社的窗口批发业务，在促进合作社内部化的金融零售业务发育的同时，降低商业银行信贷投入风险。

比如说通过政府不断追加的财政经费向农户支付的新农合、新农保，以及用财政补贴的方式支持人保系统试点的农民综合性保险。这些公共品项目都高比例地落实到户了，这就意味着，其实农户方面的信息搜寻成本已经被政府大量补贴吸引普遍参与进来的农民支付过了。而农业、供销、技术和金融部门的投入之所以不能低成本地有效进入到农村基层，没有更多形成小农为主体的合作社作为接纳政府各个涉农部门投入的载体，主要是条块分割体制下大家没有条件去分享这一部分政府已经得到、本来应该公开的信息。我们也在试图帮助金融部门与政府有关部门谈判，把政府已经形成的比较完整的农户信息要来，通过分享来克服或降低信息搜寻成本。

有些人认为，由于没把山权、地权、林权都私有化，就没法抵押，也没法变现等。但我们通过调研认为，真实的原因是上面的这两条：一是没有给村内“精英集团”留下15%的利益；二是没有结合农村综合性合作组织建设，来解决包括政府支农部门和商业金融的外部主体进入小农经济的交易成本。

第五部分　区域发展比较研究

第一节　社会变迁与政府治理的中西差异[①]

昨天晚上刚下飞机，就先去我们在杭州一个打工者集中的地方形成的观察点，叫“草根之家”（公益组织），参加高校学者和志愿者们与各地农村来的打工者的交流。现居住在杭州的外来打工者人口总量约有250万，相当于杭州常住人口的40%左右。这个社会结构的变化对政府治理改革而言，应该是非常重要的。当我们在杭州谈“我们”和“让我们生活得更好”的时候，希望把这250万外来打工者纳入到杭州人的“我们”之中。

我向大会提交的论文，主要讨论社会经济变迁对政府治理

① 此文根据2013年7月12日温铁军在浙江杭州举行的“让我们生活得更好”的国际会议上的发言整理而成，发表时的文稿作者是温铁军、杨帅、邱建生、兰永海。

结构调整的影响。应该关注的是，杭州和一般的产业资本集中区在经济结构上存在着基础性不同。

（一）西方对立的主流意识形态对“我们”不适用

当阐述社会矛盾变化和政府治理结构调整的时候，我们一般会受制于两个对立的主流的意识形态，也是两个本源于西方中心主义的意识形态：一个是阶级斗争理论，一个是所谓的市民社会理论。如果把这两个源于西方的理论体系在中国的实践中使用，常常会感到它们都不一定能够适应转型中的中国。

为什么？因为阶级斗争理论其实是在西方 19 世纪的社会对抗性矛盾的发展中形成的。到 20 世纪中后期，随着二战之后西方产业大规模转移，到 80 年代新自由主义的主流问世，再到以金融为中心的第三产业的推进金融全球化，原来在西方社会处于主流地位的阶级矛盾也随之已经转变成市民社会的矛盾。

大家可以看西方经济社会已经发生的典型的“V”字形转变。

我们如何看西方主要资本主义国家的这个“V”字形变化呢？其实，这表明在社会成本上推造成的产业危机压力下，西方国家只能不断向外转移具有内生对抗性阶级矛盾的制造业。在这种大规模产业转移的同一时期造成的 V 型，在于西方国家经济增长越来越依靠海外汇回资本收益来支撑跨国公司在股市上形成题材、拉动经济愈益金融化。我们认为，产业资本及其与生俱来的阶级对抗大都转移出去，才是西方形成市民社会占据主流的基本条件。

据此看，对于我们来说，这两个在西方对立的主流本来就具有一前一后的阶段性，但因为我们现在接受的主要还是西方的产业转移——之所以在大多数发展中国家社会矛盾有同质性的原因，主要在于都接受西方的产业转移——基本上还是处在“微笑曲线”的底端，在产业收益率极低的条件下恶性竞争。因此，在产业资本集中的地区，往往会发生与西方19世纪阶级斗争过程类似、而在性质上不同于西方当代公民社会的经验。

结合以上分析来看，杭州的不同特点在哪？

如果看杭州经济和社会结构变化中出现的“两个50%”，这里确有调整政府治理结构的必要。

杭州是一个产业结构趋向于高度化、已经使第三产业占比高达50%以上的地区。在这种调整期间，在向第三产业转型过程中，经济结构已经发生了基础性变化。随之，它的社会结构已经从一般低层次的产业、低收入市民这样的社会结构，转向中等收入市民占50%，或者说是中产阶级群体占绝对比重这样的社会结构。与这两个50%对应发生的，则是政府构建良性治理结构与时俱进的借机调整。

由此可见，杭州的社会经济基础变迁及顺应其变化的上层建筑调整，就会和仍然处于一般加工产业、尤其是制造业占比较高的地区有所区别。

要理解这样的变化，我们还要进一步和西方现代化的经济社会特点做一个对比。

（二）经济现代化与贫富差别拉大

当中国人想按照西方社会的现代化来构建中国的所谓现代化治理的时候，会发现我刚才讲到的两个对立的思想体系——阶级斗争的体系和市民社会的体系，两者都未必适用。当代西方以金融服务业为主来引领经济，形成服务业占引导地位的高度现代化经济结构，但它的贫富差别也在拉大。并不因为经济结构高度现代化，贫富差别就会缩小，相反，经济结构越高度现代化，贫富差别也越大。

可见，经济高度现代化并不意味着公平正义，并不意味自由民主。历史的和国际的经验都不能证明我们所要的这一切可以通过经济结构高度的现代化来实现。世界 70 亿人口中只有 0.001% 的富裕人群，而且主要集中在西方。西方产业结构调整本身带来的是贫富差距加剧，而政府在这些问题上却束手无策。

在经济结构最高度现代化的美国，其 GDP 85% 以上来源于以金融为中心的服务业，制造业占比下调到约 11%，农业占比下调到低于 2%，这个高度现代化的结构似乎是全球的榜样。但，金融中心华尔街仅容纳了 30 万人就业。当它发生危机的时候，政府的救市投资却无法有效地解决在这种“极化”经济结构约束下的不能就业的弱势群体问题。因此，只有 1% 的人得到了大量的投资。可见，美国这种危机困境是由经济结构本身决定的，很难靠谁的主观意志改变。因为政府必须得去救占 GDP 85% 的以金融为中心的服务业，而不可能去救仅占 11% 的制造业和不足 2% 的农业，客观上就导致了“有复苏无就业”，贫富分化越来越大。

其实不仅在发达国家，在发展中国家也一样。发展中国家服务业占比最高的是印度，其第三产业占比高达57%，但它的贫困人口数量也是世界最大的。这并不意味着经济高度现代化就解决贫困，而是反映了这个世界的现代化越来越趋向于极化，贫富差别越来越大。

连带的更为严重的问题是，西方这种贫富差别很大程度上要靠政府推高负债来提供社会保障才能维持相对平衡。先看美国，它现在的政府负债占全球的一半。并且，不仅官方负债是一个非常大、还在不断增加的数字，私人负债也在加速增加，总计相当于全球 GDP 的 100%，这几乎是不可逆的趋势。

我们再看其他欧洲国家的政府负债。欧盟从债务底线上看已经属于不合法存在，因为使它得以成立的《马斯特里赫特条约》本身规定了入盟国家政府负债的合法性底线。现在欧洲国家面对的是一个社会严重不平衡的局面，其采取的应对措施只能是政府财政普遍高负债的同时，制造过量流动性来对外转嫁高通胀。这种现代化政治模式在全球危机面前已经暴露出制度成本过高转化为非法负债的一面。

所以，能不能按照一般西方国家的经济结构和政治调整经验来追求高成本的现代化，来构建我们的经济社会的治理结构？这还是值得调研和讨论的。

（三）中国的比较优势和城乡二元结构下的软着陆

中国人并非没有做过努力。我们在一百多年的近现代化过程中一直在跟随西方，但时移境迁，发现根本没法走西方的殖民化的道路，大量原住民人口仍留在国内，而且又往往在每一次危机过程中都表现为大量失业，很容易转化为社会性的冲突。因此，中国人百年追求西式现代化，教训多多。

到目前为止，什么是中国的比较优势？我认为还没有公认的确定答案。很多主流学者说中国劳动力便宜。可这早已不是中国的比较优势，因为印度、印度尼西亚、孟加拉等亚洲人口大国的劳动力比中国便宜得多。那为什么外商直接投资 FDI 不进那些劳动力更为便宜的国家，而纷纷进入中国呢？可见，并不是因为中国劳动力价格便宜。

第一，是中国政府的低负债率。中国有大约 200 万亿物质财富作为基础，其与政府制造的 130 万亿金融资产之比，相对于西方的经济泡沫化而言要合理得多。

西方国家当前最大的问题就是政府过度负债，而在全世界工业化国家中，目前乃至今后数年内政府负债最低的是中国。这就意味着中国这个超大型的大陆国家，仍然有条件用政府负债投资的方式，对内陆做基本建设投资，以此拉动其他投资。换句话说：只要政府长期投入于基本建设，就会为其他各项私人的或外部的投资创造“搭便车”获取机会收益的投资机会。

这一点比较优势只在中国才有，这就是中国仍然吸引外部投资的原因。这几乎也是当今工业化国家高负债的政治经济结构中，我国唯一还有的比较优势。

第二，是城乡二元结构。如果我们接受上面这个观点，就可以明白中国的城乡结构到底是怎么回事。

一般人都会把城乡二元结构当成非常负面的状况，因此大家都批评户口，基本上成为国际词汇。就像20世纪80年代很多老外到中国来，学会的第一句话就是“马马虎虎”。

现在大家都说户口，其实很少有人注意，中国城乡二元结构恰恰是以庞大的乡土社会所仍然保留的东方理性，承担了整个产业危机或者代价。

我们最近出版的一本新书《八次危机》告诉大家，每当产业资本在城市发生危机的时候都会把代价向乡土社会转嫁。凡能够顺利转嫁的，城市的产业资本就能软着陆，危机也就解决了；凡属于不能转嫁的，就会硬着陆，每一次硬着陆都会砸出调整或者“改革”。

比如20世纪60年代的大调整是城市产业资本危机硬着陆造成的；同理，20世纪80年代的大改革也是城市产业资本危机不能向乡村转嫁造成的。

因此，今天在杭州谈到“我们”这个本次国际会议的主题的时候，需要大家理解：为什么中央政府2002年强调城乡统筹？2012年十八大进一步强调城乡一体化？主要是因为我们大家都应该努力维持乡土社会可持续。如果我们不能真正做到城乡一体化，而是把农村摧毁，危机软着陆的载体就不存在了。

我们还得知道，大多数发展中国家之所以陷入危机跳不出来，原因就在于没有像中国这样有一个无数次接受危机代价使其在城市得以软着陆的农村。

（四）关于东方理性的讨论

那么，为什么一般国家的农村不能接受危机代价，使城市产业资本危机得以软着陆呢?

主要差别在于，中国的农村之所以能够消解城市危机，就在于它20世纪上半期有三次土地革命战争，借此完成国家政治建设所必需的全面动员，同时产生了一种“土改红利”。

其实，如果认真看东亚社会形态，就会发现：日本、韩国、中国乃至中国台湾，都具有借中国大陆土改红利形成的重建“东方理性”社会的条件。

东方理性的内涵，主要在于“内部化机制”。其运作基础可称为“农户理性”，接着，在农户理性之上是“村社理性”。

根据我们的研究，农户理性存在“具有内部化整合机制、形成家庭组合投资功能”的家庭单位之中。村社理性则是由于村级占有土地所有权，得以对农户做财产分配和收益整合，而使农户理性在村庄地缘、血缘环境条件的约束下得以放大为村社的内部化机制。

简言之，在土改这种无偿分配土地制度、使土地成为“无风险资产”的情况下，这两种理性都能够使得外部性，特别是负外部性，可以在村社或农户中得到内部化的处理。

在中国的工业化原始积累时期，为什么没有发生西方模式的殖民地原始积累?

中国不仅是在最初的原始积累进程中形成内部化制度（这也是现在面对全球化挑战的最大竞争力），而且在后来的产业扩张阶段同样靠原始积累形成的制度及后期制度变迁中的“路径依赖”来完成产业扩张。

这个道理，解释了为什么城乡二元结构中的乡土社会，以及乡土社会内在的东方理性能够使得“内部化机制”有效存在，并且能有效地化解城市产业资本的危机。在今天应对全球化危机带来的变化中，仍然希望这种有效应对的机制能够得以加强。

据此，至少应该认识到这个机制就是稳定我们乡土社会内涵的东方理性，能够以此来使“我们”这个概念变成国际化的语言。

（五）中国社会“金字塔”型的稳态结构

刚才讨论了土改红利，要知道土改最大的结果，就是使占中国人口 88% 的农民都变成了小有产者。其实按照西方阶级斗争的理论，小农应该被叫作小资产阶级。今天中国社会发生的变化，主要是由过去的小有产者为主体的社会，变成了以中产阶级或者中等收入群体为主导的社会。相对于发展中国家而言，中国的中产阶级虽然占比较高，但仍处在社会结构的夹层位置。

过去农民分了地以后都变成了小土地所有者，今天我们知道中国社会的住房私有化率高达 89%，接近 90%，远高于不到 60% 的美国，为什么？就是因为中国农民几乎 100% 拥有私人房产。同理，中国的农村土地也将近 90% 是在农民手里，他们即使在企业打工也仍然是小有产者。

此外，城市还有大量没有达到中等收入的小资群体。

总之，中国城乡小有产者群体大约占总人口的 60%—70%，另外 20%—30% 是中产阶级。再上面有 5%—10% 富裕群体，大富群体占 5% 不到，构成金字塔的顶端。中国的中产阶级人口大约 5 个亿，与发达国家相比，是美国中产阶级的两倍半，是欧洲的两倍。中国与其他发展中国家最大的不同是没有底下的赤贫群体，所以就不会导致社会严重不稳。赤贫群体越大，社会不稳越严重。中国金字塔底座是小有产者，这个结构是稳定的。这个稳态结构，客观上要求人们理解政府治理的核心问题是学会从过去对待小资的方法汲取经验来学会对付中资。

但是，今天中国的中资还不是西方公民社会意义的中资——最大的不同是不纳财产税。

迄今为止，中国间接税占92%多，直接税占7%还差一点，并且直接税中由个人直接去缴纳的占比极低。例如，我们大都属于中资，单位替我们扣税，自己几乎不去纳税。尽管有庞大的占人口20%—30%的中资人群，但这个中资的政治诉求是要求不纳税的权益（vote for no tax），因此，历史地看，这个中资还不是西方的公民社会，而是两个不同的群体。在中国是有分散的中资利益诉求而非西方那种政治化的中产阶级群体，因此中国才有所谓政府协调仍处于高度分散状态的中资利益的可能。

当把这些基本特点搞清楚的时候，我们就理解了为什么杭州强调“我们”，这是争取为中产阶级提供能够满足其利益诉求多样化的表达方式，由此，可以形成政府和中产阶级诉求的有效结合。

这些政府治理的结构调整实践，大大超过了过去高校接受的阶级理论和市民理论。但只要把这两个理论放一放，来看中国自身的发展经验所形成的结构变化，就能够更多地增加一些对这个社会的了解。

现在，很多人在讨论什么是未来中国发展的主流，很大程度上是在跟从资本导向的城市化，却很少有人关注过城市化意味着资本和人口在城市的集中，更少有人注意到每一份资本集中都对应着一份风险集中，而风险集中将导致城市危机的爆发。所以，城市资本集中必然导致危机在城市爆发，而如果没条件对乡土社会转嫁，危机就是灾难性的硬着陆。

可见，中国最近十年强调的城乡一体化战略是合理的，不能简单地推进城市化。因为没有办法学习西方向国外转嫁危机代价，中国人必须靠自己的能力走一条和谐社会的道路。

过去说摸着石头过河，现在我们说，西方高度现代化的模式，对我们来说已经不能摸了，这个石头摸不着。因为在我们前面的主流是金融化，能走这条路吗？至少应该持怀疑态度。

最近中国十年的高增长，靠的是中国对内陆和农村的大规模投资，核心是看怎样解决产业过剩问题。西方是发动二次大战，我们是对内转移制造业过剩生产能力，也有说这是用长期过剩掩盖短期过剩。

客观看这些年的发展，某种程度上已经在经济发展方式上做改出西方道路的努力，但政府如何在社会治理上根据东方理性形成中国特色的结构调整，还是一个比较有新意的研究领域。

中国人的日常用语中习惯强调“我们”，这个“我们”概念本身，一定有内在理性的支撑。这个内在理性的本源，主要是东方理性中的两个重要部分，一个是村社理性，一个是农户理性。若这两个理性能被杭州在确立以“我们”作为改善政府治理的指导思想的时候成功借鉴，用于我们今天正在发生巨大变迁的城市社会之中，那杭州政府的良治，就有可能变为现实。

第二节　解读“珠三角”的发展规律[①]

既然全球化的趋势是不可逆转的，那么我们应该讨论的，只能是如何应对。

（一）区域整合规律：纵向整合成功率高，平面整合十分困难

事实上，世界应对全球化挑战的结果，是全球区域化（glo-balization）。

中国在加入全球化的同时，越来越多地重视区域经济整合。2006年开始执行的国家“十一五规划”，也明确强调产业的空间布局调整。中国改革开放二十五年来初步形成的三大经济板块都集中在沿海，分别是珠三角、长三角和京津唐，就体现了这个规律。

然而，中国属于超大型的大陆国家，面积和人口都大于二十几个国家的欧洲和十几个国家的东南亚。因此，有些发展中国家的学者指称：不能把中国当作一般意义的国家，而应该

① 本文根据温铁军2008年去广东做《解读珠三角》调研的会上做的发言纪录整理而成。

看作是一个大陆，甚至由此认为中国经验不可取。

是的，凡属按照西方殖民地宗主国的制度来构建本国上层建筑和意识形态的发展中国家，大多数都很难借鉴中国经验。非要借鉴，也不可能成功。

在中国的不同区域整合之中，以很大代价真正完成了“一体化”的，只是珠三角——无论名称是“珠三角经济”，还是“华南经济”，以及“粤港澳经济一体化”，其实都是一个区域经济的整合问题。

区域经济一体化整合成功意味着产生收益，因为附加值高的产业对附加值低的产业的纵向整合（vertical integration）会带来增值收益。珠江三角洲如果能切实有效地破除过去行政化的区域概念，改变垄断部门分别控制资源的割据状况，区域整合是有可能成功的。

当然，任何纵向整合的收益，主要是位居上游的地区，而成本却主要是由被整合的地区承担的。

因此，我据此对珠三角区域一体化的分析，身处珠三角的低收益的广东人和高收益的香港人都不愿意接受，因为是大实话。

现在的全球化，被认为是全球的区域化。全球的区域化整合中，迄今为止还算是成功的，就是北美自由贸易区和欧盟。他们成功的一个基本原因，是通过产业纵向整合来实现区域经济一体化。区域经济中的上游国家，或称龙头国家，必须具有较高的产业层次，可以实现对下整合。北美自由贸易区的龙头是美国，在欧盟则是德国和法国。

综上所述，就产业资本发展自身的规律而言，纵向整合的成功率比较高，而平面整合则是十分困难的。

北美自由贸易区之所以整合成功，主要是有墨西哥的廉价劳动力、加拿大的资源，使得美国可以凭借技术产业、金融产业的优势对下整合。欧盟在苏联解体之前的区域整合就很困难，主要是因为法、德、意等欧洲主要工业化国家的产业是同构的，只有在苏东解体之后，苏东国家的廉价劳动力、资源才成为原来在平面上难以整合的法德意向东发展的动力，其实质是：东欧国家政治崩溃之后的资源和资产，成为西欧过剩产业资本进行纵向区域整合的原料。同理，东北亚地区也很难进行区域整合，因为中、日、韩的产业也基本上是同构的。

（二）珠三角产业资本积累既得益于也失之于香港制造业转移

到目前为止，珠三角 80% 的外资是从香港进来的，相应地，香港地区制造业的 80% 转移到了珠三角。香港自从 20 世纪 70 年代起接受日本制造业转移以后，在产业资本扩张的过程中，受市场规律的推动，自然会提高地价和劳动力价格，而香港特区政府本身的政策是严格控制土地批租的数量，从而更加有效抬高了地价。稀缺土地资源被资本化所形成的增值收益随即就近进入了金融资本市场，从而支撑了香港的资本经济。资本经济的发展又导致产业升级，促使香港的一般制造业大部分转移到了珠三角。这实际是就近利用了珠三角廉价的土地资源和劳动力资源，客观上等于给香港创造了一个很大的增量收益来源，有利于降低香港产业结构调整的成本。这样一种产业转移，一方面给过去“国家工业化时期”得到很少投资的珠三角平面转移过去了一个制造业，另一方面也给香港创造了类似美国的第三产业占 GDP 高达 80% 的新的产业结构。

当然，这种产业转移也给香港经济发展带来了很多遗留问题，主要是发展动力不足，没有制造业的支撑，只剩下转口贸易、房地产和金融业。近年来，一方面是上海与香港形成竞争关系，逐渐取代香港国际金融中心的地位；另一方面，香港这三业又是高度相关的，牵一发而动全身，而且缺乏基础产业和制造业的经济本来就极度不稳，因此，香港急需同珠江三角洲经济进行区域整合。

香港人在向珠江三角洲转移制造业时把服务业留在了香港，亦即现在所说的“前店后厂”，这是特殊的制度变化造成的，也是大国政治游戏的结果。

英国在 1997 年香港回归之前，一方面策动大量香港资本出逃，另一方面大幅度提高公务员工资、增加基础设施建设的政府开支，给香港经济遗留下很多问题。中国的行政体制和政府治理体系可以高效运转，中央政府能够短期内动员 460 亿元的中资进入香港，这一方面填补了资本流出的空间、支撑了香港经济，但另一方面，中方金融资本短期、大量地进入香港，客观上也推高了香港的房地产价格，这也成为迫使香港的中小企业转移到珠江三角洲的原因之一。如果没有香港 80% 的制造业转移到珠江三角洲，不可能有珠江三角洲的南中国制造业中心的地位。可实际上这也是大国游戏的结果，等于凭空给广东掉下一个大馅饼。

20世纪80到90年代，广东乡镇以下的行政村叫管理区，属于政府下伸的派驻机构，有非农土地经营权——有权建设乡镇企业开发小区。但管理区这一级却没有土地，土地的所有权在生产队（改革之后转制为以自然村为产权单位的经济社）手里。于是产生了镇、区和生产队之间在占用土地搞开发区上的交易，有行政权力的单位只有与农村生产队合作才能降低交易成本，为开发区提供廉价土地，接纳香港转移来的制造业，接天上掉下的大馅饼。由于这二者之间的土地交易，就形成了以“三区规划”的名义大搞村办工业开发区，于是，也就造成了一个分散的工业化布局。资料显示，东莞仅一个市就有500多个开发区。我们在20世纪90年代初期对珠三角的调查结果表明，佛山、南海、顺德一带，几乎村村都有开发区。而在一些新兴的、集群化程度比较高、资本化层次比较高的地方，如深圳，开发区数量比较少，产业集中程度很高。

珠江三角洲现在要搞的区域整合所面临的第一大问题，就是天上再也不掉大馅饼了。

香港制造业向珠江三角洲转移的过程在20世纪90年代末期就基本完成了，而由于香港把服务业留下了，所以广东仍然维持着“三来一补”、以“加工贸易”为主的陈旧产业结构。

这种加工贸易面临的一个非常严重的规律性问题：当初期吃光了低价的土地收益，接着榨取廉价的外来打工者的剩余价值之后，它自身的产业利润必然是会不断下降的。

不过，国际国内经济形势对珠三角都还算比较有利，主要是因为国际大资本过剩，国内金融资本也相对过剩。

1997年东南亚经济危机迅速波及全世界，世界金融资本为了避险，就要找到一个地区进行实业性投资，去资本化当地的资源和实物产业，从而获得增值收益，来弥补自身过度投机的不足。所以，欧美的资本纷纷涌入以制造业为主的中国。于是广东所得到的外部资本来源与过去有所不同了——从过去完全是来自香港的中小产业资本，到新世纪之初逐渐融入了一些国际大资本，珠三角的资本结构开始发生变化。

大资本的进入，客观上主导了产业的区域化布局，这也是经济规律。

中小资本越小就越没有谈判地位，没有谈判地位就无法应付管理部门的吃、拿、卡、要，于是它宁可分散布局——企业分散可以规避政府腐败导致的治理风险。

而大资本就不同。大资本与政府谈判的地位高，应对治理问题的能力强，更容易形成与政府高层的对话条件。海外大资本进来一般都要求按国际惯例办事。所以，国外大资本纷纷集中到那些垄断化程度最高、国内大资本控制程度最高的地方，比如上海、苏南、浙北、东北、北京、西安、重庆。它当然不会往市场化程度最高的地方去。例如中国人公认小企业最集中的浙江，尽管市场化程度最高，但国外大资本与分散的中小企业交易费用太高，所以是进不去的。同理，珠三角那些已经被香港来的小资本分散占有，资源已被小资本瓜分的地方，国外大资本也是不会去的。而在资源没有被小企业分散占有的地方，大资本才会去，并在这些地方迅速形成产业相对集中的区域布局。

可见，不同的产业区域布局形成的前提条件是不同的，分散与否和它当初的形成条件高度相关。

在这种情况下，怎么能片面强调让佛山、南海这类城市发挥中心城市的作用？这根本做不到，因为除了传统产业如陶瓷产业之外，佛山的产业是人家香港转移过来的，而转移时就是分散的，现在想调整、提升产业结构，即使可能做到，成本也会很高。但在惠州、东莞就完全能做到，因为在产业转移过来的时候就没有佛山、南海的这些问题。因此，不能把两种不同性质的前提所导致的问题拿到一块来说，也不能机械地用一个发展思路来规划。

如果真想形成城市群协调发展的态势，首先得问问自己那个地方有没有提升产业结构的可能？如果只是一般制造业的基地，几乎不可能提升产业结构。

珠三角有些地方还不算是加工贸易，更不是一般贸易，不过是来料加工。因为产业的大部分有收益的链条不在本地，所以这种企业前期吃地产收益，现在吃劳动力剩余价值，而且利润越吃越薄。

以不同的产业资本积累过程为基础，形成的制度也不同。

大多数在广东的产业，无论是过去的电风扇、电冰箱这些传统产业，还是现在新兴的电子产业、IT 产业，基本上都是同一个微笑曲线的趋势，也就是利润不断摊薄。

深圳大学的一位教授 20 世纪 80 年代末说过一段很好的话：广东经济最大的问题就在于“三来一补”的经济结构，这只能给当地留下一点“工缴费”，这点工缴费加上地产收益，让广东在20世纪80年代还算留下了百分之二十几的利润，百分之七十几的收益都流到了别人的腰包，为香港产业结构升级的同时经济高速增长做了贡献。现在，则普遍下降到了15%以下，有些地方只剩5%左右了。

在这种情况下，广东基层财政开始出现公共负债，据了解，乡村两级公共负债就有900亿元。在这种情况下，政府用什么来提高产业层次、投资R&D，搞技术密集产业？

从现存问题的根上看，珠三角吃的利润主要还是来源于廉价劳动力。

广东许多民间企业家对外来劳动力很残酷，一般只用他们一生劳动效率最高的五年，超过五年就不要了，而且决不给外来打工者提供任何社会保障。在劳工政策上，地方政府坚定地站在资方一边，充当资方的利益保护者和对劳工反抗的镇压者，难道能指望这种主要得益于野蛮原始积累的地方政府提升产业层次？

（三）在二次创业没入正轨的情况下，珠三角的产业提升之路

1. 扎进投机经济，二次创业没入正轨。

20世纪90年代中期，我就认为广东珠三角如果按照这种方式走下去，再不抓产业结构调整，进行二次创业，将来的发展就会成问题。

在产业层次上，一般商品制造业之上是设备制造业，设备制造业之上是金融业，金融业之上是高技术产业。如果广东长

期维持这样的“三来一补”，吃的是不断摊薄的利润、得的是工缴费，并由于低价出让土地、倒贴“三通一平”费用，就会造成基层财政的亏损，这时候还不思进取，调整产业结构，整合便只能是一句空话。

调整产业结构，一定要改变“三来一补”，至少应该把“三来一补”转变成一般贸易。哪个产业本身不能提升层次，这个产业就有危机。

广东的珠三角本来应该顺应形势发展金融为主的服务业，把在第一次创业中产生的不良结果，通过向华南地区转移一般制造业的第二次创业来消除。但20世纪90年代上、中期，宏观经济政策发生了重大变化。在1988—1989年第一波滞涨形态的经济危机发生以后，中国经济并未很好地朝着危机—萧条—复苏—高涨的周期性方向发展，而是靠与货币增发同步刺激出的房地产、证券、期货这三大投机经济来拉动经济增长。于是，原来凭借价格双轨制搞原始积累、捞了第一桶金的人，又都一股脑儿地钻进了三大投机领域，广东一省当年就有几百亿的投机资金，这使得广东第二次创业有相当大部分没有进入正轨。

到1994年物价指数猛然暴涨到超过24%，也主要归因于地方一股脑儿地搞投机经济，最后逼迫中央政府1995年开始实行紧缩政策、三年宏观治理整顿。就在中央政府宣布“软着陆”成功的同时，广东却发生了过度投机所产生的房地产危机，连带发生金融危机，使得中央不得不调集98亿多元人民银行资金、连带其他的200多亿元资金救广东的金融危机。

对于这一教训，广东地方的同志到现在也没有很好地总结。

因此，客观上还没有形成有效地调整产业结构、提升产业层次的思想理论等政策讨论的环境氛围。

实际上，广东外向型经济这些年当然有很大的进步，主要的还是加工贸易产业不断发展，外来劳动力不断进入。在中国经济高涨的情况下，尤其是中央1998年以来实施积极的财政政策，大量的投资用于基础设施建设，又为广东的产业发展带来了一个新机会。基础设施投资的大幅增长，改善了广东作为一般制造业出口加工区的基础条件，使得广东按照原有增长模式还可以继续增长下去。

但是，是否可能通过基础设施条件的改善，来维持区域内基础产业的平面扩张，可能还需要进行深入研究。

2. 产业结构提升之路。

珠三角要搞和长三角相似的产业结构吗？

长三角的产业结构在全国最完整，但人家是在计划经济时代就形成了。再说，珠三角按上海的路子搞重、化工，必然要假以时日，且有一个高污染的问题。

珠三角提升产业结构的条件：

第一，有大资本进入。

国内这几年存差严重，超过十万亿的大于贷款余额的过剩存款主要集中在国家垄断的大银行，贷不出去还要付存款利息，因而金融改革迫在眉睫。过去强制关闭区域资本市场、"二板市场"、场外交易，这些20世纪90年代曾经造成重大损失的政策都正在金融相对过剩压力下重新调整。合乎逻辑的调整的思路，当然就应该是形成区域性的资本市场和产权交易中心，整合各地分散的分属不同部门的产权交易所。

而珠三角中小企业密集，现在正好有条件发育地方性中小金融，包括间接金融——中小银行和直接金融——场外交易，在此基础上通过股份制合成资本投资集团，形成地方性的金融资本。这样，资本就规模化地集中了。然后，如果能把香港的创业板与深圳打通，香港汇集全球过剩金融资本的地方就成了广东的融资市场，再以广东的金融创新集中的资本，形成有规模的大金融资本。集聚大金融资本的又一途径是吸引外国机构投资人。珠三角大资本密集了，就会转向追求资本市场的较高收益，自然会逼迫那些效益低、污染严重的劳动密集型企业往珠三角的周边挪，这即是华南经济圈的概念演化为现实的机会。指望分散的中小企业像现在这样一点一点往周边挪，成本太高、时间太长。

第二，土地制度创新。

温家宝总理一再强调，不得以牺牲农民利益追求发展。征地制度应该有大的改革。征地制度改革的政策思路，就是把土地作为一个农村和农民拥有的基本要素。一是农村集体建设用地可以在合规条件下直接进入市场，所有工商用地一律走市场，其价格也由市场决定；二是国家严格限制公益性的占地，并保证按市场价格对农民进行补偿。广东这次疾足先得，政府已经出台文件，允许农村集体建设用地直接进入一级市场，同时，允许农村集体土地入股，如果国家投资的农村公益建设中鼓励农村土地入股，那么公益事业大部分是有长期收益的。此外，如自来水、电力，污水处理（可以收取企业排污费），车站和码头也可以是长期收取土地占用费等，这样改革的结果，是让农村群众通过集体租金分配到户来长期分享土地变性带来的增值收益。

征地制度改革势必会抬高珠三角一般企业的土地成本，一些污染重、技术低的中小企业将不得不向周边地区转移，企业分散布局、城镇带动作用不强的局面也将会有所改善。

珠三角如果要按传统的思路提升本地区的产业层次，改善产业结构，说起来容易做起来很难，倒不如走跨越式的路子。有了外部大资本密集进入和土地要素市场化配置这两个条件，珠三角经济就可能整合到位。

（四）珠三角发展的宏观条件——作为龙头的香港以及亚非陆桥的打通

1. 香港是珠三角产业整合的龙头。

要想使成规模的金融资本和适合区域化布局的产业资本在一个地方成为长久的经济支柱，一是看能否有区域化的资本中心，二是看能否形成不受行政区划限制的金融服务业。

香港的服务业发达，过去是亚洲的金融中心，华南地区的资本市场只能在香港，因此，香港依然具有整合大珠三角的比较高的产业层次。

如果广东真从大珠三角的发展考虑，其实应该是广东现在的小珠三角利用CEAP的概念，去积极配合和推进香港带动的大珠三角经济一体化的整合，香港仍有整合珠三角的产业优势。珠三角应该把金融中心的地位留给香港，物流特别是第三方物流也主动地让香港来发展，这样来带动珠三角的产业整合，把“大珠小珠落玉盘”这句诗改写为：大珠（大资本）落在珠三角，小珠（小资本）转移落华南。

香港应该利用粤港一体化的形势，向中央寻求粤港一体化的金融整合权。同理，珠三角可以利用人民币不放开的条件，先让利率与美元同样很低的港币对外成为主要结算货币，这就可以帮助珠三角的企业组成投资集团推动粤港一体化的金融业，用坚挺但低利率的港币资本来整合华南经济。

其实，我们既然了解到经济全球化的本质主要是资本全球化，其核心是占主导地位的金融帝国主义用过剩的金融资本整合产业经济和资源经济，来谋取资本化收益，那么如果我们能够把握这个本质，也就可以理解产业同构的平面整合，无论是国家之间还是区域内部基本都不成功的教训。相对地，也就理解了只有纵向整合，才可能成功的内在原因，就在于产业层次不同。

据此可知，一般的所谓区域整合规律无论国内国外都是适用的——占据产业高端的资本力量只有对下做纵向整合，才有可能获取相对高的利润。

2. 打通亚非陆桥，拓展南方国家大市场。

近年来，印度提出加入上海的五国合作机制。这使世界上的战略家发起了新的讨论——中国、印度、俄罗斯三国的欧亚大三角区域整合是否可能？这个讨论很诱人，因为，被称为21世纪的金砖四国（BRIC，即：巴西、俄罗斯、印度、中国）中，有三个位于这个区域。

历史上在中国、印度、俄罗斯三国的战略关系中，俄罗斯曾试图用产业资本整合中国和印度，唯独中国、印度之间关系复杂，俄罗斯的整合并不成功。

亚洲北部的两条欧亚大陆桥，沿途是大量的无人区，没有人口规模和市场容量。那么，没有消费，也就没有产业，客观上就没有开展区域整合的前提条件。

最北边的大陆桥当初服务于俄罗斯百年的帝国梦：建立横跨欧亚大陆的大帝国！因此有西伯利亚大铁路，沿途的地缘战略及其政治操控，长期是俄罗斯人的领域。另一个从荷兰鹿特丹到中国连云港的大陆桥两头繁荣，中间途经大面积的干旱荒漠区。除非中国的过剩人口和产业资本大量转移进入西伯利亚或中亚五国，建立与那里的石油经济结合的产业集群，否则这两条欧亚大陆桥作用不大。比如，我国江苏北部具有欧亚大陆桥东端桥头堡地位的连云港，就不大可能对内进行经济整合。因为连云港自身既不具有完整的产业结构，又不具有金融中心的地位。从那里作为起点的有条大铁路，但这条铁路延伸到兰州以西到处是光秃秃的。

但是，假定上面述及的粤港经济一体化整合成功，成为中国华南资本中心和产业中心，那么从香港作为起点的这一极，就有可能向西南整合，那就需要建立第三条大陆桥——“亚非陆桥”，从香港一直连到北非，抵达埃及的亚历山大港。其沿途大部分是资本、人口、资源密集区，不仅会带动东南亚、南亚和西亚的市场扩大、产业扩张，而且对于这一带比较贫困的发展中国家来说，都是历史机遇。

因此，不妨借印度试图加入上海合作机制的时机，共同协商考虑这一大陆桥的建设准备。如能打通中国与印度之间大约300公里的断头路，将对粤港今后10—20年的发展是一个无价之宝。那时，才真正能促进珠三角提升产业结构，带来华南地区重化工的发展机遇。

现在中国已经发生全国范围的重化工产业全面过剩，没有这样一个大的计划带来的市场前景，我们近期难以形成提升产业层次的条件，将来也很难维持与发达国家竞争的能力。

第三节　全球危机与苏南经验[①]

在本校做演讲不必讲客气话，我只是把最近一段时间的研究成果做个汇报，希望大家多多批评。

我们最近确实在做“区域比较研究”，这就要注重现实背景。

国内外很多研究一开口就说中国如何，其实这是一个缺乏常识的表现。因为中国是一个超大型的大陆，幅员辽阔、区域不平衡就是个基本常识。中国各地的情况千差万别，在做比较研究的时候需要注意区域的时空条件是有限制的。我们做了对岭南、苏南、重庆的研究，现在正在做对杭州的研究。我们在

① 根据2012年3月10日在中国人民大学苏州国际学院的演讲录音整理，已经本人审阅修改。

区域比较研究中有基本的思路，就是对比研究工业化过程中的几个基本阶段。

（一）引语：构建工业化原始积累与制度建构的逻辑相关

无论何种体制，只要搞工业化，那第一个阶段都叫资本原始积累。

一般经济学的道理研究的是资本相对稀缺和要素“相对稀缺”，而大多数发展中的经济体则不可能有所谓相对稀缺性这样的好事，在进入工业化的时候所面对的挑战叫做“资本要素绝对稀缺”，当然，工业化时代与资本紧密结合的技术要素也绝对稀缺。

如果在市场经济条件下看这些资本和技术要素的稀缺程度，则完全不可解，那么，当绝对稀缺的时候，就意味着得有一系列的制度安排，以使这个经济体有可能进入到资本原始积累的阶段。于是，这就决定了我们构建的理论逻辑，不得不讨论各自的不同时空条件导致要素禀赋条件的差异，要素禀赋条件就决定了要素结构的变化，也就客观地决定了制度安排。并且，原始积累阶段形成制度的结构，导致了后续演变的路径依赖。

由此可知，它大体上是一个符合逻辑的过程。

但这个客观决定的制度结构形成过程，却难免使人从不同的利益背景出发来做解读，因此就有因利益结构不同而出现的不同说法。但也因此要求我们所做的研究，是要努力争取做去意识形态化、争取去价值化的解读。

（二）宏观背景：全球资本化与及其危机成本

1. 全球化是资本危机在国家间成本递次转嫁的过程。

这次演讲我把“苏南经验”和“全球危机”放在一起解读，是因为全球危机暴露了人类在资本主义文明这个历史阶段的大部分弱点。

前不久在一次“战略思想库”的座谈会上，我说现在的竞争叫做全球化条件下的国家间竞争，因为是以国家为单位的竞争，因此表现出“国家间竞争的微笑曲线”。

实体经济为主的国家在全球危机条件下迫不得已承载了西方货币大规模增发和资源价格大幅度上涨所共同带来的代价，我们把这叫做“进口通胀”。在这次两会上国家发改委主任做检讨，没有能够维持住原定 CPI 不超过 4% 的目标。其实不该他检讨，因为中国是进口通胀。

另外，我们没有在国际上建立话语权，比如我们的理论创新是国家间竞争的微笑曲线，却没有人代表我们这种承载了全球危机代价的国家在世界上讲话。

那么该不该怪本届政府呢？按道理说也不应该。

因为，上一届政府面临的是进口通缩，现在我们面临的是进口通胀。我们知道通货紧缩从 1998 年一直持续到 2002 年，2003 年以后才转入高涨。上一届政府应对进口通缩采用的方式是什么？是在 1998 年以后中国大规模启动国债投资。那么，这一次的政府执政以后也继续靠大规模国债投资拉动经济。按照逻辑思路，当一个国家主要靠国债投资来拉动经济增长的时候，会伴随着出现国进民退的现象。另外一个派生的结果是垄断得到加强，那就是垄断资本的谈判地位和话语权，以及左右政府的能力，都在得到加强，因此就出现了大资“政策绑架”，也就是国家垄断资本有能力“路径锁定”。我们现在中西部大部分地区没有多少大资，但是大中小资之间的矛盾也是存在的。

我们现在是从工业化的初期阶段进入到工业化的中期阶段，在初期阶段是农业支援工业，农村支援城市；现在进入到工业化中期阶段就该“城市反哺农村，工业反哺农业”了，所以强调新农村建设。中国农村历史上前所未有的得到大规模投资是在 2005 年以后，从 2006 年“十一五”开始，这短短的五年时间，中国农村“三农”总投入 43271 亿。为什么叫史无前例？因为原来都是农村支援城市。因此执政党这些年的理论是对的，方针路线是对的，只不过执行起来极其困难。原因是利益集团左右决策。但是，有些话说回来，利益集团，特别是国有大资本，在中国某种程度上还真得执行国家意志。

2. 城市化是资本与危机同步集中的过程。

大家知道，危机条件下一个非常重要的问题是国家安全，也就是说危机会使安全问题暴露。

比如加快城市化，今年年初公布城市化率 51.4%，人类处在这个资本主义文明历史阶段中，城市化意味着资本向城市集中的过程，那么资本大规模快速向城市集中，就带来了风险这个与资本与生俱来的另外一面因素也向城市快速集中，这个风险加快集中就形成潜在危机。

但是，城市是没有危机承载能力的，这已经被无数的历史事实证明。无论发生在欧洲的危机还是美洲的危机，还是发生在亚洲的危机，城市都不能承载危机的代价。所以民间有句俗语，叫做“小乱避城，大乱避乡”。另外，比如说今天食品安全是危机，参与式的市民农业就有可能部分地化解食品安全危机。总之，当危机爆发的时候，城里的人们一般找不到问题在哪儿，即便是在美国。我们看一下所谓占领华尔街运动，这是大规模的群众运动，它是一种街头政治，当危机爆发的时候直接转化为政治不安全。

3. 金融资本阶段金融资本扩张与国家政治制度的相关性。

当前世界处于金融资本阶段。以金融作为主要收益的发达国家特别是主导国家，在发生金融危机的时候，它一定要找一个出口来转移矛盾化解危机，这个出口在当前看就是重启冷战。

此外美国还有以下的表现：一、军事开支继续保持全球1/2，然后指责中国军费增加。二、债务占全球债务 50%。三、维持金融资本经济，也就是说虚拟的交易占全球 50%。维持 3 个 1/2——军费开支 50%，债务 50%，虚拟交易占 50%——这样的结果只能靠政府强权，因此，我们知道美国政府是与金融资本直接结合的。

政府跟金融资本之间有天生的关系，这也是全球适用的。

在金融资本阶段随着政府直接创造信用和政府以债务来扩张信用，使得大多数发达国家都有债务超限。比如欧盟，欧盟在建立马约的时候是给定了一个红线作为合法性的，现在的情况是欧盟国家的欧元已经不是合法货币了，因为基本上都超越了马约的底线，当然它还在继续流通继续使用，因此，现在在欧洲发生的是一场保卫欧元合法性的斗争。这个斗争胜负如何很难说，再加上各个国家的社会成本上升，随着老龄化而导致的社会开支会越来越大，社会开支会直接转化为政府负担，政府负担会转化为政府债务。据此看欧洲与依靠军事政治强权的美国不同，欧洲政治越是现代化，债务危机越是不会短期内解决。

最近我们发表了一篇文章，指出这次全球危机本质上是资本主义现代化上层建筑制度成本过高的结果。发达国家的现代化上层建筑未必是一个我们需要努力的方向，或说不是一个我们可以模仿的上层建筑。因为，现代化上层建筑我们未必付得起，代价太高。

（三）苏南工业化：原始积累的制度经验与后续演变

1. 历史教训：民国亡于现代化成本过大。

虽然世界经验上看工业化都要部分或全部依靠从农业提取剩余完成工业化，但殖民地形成大农场的国家和我们这种靠小农经济做贡献来完成工业化的国家代价不同。资源要素禀赋不同而导致的制度也完全不同，其后续制度演变的路径依赖也不同，简单的照搬西方是没有出息的。

中国其实在 1949 年建立的是新民主主义而不是社会主义国家，若发挥一下毛泽东的看法：我们建立的是一个世界上最大的小资产阶级国家。此外，人们需要知道，1949 年中国城市中的工人阶级总人口只占总人口的 5%。即使如此，在冷战压力下也要追求现代化。那就先看民国教训。

20 世纪 20—30 年代是民国的黄金增长时期，年平均增长率 8.4%，但同时它也是民族资本原始积累，从农民那里大量提取积累造成剥夺，因此社会严重不安定的根源主要是一个没有资本的国家进入资本原始积累所必然爆发的社会代价。

但同期也遭遇了 1929—1933 年的西方大危机，民国经济因西方危机转嫁而出现通货紧缩，迫使政府不得不放弃白银本位，改行法币制，那就是 1935 年。同年日本侵占华北，为了搞垮民国的经济，日本人在占领区抬价抢夺白银，进一步加剧经济危机。当时民国政府为了备战开始大规模采购物质，成为拉动通货膨胀的诱因。1937 年日本侵略中国之前，中国开始出现了通胀，此后这一次十二年长期通胀从 1937 年一直持续到 1949 年。

总体来看，民国追求了现代化，但是却带来了国内革命和通货膨胀的问题。到 1948 年民国的金圆券制度只用了 4 个多月垮掉的时候，军队等的现代化国家上层建筑就失去了经济基础支撑，因此民国是先亡于现代化经济，后亡于现代化政治军事。

从发展中国家的经验教训来看，当发展中国家没有经济基础支撑时，超前构建西方上层建筑的结果，往往是反作用于它的经济基础。

我们发现另外一个问题和大家简单提一下，越是现代经济体，基尼系数越高，贫富差别并不因为现代化而缓解，反而会随着现代化程度提高而基尼系数提高，最典型者就是美国和香港。美国是以金融为中心的服务业占比 85% 的国家，香港是以金融为中心的服务业占比 82% 的地区，这两个地方都是基尼系数 0.5 以上，经济高度化与贫富差别同步拉大的地区。

2. 苏南工业化的主要经验："一二三四"。

接下来说一下苏南经验。

先解释一下，苏南经济和中国的对外开放高度相关。

它的工业化起步不同于改革开放以来的其他地方工业化起步，是因为20世纪70年代开始，美国人不再对中国实行贸易封锁，中国开始引进西方资本、调整工业结构。1971年毛泽东和周恩来亲自制定了引进西方资本、改造本国工业结构的"四三方案"，引进43亿美元西方设备和生产线。这个"四三方案"的执行客观上导致了中国对外负债大幅度上升。在这场负债还没有还完的时候，华国锋又提出了"八二方案"，就进一步造成了更高的外债负担，这个国家层次的债务危机，就给当时可以凭借农产品和轻纺产品出口换汇的苏南地区带来了发展机会。

1977—1979年中央向苏南放权，放"结汇权"、外贸权和财政权以及原材料定价权。从那以后，苏南得到了一个不同于其他省份的条件，发展出口经济，这时候苏南经济就起步了。

但这个时候谁才是经济主体有条件推进发展呢？地方政府。

那么，苏南经验就从这儿开始归纳，我们说它叫做"地方政府公司主义"。苏南经验的第一条，就是一个"主义"："地方政府公司主义"；第二条是两个"理性"：政府有公司理性，政府靠谁来发展呢？它利用了村社理性，出现了政府理性和村社理性的结合，所以苏南发展归结的第一条叫做"地方政府公司主义"，第二条叫"政府理性+村社理性"，两个"理性"。第三条就是三大要素的转化，因为你发展的是村社经济，村社把土地、劳动力、资金转化为工业使用的时候，产生了增长的地租收益。接下来看第四条，它经历了四个“阶段”：就是积累、调整、改革和扩张。

因此我们把苏南经验归结为四条：一个“主义”、两个“理性”、三个“要素”、四个“阶段”。

3. 苏南工业化与中央早期工业化的共同经验是农村动员。

当说到政府公司主义的时候还得多说几句：中央层次的工业化也是政府公司主义，中央政府直接扮演国家资本投资人的角色，因此我们说在中央层次的“政府公司化”阶段，资本内化于政府，政府直接扮演资本的角色。

教科书上的1953年社会主义过渡时期总路线，实质上是改出新民主主义，这就是20世纪50年代中国在经济基础上的实质性改变。

1956年苏联完成国家工业化开始转型对外开放，中国当然跟不上，因为尚在资本原始积累阶段，没有那么多工业品，没有资本。于是1958年中共中央提出了“大跃进”“人民公社”、总路线，这三面红旗今天我们把它视为极左错误，但客观地看人民公社是什么？意味着以乡为单位，成规模的使用劳动力替代国内稀缺程度几乎为零的资本——劳动力如果分散使用只能干“作坊”，只有集中使用才能替代稀缺程度为零的资本。同期是以人民公社为单位来建拖拉机站，也就使得保留下来的国家资本主义的工业生产能力有承接的载体。可见，这是以人民公社作为载体，承接工业化遭遇资本稀缺的危机代价。

从此农业为工业提供原始积累，就成为了一个既定的制度。其间，大规模的上山下乡运动发生过三次，分别在1960年、

1968 年、1974 年。每次都是城市经济危机爆发向农村转嫁代价，所以说农村是城市危机代价的载体，农村不仅向城市贡献了剩余，完成了城市工业的原始积累，农村还承载了城市危机代价。

4. 苏南工业化核心经验中“村社理性”的机制分析。

农村能够承载国家工业化危机有一个重要的机制，就是苏南经验中的一条——“村社理性”，就像我们说到政府理性一样，政府的第一理性是资本收益最大化，因为资本内生于政府。那么，为什么讲村社理性能够承载危机？就因为客观上村社有把外部性风险内部化处置的机制，这是村社理性的核心。

我们把 20 世纪 80 年代的农村工业化叫做“中国的黄金增长时期”，苏南在这个过程中间扮演着重要角色，主要是因为两个理性的有机结合。一个“主义”叫政府公司主义现代化目标之下，两个“理性”有机结合，那就有了苏南工业化。二者结合的条件在于这一带早在晚清洋务运动时期就接受近代工业文明的洗礼，70 年代后期这里借助国家投资已经形成了结构完整的工业布局，农村才有承接城市工业向周边地区扩散的条件。这一点恰恰构成了苏南与东部三南的另外两个——浙南、闽南的差别。

有个案例可以说明农村是怎么进行原始积累的。江苏苏州的吴江有一个村，本来没有村办工业，队长就动员全村男女劳动力，每年大家少得 500 工分的分配，集中起来去城里交换那些工业生产环节的物质资料。第一年这个村每个男女劳动力 500 工分拿出来不分配，这 500 工分对应着应该分配的钱、粮、肉、菜、蛋等所有这些东西拿到城里工厂去换一个铸造工序——

你把铸造换过来我这村里干，我给你城里企业提供铸件。第二年大家再每个劳动力节约500工分换来了清砂。第三年还得再让出500工分换来成型。这样村里就形成了一个有三种程序的铸件厂，也就是把城里机械厂的铸件车间搬到了生产队。这就是农村集体化条件下劳动替代资本进行原始积累的典型案例。

资本要素之外需注意第二个要素——劳动力。工农业的差别很大程度上在于工业劳动力的市场价格远高于农业，但是如果在生产队内部办工业，劳动力的再生产成本就由农业社会决定，在货币化程度还高的七八十年代，劳动力的工资水平是参照农业来定价的，因此单个劳动力的剩余价值远远高于城市工业部门。在集体经济时期，这一块也是全额被村内“社会化”占有了。

第三个更重要的方面叫做风险的收益转移。我们一般高校的西方经济学教科书都讲企业家承担了风险，所以企业家理所当然占有投资收益。然而，在农村办工业遇到不景气时，风险被谁承载了呢？当时有句话叫“卖不动了就回家种地”，这意味着乡镇企业经营风险被农业、被农民、被村社内部承载，那风险收益应该归谁？当然归村集体。另一方面是因为村办工业占有的本村要素不计算价格，因此属于无风险成本；但如果要在城里办工业，要素要全部计算价格和成本。

这样看，当经济学讨论的“三个要素”——土地、资金、劳动力都由村内占有和配置，就都转化成了乡镇企业的资本，而且村社集体组织占有了大部分工业化收益，于是乡镇企业就异军突起。

因为乡镇企业大部分是办在村里的，而村社理性是历史上传承下来的文化，它有天生的外部性内部化处理的机制，所以乡镇企业遭遇了风险也不会破产。

5. 危机调控、私有化改制与村社理性被排拒。

就在乡镇企业大发展的阶段，出现了一个特殊现象：麇集于城市的产业资本爆发了1988年的大规模通货膨胀和1989年的生产全面停滞，这对乡镇企业是一次巨大打击，因为它是中小企业。

一般而言，每当经济危机爆发，国家宏观调控都会采取紧缩措施，只要一紧缩中小企业就先倒闭，但这次出了一个大麻烦。

刚才说到苏南经济成也政府、败也政府。在政府公司化的作用下，地方政府帮助农村工业起步了，但也因此它从农村工业起步中直接占有了大量的收益，也就因“预算软约束”导致地方政府的开支刚性不可能随宏观调控减少，遂使很多村办工业借来的现金被政府下放给敬老院、幼儿园、中小学等村社的公共开支占用。这头乡镇企业不景气，那头地方政府开支刚性不减少，矛盾加剧，甚至出现政府让企业将通过高息借贷拿到的生产资金直接转为政府公共消费，乡镇企业就被迫高负债。在账面上看，这一过高负债没有对应的收益就维持不下去，地方政府和管理者就顺势接受主流提出的改制要求乡镇企业转为私有。当年，甚至有理论家提出“一块钱”理论，你只要把全部债务背走，象征性地支付一块钱就可以把企业拿走。这就是我一直想写的书《1993年》想要追忆的一个内容。

总之，苏南乡镇企业的第一批改私是在1988年通货膨胀、1989年生产停滞、资金价格提高、官方开支刚性不减等矛盾延续了几年之后。这些与那个时候理论界质疑的社会主义、资本主义等意识形态说法其实没多大关系，真实原因主要是负债率过高。

还有市场方面的原因。原来苏南乡镇企业是以内需为主的、一般贸易为主；当然它原来起步的时候有开展外贸的优势，但外贸主要是换取外汇和进口设备，其产品生产还是以内需为主，是因为农民收入提升就出现了一个庞大的低端工业品生产的市场需求空间，而办服装厂等的进入门槛很低。但这些被理论界称之为市场需求的空间条件，在20世纪90年代经济下滑的时候也失去了，因为危机调控让普通群众生活下降了，市场空间就减少了。

归纳一下，宏观环境不利、地方政府行为不利、市场空间萎缩，加在一起造成了苏南工业化的困境。因此，我们知道20世纪90年代乡镇企业因内需大幅度下降而转向外向型。同时，外资主导力量迅速加大，尤其是1994年中国政府一次性外汇贬值57%，苏南工业1995年起由原来的一般贸易为主转向加工贸易为主。

这些因素和下面要讲的政府政策调整共同导致了村社理性的机制作用弱化。

在改制之前，苏南乡镇工业第一目标根本不是教科书所说的“利润最大化”。这是个对西方理论的挑战。因为，我们当年做过很多苏南乡镇企业调查——我从80年代开始就在苏南搞农村改革实验，苏南乡镇企业第一目标是本村就业最大化，因为这个企业是办在村里的，是全村老百姓共同努力办起来的。第二目标也不是利润最大化，而是本村社会福利最大化，当时国家之所以对乡镇企业采取的低税制、报税制，也因为它替代国家吸纳农民就业和缓解农村公共开支不足。1994 年全国都改成分税制，乡镇企业纳入统一税制管理，不再享受税收优惠。

同期，乡镇企业的土地优惠没有了。大家知道 1992 年开始实行《土地管理法》，农村企业用地必须国家征占。

土地和税收都没有优惠了，资金又被银行卡住了，于是乡镇企业主要数据指标大幅度下滑，同时改私。

代价很明显，改私之后的私人企业势必排斥劳动，排斥村社福利，不再解决村内就业，等等。

这就是 90 年代上半期乡镇企业出现高负债危机而改制的第一波私有化风潮。

90 年代后半期，大约七成乡镇企业停产或歇业。

在苏南也因为政策环境不好、市场条件的变化而出现的第二次大规模改制改私风潮，它是一个宏观环境变化之下的企业微观制度的演变过程。

（四）全球危机下苏南的机遇与挑战

改制之后的苏南在新世纪出现了值得关注的新变化——苏南趋同于岭南。但是，这两者仍然有一个现象不同，岭南属于弱政府经济，苏南属于强政府经济。弱政府经济进来的外资企业块头不大，80% 以上是港台资本。强政府因其控制资源的能力强，而出现了与国外大资本谈判的条件，于是，进入苏南外资企业的规模比较大。比如看苏州工业园区，这个落户中国的第一个新加坡工业园也是强政府对强政府之间的谈判，仍然带有政府公司主义的特色。这是新世纪以来人们讨论较多的“新苏南模式”。

应对全球危机苏南仍然有它的特色。

苏南作为强政府，和中国的中央政府作为强政府之间是紧密相关的。

在新世纪的全球竞争中，我们的第一个目标仍然是维护主权与币权统一的国家，中国还没有放弃币权，与之相应的是本币对冲扩张，维护这个币权，就在外汇盈余增加的条件下带来本币同步扩张，表明我们客观上还有加入全球金融资本竞争的条件。第二个目标是三大差别的再平衡战略。与西方不同，中国目前以大规模的金融扩张对应的不是虚拟经济，是过去三十年愈益拉大的城乡关系和东西关系的再平衡调整。实际上，因为我们大规模向内地投资，向农村投资，这就带来了内需扩大的条件。于是，第三个国内的结构调整目标就是内需扩大。

因此，当前这个参与全球竞争的情况，和 20 世纪 90 年代苏南改制的条件不一样，中国靠投资来拉动经济增长的空间还可以维持至少十五年。十八大以后，新一代领导班子继续按照扩大投资的政策走下去，以国内吸纳投资的能量来说，还有十五年的投资时间，甚至更长。江苏省在全国率先提出要实现全面小康和全面现代化，当与此有内在相关；苏南农村由于过去村社整合力量很强，因此在贯彻国家政策中，比一般地区具有更好的克服与小农交易成本困境的条件。

最后点到为止：中国现在已经发生了中国式“次贷”危机。

什么叫中国式“次贷”？我们有十万亿以上的地方政府融资平台负债，其中 60% 左右都是地方政府直接以财政来承担偿还责任的。在中国，地方政府的金融平台负债大部分在银行，这就意味着中国特色的次贷是地方政府把盲目扩张所造成的风险大多转变为银行承载的金融风险上交给中央，这就是现在地方政府公司主义的特点。

在这种条件下，我们遭遇到的问题主要是外部环境恶化的更严重，同时期内部次贷压力加大。那么，在这种内外困局之下，今天苏南这种强政府经济面临的，某种程度上和整个国家宏观调控面临的挑战差不多。[①]

① 最近一段时间以来苏南几个经济发达地区的负债情况受到较多关注，正是这一内在矛盾暴露使然。

第六部分　生态文明与新型城镇化

第一节　全球危机与生态文明[①]

我讲座的主题应该说在结构上比较明了，要把中国如何应对全球危机的挑战这个问题讲清楚。尤其是在十八届三中全会召开之前，国际社会从来没有这么关注过中国改革。为什么？

请大家注意，在三中全会还没有开的时候，国际炒家发生了一个重大改变，在去年，大的投行（institutional investors）都在做空，认为中国难逃一般发展的经验：房地产过度泡沫化的条件下，一定会因为房地产泡沫化的负债而转化为金融危机。在此之前，大家都知道，2007 年美国房地产的次贷转化成了

① 2013年11月2日，温铁军在上海大学乐乎新楼·思源厅做了一个题为“全球危机与生态文明”的讲座，主持人是董丽敏教授。以下是该校 2013 级文化研究硕士袁剑根据录音整理成的文字稿，小标题为其整理时个人添加。收入演讲录时已经本人审阅修改。

2008年的金融海啸，它就是典型的一个因房地产过度投资而最终导致金融坏账爆发的金融危机，这个危机的基本因素中国具备，所以世界上大的投资银行做空中国，同时媒体也唱衰。看来很有客观依据。

去年以来到今年，十个月的时间吧，我有三次在海外的这些大投行所组织的座谈会跟他们对话，对他们来说是我帮他们更新他们的知识，对我来说通过对话至少一定程度上感受海外金融投资的脉搏。去年以来呢，他们是在唱衰，准备做空，到今年上半年是最紧锣密鼓的时候，大家在赌，中国一旦出现房地产泡沫崩溃，金融出现灾难性的结果，那做空的就赚了。

当金融界和事实进行对接的时候，你会发现有一个很巧妙的过程，就是6月份中国突然出现钱荒。钱荒的原因也很有意思，是因为西方的信息透露出来一个很重要的题材——你们也许会知道，或是经常会看到，投资银行的业务中发生的信息转化这个题材是常事——什么信息呢？美国QE量化宽松政策的终结，美联储认为就业形势有所好转，因此在今年适当时候会终结量化宽松政策，这是个信息。尽管这个信息目前并没有转化为实际政策，也没有得到官方认可，但它却立刻变成资本市场的题材，然后就导致大量游资流出所谓金砖五国BRICS（大家都知道金砖五国，我不多解释了），导致这些被认为成长性非常好的新兴国家纷纷陷入股市暴跌和本币的币值暴跌。当然中国6月份也出现钱荒，同时出现民间金融的或者是影子银行的利息大幅度上升，高利贷成为一个普遍的发生的情况。

就是这个阶段上，同时出现西方投行给中国当时领导人命名了一个叫什么经济学，其中一个很重要的第一条，就是对市场采取不干预政策。我们也差不多在一个多星期的时间里边，坚持没干预，于是出现了金融秩序的严重混乱。好在中国没有按照什么经济学运作，仅在一两个星期之后，迅速出手。于是乎，金砖五国中的四国全出问题了，就剩下中国没出问题，这才导致西方投行在今年夏天以后转而就做多了。从做空到做多，从唱衰到唱荣，或再次高唱中国威胁论，这其实是很短时间的事。

告诉大家这个故事，权作为一个开场白。

抱歉，我上来连问好都没有，就直接讲故事，什么意思？就是告诉你们，当代金融资本引导的所谓的全球化大潮之中，危机是随时可能爆发的。其背后的因素远远不是我们教科书上所谓理论可以解释的了的，我说幸亏中国的领导人没上当，没把这些所谓对他们看似积极的说法当说法，或者也许决定出手干预的另有其人，但总之中国干预了，相对而言，唱衰的企图在这个关键的点位上就失败了。

也因此，各位，现在中国的进一步深化改革中，西方对中国最大的期望在哪儿？资本流动的自由化，不是别的。你们说资本的自由化是问题吗，理论上不是问题。那中国的主要问题是什么呢？在西方来看，主要是资本管控（capital control），西方要求的是什么呢？一般的概念叫做资本流动（capital flow）。这两个概念的争论背后，其实是两套金融资本引领竞争下的不同体制。

（一）生态文明的序曲：全球危机

为什么原来要讲新农村建设？现在当然也还是要讲，可为什么把讲题定义为生态文明？是因为农村、农业、农民，它本身是一个因和自然结合而本质上具有内生多样性的领域。请各位听懂这道理，就是自然界是多样性的，“三农”问题本身是和自然界、自然过程结合的，因此它内生的有多样性。

所以当你讲生态文明的时候，你得明白，什么是生态文明的最本质内涵，也可以叫做唯一内涵？生物的多样性，自然界的多样性，乃是生态文明作为文明的内涵。为什么呢？就是你得承认，自然界的多样性生存的物种，和你一样有生存的权力，这就是一种文明。

它和产业文明最大的不同是，产业文明因产业作为一种资本，它只有把人类资本化为人力资本，或者说资本化为劳动力要素，才能由产业资本来占有人力资本或劳动力要素的剩余价值，这才叫产业资本对社会文明的要求。而生态文明时代和产业文明时代最大的不同就是人不应该再作为产业资本所对应的越来越“去人化”的劳动力，就说你只是劳动力，你应贡献你的劳动力剩余价值，其他你作为人的因素就都被剔除掉了。

在产业资本阶段（或者叫产业文明阶段）的教育，是制式教育。全国齐步走，使用统一的幼儿园教材、小学教材、中学教材，制式教材的体系是统一的，为什么？是让你必须通过制式教育，形成一个可供产业资本役使的劳动力要素，剥离掉其他的各种各样的特性。为什么在现在制式体制之下，素质教育这些起不来，原因是你在产业文明时代，现在的制式教育这个体系是服务于产业资本的。各位，这个道理简单归纳一下，就是这样的。

而到生态文明时代，注意，本党特别强调生态文明，那生态文明意味着什么？意味着我们的教育、文化，应该转向生态文明内涵的多样性。由此呢，我一上来就说我是来开会的。开什么会呢？开社会化农业的会，就是社区支持农业的会，也叫CSA的会。那我们做的是什么呢？其实恰恰是要让农业从一般地经济从社会脱嵌，再回嵌到乡土社会，使农业本身具有的自然多样性的属性，跟农村社会文化的多样性的属性结合在一起，所以我们把它叫做社会化的农业。社会化农业就是社会广泛参与的农业。这就是不同。

我们对应的是产业化资本化的农业，而产业化资本化，内在道理是一样的，为什么要搞大规模农业呢，还必须标准化，要用同一个品种，去掉了农业本身的物种多样性，要什么样的品种呢，一定是那个产量最高的。那品质呢，各个品种具有不同的品质，不同的自然适应性，所有这些东西，不在它的考虑范围内。产业化农业是单一化的，规模化的，集约化的，去多样性的，本质上不符合生态文明的要求。

同理，各位，我们在产业文明时代下形成的知识体系，有很多被大家认为颠簸不破的，甚至上升到价值观的那些观点，今天如果在“去产业文明”的时代来考虑，就都有这样那样值得讨论的地方。

1．中国双重输出及成本转嫁。

接下来得先说在产业文明时代，中国做到了什么。

如果我们按照PPP法统计，而不是我们现在的增加值统计方法，那么我们会得出一个新的结论，中国现在已经是产业文明时代的全球第一工业大国。按十大工业国来比，中国一国的工业GDP，相当于美国的两倍，相当于其他八个工业国家的总和。这个比重就很清楚啦，中国已经是世界第一工业大国，主要工业品产量都是世界第一，那就是说，中国在产业文明时代竞争中，已经完成了它的历史使命，再继续沿着产业文明时代的产业竞争的道路走下去，那就只能是典型的生产过剩。

我们是什么时候出现生产过剩呢？是在20世纪末，1998年、1999年，我们就已经出现生产过剩了。那，也因为生产过剩，我们开始进入大规模投资拉动，靠投资拉动了十五年，现在我们叫做用长期的过剩掩盖了短期的过剩。

诚然，中国已经成了世界工业生产能力最大的国家。

但是问题在哪呢？问题在中国所谓工业文明时代的发展，实际在是在做“双重输出”。大家看这张图，我们下边这个长长的蓝色箭头，表明中国像其他的发展中国家一样向发达国家输出原材料和一般商品，大多数没有进入工业化的国家输出的是原材料，中国输出的是一般商品。那得到的是什么呢，西方帮你做制度转轨（institutional transition）。为了什么呢？为了让你顺畅的把你所得到的贸易盈余，返回到西方国家资本市场去做资本投资，那就意味着你第二次贡献，把你得到的贸易盈余再做资本投资，我们叫做外汇再投资，投到西方国家资本市场上，于是出现了一个很有意思的语法现象，叫做the more…, the-more…就是你越多的贸易盈余，就越多向西方资本市场投资，导致西方国家越多的贸易逆差也就越多的资本顺差，于是乎，中国现在跟美国之间有着历史上最为密切的战略关系。表现为什么呢？表现为一手向它送东西，一手向它送投资，这就是最紧密的战略关系了，那就是离不开你。中国变成了美国第一大外商直接投资国，美国的FDI从哪儿来？从中国来，同时中国又变成了美国第一大债权国。这两天美国电视上出了一个六岁小孩说我们不还债，我们把他们杀光，引起了在美国华人的抗议，但在中国几乎没有任何声音，当然也许我们不在乎。但其实，即使不是这个故事，人家也早就告诉你了，还债是不可能的，中国人绝对不要以为，你向对方做的第二重贡献，向对方市场投入大量资金是可以拿回来的。这点，我想通过这个电视节目事件，使人们多多少少有了点认识。

当然，中国这个资本输出对做金融投资的人来说并不是问题，因为做金融投资的人说得很清楚，国债是市场上可交易的债券啊，为什么要叫人家还呢，人家根本没有必要还你嘛，因为它把债券发出来以后是你自愿去买的，那是个商品。

这个道理大家注意啊，不同的视角下会有完全不同的结果。

很多人是说抗议你们根本就想赖账，为了赖债你们就是想杀我们，这是老百姓的感觉。但对金融投资者来说，他的反应是完全正常的，没听说过非得要人家还债的，人家要还债是人家的事。对他来说只是一个买卖。好了，这就是站在不同的角度上就会有不同的认识。就好比说，企业发行股票，你买卖股票，当然有风险了，企业要是倒闭了，你不就是亏了嘛，或者企业股票变成垃圾股了，你不也就亏了嘛，等等。像做金融投资的人，以他的分析这不是问题。

但麻烦在哪？麻烦不在于这个争论，麻烦在于，中国作为一个资源短缺的国家，你要这样做，就意味着，你用国内非常短缺的资源向外面出口，那出口的是什么呢？出口的是资源环境的租，本来应该向你的资源环境去做补偿性投入，却不仅不投入，反而把它剥夺了，把资源环境过度开发了，造成你国内环境严重的污染，然后你去出口，出口换得的是什么呢？换得的是你还得送回去的投资。

对你有什么实际作用吗？没有。其结果呢，是一个负收益，你连环境租都让出去了。

发展中国家要竞争，大家竞争着向西方出口，比如说，我们都知道，仅中国一国向美国出口的衬衣，够每个美国人平均每年穿 12 件，中国向美国出口的鞋，够每个美国人平均每年穿 7 双，那你换回来的是绿纸啊。你在国内竞争着向它出口这么多低附加值的产品，还得压低劳动力价格，于是乎在中国现在是什么呢？代工制。各种各样的劳务派遣公司大行其道，现在真正跟企业长期签劳动合同，并且得到社会保障的这种劳工少之又少，那就意味着你欠了一大块社会租，因为劳动力需要你支付一份工资，另外再支付一份社保，干嘛呢？用于劳动力的扩大再生产。他总要娶妻生子，总要受教育，总要养老，但这套东西基本不支付，于是乎你出口出的是什么？是社会租，或者叫做劳动者租，劳动力租。

这两个被称为租的东西非常要命，意味着这种外向型经济造成严重的国内负债，负的是环境债和社会债。那就有很多人讨论了中国政府不行，什么不行呢，你们的社会保障是个亏损账户。他们怎么算的呢，说你 13.4 亿人吧，你将来 15.4 亿人吧，如果按照现在的国际通行标准，你要给这些人建立完整意义的社会保护伞（social umbrella），你如果是要给他们都要用社会伞都给覆盖了，那对不起，你欠多少？ 40 万亿。

也就是说中国的潜在负债，他们叫做动态负债，绝对不是现在公布的这个数，大大高于 GDP，别说西方负债对 GDP 的比例超过 100%，中国负债也是，甚至 200% 以上，现在中国动态负债世界最高。西方为什么唱衰中国，就是这个道理，你是高负债，因为你十五点几亿人都没社保！

因此，在中国这块土地上发生的任何争论，一转就会转成国际资本市场炒作的题材。到底是做多中国还是做空中国，取决于翻云覆雨之间，也就是翻手为云，覆手为雨。翻手为云的时候可以说你看中国不用开支那么多的社会保障，因此它的劳动力价格是低的，它的劳动力价格成为唯一比较优势，因此中国还能增长，这是翻手为云，在做多中国的时候使用；所谓覆手为雨，就说你看，它有这么多的人没上社保，因此它未来的开支一定很大，所以它的负债非常高，它一定衰败。

里外里都是你说，取决于你要干什么，看你是做空的，还是做多的，还得看你屁股底下坐的多大规模的投资能力。能够在资本市场翻云覆雨的，都是坐拥上千亿美元以上的大投资，被称为金融大鳄。

大家注意啊，不是我们自己形成有效调控，而很大程度上，你现有的双重输出结构，对内造成双重负债，社会负债和环境负债，对外，如果你不能做到双重输出，那我现在目前所维持的所谓跟国际社会主导国家的关系也就很难再维持。

可能我说的太重了啊，各位心头不那么轻松了，对于我们形势一片大好，到处莺歌燕舞，更有潺潺流水，似乎感觉不那么美了。

我们再往下看。中国现在的出口呢，基本叫做微笑曲线(smiling curve)，微笑曲线表明，出口的收益两端在外边，两头在外其实就是高收益都在外边，你只能在下巴颏上，下巴颏往往贴近于零值，也就是你的出口其实是没有收益的。

那你出的是什么呢？对不起，国家拿财政给出口企业的13%的出口退税率，意味着你即使毛利润为零，也能有13%的收益。那外商为了压低你，明明知道你能拿13%，所以跟你分这块补贴，你不仅是零利润出口，你还得亏损，让你亏10%的利润出口，你照样能赢回来3%。所以我们的出口竞争力，取决于国家以全民的当期税收，或者以未来的预期税收来补贴了外国消费者。

这又是一个不那么让人高兴的现实。

好了，这种方式，还带来了另外一个效果，当我们的沿海出口加工企业生产最终产品可以把利润摊薄到零以下，那请问，一个产业的上游呢，它不是跟着也得把利润拉下来了吗？所以为什么我们现在整个实体产业投资越来越淡，一方面大量的金融是过剩的，另一方面它却不往实体产业里投！那原因是什么？产业利润下降到平均利润以下很多。而金融投资，正常的银行至少是追求社会平均收益率的。当社会有一二三产业，有各种各样收益的时候，金融投资获取的这个收益显然大于实体产业的平均收益，于是金融析出、不向产业投资，这就是微笑曲线长期化的结果。近年来中国出现什么呢？金融过剩。只要产业过剩，金融就也过剩。一旦出现金融过剩，无论何种意识形态，何种体制，都会出现连带的现象。那就是过剩金融资本会亲什么呢？亲地产资本。

世界上任何国家，金融相对过剩的条件下，金融资本和地产资本紧密结合乃是必然结果。

于是乎，遭遇2009年全球危机爆发以来，大量过剩投资不论官方民间都涌向房地产，短时期因大量资金涌入，而导致地产价格不断攀升，所以地王迭出，同时带动房价上升，房价一上升，就使得房价的升值速度远快于任何其他投资，无论投资股票、投资期货，还是投资实体产业，都不如投资买房，房价的上升速度快带动民间投资纷纷涌向买房市场。这就导致真正“刚需”买不到，有余钱的人，少说两三套，多的十套八套，更多的还有。因此什么房叔房婶房姐房弟的大量产生。

我不知道在座的老师们有多少套，以我所知，人民大学比较赚钱的老师至少得三套以上。在北京，现在一套房子，值多少钱，比如说二百平方米，差不多算千万元户，但那是虚的。这个击破房地产泡沫的那个扳机（trigger）在哪？现在大家都知道要破，也都担忧着，但谁都捂着不动，这就是恰恰危机爆发前夜的社会公众心态，一旦爆发，所有人全都大呼：当年房价高的时候我就怎么没出手，来不及了，他会一泻千里，然后连带发生大量的银行坏账。

你们注意经济有规律，大众并不了解经济规律，少数了解的人乌鸦嘴，像我这种，告诉大家扳机在哪我不知道，但很可能在某个角落里边。所以，当我们把这件事情看清楚的时候，需知它的源头是什么，当你大量靠出口拉动增长的时候，对沿海对出口企业有特殊优惠，这会导致上游企业利润被连带下降，导致金融不能向实体产业投资而从中析出，金融资本过剩，就去追房地产。这难道不是一个很经验的过程？可在那些文件里能看得到这些表达吗？为什么学术界也不表达，因为大量的资本利益集团上下其手获利颇丰，为什么要把事情说破呢？除非是你没获利，才可能会说点实话，如果真是在这里边跟着去翻云覆雨的人，当然他就不愿意把事情点清楚，他就会说那些你们现在很多人跟着心灵鸡汤的话。房地产商在说，房价肯定还会上涨，你们大家赶紧去抢房子吧。没错，那你不等于被忽悠了吗？很多人会说，房地产严重被泡沫化了，早晚会崩。大多数老百姓会说，你们瞎说房价不是还在涨吗？这种心态是一种贪欲，何况他没有其他投资领域，或者他其他投资领域的收益赶不上房地产投资的时候，有点余钱剩米，哪怕他借钱也想投。

这就是今天中国的现状，所以我告诉大家危机是可能发生的，并且甚至随时可能发生。

那因此，新农村建设也好，生态文明也好，我们讲的“三农”问题也好，才特别有现实意义。

为什么？是因为我们分析新中国成立六十年以来，1949 年到现在，我们已经发生过八次周期性经济危机，如果你们有兴趣可以看我现在比较热的一本书叫做《八次危机》，描述了当代史上我们中国所发生过的周期性危机。我的结论是什么？指出中国经济史上周期性经济危机绝对不是我的理论创新，因为马克思早就说过了，马克思之前的经济学家也都说过了；我的理论创新是指出，危机能不能软着陆，是取决于危机的代价能不能从城市产业向“三农”转嫁，成功地把危机代价转嫁到“三农”的，就是软着陆，不能转嫁的，叫硬着陆。砸在城里的，这种硬着陆，就会导致要么叫调整，要么叫改革。

所以我说，无论你把调整还是改革意识形态化到多么高的政治正确的高度上，它都不过是应对危机的政策措施，这才算是我的理论创新，但它却非常冷酷，它把所有我们对意识形态的包装全撕掉了，这就很麻烦。所以我这乌鸦嘴呢，说得太直白了，不好，还是应该加一些包装，不要太直白。这话听懂了吧？危机是必然的，并且呈周期性爆发。

上过中学都应该知道，有作用力就有反作用力。在人类社会中一样，有多大的资本积累，就有多大的风险，风险爆发是有一定周期性的，只要风险累积到一定程度，就表现为危机爆发，它的波动曲线一定这样的。我们只不过是愿意更多的计算我获得了多少资本，不愿意计算和资本几乎等量的那个代价，也不愿意深究这个代价哪去了。大家只会喊，那个什么农民真苦，农村真穷，农业真危险，你不知道他为什么就苦了呢？它几千年来都不是养人的吗？它怎么就在这会儿就又苦又穷又危险了呢？是因为它承载了过量的产业资本的危机代价。我做这个分析，就把三农问题和我们在自然常识所形成的认识统一起来了，有多大的作用力就有多大的反作用力了嘛，有多大的收益就有多大的成本嘛，不就是 no pains，no gains，没有痛苦就没有收获嘛。

事情本来并不复杂，学者的责任在于把非常复杂的现象简单化到任何人一听都听得懂，如果要把简单的现象非要复杂成大家都听不懂，那是骗子。所以，我们把复杂的历史过程简单的抽象为八次周期危机爆发的过程，在这个危机的归纳和总结中，我们理论创新指出，危机代价是要转嫁的。

所以我说，我的八次危机的全部理论可以归结为“成本转嫁论”，就五个字。

2. 西方的转折。

我们刚才解释中国经验就到这里，再接着，要解释西方是怎么回事。

西方在 80 年代之前是产业资本为主的自由资本主义时代，80 年代之后是金融资本为主的新自由主义时代。为什么？是因为产业资本下降，下降的产业向外移出的时候，就由产业的海外收益和国内的资本市场直接结合了，西方这时候发生了历史转折，就是进入金融资本主义阶段了，金融资本的新意识形态叫做新自由主义（neo-liberalism）。

我非常感谢很多做文化研究的学者，他们对新自由主义做了很多批判，好像从我做经济研究的人看呢，似乎批不到点上，但做批判也挺可贵的，总得有人先做批判。

但，西方为什么会形成新自由主义，难道它是一个主观过程？

诚然，我们是相信事物的客观规律的。那，我们做的分析就很简单，1929—1933年大危机爆发了，爆发了以后怎么着呢？在产业资本经济阶段大凡奉行自由主义的国家都被经济危机打垮了，哪几个国家没垮？罗斯福新政下的美国，把过剩资本转向内陆的基本建设。还有什么呢？希特勒主义的德国。希特勒主义是什么？纳粹。纳粹是什么？国家社会主义。罗斯福是什么？国家资本主义；希特勒是什么？国家社会主义。Anyway，它们在本质上都是国家主义。什么道理呢？政府直接干预，用看得见的手，把那过剩的工业生产能力直接摁到没有投入回报的基本建设里边去，这么干的国家，就是去自由化的国家，都站住了。罗斯福把美国庞大的生产力转向基建，它就保住了工业，希特勒把德国庞大的社会生产能力转向欧洲第一套高速公路体系建设，于是乎，为什么德国一打就是闪电战？是因为它的机械化部队速度快，全国形成高速公路网，可以东西线南北线调兵一天之内完成军事部署。而它周边停留在自由资本主义的这些国家，没有把过剩生产能力转向基本建设，全都得一个礼拜以上才能调兵，因为没有搞国家基本建设。所以德国打得起闪电战，打谁谁亏，你能短时期内集中优势兵力吗？你做不到，只有德国做得到。这就是为什么德国打遍欧洲无敌手，因为它是，对不起，很不好听的东西，它是国家主义。而国家在西方是陌生的吗？当然不是，早期他们对海外掠夺的时候难道不是国家主义吗？“奉王命强掠”，那就是海盗文明，就是殖民化，用殖民化的方式完成原始积累，那时候就是国家主义的重商主义。当完成原始积累形成本国产业的时候，本国的产业资本这个利益集团才以自由主义的旗帜向王权要权力，才有了西方进入自由主义的时代。

在这个自由主义时代，因西方历史是断掉的，所以没办法，只能向上找，跨越一千年不能说得清楚的封建制的黑暗，找到了古代希腊罗马，这个历史说得太粗，我在自己的研究生课堂上需要一个学期才能把整个东西方历史差异梳理清楚，东方不同于西方到底怎么回事，我们现在只是从二战的生产过剩谈起，不能太追溯了。

我只是说，这已经解构了文艺复兴，解构了希腊罗马。做解构研究的条件不在西方人的书上，我是在世界上多个大的博物馆，做了相当长时间的历史文物的对比研究。比如大英博物馆，我去过五次，每次待一天；墨西哥的人类学博物馆，我去过三次，每次待一天；意大利的博物馆，那个遗迹旁边的博物馆，那里馆藏比较丰富，我去过三次。我当然因为出国比较多，到处跑，一年三分之一在国外，机会多，所以看的多。我不仅是一般大的国家博物馆要看，很多高校的博物馆也看，主要是为什么呢？主要证明历史教科书的错误，特别是中国人这种选择性的借鉴，我们拿过来的恰恰是西方最不值得用的东西。

好了，这一块我们按下不表，二战以前西方这两个国家立于不败之地的，都不是自由主义的，但因此这两个国家打起来了，你们也知道，美军和德军打起来了，德军打遍欧洲已经没有敌手了，最后美国人进入，算是两个国家主义的国家打起来了，最后美国人联合了第三个国家主义的国家——斯大林主义的苏联。好了，美苏联手才打败了德国。于是乎，接着形成了美苏战后的双寡头地缘政治。

美国在西方的统治地位源于二战，因为西方所有国家要从美国拿到军火，这时候你们这些国家都被打垮了，你们拿什么要军火呢？黄金。于是乎，战后所有西方国家黄金储备为零，美国储备了世界60%以上的黄金，发行世界70%以上的货币。那时候美元叫美金。有道理，因为它是以黄金作为储备的。因此美国1944年就召集全球44个国家或政府签订了一个布雷顿森林体系，说你们都不用再搞金本位了，我保留一定的黄金储备，发行的是美金，你们各国货币只要按一定汇率换成美金，我承诺美金随时都可以兑成黄金，这就是布雷顿森林体系的内涵，它客观上确立了美国在战后西方世界的所谓世界中央银行地位，对西方世界发行美元的条件。客观的，谁让你们当年是自由资本主义的，你们都被打败了，怪不得人家美国。我得客观的替人家说一句话，因为1944年布雷顿森林体系确实是你们没黄金了，这个替代是历史造成的，是因为生产过剩导致了二战，最后形成了美国在西方世界的领导地位，美国成了世界的中央银行，美国对西方世界发行货币，那就有铸币税，就有发行货币的收益，于是乎当然美国就有了领导地位。

但资本主义的麻烦在于，西方战后工业化的复兴有了一定的技术条件之后会很迅速，所以战后仅仅十年西方全面复兴，工业品的大量交换，带来了一次新的货币危机。那就是什么呢？各国都直接用美元结算了，境外美元不回流美国市场，于是乎美国就得超量发行货币，当一个国家没有任何其他权力来约束它，自己可以大规模增发货币的时候，何乐而不为啊？别说它们，换了你们在座的各位再有觉悟，换几个共产党员去当美国总统，他要不增发货币才叫见鬼。发了票子就是钱，就能买东西，干嘛不发。于是就必然造成货币超发，很快超发到它没法再拿美元来兑换黄金的时候，那美国就单方面撕毁了布雷顿森林体系，那就是在1971年发生的布雷顿森林体系解体，美国不承认你手里的美金可以兑黄金了。因此从美金回归到美元，变成了纸币，本身不再具有黄金的储备功能，但，它客观上已经成为了各国储备货币，当美元放弃布雷顿森林体系的时候，70%的世界结算货币还是美元。那怎么办呢？还是基辛格这个犹太裔美国人聪明，把美元和什么挂钩呢？和石油，于是乎第一个对美国最有益的安排就是美元化的石油，这个石油因为各国的工业化都起来，大量需要石油啊，于是乎美元和石油挂钩，尽管不是金本位，但是石油结算在我手里。也就因此带来什么呢？从这开始，你们注意，美国在所有的石油输出国和周边地带，乃至于石油运输通道全都部署了重兵把守的军事基地，可以随时掐断任何人的石油来源，这就是美国的地缘战略的改变。

从此，美元可以高枕无忧了，因为有石油作为它的后盾，那就大量增发。等到这个时候，当美国的资本，特别是金融资本集团，可以靠资本领域的交易来获利的时候，干嘛还要苦哈哈地去做实业的投资呢。那得从开矿起，然后洗矿、冶炼，再成形，然后再经过到无数道工序，最后才能出产品，然后才能把它卖出去，才能换钱，这事太傻了！要是能够直接印钞挣钱，干嘛不直接印钞呢？

所以从20世纪70年代开始美国率先出现产业外移，因为资本家受不了，不能干慢少差费的事，得追求效率优先。到80

年代，引发了西方产业外移潮，于是乎以美国为首，带动西方，向金融资本阶段转化。所以你们看这张图上，这个“V”很明显，先是产业资本不断下降，接着出现反弹，反弹的是什么呢，当产业资本大量外移的时候，海外有的是要素价格低谷，比如像中国，那个时候一个劳动力多少钱啊？很便宜，我们那时候30元、50元钱的日工资，美国那时候早已三五百的日工资了，所以，西方把产业移到发展中国家，占有那里的劳动力剩余价值，于是海外收益增加，金融资本阶段的上升由此开始。也是在这个阶段，它把过去自由资本主义改变成了其实是具有保守主义内涵的新自由主义，一旦我们把这一套西方意识形态和它的经济转型“V”型曲线做个分析，你会发现闹了半天，新自由主义是这么来的，它有没有客观基础呢？有，是因为它在做产业转型。

3. 南北双输局面。

把这个东西分析完了，我们就看，金融资本阶段，发达国家和发展中国家难道是共赢的吗？难道这个世界是平的吗？你们看大量的西方著作，都在告诉你们沿着这个国际秩序走吧，这个世界是平的！实际上，不可能。

为啥呢，是因为客观上是双输。输在哪儿？我们以最近美国应对华尔街金融海啸，量化宽松政策为例，来看怎么回事。

你们可以看图，左边，当华尔街金融海啸发生的时候，美国出了一个超级量化宽松的救市政策，什么叫超级呢，零利率。听懂了吗？一手大规模增发，一手给定零利率，这意味着它发行出来的货币，形成金融资本，是零成本的，非常低价格的资金，跨国公司近乎零成本。好了，再加上通过银行各种手续费，在西方筹资，顶多支付 2% 不到的成本就够了，足以拿到一大块低价投资。国内现在为什么都在欢迎外资？是因为外资的成本太低了。你们都知道奥运歌曲，“我家大门常打开，张开怀抱等你来”，其实等的是什么？等的是低价格的外资，外资到这些发展中国它能攻城略地，占有你的战略性产业，因为你国内的投资价格高，他西方的投资价格低，他一打，你就败了，谁都愿意要低价资金啊。我有很多地方政府的官员们老问我：温老师你能帮我出一招吗，我能不能直接进外资啊？是的，那意思就是地方政府怎样绕过国家的外汇管制直接进外资，这恰恰也是人家美国人的要求，我们的地方官员可能 90% 以上愿意按照美国人的要求办事，为啥呢？低价格的资金呐，这不是好事嘛。如果中国不是 capital control，不是一个资本管制的国家，你是其他发展中国家，你的产业早就全数归了人家，因为你是资本管制，只许它做实业投资，你才稍微有点战略性……但其实已经输了三分之二了，中国 21 大类产业中的三分之二现在已经基本上外资控制了！

那为什么国内资金价格这么高呢？是因为接受了成本转嫁。

超级量化宽松，大量制造出流动性，上哪去了？60% 不在美国，在哪儿运作呢，在全球期货市场上，主要是石油期货，粮食期货，而石油和粮食又是当代世界人类必需品，各个实体经济国家都必须吃粮食，必须消费石油，美国制造出的大量的过剩资金流到石油市场和粮食市场上，短期就把这两个价格炒得很高。你们都知道原来危机爆发之前的石油价格 40 美元左右，西方搞了3次量化宽松到现在2013年是多少？140美元以上，涨了大约100美元，最高的时候能涨到150美元以上，甚至有人预期180美元以上。过剩的资金流进去，当然会把价格炒起来，粮食价格更是如此。数据表明，小麦价格翻了100%，石油价格翻了300%。你不进口石油吗？中国现在消费的石油将近60%靠进口，这意味着比过去3倍以上的支付石油价格，那就等于你的石油成本上升了，不仅造成生活成本上升，也造成企业成本上升，请问，在这种情况下，能不发生通货膨胀吗？所以我们叫做“进口通胀”，或者叫做输入型通胀。通胀了不得调利率吗？央行要不调利率，老百姓存款低于通胀率，老百姓还存款吗？不存款不等于发生挤兑吗？挤提不是银行发生金融灾难吗？

所以，发展中国家就得上调利率，调得比较高，那你的融资成本就随着利率上调而上去了。诚然，这不是阴谋，是阳谋，是个人就该懂。而且，我觉得所有的财经高官悉数全懂，老百姓可能懂的少些，问问在座的大学生，你们全懂的也不多，但所有的财经高官全都懂。

那也因此，当然导致进口的原材料使企业成本上升，企业成本上升导致利润下降，这时候还得调整资金价格，于是企业的资金成本也上升。这样看，原材料成本上升、资金成本上升，同时生活成本上升导致劳动力价格也上升，我问你，中国产业还有竞争力吗？所以我们出现“下行期”。这是一种输。

然而，难道美国就赢了吗？为什么叫双输？因为越是这样，越制造泡沫，明明知道它的量化宽松是左手增发货币，右手增发国债，增发的货币直接买增发的国债，于是，金融资本泡沫化。难道泡沫化就会赢吗？最终的结果是当我们垮的时候，它也会垮，这就是一个两败俱伤的双输结局。

但是资本主义并不会有这种自觉性，看到一个两败俱伤的结局，就自觉地不嫁祸于人了吗？不，资本从来是短视的。我的解释框架是政治经济学的，使用了部分制度经济学的理论作为方法，因此我也计算制度成本计算制度收益，结果就发现，双方都在一个竞劣机制上，美国建议中国尽早开放资本市场，尽早本币自由兑换，这些建议都其实不是积极的、向好的建议，而是一个使你尽快早输的建议。

其实这个金融资本统治的世界，美国不可能仅靠经济运作转嫁成本，也必须靠意识形态，同时靠军事强权。所以美国人才有 12 个航母战斗群，我们现在只是从苏联买了个废铁船，回来装了几架飞机，就算航母了，当然这并不是嘲笑我们，我们造舰能力确实差，现在为止，造的最大吨位的也只是驱逐舰，大家也知道，走向蓝海的舰队，得有旗舰，旗舰是不能由驱逐舰担任的，最差也得是巡洋舰。所以你们看这次叙利亚危机，俄国人穷到这份上，它开到地中海的还是以巡洋舰为旗舰的舰队。我们的麻烦在于，要到西太平洋上人家门口去做点小动作，这么说不好听哦，最大的舰顶多只是驱逐舰，驱逐舰本该是用于远洋舰队旗舰外围的防御，或者用于近海防御的，不是用于远洋作战的，因此我们到现在为止几乎还没有任何应对海权竞争的能力。

提醒各位一句，日本在 1942 年被美军炸沉的“大和号巡洋舰”已经是6万吨级了，那是人家40年代的水平，我们今天若要跟日本军事对抗，无论有什么情绪，说老实话，能达到它40年代的水平吗？它造的是6万吨级的巡洋舰，中国现在如果能造出一艘巡洋舰，咱们也可以骄傲一把。全世界最大的造船生产能力在中国，但却造不出一艘能带舰队远航的巡洋舰。我们把这个状况叫什么呢？“一个大草包肚子——满口没牙”，这就是我们的现状。中国的民族主义只能是民间愤青喊一喊，真到我们这些能够比较了解经济实际情况的人这里，我只好忍住一份怒气，没有办法。

更何况海权竞争，我们缺乏经验。过去的事我们不多说了，总之我们不想妄自菲薄，但我们得有自知之明。

但在陆权竞争中，至今，除了像历史上清朝末年老打败仗，自20世纪40年代以来，我们向无败绩。几场边缘地区的区域战争，基本上都没打败，也不能说全打胜了，但至少是没败。

所以我说，海权竞争向无胜绩，路权竞争向无败绩，乃当代史上基本状况。

如何认识，不是我的事，现在中国外交上有些成功了，西进了，这是走了陆权战略的方向。过去，自李鸿章、左宗棠开始竞争塞防论还是海防论以来，李鸿章早已经败了，而我们试图再走李鸿章的路吗？走不得，还是走陆权竞争，西进吧，那有石油，当然那也有疆独。怎么处理，仍然是个大问题。

4. 社会成本“上得去下不来”。

好了，零碎太多了，偏离主干了。我们先把主要问题说清楚。

在这样一个过程中，我们不可按照西方指引的方向走，不仅经济上不能，政治上也不能。因为政治上我们都应该知道，还是经济基础决定上层建筑，如果上层建筑超前于经济基础，结果是什么，反作用！虽然辩证法认为，上层建筑在一定条件下可以反作用于经济基础，但是这个反作用一定有巨大代价。马克思少说了后半句话，前半句话他说了，上层建筑在一定条件下可以反作用于经济基础，后句话他没说，每次反作用必然带来巨大代价，我把它补上了。所以我对马克思主义也在创新。

出于什么道理我要补上后半句呢？你们看看大多数发展中国家，大部分接手的是西方留下的上层建筑，因为超前，因此必然反作用于经济基础，造成它再也无可能形成综合竞争的国力，除非继续卖原材料，这就是最典型的发展陷阱。

那我们看西方现在它的上层建筑，难道不是成本日益推高吗？是的。

我们以德国总理默克尔最近的讲话来作为一个例证，她说我们欧盟怎么竞争，我们欧盟占世界 7% 的人口，我们提供世界 23% 的 GDP，三倍于人口占比，但是我们却消耗着世界 50% 以上的社会开支，我们怎么竞争啊！三个不成比例的数据，表达得很清楚吧，假如社会成本过高，是 GDP 的两倍以上，怎么解决竞争力的问题？注意，社会成本是上得去下不来。

如果你们愿意可以上网搜我有关于上得去下不来的故事。今天要讲谁的故事呢？讲的是奥巴马和金正日，现在叫金正恩了，当年我提出这个故事的时候还是金正日，所以我还是重复原来的故事，叫“奥巴马—金正日难题”，讲的什么呢？他们俩都上去了，都没下来。所以我说，不管意识形态，不管政治体制，两个人都有同样的矛盾——上得去下不来。

奥巴马的故事好解释，我刚才已经讲了因为他之前的里根当总统的时候就把产业资本移出了，进入金融资本阶段，他想做改变，说 we can make a change。要改变到哪，改变到产业经济上，或称回退到产业经济上，可能吗？我们国内的很多人都说可能，可我说，对不起，不大可能，“上去了就下不来”。

举个简单的例子，我跟国外很多大的投行在做接触，让其中比较跟我熟的人给我写个东西，就写写你们投行中的从业人员，认为正常的生活、正常的消费是什么，写完了我拿过来一看，就明白了：金融中的从业人员绝对不会像社会一般的生活水平和消费水平，比如你不买什么兰博基尼，就不是他们中间的什么，你不用什么就不是什么……总之，这个群体的消费一定是大大超过社会平均水平的，这个群体所追求的也是大大超过社会平均收益的收入。那，这个群体是靠什么呢？当然是靠金融投机！那么，这和实体产业有关吗？既然无关，能用这种金融资本的运作方式去为实体产业服务吗？没门。所以，美国经济结构自从高度化以来，“上去就下不来”。

为什么金正日也是“上去就下不来”呢？当然现在是金正恩了，因为他们超前实现了现代化。你们听着很痛苦诶。朝鲜超前实现了城市化，70% 的人进城了，为什么呢？是因为朝鲜超前实现了农业现代化，农业都机械化了，不用人了。已经两代人不是农民，就会当拖拉机手了。在前苏联没解体之前，金日成时代朝鲜欢歌笑语，给西伯利亚地区输送点苹果土豆啊，这个那个的农产品，西伯利亚就给他石油和拖拉机，因为西伯利亚不适合农耕，所以两方工农产品一交换，不找账，都过得挺好。得，苏联一解体，私有化+市场化，没人再给朝鲜石油了，也没人给拖拉机，原来给的拖拉机没油，也趴窝了，地就不能耕了，30% 农民没有机械能养活 70% 城里人吗，不能，怎么办呢，只能动员所有城里人下乡，一人发一把镢头刨地去，没机械了，到秋天的时候，一人一把镰刀割稻去，这就弄得大批逃北者，你们以为进城的人还愿意下乡务农吗？让你们现在这些孩子一人一把镢头刨地去，你们不反才怪！一定会说没自由民主，没有人权！诚然，这就是朝鲜的现状，并不是说谁比谁坏，谁比谁专制，而是因为超前实现农业现代化和城市化，却没有维持的条件，自己没石油，西方一封锁，麻烦大了。现在应对危机的办法，只好就是所有这些在城里载歌载舞跳惯了的人都给我下乡干活去。大家都批专制，你不专制试试？！

所以，这个“上去就下不来”是一个道理。

前两天电视上播一则欧洲新闻，我一看就笑了，跟我在西班牙旅行看到的情况一模一样，那个店主说我不愿意那么早开门，我就应该 11 点上班，1 点钟就该吃饭，下午那么热不想来，就该 5 点钟上班，这跟我看到的情况一模一样。你们知道西班牙人习惯了 11 点钟上班，早晨是不起床的，因为晚上要有夜生活，那就 11 点钟上班，1 点钟下班吃饭休息，下午 5 点钟上班，9 点钟下班，完了去喝啤酒，去酒吧，去夜生活……这是人家的生活习惯，也是民主制度的一个重要基础，任何一个政客上台，敢说你给我改，得像德国人一样6点钟起床上班吗！诚然，德国人很愤怒啊，我们勤勤苦苦干活，养活你们这帮南方懒汉，但你到这些国家去当一回政治家试试，谁敢说改8点钟上班，他们不把你选下来才算见鬼。

既然没有竞争力，怎么办呢，只好政府负债。我们说美国人可以这么干，这么高的社会成本，美国人可以对全球发债，所以美国国会批准债务上限不断向上提，是因为它也没有还债的能力，只好不断发债。而到欧洲人这里，欧洲人只能说我敢印钞，因为欧元区有一个中央银行，但欧盟不敢发债，为啥呢？因为各国政府都在发债，已经是二十七个欧盟国，都在发债，凭什么让欧洲央行拿我印出来的货币去买你发债的单。所以欧盟对债务扩张犹犹豫豫，但在美国却顺顺当当，因为美国是一个国家，再加上它可以把自己印出来的货币向全世界转嫁通胀，欧盟向谁转嫁啊？

但你们要看亚洲人的聪明，安倍经济学是怎么回事，为什么安倍短期内能得到日本70%以上国民的拥护，安倍经济学大行其道并且初见成效，什么道理啊？需知，他很聪明，尽管这人不好，但他的办法很聪明。请看，安倍大规模印钞跟美国一样，美欧日都是量化宽松，都是大规模印钞，都不负责任地向全球转嫁通胀。但安倍的转嫁方式更绝，印钞了以后不是买国债，是买日本央行的银行债，这一买，就买出高价格来了，然后拿着日本银行的债券去给日本投资国。例如，日本在越南投资、缅甸投资，在世界上很多国家投资，日本就给这些投资国谈判，把日本银行的有价证券做抵押，定向增发货币给日本在这个国家投资的企业。听懂了吗？空手套白狼，日本在某国这投资了一个汽车工厂，要扩产占领市场，哪来钱呢？用你本国货币。那你的本国货币为什么增发呢？我让你增发的。我拿什么让你增发的呢？我把我的银行债给你的央行做抵押了，你增发了定量的货币给了我投资的企业，意味着你的央行帮助我的企业在你的国家攻城略地，占有你的市场。这够聪明吧？于是乎，安倍经济学在短短半年时间内使日本在海外投资变成全球第一。日本人为什么高比例地拥护安倍？他的财经高官要比我们强多了，所以他得到这么大的拥护，于是他抓紧推动军队正常化。虽然他要变成一个真正有完整主权的国家还有漫长的路要走，但是国家主权中的最为核心的主权是军事主权。现在，在日本地区美国的实力仍然大于日本，在韩国地区美国的实力大于韩国，因此，这两个国家都并不属于主权独立的国家。对此，日本现在抓紧军事正常化，这对日本是历史上难得的机会。

因此，安倍得到日本国民很大的拥护，乃是他抓准了历史机遇，趁着中美之间斗争越来越尖锐，这一把赌，如果赌赢了，日本回归正常国家，赌不赢，日本人继续当没有主权的国家，日本人的命运并不那么好，因为美国大哥即使在韩战和越战期间也没有给日本恢复国家主权，也没有给他恢复国家军队的能力，他现在正在向前试探。

所以，东海冲突对日本意味着有百利而无一害；对我们则意味着害大于利。怎么运作，怎么做好，把握这个很难。

（二）中国特色的中国经验

1．无限责任政府与均田免赋。

总之，我们得说，到目前为止西方的政治制度，对我们来说，最大的问题不是它的好和坏，不是我价值观上是不是愿意要它，而是它的巨大成本你是不是打算支付。

还有一个根本的问题，实际差别很大。请注意，原住民为主的东方国家因为经历了漫长的国家史，正如你们知道的，中国是世界上唯一没有中断的、保留了原住民文明的国家，长达几千年漫长的国家政治文明之中，它形成的政府在内涵上完全不同于“国龄”过短的西方政府。你们知道西方占据主导地位的国家大部分国龄也就是个一两百年、两三百年。例如，美国现在算三百年历史，立国史三百年，作为完整意义的政治国家不到三百年，德国1832年才结束三百个小邦国林立的封建制、完成统一大业，意大利1847年建国，此前也只是个地理概念。这两个欧洲的主导国家不外乎就是一百多年不到两百年的国家历史。

这些国家都算作有限责任政府，所以美国政府可以停摆，大家不干了，因为它是有限责任，拿到钱我就开门，拿不到钱我就关门。因此，底特律可以连警察都歇了，满大街社会犯罪，它不管了。在中国呢，我们在20世纪90年代有过严重的财政亏损时期，甚至长达十年，经常发不出工资，不还得照样“五加二白加黑”嘛，敢歇吗？财政这里不发工资了，难道学校就不上班了，医生就不上班了，政府干部也不上班了？不行，照样得干。所以，中国的政府叫做无限责任政府，知道吗？如果你们想搞政治改革，先得搞清楚中国的政府性质和美国的政府性质，或者中国与西方政府基本性质相比到底差别是什么，它的经济基础和上层建筑是对应的，经济中的主要主体是有限责任公司，对应的上层建筑叫有限责任政府。

我们现在经济基础领域把大量的公司改成有限责任公司了，但我们对应的上层建筑还是一个无限责任政府。

我们先把双方的政治体制的本质说清楚，第一，对方的政治体制成本过高，我们支付不起，第二，对方的政治体制叫做有限责任政府，我们很难把中国几千年政治制度史上形成的无限责任改成有限责任，要想改，也可以，大家得慢慢讨论，看看怎么改才好。什么样的政府说我不对全民承担责任了，我就有多少钱干多少活，这样改大家愿意不愿意。如果这样大家都说很好，咱们就改。

由于大多数教科书都不会讲这个道理，所以我今天把概念讲的稍微多了点，希望各位理解。因此今天根本不是中国人如何威胁西方，如果看西方当代的这个后冷战意识形态，它讲的全是你如何威胁，其实中国根本没有威胁西方的能力，所以西方的各种各样的话语，停留在冷战的意识形态话语体系中，其所派生的人文社会科学，至今在中国的人文社会科学领域中占据着主导地位，这点是我们这一辈，你们下一辈人，不得不面对的重大的历史任务，当然你也可以跟着走，跟着主流走，吃得香喝得辣，这也不是坏事，得到很多分配，但如果你真想做一个人，做一个思想者，做一个堂堂正正的中国知识分子，你恐怕就得有点挑战精神，才能够有所建树。对不起噢，说得重了点。

不是我们不想追随西方文明，麻烦在于，我们没有再搞殖民化的可能。

对于东西方两大历史进程中构建的解释逻辑，我试着在做解构，发现至少在五百年前，出现了一个世界大变局，那就是因为中国长期向西方出口导致西方的赤字危机、白银战争，及其对西方走向殖民化的压力。

当然，你们现在通过教科书得到的印象都是因为中国闭关锁国，所以落后挨打。但，这八个字是人家打完了以后给你留下的，人家建立了某所大学，把这八个字留下，变成了你的意识形态。近代几乎所有的研究就都围绕着这八个字，大家都在解释说我为什么挨打呢？是因为闭关锁国了。那不是扯的嘛！中国长期以来都是一个贸易盈余的国家，而且是世界最大贸易盈余国。1840 年被打之前，中国的 GDP 占全球 28%，比现在高多了，当时的人口是全球的 17%—19%，但 GDP 大大高于人口占比。而当时中国出口得到的白银储备有多少呢？我们当时是把白银作为货币的国家，曾经占有全球 60% 的白银，就跟二战之后美国占有全球 60% 的黄金几乎是一样的。别以为 GDP 上去就站住了，不对，挨打的原因恰恰是因为贸易盈余太大，恰恰是因为出口太多。

为啥出口多了呢？中国自宋代以来，西域陆上贸易中断，海上贸易开通，开始通过阿拉伯世界向西方转运中国烧出来的土，中国把瓷器运到阿拉伯世界再中转到欧洲，所以西方叫 china，中国人拿点煤，拿点柴火，把中国的土烧成各种形状就送出去了，靠海船大规模向外出口，带出了阿拉伯世界对南欧的浸淫。世界地缘格局由此发生了改变，那中国大量回流的主要是白银，导致从明朝开始，中国以“一条鞭法”为标志，形成白银币制。

因为中国长期对西方的贸易顺差太大，而西方那时候也没什么可以贸易的，于是鸦片战争就开始了，打了两次鸦片战争，到了到1870年前后，用鸦片贸易的方式才使中国出现了贸易逆差。

而就在1870年前后，贸易逆差发生的同时，是中国的上层建筑鸦片化，官员、军队、士大夫阶层、知识分子都抽鸦片。当鸦片变成一种时髦的时候，就导致中国的整个上层建筑鸦片化，其中的核心是军队的鸦片化，于是军队几乎没有战斗力了，一次一次的挨打，最后打的结果是全部财政三十八年都还不完人家一场战争的赔款，那就是1900年的庚子赔款。进入20世纪，下层社会也走向鸦片化。士绅地主、商人交际也抽鸦片，城市帮会和农村土匪也随之被鸦片化了……

简单说，最初就是对西方的贸易顺差过大造成的，而不是什么闭关锁国，落后挨打，人家要的就是改变西方贸易逆差。

在殖民化时期，我们没有打出去，而是被打了，所以到工业化时期，在产业文明时代，你想学习西方按产业文明时代的路走，却走不成，因为中国人太多。举个例子，非得要姚明盖一小孩的婴儿被，那可不是顾头不顾脚嘛！人口太多，不能对外搞殖民化大量输出人口，就学不了西方。

我们一百年来的知识分子都想学西方，全盘西化最好，20

世纪 50 年代的全盘苏化，也是全盘西化，别以为有什么差别，左派右派都一样。所以在 2011 年，辛亥百年的时候，我在清华大学有个演讲，叫“告别百年激进”，讲的就是知识分子一百年的激进导致的结果是什么。我们能不能稳一点？

既然走不得西方的路，那我们实际上是在走什么路？

中国恰恰是走不了西方的路，才在近代以来，出现了一次本土化的重大的制度改变，那是历朝历代都有做的事情，叫做“耕者有其田”，被我们叫做“土地革命”。20 世纪上半叶打了三次土地革命战争，最终形成了土地平均分配，是几千年以来农民的基本诉求，所以，历朝历代的开国之君，都得给农民做 4 个字的事——“均田免赋”，其实分开是两件事，均了田，还得免赋，任何一个均田免赋的朝代都能维持两百年朝代周期，我国 1949 年给农民均了田，2006 年才给农民免了赋，现在尚处在稳定期，虽然免赋晚于均田半个世纪，但毕竟实现了均田免赋，跟历朝历代并无二致。

西方，特别是美国，为了防止在亚洲——受长期中华文明影响的东亚圈——都发生均田免赋的政治革命，于是它率先去把军事占领下的日本重新分了地，美国大兵占领了日本，强迫土地主把地献出来。朝鲜是 1945 年，二战一结束金日成领导下先把地分了，朝鲜是当时朝鲜半岛上富裕地区，因为工商业集中在朝鲜，地一分，工商业主纷纷以为其财富受到威胁，于是地主和工商业者为主大约 27 万人逃往韩国，加强了韩国政府反对土地革命的力量。就像 50 年代中国把藏区周边云南、甘肃、青海全都搞土地改革了，这一带的头人、奴隶主纷纷逃往拉萨，二者道理是一样的。所以韩国坚决反对分地！韩国的农民说，北方的哥们分了地，凭什么我们就不分，于是韩国大量爆发革命，农民革命甚至已经打到了汉城郊区，要求朝鲜救急，朝鲜就这么爆发了战争。但它被西方定义为是朝鲜的侵略，绝口不提韩国的土地革命。

根据冷战意识形态化的解释，台湾地区被说成是和平土改、科学土改、合法土改，可你们想想，当时台湾人口多少？600万不到。从大陆去了多少？大约150万，相当于增加了1/4，怎么养活？其中有80万国民党士兵都是外省人，一人手里一把刺刀，台湾有多少土地主？哪个敢对抗！你们今天把它叫做和平土改，没有国民党士兵的80万刺刀，怎么能土改？今天的社会科学界如此的荒唐，基本背景不看，非得说那是在美国自由民主制度的帮助下实现了一次和平土改，是不错，但没有暴力背景，能和平吗？

横看东亚这片，中国大陆先土地革命，同期引起了重大影响，整个东亚片无论何种主义，何种意识形态，何种制度，都全面实行了均田制，因此进入东亚稳态社会。什么意思呢？诚然，都有下层社会，但下层都有财产。

因此看日本今天，尽管农民人口剩下580万，尽管高度工业化城市化，但日本农村仍然是平均的小农户，户均农地规模现在也不过是两公顷。到现在为止，不论它换什么党执政，都不敢像本国的某些重臣一样，坚定地主张工商业资本进入农业。过去，日本曾经有过这样的主张，但做出这样改变的人都下台了，后来虽然延续了这项政策，但外部工商业资本进不去，因为农村中几乎全部是综合农协垄断控制，任何工商业资本进来打不动，因此，日本农民通过自己的综合农协得到60%以上二三产业的收入，农民的收入高于城市居民收入。这是日本的政策，长期稳定。

总之，整个东亚社会都是平均分地的，因此，本国也只是平均分地的东亚之一。

2．双稳态结构：社会结构+经济结构。

当代中国形成的两个稳态结构，是国家稳定的基础。

在经济上，从土改开始，造成了世界上最大的小有产者群体，属于下层阶级占人口的60%。中国小有产者群体如果用马克思主义来定义的话，也可以叫做小资产阶级。

最近的几十年从小资基础上，长出来一块叫中产阶级，或者叫中资群体占人口的30%，上边是大资，主要是国资，国有资本总量占比最大，但占有国有资本及其收益的支配权力的人很少，大概是中国人口10%以下的群体在掌控着国资。但，因为国资高度政治化，因此它不属于一般意义的富裕阶级。

我们看中国社会结构，小资、中资、大资，这是个金字塔稳态结构，稳在哪？稳在没有赤贫。不信你到印度去看看，30%的农民无地，无地就是赤贫，再加上种姓制度、部族制度，它当然不稳。因此，印度农村三分之二的邦有农民武装游击队，被叫做毛派，弄得中国好不尴尬，老解释说，这个毛派跟毛泽东没关系。不过，人家印度毛派就说，毛泽东就是搞土地革命的，我们现在也搞土地革命，所以自己叫印度共产党毛派。

同理，尼泊尔也是没搞土改的国家，也是共产党毛派领导农民武装斗争，一度打赢了啊！1996年，尼泊尔共产党毛派就是到农村去发动农民搞武装斗争的，十年之后，出动一个师的部队包围首都，国王下台，让出政权。

我跑了四十多个国家，到处去做农村地区的调查研究，还了解点真相，比如说印度的游击队怎么搞武装斗争，在游击队斗争地区我至少跑了五个村，大量接触了当地老百姓。我对带我去的印度的进步知识分子说，能不能介绍给我印度游击队的头，我跟他们聊聊，可是转了一圈回到新德里，我说唯一的遗憾是这次我要见游击队的头你没让我见，他说你已经见到了啊，我说是吗？就不再多说了。尼泊尔人民解放军包围首都迫使国王下台形成所谓新的政权，叫做新世纪的“民主贝贝”，它形成的时候我们组织了三次调查。此外，对印度做研究，我们到现在为止组织了十几次调查，我本人去过七次。

我们大量做发展中国家调查，知道这个世界的真实情况，远比一般高校教师能给学生的知识要真实得多。

因为中国没有赤贫阶级，其社会才仍然是稳态结构。大量发生的群体性事件，是有人想剥夺小有产者，那就是说夺农民的地，拆村并镇，抢占农民的土地，逼得农民哇哇叫，于是群体事件就发生了。

3. 承担无限责任的表现：三大差别再平衡。

接下来，我再讲中国出现三大差别的情况下，因为中央政府仍然承担“无限责任”，所以出手做了再平衡的战略调整。

如何看中国的经济结构？因为1997年东亚金融风暴造成外需下降，1998年中国发生了生产过剩，因此开始大规模启动国债投资。这有很重要的三大差别再平衡作用。是因为在这个高增长阶段上，按邓小平所讲的，要允许先富，但是发展起来一定要减少贫富差别，否则的话我们的改革就失败了！所以后接班的领导人必须得把三大差别做再平衡。

1998 年开始发生的生产过剩，工业生产能力闲置的时候，中央政府立刻出台了区域再平衡的战略，第一个大战略是西部大开发，投资 3.6 万亿，国债占 2/3；第二个大战略，叫东北老工业基地振兴，接近 3 万亿，70% 以上国债；第三大战略，叫中部崛起，又是接近 3 万亿投资。为了用国债投资来取得区域再平衡的战略的成功，投了多少？ 9 万多亿，相当于 1.2 万亿美元。中央政府前所未有的大规模投资，投在了区域再平衡上。

接着看，当 2008—2009 年西方危机爆发以后，西部地区 GDP 增长一片飘红，东部地区则属蓝灯区。这说明区域再平衡的战略基本取得成功。中国三大差别中的第一大差别，区域差别，也就是沿海和内地的差别，经过中央政府十年期间的三大国债投资战略，已经基本完成了。

实现区域再平衡之后，接着是缓解城乡差别。

我们知道，中央在 2001 年接受三农问题的政策建议，确定为国家战略重中之重，于 2002 年开始强调，随之在 2003 年提出要加强三农投入，接着 2005 年提出新农村建设，到现在八年，2005—2013 年，这八年期间投入 7 万亿。第一块，基本上使得农村中所有的社会开支得到低水平全覆盖。什么叫低水平呢？农村中的低保开支很低，但是做到全覆盖，叫做“应保尽保”。农村中所有孩子上学免费，也做到了。医疗报销，尽管报得低，但毕竟有地方报医疗费了，所以这个社会保护伞（social umbrella）给农民覆盖上了。第二块，农村“五通建设”，给农村通路、通水、通电、通电话、通宽带。五通是开发区的水平，我们向农村做五通，做到接近99%，现在没有通电的农户占百分之一点几，当然中国农户太多，两亿农户，就算留下百分之一点几，也是相当大的一数，但是在基本建设上，国家7万亿投资下去覆盖了农村基本建设，覆盖了农民社会开支，这就是城乡再平衡。

因此很多农民现在不愿意要城市户口了。

过去，我们老以为户口是个问题，现在“非转农”最困难。你们谁家是农村的？已经上学出来了，再想把户口转回农村，难上加难，农转非容易，非转农难。

为啥呢？农村是只要有一份户口，就可以无偿占有一份资源型资产，占有什么资产呢？宅基地和承包田，这是无偿的，凭的是你的农村户口的身份。现在大家都知道，这东西值钱了。如果是城里人，弄一个城市身份，还值钱吗？就算在城里买了一处房子，买到的是什么权啊，那是产权吗？很多知识分子跟我争论农村应该土地私有化。我说对不起，你先看在城里交易的是什么，城里人有土地证吗？搞搞清楚，土地使用权证在开发商手里，你买的房屋产权只不过是钢筋水泥的产权证明，有一寸土地吗？城市土地所有权归政府，土地使用权归开发商，你花大钱买的是一堆钢筋水泥！因此，农民的产权才是实打实的。农村人的那块宅基地可是世代继承的，哪怕你进城了，将来拆迁的时候，还能分你一套房子呢！当然也是把你占有的地权换成钢筋水泥产权，一般人都不愿意要，所以现在农民反对拆迁，他要实打实的脚下有块地，不愿意被变成钢筋水泥，这就是现在的政府跟农民的矛盾冲突。

好了这一部分我们得说清楚，国家投入于大规模的农村基本建设，相当于搞了三大差别的两个再平衡，上届政府把区域和城乡两个差别都平衡了。那接着该干嘛了？

本届政府就该平衡贫富差别了，这是历史责任，也是中国这种无限责任政府必须做的事情。平衡三大差别是这种无限责任政府的投资目标。世界上我们才敢承诺。其他国家哪一国做得到？换一个试试。

拿最发达国家举例，难道美国不得温饱人数不是在上升吗？若按占总人口比例，几乎超过 20% 了。中国占比多少，现在据说重新计算了以后占比是 7%。

且不说哪个制度好哪个坏，只说作为一个国家体制，中国政府应该承担无限责任，必须把它原来造成的三大差别再改成平衡，这就使现在中国的投资有地方可去。那，也因为这三大平衡的战略投入，短期看都不挣钱。例如西部开发投基本建设，往农村投修路，短期能收回吗？给农民修路，能同时修一个卡子收钱吗？不让农民一扁担打出去！怎么可能收到钱呢？所以，农村基建这个需求应该谁来投呢？只能国家投。谁来干呢？只能国企干，就算给私人老板，他愿意干吗？再说电力，大家对电力很不满意，很少人说往农村送电，中间的电力损耗多少，那既然是市场经济，那如果加上损耗农民应该交的电费两三倍于市民，因为市民用电多，对应的线损很少，农村用电少，对应的线损就多。但是，国家强制规定城乡同价，农村不许多收一分钱，电网公司亏着也得往农村送电！

这个做法的好处在哪？各位，在国家利益。

什么叫做国家利益？举个例子，为什么我强调新农村建设是这次执政党的主动调控？因这种主动投资，不仅是农村实现了五通，而且当五通实现的时候，恰恰是国家遭遇到全球经济危机打击的时候，对农村的基本建设投资发挥了意想不到的抗危机作用。我在国外争论的时候拿出这个故事会让所有人哑口无言：2009 年全球大危机爆发，全世界的 GDP 都下滑，中国走了 V 型反弹：第一个季度 GDP 下滑，第二个季度 GDP 就上去了。为什么？是因为我们把补贴外国消费者的出口退税 13%，转为补贴农民户口的消费者。只要是农村户口，去买那些出口不了的家用电器、汽车等，国家给 13% 补贴，而且宣布说，这政策只到 2010 年 12 月 31 日。于是，一年之内，农民的百户彩电拥有率达到 104 台。你们笑啥？其实，中国政府出台的这个危机应对政策高度有效，一下就把出口转成内需了！出口不了，那我们还能干什么？正是因为中国已经从 2005 年开始向农村投了四年，这四年里头已经投了 3.4 万亿，基本建设已经进村了，所以农民买彩电能够看得上，因为宽带已经修在村里了。同理，农民买汽车，能开进村去了，因为路也修到村里了。农民买洗衣机有水了，因为自来水修进村去了。所以，国家投资在农村修路、修水、修电，宽带电话全进村去了，出口卖不动的消费品就卖到农村去了。这一下，只在第一个季度因海外订单撕毁

GDP 就下滑，第二个季度因制定了对农民的补贴政策，GDP 一下就又上去了，中国两个季度之内就走出“V”形反弹！同时期，别的国家尚在危机造成的萧条之中。

而且，2009 年第一个季度因出口不畅，6 万多家企业倒闭，都发生在沿海，并且 2500 万打工者失业。中国处于典型的危机爆发状态，按说应该发生大规模的社会动乱。我拿这个问题问西方人，你们如果遭遇 2500 万人失业，那会怎么样？西方人回答，那我们国家就没了，没谁受得了 2500 万人失业。有一次在联合国开会我发言说，我们新中国历史上最大规模的失业是 1960 年，大约 7000 万人，那是我们上山下乡开始的时代。需知，因 7000 万人在城里失业，所以向农村转了上千万知识青年，算是到农村去就食吧？所以说，“三农”承载了国家历次经济危机的代价。

到第二次经济危机于 1966 年爆发时，轮到我们这批知识青年了。我是 1968 年上山下乡的，不仅我下乡，我们全家六口人全下去了。我父亲是人民大学的，那时候认为人民大学不创造生产力，因为它是文科院校，只有理工科院校才创造生产力，就还得留着，纯文科的院校解散，老师下乡，我父亲下放在江西干校喂牛，我母亲在北京郊区种水稻，我在山西当农民，我一个姐姐也在山西当农民，另外一个姐姐在湖北当农民，弟弟在内蒙古兵团，一家六口人分 6 个地方，全下乡了。所以我说：大危机条件下，是乡村救了我们，虽说没工资，但是有饭吃。今天有很多人把这些东西写得很“伤痕文学”，然后就说“伤不起”，说我们这代人“很悲催”等。是的，我们这代人中有相当一部分人当了垫脚石，能够从困境中再爬起来的人很少，如果不艰苦奋斗，或者说不每天奋斗，当然爬不起来，所以我干到 60 多岁到现在为止，连一个春节都没过，为什么？就是我永远比别人晚，要在比别人晚的情况下干得超过别人，不把所有的时间都用上那肯定是不行的。当然我们 6 口人都回来了，兄弟姐妹也都上了大学，等于又回到了中产阶级队伍之中，但这过程是复杂的。

总之，怪不得国家，是因为任何国家都会遭遇危机。中国遭遇危机的时候，如果不把多余的城市劳动力送到农村去，那城市就发生动乱。不信你们看现在的欧洲，深陷危机也改不了，因为没农村可去了，所以失业人群就在城市聚集街头，挖出石块来砸警察，能解决问题吗？当然，不仅解决不了，还变成极端化的政治势力。例如，有一部分人走向极端右翼，一部分走向极端民族主义，一部分走向社会主义，一部分走向保守主义……

特别是年轻的孩子们，要有超越主流的独立思考能力。我是个过来人，经历了不同的教育体制，我下乡插队之前原来是人大附小、人大附中的学生，因为我家是人民大学的嘛，就有这条件。人大附小、人大附中至今都是全国最好的学校，我们接受的算是精英教育，因为，人大附中的学生当年就是 95% 以上是干部子女、知识分子子女，现在还是，仍然是精英学校。那不能说原来的那套，苏联照搬来的教育完全无效，毛泽东时代的教育完全无效，我们经历过两个教育时代的人，原来的教育和现在的教育各有利弊。以前的教育，我父亲当老师的一代人之中，要说俄文，念俄文教科书，能用俄文教课，就是权威！到我这一代，能用英文教课，就是权威。然而，我们进步了吗？我们知识分子难道就这样荒唐下去，难道不得自己反思吗？

我们的社会叫做“双稳态结构”，如果稍微往前多激进半步就可能自毁，所以我严禁我的学生参加派性争论，因为派性争论是最没学问的表现。孬好有点学问，早就跳出去了。要认真做点调查研究，特别是做点国际比较分析，形成自己的知识体系，才能够立于不败之地。

（三）复兴乡村，建设生态文明

1．城市化带来的污染。

下边这一部分是说，现在的产业资本时代造成了严重的污染。越是城市化，人们对化石能源和矿物能源的消费越增加，尽管我们国家煤炭的占比低于70%了，原来在70%以上，但现在煤炭的总量消费曲线是陡然向上走的，因为中国正在加快城市化，城市化一定是使用大量化石能源的，而煤炭是大量制造二氧化硫、PM2.5的，一定造成严重的大规模污染。

因为气候变暖，那就形成暖湿气流向北推，带着所有沿途的“城市带”形成的产业污染和生活污染，向北推到了淮河以北，就全是大平原了，再加上这一带平原地区的污染，推到京津唐上空的南北走向的太行山山脉和东西走向的燕山山脉，正好呈一个L形挡住了污染再过不去了，就停在京津唐上空，这样，京津唐地区就变成了世界上最大的污染带。这个污染带只能靠西北风了。但麻烦在于，由于气候变暖，北方的冷气流下不来、或者下来少了、弱了，就导致我们京津唐地区现在污染特别严重。于是，我最近跟外地院校签了几个约，自己叫逃离北京。幸亏我现在知识还值钱，所以抓紧跟外地院校签约，我现在当了三个学院的院长了。各位，还想去北上广吗？那都是高度污染地区。按照世界卫生组织给定的标准，全球 17 个一千万人口以上的大城市，都属于可吸入颗粒物高于世界平均水平的状况。各位，上海这地方也属于千万以上污染较重的大城市。

2．投资拉动增长与新型城镇化。

中国在 21 世纪这个关口上，做了重大战略性的调整：三大差别的再平衡战略调整，而没有按照主流给的方向激进地走向金融化和全球化。当然就导致了中国尽管遭遇生产过剩“危”，却转化成了三大平衡的“机”。因此我们维持了十几年的投资拉动增长。

这就客观上把中国三十年改革开放划分成三段：80 年代叫内需拉动，老一点的人都应该记得，80 年代买什么都紧张，物价不断上涨，是因为内需扩张太快，所以，80 年代叫内需拉动增长。90 年代，中国内需再也上不去了，于是转而依靠外需。但是，外需拉动经济却遭遇到 1997 东亚危机，中央启动国债政策进入投资拉动。这样，投资拉动成为新世纪经济增长的主因。

所以说 80 年代内需拉动，90 年代外需拉动，21 世纪以来投资拉动。

不过，投资拉动是个单行道，上去了就下不来，是否能够延续得了不在于谁的主观因素。那，取决于什么呢？我看，对不起，得感谢一下秦始皇老爷爷。他老人家2200多年前把中国给统一了，虽然秦“二世而亡”，但以后还是“汉承秦制”，中国长期是个超大型大陆国家而有广大纵深。你们也都知道凯恩斯的挖坑填坑理论，中国人不必要搞挖坑填坑，只需利用内陆纵深广大，就可以把过剩生产能力转向内陆建设，所以现在中国除了完成区域再平衡，城乡再平衡等国家战略之外，还可以再提出一个城镇化，用城镇化战略去给县以下的三万个城镇做基本建设投资。这个时候，正好赶上沿海“去工业化”，产业开始衰败。流动打工的那些农村人长了点见识，挣了点钱，正好变成城镇化战略需要的中小企业的创业主体。也因此，中国下一步能否继续维持投资拉动增长，主要取决于我们是否还有投资空间。所以我才说各位应该感谢一下秦始皇老爷爷，如果没有他老人家帮我们买完成超大型大陆的国家大一统局面，我们没有内陆纵深，投资拉动就会中断，只要一中断，以前所形成的全部债务就会暴露，那就是金融危机。此前，会先导致所有的财富泡沫化，接着是财富泡沫破裂。那，如果放眼全球，这个泡泡破裂的危机就要爆发在中国了！不过，今天这个世界是个竞劣机制，谁先爆发危机，那别人就来抄谁的底。

总之，并不是谁的制度比谁好，全球金融化就是一个竞劣机制。

现在中国还有投资拉动增长的机会，国家的战略性投资，当前主要是城镇化，从整体上考虑，应该纳入三农投资。从这个角度来说，我们现在所强调的社会化的生态文明，就在于动员社会各个阶层广泛参与，而这一点呢，恰恰和你们这个专业，和文化研究高度相关。因为，我把城镇化当做一次去城市化的经验过程。

应该知道基本概念的差别，城镇化并不是城市化。

在西方，城镇化起于20世纪80年代的“去城市化”，历经三十年之后，现在西方生态化的主流叫做“转型城镇”，英文叫做transition towns，什么意思呢？社会群体计算food print（食物足迹）以及生态足迹（eco-print），据此形成本地化的食物短链方式。如果一个地方的食物足迹和生态足迹太长，那就不可持续。因此，西方的转型城镇，是发动市民社会参与，把绿化草皮改成菜园，把市树、那种成批种植的行道树，改成多样化的果园，街道和社区的公园就变成了市民可以就近参与式的搞都市农业的场地，那也就是缩短城镇的食物足迹，减少生态足迹。这样，市民越来越强调食物的localization（本地化）。越多采用本地化的食品，应季的食品，你们就越进步，越表明人类有了符合生态文明要求的进步。

这就是现在的西方城镇化的新的趋势。

与此同时，西方的城镇化还出现了另外的新趋势。那就是西方社会已经中产阶级化了，你们也都知道欧洲人口70%左右是中产阶级人群。随着社会的中产阶级化，要求的主要是安全，包括生态安全。于是乎，西方现在讲求什么呢？注意其中差别，我们还在产业文明时代，讲的就是要快，“时间就是金钱，效率就是生命”！然而，这个追求已经out了。需知，在中产阶级占主体的西方国家越来越强调“三慢”，慢食、慢城、慢生活。

吃饭别着急，慢慢聊，慢慢吃，然后，生活节奏大家也要慢一点，意大利有叫慢城运动的国际组织。中国近年来也有慢城了，江苏南京的高淳县有一个乡镇，在意大利申报了中国第一个慢城，以这个慢城概念，变成了一个文化旅游，变成了一个乡土文化的体验，等等。其中就有了相当多的乡土文化复兴的理念，那里也搞了农民生活博物馆、农具博物馆，等等。总之呢，是希望用慢城概念来变成一个农业的体验文化。近年来类似的事情在全国比比皆是，强调生态足迹的城镇化已经开始形成趋势了。

乡村文明的复兴和生态文明的复兴，会给人们带来新的消费需求，我把它叫做“四洗”消费。农村中，如果你不搞大规模产业化，不搞化肥化，而是坚持去农药，去除草剂，不用化学化的方式搞农业，就等于让农业发生了生态的修复功能，这时候城市里的人们到农村来，吃农家的有机食品，就是“洗胃”；呼吸乡下的新鲜空气，称为“洗肺”；喝当地的清泉水，算是“洗血”；享受乡村文化的氛围，可以“洗心”。这样，乡村就有了“四洗”文化吧。

这“四洗”文化是非常体验的，也是非常休闲的。城里人下乡消费是要有文化感觉的，什么文化的感觉呢？你看古人做的那些景观，哪怕溪流中的一块石头，也会刻上洗心，那个溪畔休闲的感觉是不一样的。所谓采菊东篱下，悠然见南山，难道干活的时候不苦吗？苦的时候毕竟有乐。最后还有一句，最喜小儿无赖，溪头卧剥莲蓬。总之会有很多不同的感受，在这种多样性感受之中，人的生态文化就复兴了。最终，当我们讲生态文明的时候，无外乎就是它本来就是自然多样性的农业，城里人的休闲养生与乡土文化结合的时候，会使得人们在参与中有一种农业文明的复兴感觉。

3．当代乡村建设运动。

我们十多年前就把这些事情明确了以后，就开展了一系列的乡村建设活动，推行生态农业的多样性，推行市民参与式的农业，发展出了社会化生态农业。

我们在各地做的活动，包括在打工者中间搞服务中心，主要是帮助打工者形成自组织，开展交流活动，不至于每天被生产线困扰着失去人的多元化属性。

我们在各地建了很多不同类型的农村试验区，搞了一百多个试点，各村的做法也都是为了提高农民组织化程度。我们2003年在河北搞起了晏阳初乡村建设学院，提出的纲领叫做“人民生计为本，互助合作为纲，多元文化为根”，其中，我们说，文化建设是收效最高的，因为它成本最低。

我们在农村也搞生态建筑，建筑本身也是一种文化，如果我们把生态文明作为一个理念，那建筑本身就是这种生态理念的文化体验，这种生态建筑是草土墙，不是钢筋水泥的，冬暖夏凉，这个生态建筑非常有讲究，你们可以上网搜，有介绍生态建筑的网页。我们还搞了生态厕所，虽然很简陋，但它是粪尿分离的，不污染环境，所有的排泄物都可以回收变成有机肥，我们在各地搞了不同形式的生态厕所。

我们在城市推进市民参与式农业，市民到农场来租地种菜，形成的是市民和农民共同分担农业风险，并且市民是要先交定金的，交了钱才能开展生产。当然还有很多市民是订菜的户，我们配送，接着还要搞社区中的有机餐饮业。城市郊区发展微生物发酵床养猪法，不脏不臭，能够分解动物的粪便，利于在农村搞体验农业，亲子乐园可以带着孩子们过来接地气。

我们还在农场搞青年培训，大学生们到农场来参加生态农业的劳动，其中有相当多的人已经变成了生态农业的创业者，我们目前在国内有一百多家CSA农场，大部分是我们培养的实习生和志愿者。我们另外做了青年乡村建设网络，下乡支农的学生中有很多是研究生。我自己有一个研究生，本科下乡，硕士下乡，博士还下乡，每次下乡都休学一年，现在已经成了一个非常有创新能力的企业家。

大学生支农和农业生态合作社建设有机结合。其中最有意思的是我们帮那些农民维权组织转化成了乡建组织，变成合作社了。原来大家组织起来为了对抗、维权，但这个社会总会逐渐和谐起来。以前那些事不放下吧，永远是病，如果有条件放下了，就过去了。因为地方政府已经换很多届了，再跟他闹，新领导不对前任负责。所以我们劝说现任的政府领导，要想不闹，就把政府投入给这些合作社，帮助搞基本建设，让他们能够从过去的政治性对抗转变成经济性自主建设。我们已经转化了一批维权组织。当然，可能有人会说这是没有原则，但其实很多基层问题都是20世纪90年代因经济危机、财政严重亏损而造成的，也怪不得具体是谁。就像刚才讲二次大战之后美国成了黄金最大储备国，因此发行了全世界最多的货币，也怪不得他，只能怪二战。类似像这些由客观原因所造成的一系列复杂矛盾，再去深究谁对谁错已经没有意义了，因为都已经过去了。

我们现在正在搞的新的一个项目可能跟各位做文化研究的朋友们有关——“爱故乡”——希望动员一批文化人回到乡土家园的情节之中，质朴的文化感才会恢复起来，我们动员了相当多的音乐人、文人去做采风、下乡跟农民多交流，把乡土文明复兴起来。这些事不少啦，希望大家参与进去，能支持就支持。

第二节　生态文明与中产阶级下乡[①]

（一）新农村建设需要广泛的社会参与和动员

先说三个感谢作为开场白。

首先让我代表会议的主办方，感谢培田村当地的父老乡亲！

无论经历多少风风雨雨，当我们来到这儿的时候，每个人之所以心里头有份感动，是因为中华民族的文化遗产在乡土社会中才有如此自觉的保护。当我说这句话的时候，脑子里闪过的那些画面，是我从小看到的北京城墙被拆毁，看到的北京的牌楼、胡同、四合院，过去的这些代表传统城市文明的建筑被拆毁……当脑海中闪过这些发生在城里的画面的时候，在这儿

① 本文系温铁军2011年3月在福建省连城县客家古村培田举办的乡村文明研讨会上的发言，整理者从录音（为时一个半小时）直接记录，除省略个别口头表述和语序调整外，未作改动。为便于阅读，增加了分节处理和若干小标题。收入本书时已经本人审阅定稿。

的村子里我感到的是什么呢？是一种由衷地对咱们培田父老乡亲的尊敬和感激。没有农民的淳朴，就没有对乡土中国文化的保护！假如村里也都“拆哪”，将来的后代子孙上哪儿去找祖宗，上哪儿去找我们的历史，上哪儿去记忆我们的文化？到那个时候怎么面对后代子孙告诉他们我们从哪儿来？如果我们不知道我们从哪儿来，我们怎么知道我们向何处去呢？

所以在这儿呢，首先要感谢的是在座的父老乡亲。

在这个会议之前，刚才在公益食堂开张的会议上，我看到一个80多岁的老人致辞，这个致辞讲得非常好。话说我家里也有老父亲88了，他就没有可能像现在这位老先生这样，面对着各界来宾，用自己写好的讲话稿，还能脱稿讲话，还能给大家致个辞。我听老人家的演说呢真是感动。因为心里感动着咱们这儿多少代人的努力，也就在一开始带着大家鞠躬，作为城里已经失去中国文化的人，得对村里那些仍然能够表达乡土文化的人表示感谢。刚才可能有些朋友不太愿意搞这种仪式，我有点强人所难了，但是我想，也许来的人都有这种感动呢，我们大家应该先谢谢父老乡亲啊。

第二呢，要谢谢在座的各位领导。

特别是刚才参加这个培田村社区大学揭牌仪式，省里边教育厅啊、省人大啊、省农办啊等等这些省里领导，还有省政府发展研究中心领导，都出席了。他们说了一个很重要的信息，全国三十多个省、市、自治区，福建省是第一个搞了终身教育立法的。我说感谢领导，也是因为咱们福建省的有关部门，走在全国前头，先把这个终身教育条例颁布出来，让我们在村里办社区大学有法可依。

我们所做的各种社区教育，其实都是帮助中国最大多数的人民群众——农民——得到终身教育服务。要这么看呢，我们当然得感谢党和政府，感谢领导，感谢这些省里面来的同志。诚然，没有他们的努力，我们的很多工作可能会遇到困难。由此，我才说第二个感谢就应该感谢他们。当然，也应该包括龙岩市、连城县的各有关部门的同志，他们也是在这个领域中有贡献。

希望大家心往一块儿想，劲往一处使，把我们农村的文化复兴，作为中华民族的文明复兴的主要部分，变成中华民族文化崛起的一个重要的基础性工作。

中华民族文化崛起不是我说的。同理，生态文明——就是今天这个会议的主题——是中共中央十七大强调的“四个文明一起抓”的重大突破！

大家恐怕得注意，以前小平同志领导我们搞改革开放的时候，提的是物质文明和精神文明，当时要做“两手抓，两手都要硬”。党的第三代领导集体核心江泽民同志提的是三个文明，加上了政治文明，现在以胡锦涛同志为总书记的党中央领导我们向前进，总书记在十七大提出了一个新的理念就是生态文明。

如果没有乡土中国道法自然而天生的多样化，何来生态文明多样化的内涵？所以我说，要道法自然，要敬畏祖宗，这本身就是我们乡土中国多样性文化传承中的精髓。无论刚才在村里搞敬老活动，还是现在我们这个研讨会在讲生态文明，在讲乡土文化多样性，都应该感谢各级政府，从省里到市县镇各级、连同感谢村级的书记和村长。昨天晚上见到村里的书记和咱们大学生村官，见到了村里的干部，等一下要向他们表示衷心感谢。也就是说，没有各级政府的配合，没有各级部门的资助，我们很多事情就很难做。现在呢因为这件事情大家坐在一块儿，心往一块儿想，劲儿往一处使，就能把这事做好。

第三还得感谢各界的朋友。

培田村的事业是大家做的，不论是教育界、文化界、媒体、企业界，还是其他各界的朋友你们知道，咱们有一句话是毛主席说的，“世界是我们的，做事靠大家来”。如果没有各界的朋友大家来参与，这件事情恐怕可能有个头，但未必就有尾，做不下去。

在 2005 年 9 月份，中共中央政治局提出建设社会主义新农村的国家战略，到 2006 年出台一号文件的时候，就把动员社会力量广泛参与作为新农村建设的五大政策之一了。因此，今天大家都在推进新农村建设，我们创办的这个培田社区大学，就属于新农村建设的重要内容，咱们省里农口同志在座啊，市县各级农口同志都在座，这个对村民开展的本地化教育其实是我们应该做的一项工作，这项工作有大家的参与就能做得更好，就能五彩缤纷，百花齐放。所以我说，动员社会各界的广泛参与，就体现了党中央、国务院、全国人大在推进新农村建设这件事情上所提出的重大政策。所以，我得感谢社会各界朋友。

先表达这三个谢意。然后再说今天的这个话题。

我是不是表示三个感谢就算致辞了？还有要表示的吗？你

们看我老是笑眯眯的，其实我是怕忘事、对不住人……

哦，培田村的这个事做到今天，还得特别感谢一个人，就是刚才领着妇女腰鼓队在大夫第门口表演的衡老师。他叫衡生喜，本是个国企职工，中原油田的退休工程师，他不是农民，但是他却走过了十五个省、六十多个村，也是比较早的参与我们乡村建设的一个老志愿者，就是拿着个大茶杯，走到哪儿呢都不收一分钱，不拿群众一针一线，体现了一种红军精神，走到哪儿都是去帮助各地的农村妇女来搞文艺队，搞腰鼓队和盘鼓队。这个帮助妇女通过文化活动组织起来的工作非常重要。

举个例子吧。我最近刚从百色回来——华润是个中国大型企业集团，近年来在百色投资三千万建立了一个希望小镇，请我去做顾问，我就把衡老师请去了，他在那儿也训练了四十多个农村妇女。这些妇女问我说：什么时候衡老师还能再来啊，我们可想他了。为啥？因为他带着我们打腰鼓，把我们变了！是啊，农村妇女的这些话其实说得很朴实，她们想他，那是真想他。为啥说他把她们变了？变成什么了？说过去她们打打麻将，聊聊家常，造点东家长西家短当个长舌妇。现在她们变了，现在她们是晚上九点钟，家务事干完——你们知道两广一带的妇女比男人辛苦得多，九点钟才收拾完家事——干啥呢，集合起来练腰鼓，或是带着咱们盘鼓队打盘鼓，一人一个鼓，前面一个大的，挺重的。像我这个年龄，背一会就背不动了。人家妇女说：不仅我们精神面貌改了，我们身体也好了，过去的毛病没了。还说，不再像过去那样老去打牌说人家闲话了。现在是当地的哪个商店开张啊，有点红白喜事，就把她们给请去了。

不仅是我们自己精神面貌改了，我们身体好了，我们还挣钱了。特别感谢这衡老师！[①]那，我想今天把这话带给他，看他在没在这儿（现场）。

还有中国农大这个副教授（何慧丽）[②]，她其实当年是兰考县常委，八年的副县级干部，从当年在北大读博士就下去职挂职当副县长，现在当常委，她在基层已经工作了八年。

我们的很多事情都靠人的自觉——我刚才说感谢各界朋友，有很多人，你们说他是文化人吗，你们说他是教师吗，但他们的那个教书的课堂，不仅仅是在高校窗明几净的教室里，很大程度是行走在阡陌纵横的田野上，是在民间，是在人民之中。这其实才是人民教育。

特别是像他们这种农业大学和我们这种农业农村发展学院的教师，如果我们的教育不是来源于祖国的乡野之中，还算是从事中国的农业农村教育吗？得亏还有何慧丽这样的人，还有衡双喜这样的国企老职工，一个退休职工能纵横十五省，带出来六十个村的妇女文艺队，比我们多少文化局、宣传部要干的事都多——当然，这也不归宣传部管。这个老先生干的事呢，至少一定程度上是一个积极的正向的补充。表明中央提出动员社会力量广泛参与的思路看来是非常有效的，由此，我特别感谢衡老师和何教授。

那在我们培田，能有这么好的文化保存，将来我们工作深

---

① 衡生喜老人在中国人民大学乡村建设中心组织的评选活动中当选为“2013年新农村建设年度人物”。

② 何慧丽已经在2015年升任中国农业大学教授、人文与发展学院副院长。这个长期坚持深入农村基层做实地试验研究的青年教师，并未耽误学业上的进步。

入下来，一定会了解很多民间起着重要作用的人。

借此机会，还得表示一下对二十一世纪教育研究院的感谢，对西部阳光的感谢，对正荣集团的感谢。因为他们都是培田村文化复兴的积极参与者。同样的，在座的还有很多来自四面八方的朋友，也都是积极参与者。例如我事先看到了王丽老师的文章，觉得获益良多。是啊，我们得多有些您这样的知识分子。我时常感觉到“时不我待”，因为我今年60了，眼看着就要退了，老是觉得有一大摊子的事没来得及干，时不我待的感觉就特别强烈。但是每次跟大家在一起的时候，又觉得特放心，因为，很多人都是跟我一样的志愿者在做乡村建设这件事，不用太担心。每当在这种场合，和大家在一起的时候，就会有一种相当强的场，那是一种人气。在培田村南山书院这种几百年凝聚了人文感的那种地方，如果没有这种人心向善，没有这种崇尚生态文明的理念的这种人文之气，你在这种地方是待不住的，因为这个场和你是互斥的。

中国人开始富裕起来，就越来越多地讲风水，其实风水从科学角度来说就人和自然如何才能做到和谐相处。在培田村这样的地方，对面是笔架山，门前是一条小溪，身后的自然环境则是层峦叠嶂、灌木丛生。我们在这种地方，用什么样的人文方式生存才能形成一种山水相融的气场，一种人文场能够与自然环境有机地结合起来，就能够使它传承发扬，能够不断走得下去，使中华民族的文化不仅在中华这块土地上得以发扬，可以再怀化八荒走向海外走向世界，我们不仅应该成为世界民族文化之林中的一支，而且能够自立于世界文化之林，而不是文化虚无主义，不是逐渐把乡土文化泯灭，这些事情要靠大家做。

刚才说到第三条感谢社会各界的朋友的时候，特殊强调了几位我觉得应该算对乡土文化复兴有贡献的朋友，希望大家能够理解。

我来之前在香港，不仅给学校讲课，还在香港的一个基金会给他们工作人员讲了一次，告诉他们说我要到福建闽西山区有一个五百年客家文化、并且是有很多明清建筑和文化遗产的地方去召开一个生态文明的研讨会，并给村里的社区大学揭牌，那个基金会的总裁立刻就问我说：需不需要我们介入啊？我说当然需要啊。他说好那你先去，看看是不是有一个什么项目咱们可以结合起来做。

其实，海外的很多华人，对于我们积极保护文明传承，发扬文化传统的这种工作有极大的热情，这也表明我们不孤立。不是说大家大冷天跑到一个村里来冻一冻，然后就好像有点那种下乡光荣的感觉。我们得靠不断地把人心往中华民族文化崛起上引，才能真正活的像个完整意义的人。

这就要用一句老话，“衣食足而知荣辱，仓廪实而知礼节”。以今天的国际通行概念，则是社会上的中产阶级达到一定比重，就会认同生态文明。我这个说法是中性的。诚然，这也跟中央的一个重要判断有关，现在已经基本上完成了温饱阶段，开始向全面小康社会迈进。什么叫小康？温饱阶段过去了，就意味着衣食足了，仓廪实了。大家也可能知道，当全世界三十多个国家闹粮荒的时候，中国说我们已经存了粮食年平均产量的近百分之四十。这就是仓廪实，中国有历史上最高的粮食库存。衣食足就得知荣辱，仓廪实更得知礼节。以前我们说，很多人手指缝里都还是黑泥儿，甚至是血丝呢，在其资本原始积累阶段干了很多“低手段获取高收益”的事情，那是以前。哪怕现在只是为了自我漂白，也要知礼节，要知荣辱。

所以，八荣八耻虽然是中央提出的，但你看看咱们培田的这个乡规民约，也是早就写着八荣八耻。如果大家有功夫，满村转着看看对联，大部分对联都是教人荣辱，教人廉耻，教人礼义的。可见，今天讲八荣八耻是对我们几千年中华文明传统的归纳，如果各位在这儿找，能找到很多。

我想，将来要是有可能的话，我们可以把有关中国经验的国际培训，对中华文明传承的这种培训，搞点游学——应该多找到一些像培田村这种有文明传承的地方，带着国际上的学生学者来看看什么叫中华文明的乡土传承，省的他们不理解，动不动就把我们媒体反映“土豪”的“任性”用西方文明的那些概念去归纳概括，如果老搞文明冲突，就麻烦了。

（二）中国生态文明依存的基础是乡土社会

为了开好这个在村里举办的研讨会，我开始给邱建生他们发邮件的时候就说，不要用后殖民主义时期所形成的人文社会科学的那些狭窄的学科概念来套我们今天开会要讨论的主题。乡土文明复兴，这是个相对于激进发展主义的文化现象，不是一般的人文社会科学领域中的所谓人文学科认同的那个书斋概念。

我认为，要从大历史讲起，来看怎么才会形成培田古村落、古民居，和这种古村落古民居所保留的中华民族文明传承。

我昨天晚上一来，吴老先生就跟我讲几百年前怎么回事。那是明末，大家得了解明末怎么回事。要说清楚明末培田村是怎么形成的，得知道当年发生战乱，发生社会大危机时期，中原这个被多种不同力量当擦脚垫一样擦来擦去的地方，世家大族待不住了，尽管中原灌溉农业是村落文明传统的发祥地，但是，当发生社会动乱的时候，中原这个一马平川的地方是待不住的。

有一个例子，就是我刚才讲那个兰考县的何常委，她挂职的那个地方属于开封，如果往开封地下钻探，大概有一两百米都是这个城市的古迹，曾经有人想搞一个地下车，打一个大洞，弄一个伸向地下的电梯，让游客能看得见一层一层的文化沉积。中原这一代，中华文明的这种历史遗产非常丰富，但之所以是遗产，就因为被摧毁的次数太多。那谁家的传承被保留下来了呢？就是那些南迁的家族。培田村这儿就是南迁家族中的一支吴姓，因中原战乱，而南迁到山区，也因山区“十里不同风”，才能够得以传承。进来一趟不容易——不像现在高速公路修通了，铁路啊机场啊都有了，咱们连城县都有机场了，来这儿容易。当年可是闽道难于蜀道；蜀道难，难于上青天，闽道难，更难于蜀道。所以，天然条件的不足，使中原战乱时期迁入的家族得以保存。

既然天然不足，那家族怎么能成为一种传承呢？不仅仅只是说能种点庄稼，养点鸡养点猪，能吃饭就行，一定得是一种文明的传承，一定得是种维系家族的文化的教化。那就有这种山区的村，竟然能“十户一书院”，人文荟萃。亦即，要耕读传家，才能保得住。

1．新农村建设和乡土社会对危机的化解。

说到这儿跳跃思维蒙太奇一下，你们注意，目前人们都在谈论，2011年的经济是复苏还是进入“二次探底”？需知，全球正在遭遇大危机，中国人这次要说算是幸免于难。2008年时发生在资本主义核心区华尔街，经济危机发生在核心区，因核心区面向全球转嫁而引发全球危机。全球危机之中，中国幸免于难的原因是什么？——我最近马上要完成一个课题报告，就是告诉大家，中国幸免于难的重要原因，是因为中央在2005年启动了新农村建设，2006年开始大规模向农村投资，当年是3800亿，5年后的现在是10000亿。头三年，2006年到2008年连续三年大约是两万亿投资下了乡。

2009年年初，当经济危机打击沿海经济的时候，仅广东一省就上万家企业倒闭，几百万农民工失业。全国是两千五百万人失业。——美国现在是多少人失业呢？四百万人失业，它就受不了了。我上次去墨西哥，赶上墨西哥首都工人在绝食抗议，为啥呢，有两万多人失业。墨西哥那里开会，我是中国方面的代表，我讲的时候就说，你们街上两万多人失业，就交通阻断了，就绝食斗争了。你们知道中国多少人失业？他们猜着说：20万？我说你再猜，他们说200万？我说你还得再猜也猜不着，中国2500万人失业！啊，全都愣住了。然后我问，如果在墨西哥2500万人失业会怎么样？他说我们这个国家没了。那你们听没听说中国有2500万人失业——中国就没了？他们说不可能，没听说。我说因为你们接受西方的媒体，却从来不谈我们中国正面的事情，我告诉你们，中国2500万失业的农民回到家乡，百分之七十几能够在家乡就业，这是统计数据。因为已经有两万亿左右的资金投到了“三农”，用于加强农村基本建设，每一万亿农村投资至少带动1500万就业，你们算算账，两万亿投资能带来3000万就业。沿海有2500万失业的，几乎全部被内地的基本建设吸纳。我们最近因为全球经济危机在加强国内投入，现在已经差不多向农村地区投入了三万多亿。光今年就得接近一万亿。连续向农村前所未有地大规模投资，带来了农民就近打工就业的机会。连离乡背井的痛苦都不用有了。

借此提醒各位，包括媒体的朋友，要看看中国怎么能在全球如此严重的经济危机面前“我自岿然不动”，难道不是因为加强了农村建设吗？由于这样的经验，我才说别“好了伤疤忘了疼”，这次全球危机，中国遭到打击但幸免于难，是因为危机爆发之前已经投了三年，恰是靠农村基本建设吸纳了那些从沿海工业和城市退出来的人。

再举个例子。

1997年发生东亚金融风暴，印度尼西亚因为农村是土地完全私有化的，进城打工的农民就是卖了地进城的。因此，发生1997年东亚金融风暴，印度尼西亚的金融体系垮台，城市企业大规模倒闭，出现上百万打工者失业，其中27%失业者不能回乡，因为家里没地了，这些滞留在城市的人都变成了印度尼西亚那场大规模动乱的主力。当然，遭殃的主要是华人，店铺被抢，人被杀。一场大灾难。但是有谁看见我们2500万人失业出现大规模的灾难、社会混乱？

当然现在也出了不少事，我们来的一路上大家都在说最近各地各种各样的不同性质的群体性治安事件此起彼伏。好像十五个吊桶打水，七上八下，摁下葫芦起了瓢，不断出事。处在危机打击之下，让社会完全稳定的可能性不大。但是人们，包括我们的宣传部门、文化部门等大量占有国家经费的政府部门，你们要善于比较，要把世界各国在经济危机全球经济危机打击之下出了哪些事，做个比较，才能把我们为什么还算是相对稳定的道理，告诉老百姓。人们才能明白基本事实，我们现在遭受的是全球经济危机打击，造成我们有全球最大规模的失业，但是，我们目前却仍然是最稳定的地区，也仍然是经济恢复速度最快的地区。如果官方对我们怎么幸免于难的这些话都不讲，那可不就谣言满天飞吗？政府怎么能取得老百姓的信任呢？不能一天到晚说我们从一个胜利走向另一个胜利，“到处莺歌燕舞、更有潺潺流水”。是啊，这算是一种正面宣传，但还是要把困难告诉大家，要靠全民族的共同努力，不是几个干部努力就行了。

所以说，今天这种形势——我刚才为什么在说到第三个感谢，感谢社会各界的时候，要加两点，点赞几个人物，什么意思？是在这个危机挑战的时候——中央强调的这个社会参与的广泛度应该是越来越大才好。

这次邱建生张罗会议的时候，我说务必以我是连任两届的福建省政府经济顾问的名义请几位领导来，咱们在这对对话、交交流，希望政府部门理解，我们是为稳定社会、稳定乡村在做贡献。

这方面我想往下再深说一点，请注意，这里面有很重要的意义：乡土社会，按照现在教育体系中讲的社会科学，它是一个矛盾产物。

我们如果单提溜出经济学来看农村——各位有很多学过经济学的认同市场这个看不见的手是配置资源并且使它达到最优的手段，那么对不起，市场条件下农村的资源要素就一定是流出的，农村经济的衰败就是不可避免的，因此北京也好、厦门也好，大腕经济学家都会告诉你，农村经济衰败不可避免，不要去救，谁救谁是逆经济学规律。嗯，有谁反对这个经济规律呀？反对不了。

但是，如果农村经济衰败，国家发生大规模经济危机的时候，不就是下一个墨西哥吗？受得了受不了？我拿墨西哥说事，是因为墨西哥过去是“拉美一哥”，拉美经济的老大，在拉美国家中的经济实力最强，工业化程度最高，城市化程度最高，进城人口最多，现在，严重衰败；那为什么过去的一哥会衰败呢？是因为尽管你发达，但总不如美国发达吧，于是墨西哥和美国签订北美经济贸易区。随之，墨西哥的劳动力，特别是农村劳动力，接近百分之四十流到美国去了，到美国打工，即使按美国的最低工价，每小时可是六块多美元呀，可你在墨西哥农村干什么能挣六块多一小时呢？挣不成。于是，墨西哥农村的劳动力投入它所参照的收益是什么呢？是美国每小时六块多钱的工资水平。于是乎墨西哥留在农村的劳动力在农村也不干活了，出现大面积的弃耕撂荒——大约 30% 的土地撂荒——使墨西哥这个国家变成一个粮食进口国。过去是粮食出口国呀，是玉米的发祥地呀！结果他连玉米都要从美国进口。

我上次去帮他算了一笔账，我说，打工汇回墨西哥的收益是多少？然后再算他粮食进口数对应的外汇支出——几乎是二者相等，这也就是说，相当于里外白干了，那么多人出去打工，挣了那点钱，正好购买粮食，那还不如好好的把家里那点地种好，省下些买粮食钱。自由市场造成的结果，是墨西哥农业现在变成严重的进口依赖国，这个国家就没有食品安全可言。再加上如果把墨西哥的劳动力价格变成美国这个高价格，就意味着劳动力投入的机会成本大幅度的上升，这就麻烦了，再想搞劳动力密集型的加工制造业还搞得起吗？搞不起了，加工贸易型的制造业要靠劳动力的低价格竞争。

2. 以西方社会科学为主导的教育体系具有内生性矛盾。

我们说高校的社会学科的单一学科拿出来都有道理，理论逻辑成立。但如果放在危机条件下来考量，它本身就是一个造成危机的问题。所以美国现在无论怎么都要 change，要改变——奥巴马上台的口号就是 we can make change，我们能够改变——美国改变得了吗？改变不了，就是因为这种铁的经济规律，导致他很难再逆转回来。

如果我们把高校现在另外一个重要学科——政治学——也是从美国来的，拿来一用，会发现它和经济学的逻辑是对立的。为啥对立呢？因为当经济学说农村衰败，要素流出是必然规律，不要反对，那么政治学在讲什么呢？“要建立现代政治”。谁都知道现代政治在农村来建立成本极高，且农民支付不起，世界上没有任何一个发展中国家——我跑了四十几个国家做调查研究，不是像我们一般的高校学者去，打个“波音的”，住个五星级、开个国际会，就回家了，我是走哪都要搞调查研究的——我去四十多个发展中国家搞调查研究，没有发现任何一个发展中国家，按照西方民主政治在农村建立农村治理是成功的。我不敢说失败，因为大家都还在勉力维持，那至少可以说它不成功。为什么呢？成本太高。

为啥政治学与经济学是个对立的逻辑呢？假如农村要素流出导致衰败是个必然的经济规律，那请问，要素流出之后农村还有收益吗？如果没有收益，当你非要建立现代政治的时候，巨大的制度成本难道要让这些没有收益的农村人去支付吗？当然不能，他们支付不起。所以，指望着靠现代政治运作方式——我从那儿征税，建立政府管理，通过财政二次分配来支撑这个现代治理——这套体系不成立。因为资源要素流出，因此农村是一个收益几乎为负的地区，也就支撑不了任何高成本的现代上层建筑。因此，西方经济学和西方政治学在农村发展上其两个逻辑是对立的。

如果我们照搬西方学科指导农村发展——无论是指导农村经济发展还是农村政治建设——客观看都是矛盾的。当我们把干部都送到这种高校去培训，学的是这种道理，能解决你在工作中的矛盾吗？解决不了。

因此你们看农村基层的负债问题极为严重——我不知道连城县乡村两级是什么情况，咱们这有市县级各级领导，你们比我了解情况。我刚刚了解的发达地区的情况可以告诉你们：如果说2006年取消农业税之前，乡镇这级的负债最高规模是4000万，那五年之后现在乡镇级的负债最高规模是几个亿，十倍于税改之前。一个税改取消了乡镇和村级的收费权，就把农村过去根本无力支付治理成本的问题暴露出来。现在县一级——像何慧丽所在的河南兰考，县本级财政能够支撑县开支的多少？（何慧丽回答：五分之一）另外80%要靠上面各级转移支付和专项补贴。所以要在农村建立现代政治，80%补贴，不可能靠从农村获取的20%，其实从乡级以下获取的工商各税连20%都不到。县里面还有什么糖烟酒公司、百货公司、粮食局，还有点企业，还能收点税，到乡以下，收谁去？

我们如果盲目地、用西方的所谓具有普遍意义的——叫不叫普世价值，反正都可以——用这些东西强行在中国这个有七八亿人口的农村地区，去建立高成本的现代治理，其结果会是什么？会是乡村基层高负债。连发达地区的乡村级负债都高达几个亿，欠发达地区呢？我说不清楚，没有做调查研究，也许没那么严重。

因此，很多自上而下的红头文件，到县一级就下不去了，如果再到乡镇里面找到乡镇长、书记那里，去跟他们谈谈，怎么跟你干活？下乡总的有辆车吧——车没油；就算有油吧——没零部件，车坏了没钱修；到村里面调研——有一次我到贵州山区去下乡调研，这个地方县干部陪我去的时候说别着急，停个车，先买个烟酒，带点吃的，我问说你怎么还买东西下去呢？他说，到了村里不给村干部送两瓶酒，他就不带你——这是真事。当然，在福建肯定是好得多了，沿海发达省比较富。到了基层，乡村基层干部凭什么给你干事啊？问问我们村里面书记、村长，如果上面来人，除非省长来给面子，也许省长能给点钱，可一般的外来户，比如说我们这些老师下乡调研，你不给村干部带点好处，人家凭什么停下手里的活计陪你到户里面去做访问？如果人家不陪你——我们知道村级干部普通话还灵光一点——你进了户，一般都是方言啊，你听不懂啊。

按我们现在这套现代化治理办法来管制这个占人口70%左右的农村地区，未必就那么好。还得用我们自己的老办法。例如，吴氏家族在培田——请问过去难道是官府拿钱搞的这些书院？十户一书院，有这么多的民间教育，靠谁拿钱？靠村里的百姓啊。对呀。村民可以“点教”，如果谷子给少了，可以收了工以后来书院帮忙做工，而且我们这还有妇女教育，还有各种各样本地化多样化的乡土教育，靠谁呢？靠的是开发民力，有了开发民力就有了通过民间教育实现的启迪民智，于是就教学相长，就可持续发展。

为什么培田这个村保留有这么好的人文资源？无外乎是这样一套内生性的体制呀，它不是靠一个外来强加给你的体制，而是靠村社自己——生于斯长于斯的这种民间的文化，把它保留下来。

我再问一句，今天有什么权力把这些东西说成是落后的？

假如我们真的秉持生态文明理念，则这个生态文明本来的内涵就是多样性，乡村多样化的生存方式和多样化的自然界有机结合的人类文明，本来是天然合理的，这才叫生态文明，如果都要如城市那般整齐划一，就不叫生态文明，叫反生态。

打个比方，现在城里面搞小区建设，都是统一的草坪——任何一种大规模的单一植物都会导致反生态的直接影响。

我跟何慧丽说——她现在是我的博士后——交给她一个任务，请她在兰考县调研，当资本进入——资本是一个强势物种，兰考是个传统农业县——当一个强势物种、强势资本进入农业大县后，会对当地的社会、人文、生态造成什么影响？这个问题是值得研究的事情，也是个国际性的研究，我们没有正确错误的价值评价，只是要客观分析一下。

刚才说到现代高校接受的这套西方社会科学，内生性地就具有对抗性矛盾，不是一个利于和谐社会的社会科学，如果把不同学科放一块，学科和学科的逻辑是打架的。麻烦在于我们现在高等教育中、人文社会科学理论中，很少有交叉学科的发展余地。

我这个中国人民大学可持续发展高等研究院，是我们学校管科研的副校长当院长，我当执行院长，为什么安排我当执行院长呢？那是因为我这人脑子里面没有单一学科的理论逻辑对我的研究具有统治性。为啥呢？就因为我过去不在高校，而在中央机关的政策部门，中央有什么政策需要，我们就去搞什么方面的调研。所以过去我脑子里面没有哪个单一学科逻辑对错的印象。

在座的农口的人大都知道，我从20世纪80年代就搞农村政策，当时是在中央书记处，我们这帮中青年满中国的跑调查研究，那时候下乡，如果到这地方来，大概得照着一个礼拜以上，没有像现在这么方便的条件，那时也没有地方干部陪同，我们到哪去都是买张车票自己去，到了乡里借辆自行车蹬着就上村里了。因为没有现在这些迎来送往的事，所以那个年代的农村政策调研相对灵活，中央得到的情况也比较真实，主要是因为有一批人在干这些事，也因为我们在干这些事的时候，脑袋里没有这些所谓现代学科理论的限制，所以才能够比较实事求是地体现“活的灵魂”。

因为已经有几十年政策研究的经验之后，我才进入高校参与到学科建设之中。这时候，我才有点反思精神，才发现学科之间的逻辑是矛盾的，因此我们才要搞交叉学科、才要搞乡村建设中心。

2004 年，我要在中国人民大学成立乡村建设中心的时候，各个部处的领导干部都不理解，说温老师你要干嘛？应该叫乡村建设研究中心啊，我回答说干嘛一定要叫研究中心？我就要搞一个动员知识分子下乡跟农民结合起来搞活动的中心，不叫研究中心行不行？他们说这没法纳入“学科序列”——咱们福建省教育厅长在这儿，一听就明白了——你说把这个中心放到哪去呢？我说学校请我来的不是吗？既然把我做人才引进，那我没有个人要求，只有一个要求——建立乡村建设中心。后来，校长答应了，所以各个部处的同事只好给我开绿灯，单独搞一个“特区”。我现在挂名的这个可持续发展高等研究院，设立之初也被学校定义为学术“特区”，可以不受学科限制，主要搞交叉学科。

当然，我到高校工作也是受到各个学科带头人的不解——

但我理解他们，因为人家是一个俱乐部的首脑——搞一个学科，相当于搞一个俱乐部，有内在的分配制度，乱闯怎么行呢？我说：你们就拿我当野猪，你这个菜园里种萝卜，那个菜园里种白菜，我这野猪闯进来了，那就萝卜白菜都通吃——比如说经济学是白菜，政治学是萝卜，萝卜白菜我都吃了，说难听点，虽然拉出来的都是猪屎，也可以发生沼气，沼液沼渣做有机肥。

按现在学科化的体系来搞教育，是要搞死的。黄宗智在美国是超级教授，我从一开始当院长就把他请来了，他现在七十岁了，还在干呢。他的第一次课就是告诉大家——美国的社会科学，你们现在向它看齐，但它是一个死了的学科。如果我们中国的社会科学按照美国来搞，一定搞死。

我在大学教育中告诉大家，农业经济学要向美国学？可美国的农业经济学是一个衰败的、不断关闭的走向，美国现在还剩几个农经系？哪还像我们现在有几十个农林大学，都没有衰落，可美国大学的农业经济系几乎都关闭了、合并了，为啥呢？对不起，它的农业占 GDP 比重只有百分之二点几，从业人员占比也很低，把美国全部从事实质经济的——我们叫 physical economy——加一块儿，总共才只有 17%。从事工农业生产的只有 17%，它的 GDP 的 85% 是以金融为中心的服务业，从业占比多少呢？ 83%。

这么算下来，为啥中国高校毕业生找工作这么困难，我们按美国的高校制度来安排中国的高校教育，人家是百分之八十几的服务业，你百分之四十几是制造业，因此我们制造业需要人，高校毕业生不去，服务业占比小，高校毕业了就业很困难。

所以，只要是按照和你结构不同的那种美国教育去安排我们的教育，那就麻烦了。

那为啥今天我们走回到乡村？因为看到乡村需要大量、各种各样的人才。

比如村里的老同志今天早上说，咱这个培田村，连广东、广西，甚至连陕西、山西、北京各个高校都在咱们这儿跑，为啥呢？

培田不言，下自成蹊。培田并不用出去自己说话，大家就往这里跑！

如果是搞建筑的，你来看看中国几百年的建筑是怎么回事；如果是搞美术的，你来看看我们这山清水秀，有多少美术题材；如果搞人文的，你来看看什么叫耕读传家的人文传承；搞社会学的你来看看我们这三世祖的家族是怎么结构社会的；还有搞治理的，你来看看我们乡村治理，古代村社制度为什么没有官府一分钱，治理得如此井井有条；搞环保的就来看看我们怎么就利用自然的水系形成的循环性的环保，立体式环保，它怎么回事……

无论搞什么学科的，在这都有你研究的题材，都有滋养你学科的题材。

（三）乡土文化复兴的第一个条件（乡土社会作为承载危机的基础）

在全球经济危机打击下我们是怎么承载危机代价的？其实，主要是因为我们有文化底蕴，有乡土社会作为承载危机的基础。

这样看，中国加强新农村建设就不仅仅是向农民给予补偿。

胡锦涛总书记在2005年提出新农村建设之前，先是在四川视察的时候谈的两个“反哺”，然后就有多个部委，为了贯彻胡锦涛总书记提出的两个“反哺”开展工作了。这次是由中央政策研究室提出新农村建设，接受林毅夫的意见。在座的很多城里人知道林毅夫在世界银行当高级副行长，20世纪80年代从美国留学回来，跟我们一块搞农村调查，最后成了世界银行副行长——谁说搞农村调查没出息？他算是美国芝加哥学派的传人，但他研究农业合作社经济，回国干了几年农村调查，又到北大当教授。林毅夫在1999年就提出中央应该及时地推进新农村建设，为什么呢？是因为我们制造业出现过剩。不光是他这样说；1998年马洪——大家可能知道的少啊，马洪是中央过去老一辈的经济政策智囊、老一辈的经济学家，他当年是国务院发展中心的主任——马洪在1998年就给中央报告，说我们现在出现“生产过剩”了。林毅夫1999年说我们现在不是一般的过剩，是双重过剩。于是建议中央发行国债搞新农村建设。

不过，他们刚提的时候，大家还没什么反应，到2001年12月，林毅夫是当面向总书记提出的，我在场，我是跟总书记讲三农问题，他是跟总书记讲新农村建设。从2002年以后，“三农”问题变成中央重中之重，再过几年，到2005年新农村建设变成国家战略。

我们80年代参与搞农村调查的这批人没有吃干饭，在中国转型的关键时期发挥了一点作用，就有了大规模向农村投入、夯实农村基础、应对全球经济危机这样重大的战略转变。没有这些，当面中国对全球经济危机打击的时候，难道能过幸免于难吗？

所以说别好了伤疤忘了疼，就以为现在只要去加强城市化，按照西方那套“工业化＋城市化”的模式走，我们就无往而不胜。错了！恰恰是因为先走了一步，先大规模投入搞了新农村建设，我们才能在全球经济危机打击之下迅速复苏，至今仍是世界最稳定、经济增长最快的地区。

当然，现在社会上有一些各种各样的现象，大家很担忧，但是，只要我们坚持下去，只要农村仍然是软着陆载体，就能够保证国家的长治久安，农村是稳定的基础。

这是我向各位汇报的第一个要点。

稳定是个大局。但在经济危机打击之下怎么稳定？就要靠加强农村建设。其中最不可忽视的一块，是基础中的基础，就是我们乡土社会的人文传承。乡土文化是我们生态文明多样性的文化基础，依托这个文化基础，能够最低成本地形成乡土社会的良性治理。

（三）培田村的故事

刚才说：培田不言，下自成蹊。接着要说的是我们乡村建设志愿者与培田村结合的故事。

1. 培田客家社区大学的简要背景。

我们在这里办社区大学，不是一个忽发奇想的事。各位可能不知道，我们 2007 年在海南办了第一个社区大学，也是办在村里，那个地方叫石屋村。那是邱建生独立操作的第一个项目。

接着，邱建生回到福建又在福前茶场——安溪县福前镇，也是出茶叶的地方办起来农民文化中心，搞农民的文化活动；那是在镇上，但那镇的人口也是村的规模。

所以，在福建是先有福前，后有培田。这是一个乡村建设传承的过程。

如果说办在农村的“社区大学”，听刚才教育部门的领导讲，培田村是福建省内的第一家，这件事情是越办越红火。

我刚才跟省人大的领导讲，海南儋州市石屋村办的中国大陆第一家社区大学现在已经是可持续运转了。我们没多少钱，当时给了邱建生两万元，现在已经实现可持续运转了，当然主要得靠各界的朋友捐助，靠大家投入自己的能力，最后形成了可持续运转，现在那里的地方政府每年把十几期儋州市涉农培训放在石屋村社区大学，因为他已经有了教学设备，有教室、住宿条件，有食堂，政府省了 40% 培训经费，如果放在城里宾馆搞培训，那得花多少钱？放在村里面，还能结合做点劳动。一般情况下，政府搞的官方培训很多社会人士还未必愿意参加，可是我们到村里搞培训，社会人士就愿意来——宁可不要钱，他也要表示自己与农民主动结合的这种人文精神、公益精神。这就节省很多成本。

总之，我们 2007 年在海南创办的中国大陆第一个社区大学已经成功了，主要经验就是本地化（localization）。发掘乡土知识、乡土文化，然后结合了中央国家政策，结合了本地政府的农村发展规划要求，就变成一个“三结合的”一种内容的培训——既有农民中的骨干来参加培训，又有进步知识分子，还有社会力量——多方面结合形成了“社会广泛参与”。这恰恰是中央 2006 年推进新农村建设那个一号文件所强调的内容，通过社区大学把这些政策都落实了。

有些朋友当时可能不太理解，老是觉得有点不安。有人问我，你们组织这么多学生下乡跟农民结合，这是要干嘛?

其实老农口都理解，只要 80 年代干过农村政策的人也都知道，这批中青年当时搞农村政策的时候，就是广泛动员社会力量。我当时一开始工作就是在联络室，我的顶头上司王岐山是联络室副主任，他具体分管我们那个处，当时在忙的就是广泛动员各高校的教师学生参与农村调查，我的具体任务就是把各高校农村调查材料汇总，然后形成报告，作为中央政策参考。那时候农口大老板是杜润生，也是杜老让我们动员知识分子下乡跟农民结合，搞农村试验区，他说：你们这些年轻人，如果能动员一千个、一万个知识分子下乡，农村改革试验区就算成功啦。杜老当年对我们做的这种教育现在还记得呢。只不过，后来大家都慢慢官化了，或是学究化了，我呢，算是我们这批人中间比较笨的一个，还身体力行地坚持着那时的做法。恐怕要到跑不动为止。

搞农村调研，还是得坚持下乡，还是得坚持广泛动员社会力量参与农村调研工作，我还得继续执行杜老当年给我们的指示，坚持 80 年代改革时期中青年的好传统。

所以，乡村文化的复兴和党中央提出的生态文明其实是高度一致的。

刚才讲的第一部分内容提到，乡村建设真正体现出作用是在什么时候？就是在这次全球大危机体现出来。只有中国，是靠乡村建设作为基础，能够有效的应对最大的全球经济危机打击。

这次危机正在向发达国家扩散。看西班牙，20% 的失业率；这次希腊闹事，已经到了本国的催泪弹全打光，要向其他国家去借催泪弹这种地步！为啥呢，就是因为没有基础。没有危机软着陆的社会基础和经济基础。危机到来的时候才真的“出水才看两腿泥”！这个国家干的怎么样？不是靠平时怎么吹。今天为啥不行呢？希腊“自毁”了过去的经济基础。人家早就不靠农业了，那过去靠什么呢？造船业和航运业。但，这些年这两大产业全部转移出去了，就剩下一个产业——旅游业。旅游业还特高傲，长期维持西方冷战时期的双重标准，对港台免签，就不对大陆华人开放，都 21 世纪了，华人想要上希腊旅游一趟，还要查你多少存款，富人才让你去。麻烦大了。我到希腊就跟他们说，只要别这么看不起大陆华人，把签证放开一点，这国家经济就起来了。谁不想去看看古希腊的文明遗产啊，对吗？我们中国人现在有三亿中产阶级，哪怕其中有 10%、3000 万上这来看看，你就富了。我们中国人怎么救的中国香港、中国台湾呢？不就是那里放开大陆客去旅游了嘛？台湾经济、香港经济就起来了。这次李克强总理到西班牙又说，我们有 13.4 亿中国人，不要多，有个 10% 上西班牙来旅游，你就富了。欧盟因为它是殖民地宗主国为主形成的，看不起我们这些过去的所谓被殖民地的国家。比如，我是中国被税务部门监控的高收入户，可我要上欧盟开个会，多要几天签证，我自费去看看，行不行？

多一天都不给签。你去开会，邀请函写的哪天开始到哪天结束，他就给你这么短时间。

欧洲经济萧条怪谁呀？是因为你太自大、太缺乏制度创新能力、太那个——咱也不好说他太什么了。所以现在欧洲那儿的危机正在发酵，而在我们这，大家都说我们已经度过了危机。

中国今年仍然会保持比较好的增长。很多人不知道我们怎么度过危机，不知道那是靠加强新农村建设。我现在为什么被很多海外研究机构、高校请去讲学，就是因为我可以讲得清楚。他们却搞不明白：美国超量发行货币却是长期通缩，中国也大量增发货币，怎么控制通货膨胀？主要是因为我们有大量的幅员辽阔的农村地区，可供投资。投出去形成的都是实质资产。

比如说投到培田了，将来培田变成一个很重要的乡村文化旅游村，所有的投入，就会成为实质资产，会长期产生收益。

我对很多企业界的朋友谈这个道理，现在到贫困地区做的很多投入都有长期回报。比如广西巴马，地处十万大山贫困地区，现在进去了多少亿投资？接近50亿。就是因为巴马的长寿牌打出来了。媒体都说巴马有很多长寿老人，于是乎，巴马的空气值钱了，水值钱了，土值钱了，巴马的人文环境也都值钱了。各地的病人大家都一股脑去了巴马。何况现在的人有钱了都想长寿了。于是乎，几十亿民间投资进巴马。干嘛了？据说巴马这个水好，喝巴马这的水就叫洗肠胃，呼吸巴马这的空气叫洗肺。呵，大家都在城里，从卫星拍的航片看，所有的工业化城市地区，全部是严重污染，深褐色的。西南农村地区还是绿色的、浅绿色的，也就是空气好。最好的是云贵高原、青藏高原，然后就是海南岛。淡绿、发黄的那部分是湖南、湖北。安徽、河南发着淡黄色，已经较有污染了。整个沿海地区则全部是深褐色的。最不能待的地方是哪？对不起，这五大人口过千万的城市，主要是直辖市——上海第一不能待，天津第二不能待，北京第三，深圳第四，重庆第五；都是重度污染城市。

2. 乡土文化复兴与中产阶级逆城市化。

中国在加快城市化的同时期，出现了第二波“去城市化”现象，[①] 或者叫做新兴中产阶级的逆城市化现象。

为什么这个生态农业、乡土文化这么重要？刚才说到不要用一般西方学科的视角来看我们的生态文明、乡土文化，不要弄点西方的人文社会科学来搞生态文明。我们为什么强调乡土文化复兴？在于条件具备。啥条件呢？

第一个条件，工业化已经把人逼的找不着什么水能喝、什么饭能吃。到咱这村里，今天早晨村里人说，我们这都是走地鸡。这走地鸡什么时候成“题材”了？那鸡本来就满地走。为啥现在大家拿它当回事？诚然，我早就很多年不吃鸡了啊。告诉各位，因为搞农业项目研究，我看了各地太多的农业现代化项目，看完一个、不吃一个。比如：那个工厂养鳖，讲究一立方米水体养几十只鳖，那还是鳖吗？养鸡，讲究要四十几天出一批鸡，那还是鸡吗？养鸭子，三十几天出一批鸭子，那还是鸭子吗？这么个干法，那不都是激素催的么？这激素一催，你

① 第一波去城市化，史称三次“上山下乡”运动。发生在20世纪60—70年代。主要是城市产业资本的原始积累阶段发生危机条件下，政府通过动员不能就业的青年人和市民安排到农村去，缓解城市危机压力。具体过程可以参阅温铁军等：《八次危机：中国的真实经验（1949—2009）》，东方出版社，2013年第一版。

能不得病吗？人本来就在一个重度污染的空气之中，再加上重金属、抗生素、激素，都吃到身体里，就把各种各样的病全催出来了。所以城里人不安全。

尽管大城市高楼大厦，但如果是上海人，看不见天啊，周围全是水泥的森林，所行走的是柏油的沙漠；喝的是不安全的水，吃的是不安全的饭，住的还是一个最不安全的地方——上海是建在滩涂上啊，放了这么多亿吨的钢筋水泥在一个滩涂上，安全吗？重庆是陡坡，这些陡坡放了这么多的水泥，安全吗？稍微来个地震晃一晃呢？

中国已经形成了中产阶级群体。比如，像我这种人就算是高收入户啦，再加上老是外边讲学，就更是“高收入”。另外，原来我太太买了一套房子，学校引进人才又奖了我一套平价的房子，那我家的房子价值就已经是几百万元资产了。算是典型的城市中产阶级。既然我算高收入户，能在高污染的北京待着吗？不能。

中产阶级们的心态是什么呢？第一，要求安全。安全上哪找？城里没有，要到乡村去找安全的地方。

这个安全需求包含有一种长期安全和短期安全。所谓长期安全——我告诉你们中国有句老话，“小乱避城，大乱避乡”。一旦要真碰上“扬州十日、嘉定三屠”，碰上“南京大屠杀”、“广岛核爆”怎么办？培田村的吴家，历史上就是因为这种战乱，逃避到咱们培田山里来，建立了这个村落。

我没敢往这方面多说。但是，我们已经在和平环境中生长了半个多世纪，每到逢年过节，每到进庙烧香，我都得先祈福和平。我们这代人没赶上战争，全靠老天爷保佑！当前，先别内乱。因此，我对很多主张激进变革的朋友老是笑眯眯的告诉他说，你先烧高香吧，这辈子没赶上打仗，先别急着自己搞乱自己。没赶上打仗，十几亿人能进入产业资本扩张阶段，乃是人类在资本主义文明阶段的历史奇迹！应该知道，大国产业资本进入扩张阶段，难道世界不打仗吗？西方人因为进入产业资本扩张，三十年里打了两次大战，加上局部战争无数，死人少说得上亿吧。中国进入产业资本扩张这三十年，不打仗吗？

可以相信我们不打仗，因为我们是亚洲原住民文明，不崇尚战争，那如果是西方人，试试，不打仗见鬼。那在根上就是打仗的民族，我们在根上就是农耕文明，安土重迁。

两种文化根本不同的原因很客观，华夏文明几千年都是灌溉农业，村里集资或村民投劳打了井、修了渠，还往哪跑？跑不了啊。氏族聚居型社区就得子子孙孙愚公移山，又排洪又引水，对不对？所以一旦氏族村社的灌溉渠排洪渠都修好了，可不就安土重迁了吗？这是毛病呢还是优点呢？按西方社会科学来算就是缺点，不自由不开放嘛，据说这是稳态结构，严重障碍中国向资本主义进步。可是按东方文明来说，出去折腾什么呀！学西方那种殖民化？所以到今天我们都讲“不折腾”，这话对。我们现在麻烦就在高校的人文社会科学教育，是一个西化的折腾教育，就麻烦了。

所以，我一方面希望社会各界都能参与乡土文化复兴。但是另一方面请注意，当中产阶级下乡的时候，当我们地方政府和农民面对这种逆城市化趋势的时候，既要了解城市中产阶级群体的消费特点，又要构建适应这种分散的中小投资者的制度条件。

中产阶级带来了乡土社会经济的繁荣条件——因为大家来不是空手白来的，大都带点资源来，至少兜里都带点钱对吗？而且不在乎花钱，因为城里的东西奇贵还不安全。到乡下来那真是货真价实。就看刚才院子里边走着的这只鸡，那就是货真价实的。到城里边吃的那叫“西装鸡”，饲料催出来的未必敢吃。在这吃菜，就敢生吃。当年我父母问我，你搞农业的，现在什么能吃？我原来还告他们说，那个肥厚的绿叶菜，尽量不吃；吃瓜类和果类菜。为啥呢？瓜果类菜相对来讲，至少可以洗或去皮，农药残留不是那么严重。绿叶类菜呢，富含亚硝酸盐，容易致癌。他们就主要吃瓜果类了。后来过了一段时间，我跟他们说，不行了，瓜果类菜也得少吃了，那吃什么呢？吃根茎类菜吧，因为根茎类菜毕竟埋在土下，对吧？又过了些年，我说，这又不行了，因为土壤已经毒化了。我们这些人看资料多啊，全国土壤污染图一出来，就发现大城市郊区、沿海地区的土壤大部分属于重度污染地区。越是贫困地区，土壤污染越低。

这次我那个搞有机农场的学生没来——现在全国高校学生中被媒体报道最多的，就是我那个博士生石嫣，已经一百多家媒体报道了。在座的媒体朋友知道，她就是我们在北京郊区搞的这个小毛驴市民农园的总经理，典型的市民下乡搞都市农业。别以为这是稀罕事。我最近准备帮着浙江把这件事推成国际化。已经有越来越多的上海市民跑到浙西山区去承包农宅和菜地，然后把自己家的老人送来，平时就住在浙江农村。浙江现在山区富裕程度远快于平原地区，大量市民资金流入山区，基本都是城市中产阶级已经开始的逆城市化取向的表现。虽然，市民们带来的几十亿的资金进浙江山区。可怎么进去的呢？零零散散进来的。根本不是过去各地招商引资的大宗的投资。现在的浙江，农民自己把山区搞得是山清水秀，率先进入生态化嘛，政府把高污染企业迁出，维护农村和山区的景观，于是山也值钱，山区空气也值钱，山间溪水也值钱，农家有机产品也值钱了，农民建的农家屋都值钱了。上海人一包就包个半层楼——农民盖的三层小楼，半层楼被上海人包了，他随时来，平时户主给维护着就行了；然后，你们房前屋后的这个半亩菜园市民也来包了，必须做到绝对不许使化肥农药。楼层要干干净净的，菜园就只用农家肥，所有费用市民来出。这事能干不能干？大多数能干。为啥呢？市民要保家里老人安全、保子女安全。还得保后代生的孩子别畸形、别先天性疾病呀。那怎么才能保得住？得在乡下找一块干净的地儿，好山好水好土，村里人还得厚道，还得有那种耕读传家的人文传承。我刚才出门时把门锁上，这是城里人的习惯；可当地人说，你不用锁门，我们这没人偷东西。农村很多地方，如果民风真的形成了，真是路不拾遗夜不闭户。

所以，我强调生态文明其实是因为这个社会结构正在发生重大变化。

去年年初，中国社科院不是公布一个报告吗？说中国现在中产阶级已经达到 3.1 亿了。我们成为世界上最大规模的中产阶级国家。美国全国人口 3 亿，中产阶级 70%，是 2.1 亿中产阶级，比中国少1个亿。老欧盟十五国3.4亿人，中产阶级占70%，才2.4亿，也比我们少8000万。所以中国现在拥有世界最大中产阶级人群。

表现在哪里呢？全球奢侈品消费，中国排第一。它的消费特点上来了。豪华旅游，中国也排第一。这就有点像当年的日本，在20世纪80年代致富以后，特别是1985年“广场协议”日元升值了百分之一百以上，日元一值钱，就像现在人民币不断升值一样，日本人就大量出国旅游买东西，满世界都是日本人。现在开始轮到中国人，最近在欧洲去转转，到处都是中国人，哇啦哇啦大嗓门说话。

同理，欧洲国家在中产阶级崛起的时候，出现了逆城市化带动的市民农业趋向。搞农业的同志们注意，这可不再是农民为主体的农业，我们过去的政策就是怎么让农民好好发展农业，可是欧洲农业60%的农场是市民经营，市民拿钱做农业投资。市民在乎农业成本吗？当然也在乎，但是不太像农民那么在乎。为了保证生存安全，就得要100%地做有机农业生产。因此，现在欧盟国家的农业产品几乎全面是生态化、有机的，至少是绿色的。为什么？是因为市民农业的目的不是要产量，而是要质量，要安全。所以，60%以上的市民经营农业，就带来了欧盟农业的绿色化，对此我们不理解啊。我们农口的老同志老是在叫板，为啥欧盟不对中国放开农产品市场？为什么不让我们中国的农产品进入？对不起，因为你是不安全食品！我们批评说欧盟设置技术壁垒。对不起，人家其实真实的壁垒是社会壁垒，占比60%的市民农场主不投赞成票，政府就不同意进口中国农业产品，因为市民认为你们大量化肥农药生产的东西是有毒害的，欧盟这儿是市民拿钱搞农业。众所周知，欧洲和日韩的中产阶级可以忍受食品的高成本，只要安全。少数低收入者则靠领取政府补贴的食品券。

所以，当中产阶级成为中国引领消费趋势的主流人群的时候，要求消费的农产品第一条是质量安全性。

总体看，如果我们能够在农民骨干培训中有效地注入绿色安全的概念、生态农业的概念，那将来我们社区大学的本地化知识传承，就不会和城里的制式教育体系一样。我们要结合农村的实际，结合社会结构的新变化。这就要有我们的培训方法。

什么叫社区大学、社区教育？就是内涵性地体现生态文明多样性和包容性的一种终身教育。为此，就要和十里不同风的、各个不同的地方的资源条件结合。就得教育好我们培田农民怎么向外来的人介绍我这的好山好水，参与社区教育的青年人得配合培田村把自己当地的、社区特色文化的、周围自然的各种资源好好地发掘出来，变成乡土教育的教材和内容，培田村的社区教育才有特点，才能向外来人介绍客家村社的优势在哪，而不是用大而化之的那些说法——那是不行的。

社区教育一定是和社区资源、乡土文化的开掘，和本地资源的可持续发展密切结合的，这才能跟村民的需求对接得上。如果我们讲的都是千篇一律，给城里人讲什么，到乡下还讲什么，那城里人是不愿意来的——他到这来没有意思。城里人要消费的恰是乡村的特殊性，就要看的是十里不同风，不要看整齐划一。

例如，我刚才在路上碰见一个农民，我问：这条路谁修的？他说是政府，可干的跟我们培田路根本不一样；我问：培田原来是什么路？他答：我们培田路都是鹅卵石路。看你修成这种水泥石板路，老百姓都不满意——你投了钱，他也不满意。当然政府搞基建项目都得招标，得符合标准和规划要求，那些是绕不开的法律程序。到验收项目的时候都说我这个怎么好，但是老百姓说我本来就这不是这样的。

为啥村里的老鹅卵石路好、为啥老百姓不愿意搞成这样统一的水泥路面？因为它生态化，下雨能够渗水，不至于使路面下的土壤沙化。一旦搞成全水泥的，道路下面就沙化，因为它不渗水。还有，本村工匠对古建筑能够长期进行有效维护，却不符合近年来确立的政府招投标必须符合法律程序的规定。合法的结果是政府只能发包给城里的建筑公司，却不利于培田村古建筑的维护。所以，越是统一照搬符合城里要求的规章制度，越是自毁多样性的乡村文化。我们当地的很多传统经验，类似本地工匠积累的很多有效维护古建筑的经验，没有被发掘出来。所以我们才说，随着中产阶级群体的壮大，对乡土文化的要求是多样化，他下乡的消费需求也是多样化的，并且他是愿意为亲身体验这种乡土社会多样性付钱的——只要乡村能保证差异化的特性。

提请官方注意：越把乡村搞成千篇一律，就越没有被中产阶级消费的可能。而恰恰是当前的这个社会结构的变化，造成是新兴中产阶级引领消费潮流，不是别的阶层。这就是客观事实。

所以，搞乡土文化复兴，社会条件具备。还不仅是食品安全，中产阶级消费需求中含量很大的是文化消费。也因此，假如我们这一代没有这种复兴乡土社区多样性文化的努力，将不可能在新的强调消费拉动经济的一个时期到来的时候，有这种面对新挑战的能力。

（四）乡村建设的两个要点总结：意义与方向

今天抛开高校教科书的那些教条化的内容，讲了我们乡村建设面对的实际需求。归纳起来主要是两个内容。

第一，我们作为亚洲原住民人口最多的国家，与殖民地国家性质不同。中国应对全球经济危机的打击的经验表明，还得靠加强农村这个软着陆的基础。

第二，学会应对中产阶级正在成为一个引领消费潮流的阶级的客观需求。这个群体会越来越大——亚洲银行分析中国的中产阶级现在就是8亿，也有分析认为中国会在2015年以后达到7亿中产阶级人口——当中产阶级成为社会消费的一个主导群体的时候，它的要求一定是多样化的。因为中产阶级是一个群体结构非常复杂、并且变动性极强的新兴阶级。国内提法还不是阶级，可以叫做中产人群，因为西方讲“中产阶级”，国内也把它错译成了“阶级”。其实呢，是中产群体而非具有自觉性的阶级。所以，如果从这个变化来说，我们今天讲生态文明和乡村文化的多样性，恰恰是迎合了中国正在发生的社会结构变化。

第三节　城乡一体化与新型城镇化[①]

（一）宏观背景：生产过剩与投资拉动

我们先根据一个政治经济学常识来说，中国当前所面临的最大的困难，是遭遇了资本主义的一般内生性矛盾。而当务之急就是如何延缓爆发。

什么叫做资本主义一般内生性矛盾呢？那就是生产过剩。

从政治经济学理论中应该知道，西方在 1929—1933 年爆发了席卷资本主义世界的生产过剩危机，在这个危机打击之下，大多数坚持自由市场制度的西方工业化国家都垮掉了，在西方工业文明时代，只有能够以国家直接干预的手段来把过剩的生产能力转向内陆基本建设的国家，才维持住了，没有失败。

具体是哪些国家呢？那主要是罗斯福新政条件下的美国，他把美国庞大的过剩生产能力通过政府干预直接转向了内陆基本建设，因此罗斯福带领着美国，尽管也遭受了危机的打击但是也维持住了；另外一个，欧洲的德国，尽管它的逆周期调节经验在战后被成王败寇的意识形态差不多完全掩盖了，但大家应该知道德国在战前，也是将过剩的生产能力转向了内陆的基本建设，建立了当时欧洲第一套全国范围内的高速公路系统，因此，维持住了自己的工业化生产能力，没有衰败；再有就是苏联，前苏联尚在工业化的发展时期，还未表现为生产过剩。

如果看整个西方（包括苏联在内），主要有三个国家：美

① 温铁军2013年12月11日在中国人民大学农业与农村发展学院双周大讲堂上的演讲。

国的罗斯福新政、苏联的斯大林主义、德国希特勒的国家社会主义。三个国家有个共同点：即以国家干预为手段来把过剩的生产能力转向本国内陆建设。并且，最后是这三个国家打在一块，两个联手打败了一个，形成了战后双寡头垄断的地缘政治。

诚然，这就是西方当年的实际情况。至于它在战后的冷战时期被什么样的意识形态怎样包装，以及如何用所谓服务于冷战的社会科学理论来支撑这些西方意识形态，那只是西方知识分子们的无奈和大众的无聊。

历史上真实的过程其实很简单明了：这三个使用了国家直接干预为主要手段的国家，化解了在资本主义阶段必然发生的一般内生性矛盾——生产过剩这个危机的打击，维持住了工业化时代的生产能力，最后这三个国家打在一块，形成一个国家之间直接用战争手段打出来的结果：双寡头垄断。美苏双寡头各自建立了自己的意识形态和服务性的社会科学系统，就有了今天在理论界争论不休的、两大对立的理论体系。

如果各位至今仍然沉溺在这两大对立的理论体系中，那恐怕这辈子就算交代了。为什么呢？思想很难再超脱了。我没义务做批评，只是希望年轻人还有思想创新的能力。

长话短说，中国人什么时候遭遇了类似的生产过剩大危机呢？是在 20 世纪 90 年代。1997 东亚金融危机爆发导致中国在 1998 年出现生产过剩这个资本主义一般内生性矛盾。

这个生产过剩危机的发生不是我说的，如果只是我说的，大家可能会更愿意质疑。当年是中国老一辈经济学家，马洪先生和陆百甫先生，这两位分别任国务院发展研究中心的主任、副主任。他们写了一份报告及时提醒中央，我们在 1997 年东亚金融危机导致外需下降的情况下进入了相对生产过剩。

此外，中青年经济学家也有提出，当大多数人还沉浸在 90 年代中国加快全球化和自由市场经济这个喜悦之中，尚不及反思的时候，大“海龟”林毅夫，芝加哥学派在中国的传人，却不受本学派思想的约束，带领当时的北大中国经济研究中心正式写了报告，明确要求中央及时借鉴罗斯福新政——既然遭遇生产过剩，唯一可兹借鉴的只有罗斯福新政，并且也是在这个政策建议中，林毅夫明确指出：西方遭遇生产过剩最终走向二次大战，我们遭遇生产过剩不能这么干，只能把过剩生产能力转向内陆基本建设。所以林毅夫接着在 1999 年在国内最早提出，只有以国债投资于新农村建设，我们才能缓解“双重过剩条件下的恶性循环”，这是 1999 年，比 2005 年中央政府提出新农村建设的国家战略早了六年。

那时我在政策部门工作，这两个材料我都看到了。但，如果仅是经济学家提出政策建议，那还不足以使中国发生战略决策的转变。中央领导人中还有重量级人物，当时政治局常委、主管外经外贸工作的李岚清副总理，他在 1998 年 1 月 6 日直接给江泽民总书记写了封信说，我们正在加快全球化，现在是外需拉动 GDP 为主，1997 年中国的进出口占 GDP 的总值高达 70% 以上，已经属于世界上“经济对外依存率”最高的国家（各位，别说我们没有玩全球化，那时候已经过度全球化，反过来把我们玩了！什么结果呢？对外依存度最高却陡然遭遇外需大幅度下降），当时 1997 年外需对 GDP 贡献超过 40%，但 1998

年随着东亚金融危机爆发，可能下降到对 GDP 增长的贡献连百分 20% 都不到，所以建议中央紧急采取对策。这才有江泽民直接批复给朱镕基，朱镕基紧急组织一批当时财经部门的司局长、处长们，几十人做方案，紧急启动应对性战略调整，1998 年 3 月从外需拉动直接调整为投资拉动增长。

这就是中国特色，教科书上都没有。因此一般人很难知道，中国真正的战略调整是怎么回事。

中国与西方体制最大的区别就在于，这个国家在发生了生产过剩这种典型的内生性危机的时候，无论按照马克思主义把它叫成资本主义一般内生性矛盾还是其他什么，中国人的做法是不同于西方自由主义理论的。按照林毅夫的观点我们主要借鉴的是罗斯福新政，转向内陆基本建设，所以就有了从 1998 年开始的针对生产过剩而形成的投资拉动增长。

那，这个战略调整，恰恰使中国经济在改革以来这三十年中出现了一个很有意思的现象，就是三驾马车分别驾辕：

20 世纪 80 年代是典型的内需拉动，那时候买什么都紧张，刚刚出现消费品升级换代，从过去我们父辈的旧“三大件”——那时候如果没有缝纫机手表自行车，就没法结婚——转换为新的“三大件”，没彩电冰箱洗衣机这三新大件也甭想结婚。现在就更麻烦了，没房子、没汽车也不好找媳妇。总之三大件升级了两次，第一次是传统的三大件升向第二个家电为主的三大件的时候，出现了内需拉动的 80 年代，也导致物价上涨。

而在 90 年代，内需大幅度下降，随之转向外需为主。为什么内需会大幅度下降呢？因为，90 年代初期出现了财政、金融、外汇三大赤字的危机，危机导致了政策调整，一方面农民负担过重，另一方面城市国企职工开始大规模下岗，因为企业倒闭，抓大放小嘛。这个年代出现4500万国企职工下岗。于是，工人农民都负担过重、下岗待业，导致内需上不去，全面转向外需拉动。

正好80年代是内需、90年代是外需拉动。到外需受阻的时候就是1998年，随之转向投资拉动。所以中国经济增长三驾马车，可以说，每一个十年换一匹马，换一个驾辕的。大家都说内需应该驾辕，外需和投资应该是拉套的，但我们现在变成投资驾辕，内外需变成拉套的。

这么看下来，当前为什么要走城镇化道路？就在于在投资拉动增长的模式之下，有个很内在的趋势难以扭转，必须用不断扩大的投资来掩盖住以前形成的矛盾，甚至可以说政策界用不断投资形成的长期过剩掩盖短期过剩，这就导致宏观调控极其困难。

记得我到学校来之前，赶上2003年换届，当时国务院领导人召开座谈会，问计于经济学家，说以前我们是靠国债投资拉动经济增长（主要是说前一届政府），可我们不能老是寅吃卯粮啊！由此，能不能从我做起，改除国债依赖！至少，从我做起，减少国债依赖。并明确提出，从他这个任期开始，十年期间将国债逐年改为零。诚然，新领导的设想很好。但，几乎所有人都说不行。因为，国债投资拉动增长的内在机制叫做国债依赖，一旦开始了就是单行道，没有回头的可能。

于是到现在我们依然是靠大规模增发国债，这是一个非常严重的内生性矛盾，停不下来，要是停下来，庞大的过剩生产能力就会爆发为危机。

很多人都说西方资本主义好，浩浩荡荡，顺之者昌逆之者亡，人家可是到了关键时刻把各自的生产能力摧毁，然后在战后重建、扩张，再过剩、消化一遍，但不可能根本缓解矛盾。

二战后重建的时候，很多人都担心第三次世界大战，今人不再担心第三次世界大战，为什么？（这里先不谈，点到为止，希望搞清楚的可以去看《八次危机》这本书。）

我们只是说，按照资本主义一般内生性矛盾，当进入生产过剩的时候，很难化解矛盾。

我们现在只是相对缓解，相对缓解的方式说直白点就是用远期过剩掩盖当期过剩。矛盾并不是不爆发而是掩盖住了，因此，如果让我把城镇化这件事情说得直白一点，无外乎就是告诉我们还能找得到继续维持投资拉动的空间，这空间就是城镇化。

我们主要讲现在面临的实际矛盾，也早就发生了生产过剩。需知，我们在一个资源高度稀缺的国家20世纪用一百年追求产业资本，最终形成了产业资本的高速度扩张，扩张的后来就是产业过剩。那就得继续维持现在的过剩产业，让他有处可去。产业要打出去，困难重重。对内来说呢，就是要为这过剩产业找到新的投资空间。

这又得说到林毅夫……

林毅夫从世界银行副行长卸任刚回国就说：中国还有二十年的高增长空间！那么，为什么这么肯定呢？因为内陆纵深广大，投资空间还有，所以还能保持二十年的高增长。

其中，城镇化并不是新的提法。是 2005 年中央接受林毅夫的政策建议，开始强调新农村建设的时候，明确在新农村建设的文件中强调，县域经济发展有两大支柱：一是城镇化、二是中小企业。以发展中小企业进入城镇形成规模就业，因为城镇化的创业门槛低，能更多的吸纳中小企业，而中小企业吸纳就业能够六倍于大企业，解决未来人口增长带来的就业压力。以城镇化和中小企业来支撑县域经济，新农村建设就有了抓手。

那现在呢？新农村建设中已经投资于基本建设了，国家也大致解决了农村的社会开支。那下一步按照城镇化战略还有一个庞大的投资空间，因为全国有 3000 多个县级单位，有 34000 个建制镇。相对而言，以前的投资基本都是集中于城市带，现在的投资要向下，去发展县域经济。所以，国家新的投资战略会转向城镇化，主要转向的是“县域经济中的城镇化加中小企业”。

这么解题，就等于把城镇化和当前生产过剩的这个宏观形势结合在一起了。尽管在全球大危机的打击之下，只有中国一家“风景这边独好”，但我们也得说中国的这个风景独好内在地存在着相当严重的问题，那就是生产过剩。延缓生产过剩的方法就是要找到投资空间，那我们现在找到一个新的投资空间就叫城镇化。

（二）生态文明战略及其有关概念讨论

把上边的背景解释清楚了，接着就要讲一下生态文明。

我关于生态文明的概念解释是：生态文明是一种超越传统工业文明，以多样性为内涵的、人类自觉回归自然的文明形态。这是在说，人类本身是自然的一部分，因为人类的不自觉、或是说在工业文明时代自觉地认为能超然于自然，而造成大量不可持续的后果。现在呢，要自觉地回归于大自然，就进入生态文明时代。关键是，人类要自觉地认为是自然的一部分。因此呢，中国的 21 世纪，要自觉地贯彻生态文明战略转型。

那么，我们最大的障碍，恰恰是在 20 世纪工业文明阶段所形成的利益集团，这些利益集团造成利益结构已经固化。这就是为什么中共十七大开始提出现在利益结构已经形成，到十八大，特别是这次十八届三中全会正式强调，利益结构固化是我们深化改革的主要障碍。各位，在我们学习三中全会文件的时候千万不要把这个说法忘了，同样，它也是中国贯彻 21 世纪生态文明战略的主要障碍。

这种利益集团是在什么样的条件下形成的呢？是在激进发展主义的思想意识形态的条件下形成的。因此，在思想界、理论界反思或者批判发展主义就应该是当前的主要任务。很可惜，我们现在的学术界整体的氛围还是在发展主义的大的话语体系内，所有的评价指标，也都是按照发展主义的框架来形成的。因此，想要思想理论界、学术教育界自我反思，恐怕也有很大的困难。

现在说一下几个向生态文明转型有关的概念，这些是完全抽象的，不带有任何立场。

刚才跟几个《中国投资》杂志的朋友谈梁漱溟。需知，梁漱溟是中国思想界最早做现代性批判的学者，他这一生体现了“中国人的脊梁”这种知识分子特点。他所批判的现代性直到现在仍然因被官方文件所充分肯定而具有高度政治正确。因此，任何人敢质疑现代化，都有政治不正确的问题啊。

要有清晰的问题意识很难，（今天是梁漱溟诞辰 120 周年，还有两位——毛泽东和卢作孚，都是中国近代百年历史上值得大家认真了解的人物）我对百年认同的现代化是持质疑态度的，简单说肯定否定当然不合适，所以，应该清楚界定有关讨论中使用的基本概念。

第一个，我提出讨论的“现代化”概念。是指，无论是否工业化都是人类近代史中的资本和风险同步向城市集中、并周期性爆发危机的阶段性过程。资本集中产生资本收益，风险集中产生周期性危机，因此要注意，周期性危机往往是爆发在城市。

第二个关于“资本”。是指，无论私有还是国有，不论是内资还是外资，只要它是资本，都是人类在资本主义历史阶段制造的、反过来控制住极少数人群，使其反自然的一种异化物。这里，我把马克思关于资本是人类的异化物稍微扩展了一下。它是资本先控制住少数人群，然后使这个资本群、资本家群体反自然成为一种人类的异化物。主要的作用是促进多数人及他们生存所依赖的资源等客体成为被资本化来产生利润的要素。今天西方经济学只研究要素相对稀缺性，研究要素的优化配置，这本身就决定了它是具有明显时代特征的……

第三个，我们看“政府”。它和资本具有可比性，不论何种制度条件下的政府都是人类制造的、由极少数人控制的异化物，因其反过来强制性统治多数人而使其无论如何改造，也难以达到其应该达到的公平公正。要求政府公平公正是一种理想，实际上任何体制条件下的政府都实现不了，所以在现实中大家要有包容性。

第四个，再看“制度变迁”。不论何种主义何种意识形态下的制度变迁，都不过是原来占有收益的利益集团为了更多占有并把形成的风险及其代价向外部转嫁的一种文化现象。不能顺畅转嫁的制度变迁就变成强制性变迁，能够顺畅转嫁代价的制度变迁就叫做诱致性变迁。那“法律”也是不论何种意识形态，它是政府执行统治的规范工具，主要用于保护和规范收益及其分配的相关社会经济活动，体现最低道德约束的一种制度文化。

我们把这些概念重新界定了，也就基本上“去意识形态化”了，不管哪一种制度，哪一种体制，哪一种思想，哪一个意识形态，我们抽象出来拿给人们讨论的，不外乎这几个概念。所谓研究，是要把抽象出完全客观性的概念放到特定的时空条件下的客体上作对应，而并不是说某个政府、某个制度，只是说抽象出某个制度、政府、资本和法律等方面的定义。这些都是抽象的结果。

（三）中国三大差别再平衡战略的实际过程

城镇化与战略转变，是从 1998 年说起的。因为 1998 年中国出现阶段性变化，那就是从过去的生产扩张到现在的生产过剩。这些是宏观背景，是客观的过程。而主观上的指导思想也随之形成。从那以后，中央 1999 年提出以人为本，接着 2003 年提出科学发展观、2004 年提出和谐社会，再到 2005 年提出新农村建设，到 2007 年生态文明成为十七大的新的理念，再到 2012 年的十八大生态文明成为发展战略，等等。这个期间内，城镇化多次被作为战略转变的内容提出。

那这个转变期间中国实际发生了什么？如果愿意抛弃意识形态讨论，就能看实际发生的客观过程是——从 1998 年开始，中国进入三大差别调整阶段。

需知，三大差别并不是完全客观形成的，某种程度上带有主观的态度。因为邓小平作为中共改革开放的总设计师，在他推动改革开放的一开始就明确讲：要允许一部分人、一部分地区先富起来，然后再先富带后富。这是明确说的，在《邓选》里边是能明确看到的，但是他这句话也是矛盾的。因为他下边接着说，如果我们最后造成了贫富两极分化，那我们就失败了，改革开放就失败了，我们这个党也就失败了。前边说允许、后边说不行这不就矛盾吗？但这对于后边的领导者来说，已经造成的两极分化三大差别，都要再平衡回来。当 1998 年生产过剩的时候中国的领导人实际上执行的是再平衡战略。

要注意，中国的三大差别分别叫做：区域差别、城乡差别、贫富差别。

当生产过剩、要用国债投资拉动经济增长，就不能简单靠市场。还有，因为市场只会造成差别、市场不会自发的调节差别，这些是常识。只要是客观立场的学者，都会承认市场不会自发地去平衡差别，所以才会有“市场失败”（也叫市场失灵）。

因此，政府用国债做公共品投资的时候，主要应该是用于化解三大差别。

所以，从朱镕基时代开始，中央政府平均两年提出一次大的调整战略，先投入的项目主要是区域差别再平衡，所以就要注意这个提出过程：1998 年决定要借鉴罗斯福新政，要动用国债投资；1999 年就是西部大开发战略，总投资规模是 3.6 亿，其中三分之二 2.4 亿多是国债投资。两年之后 2001 年，中央提出的是“东北老工业基地振兴”战略，投了两万多个亿，也是 70% 以上是国债。并且，为此国家发改委还增加了两个部门：西部办和东北办。接着，就是 2003 年提出“中部崛起”投资 2 万亿，也是区域再平衡战略——随着西部、东北都上去了，显得中部塌陷了，所以在中部增加基本建设投资，又是两三万亿。

我们解决区域差别，用了七八万亿的国家投资，大体缓解了中国东高西低的毛病。现在西部地区的 GDP 增长速度快于东部，红灯区在西部了、蓝灯区在东部了，区域差别再平衡战略初步奏效，这在世界上没谁能做得到。

第二个是缓解城乡差别。诚然，国家从 2005 年开始投资于新农村建设。但是，中央 2003 年就明确“三农”问题是全党全国的重中之重。也听到新接手财政部长的楼继伟说，现在中央财政最大项的开支是“三农”开支，每年一万多亿（他没提的是过去最小的开支是“三农”开支）。从 2005 年到 2013 年八年时间投入 7 万多亿，历史上前所未有，的确有效化解了“三农”困境，农村实现五通一平。五通：通电、通路、通水、通电话、通宽带；一平：大规模平整土地，搞水利建设。

国家下达这五通一平投资到了村，就给中小企业发展以及回乡农民创业予以搭便车的机会。因此现在农村发展，看这次三中全会，无论是土地制度、合作社制度、新型经营主体制度等等这些制度的提出，很大程度上是在国家大规模基本建设导致五通一平之后，现在该老百姓们大显身手了。所以连续八年的新农村建设投资，中国初步实现了城乡差别再平衡。

需知，这在其他的发展中国家是做不到的，没有哪里能做到城乡差别再平衡，也没有哪能做到区域差别再平衡。

两大差别我们完成了再平衡战略，投资总规模约为 15 万亿元人民币，相当于 2 万亿美元。

这就好有一比——美国救市投资是如何投的？主要投向金融部门，于是乎 99% 的收益由 1% 的人占有，这就是两国的最大不同。中国为什么现在还能一枝独秀，不就是因为采取了三大差别再平衡的战略吗？不过，是不是领导人都有这么明确的再平衡理念，我不好说。只是说从客观结果看是三大差别已经平衡了两个，那么剩下该由政府干什么呢？那就是贫富差别再平衡。对此，要想做得到，就得沿着社会主义大道向前走。

2013 年的这次三中全会开始强调什么呢？房地产税已经提上议事日程，并且要立法。这是要干嘛呢？因为我们现在大量的中产阶级跟富人崛起了，经济下滑阶段所有的其他实体投资领域都不挣钱，只有房地产的价格增长速度大大快于在银行存款利息收益增长的速度，这就是房叔房婶大量存在，但与房奴并存，其实就是社会收入差别难以再平衡客观造成的。为什么难以再平衡呢？是因为税收体制是世界上最差的，叫做累退税率。我们92%以上的税收来源于间接税，甚至能对商品征到20%—30%的高税收，之所以叫累退税是因为穷人和富人一样都买商品，反而富人买的少，富人大部分的消费并不表现在市场上。于是中国只有7%的税收来源于直接税，其中大部分属于扣缴，只有1%是个人直接缴纳。此外，我们国家的各项社会开支政策，也有大调整的余地。

但是，贫富差别扩大是世界通病，没有哪个体制能够有效地实现再平衡。这就得看新一届的领导班子是否有决心和执行力，因为他们所面对的恰恰是最难调整的这一块。想让国家领导班子通过征收财产税、遗产税、馈赠税、房产税，增收这些对富人征税的法律，把累退税改为累进税，把间接税为主改为直接税为主，确实有点难度。

三大差别再平衡战略，其中的两大差别虽然已经基本平衡，但却主要是靠大规模国债投资来形成，而非靠体制改革实现再平衡，代价也就很大。所以一方面可以说，国家战略正在发生转变，从区域差别再平衡到城乡差别再平衡，是具有重大历史意义的。但另一方面，现在能不能做到贫富差别再平衡，能不能让税收改革起到收入差别再平衡的作用，取决于政府的领导能力和魄力，当然也取决于领导集体和现在各种各样利益固化的集团之间的谈判。但愿我们这个社会有自觉性，但愿这些收入比较高的人能够自我约束，对社会承担责任，这就需要完全公开透明的个人财产申报制度，并且允许能够用我们的收入直接用于我们觉得应该用的社会公益开支上。

（四）地方高负债与中央两难局面

我刚才说到国家大规模投资的时候就想提这个问题，从现象上看我们的确存在着国有资本不断壮大，对私有资本的挤出效应。经济学界都批判这个现象，我也可以跟着批判，因为它是个现实。但我要问的是什么呢？如果从 1998 以来，中国干的是国债拉动投资，请问这世界上可有任何政府敢于把国债投资，也就是老百姓未来的税收直接交给私人的？美国政府当然可以，因为它是以私人金融资本为主导的国家，它 87% 左右的 GDP 来源于以金融资本为中心的服务业，那它当然只能救金融。而中国呢，当我们投向西部大开发的时候，建设了三纵两横的高速公路系统，当我们投向区域差别再平衡的时候，大规模投的是高铁、能源、公路、机场、码头、车站，大量的基础设施建设谁能干？把国债投资到基本建设的资金交给那 3000 万家私营企业干吗？客观上看这十五年干的是国债投资，当然会出现对私人部门的挤出效应，实现的是大量增加的物质资产，这些公共财产客观上能不能短期回收，能不能近期就有经济回报呢？都不能。

我们知道这段时间重庆增长速度非常快，怎么增长的呢？很大程度上是大规模的西部建设投资投到重庆，帮它极大地改善了基础条件，500 多平方公里的重庆，它把大规模的基本建设扩展到周边，通过大隧道和大桥把五道山梁全打通了，地面从 500 多平方公里变成了 1200 多平方公里了，只做地产他也赚了。经验其实很简单，如果把隧道、大桥收回，卖给私营企业，那过隧道和过桥就都得收费，所有的交通都堵在收费站那等着。

西部就等着就这个大规模基础建设带来的搭便车的机会，省会城市或大城市的地产随之成倍扩张。

整个西部现在为什么发展这么快？是因为所有这些高速公路、铁路、桥梁等基础建设投下去都不可能短期回收。让谁搭了便车呢？西部的地方经济搭了便车。所以国家资本集团尽管拥有庞大的实体资产，却不可能变现，表现为在150万亿元金融资产的账上趴着。同期，迫使中央政府大规模推进增发货币，这些年发了25万亿元货币，其中20万亿元是对冲增发，也就是外资进来1美元，央行得发6元多人民币对冲，这就导致本币增发货币增发出来用于投资了，其中基本建设投资大量是趴在账上的。确实，这些资产都是国有资产，但不可能短期有收益。国有生产性资产占多少呢？占中国全部生产性资产的70%。那国有银行资产占多少呢？占全部金融资产的70%以上，这就是今天的客观结构。

要改，怎么改？大量的固定资产占压银行资金；卖掉，没那么容易。除了这些，地方政府也搭便车，都借这个机会为自己建一些楼堂馆所，我们现在有了世界上最为豪华的政府设施，一直到乡镇村这一级。

那就看看对应的负债是多少，大概是八年前，一次在中央汇报的时候，县以下公共负债估算是7000亿到9000亿，现在如果再让我汇报，翻了十倍不止，至少负债得几十万亿。乡镇这一级政府负债，当年说最高负债是4000万左右，现在得到四五十个亿，县这一级的最高负债得上千亿。这些东西都叫做政府的债务资产。为什么称之为债务资产呢？因为它对应着一块资产，就像政府搞得楼堂馆所都是资产，只不过现在不好出售。政府搞的大型广场，铺的那些花岗岩大石板都是银行的钱，政府搞的景观大道，华灯齐放也都是银行的钱。都是债务压在那了。

现在为什么很多地方政府狂征滥占土地，并且政府帮房地产商维持房价，尤其是三线以下城市，房价早都维持不住了，政府哪怕贷款也要帮房地产商撑房价，就是因为撑了房价就是撑了地价，撑了地价之后，还能再圈一块地去银行套现的时候就可以套到同等的额度，银行套现率 70%，那一部分钱过来之前先把银行利息还上，银行帮政府把旧贷转新贷。这就是中国现在“地方债务增加—银行占压调账—土地征占付息”这种三角结构的内涵。得明白我们这么大的经济总量大部分压在那些钢筋水泥上，压在那些桥梁、高铁、机场、涵洞和大隧道等基本设施上，这些都是陈欠贷款。如果想知道今天中国有多大的不良资产、多大债务规模，不到爆发的那一天，谁都说不清楚。

现在爆发的触动点在哪，都不知道，说知道的都是猜，但猜也要猜到点上。

比如，刚才讲两难局面，政府如何继承政治合法性，如何让人民满意，就得除了继续使用投资拉动来解决面临的经济下滑，还得靠深改完成第三大任务：贫富差别再平衡。可是，想征收房产税吗？征，就意味着全国实现财产透明，官员、知识分子都公开房产，缴纳累进制的房产税。真正想实现透明度，就是征财产税。假如房叔有 10 套房子，共计 1 亿元，按 1% 的房产税征收，就要征收 100 万元房产税，每年 100 万元交不起。

那就抛售房子吧，这样房价就下来了，地价也跟着下来了。然而，这样就平不了账了，地方政府在银行系统的不良资产就暴露了。所以，征收房产税这事，不仅仅是富人不愿意交，它还牵涉到银行大量的不良资产如何处理。

（五）经济社会结构历史性变化及其利益诉求

大家想搞清楚中国的经济结构、社会结构，两张金字塔图就可以解释清楚了。我们现在的经济矛盾、社会矛盾无外乎就这两个金字塔，但它们属于超稳态。当经济结构矛盾已经深化到一定程度的时候，谁都不敢碰。谁想真去碰一下，就会意味着“债务暴露，无药可救”。对外又不能打仗，那对内也只能继续扩大投资，维持住现在的产业资本过剩的问题不马上爆发。

如何继续扩大投资？现在提出的就是城镇化。

有一系列的问题要考虑，比如说我们如何在城镇化的基础上去构建生态社会，如何在城镇化中形成创新政府治理的条件。例如我们现在正在乡镇做的试验，看所谓政府善意如何与社会结合形成善治，政府通过购买社会组织的服务，建立乡镇良治。通过结构多样性和市民参与治理创新来形成城镇化的可持续发展。所以不仅仅把城镇化看做是一个新的投资的空间，同时城镇化还有新的治理结构和制度创新的空间。

城镇化是中小企业和打工者返乡创业的领域，因为发展恰恰是相对远离大资，投资门槛低得多，何况很多打工者本来不愿意长期留在大城市。为什么打工劳动力为什么跳槽这么厉害，其实不外乎就是打工者整体上是小资属性，不想降低身份成为产业工人或者工人阶级，小资外出打工的目标是成为小老板，从小资变中资。

请看现在城市郊区征地，为什么城郊村都巴不得政府来征地，是因为村民可以一步从小资跃升到中资，可以分得几套房子或者得到一大笔钱，这就是郊区农民的“农民之梦”。

现在提出的城镇化建设适逢其时，给那些想当小老板的打工者提供了一个创业的地方。由此，怎样能够形成城镇化治理创新？怎样能够让那些向中资身份跃升的小老板们、打工者们参与进来，变成社会化的治理创新。这些讨论和教科书上写的大不一样。对此，大家可以看我们搞了十二年的乡建，历史上的乡建改良思路为什么总能切合中下层社会的实际需求，在于百年乡建接地气比较多一点。

以前工业文明时代，形成工业集中的城市化，已经不适应现在的生态文明新战略。因为我们近代的城市化体制，本源于工业化阶段产业资本的集中所客观需求的标准化、规模化和它所派生的制度。刚才已经讲到，我们从“九五”时期就要把产业集群和城市带叠加在一起。那是符合工业文明要求的。因为工业化内生的需要的就是规模化、集约化、标准化，搞城市带最适合这套要求。

然而农村文化却“十里不同风”，农业又是个自然过程，因此，农业最不适应工业集中的城市化要求。当然，强行要把农业搞成工业化生产方式的时候，农业自身的反抗就是制造了大量的环境污染和食品不安全，让我们所有的人都深受其害。例如，现在地沟油已经普遍化，却没有人再出来骂地沟油了，因为政府组织清查了老半天，请专家们来检测，发现地沟油的理化指标和普通油是一样的，既然没查出来，大家就干脆闭上眼算了，上街吃饭的人吃的基本都是地沟油。不过，今天食物安全领域的社会诚信已经被地沟油彻底毁掉了。

当我们过度把资本向城市集中的时候，一定是同步集中了过量的风险，过量的风险转化成的周期性危机虽然爆发，但往往是向“三农”转嫁危机代价的。在《八次危机》一书中，发现中国存在周期性经济危机并不算理论创新，因为在我之前很多经济学家，尤其是政治经济学里，周期性危机早就是描述清楚的理论。我的理论创新在于，我们的危机发生在什么时候，而城市危机只要能向“三农”做危机转嫁，它就在城里软着陆，如果不能向“三农”转嫁危机代价，它就在城里硬着陆。硬着陆的结果就是调整或是改革。至于叫调整还是改革，那是意识形态的需要。此书的全部理论创新可以归结为几个字：成本转嫁论。它往上接续的是世界系统论、依附理论、传统的政治经济学、新制度经济学的理论，把这些糅杂在一起，博采众家之长，最后就解释了我们的问题。

现在大家所遭遇到的很多问题，都是在这个工业文明历史阶段产业资本过量集中到城市所发生的问题，首先是三大资本过剩——产业资本、金融资本、商业资本——条件下所造成的代价向全社会转嫁。

这里边有个很重要的不同于西方主流的认识。不同在于，中国并不可能有西方所说的集权主义。地方政府的公司化发展充分竞争的结果就是比拼招商引资，然后就导致创业资本集中，形成的风险却上交。于是，中央就得增发货币、增发国债。

现在我的团队在国际上做发展中国家比较研究，在国内做不同区域比较研究，这些年先出版了《解读珠三角》《解读村南》，我们现在还在做《双村记》，解读两个天下第一村：大邱庄和华西村，同时还要做苏州工业园二十年，以及广西的欠发达地区、重庆的发展经验、浙南的发展经验等。做一批不同区域的发展经验分析，我们才能知道中国是怎么回事。我原来的题目区域化，本来想抽点时间跟大家介绍下我们做区域比较研究的结果，现在因为三中全会出来有很多误读，特别是对城镇化、对土地问题有很多误读，所以先利用我们的讲台给大家说说城镇化。

关于城镇化，中央在三中全会的文件中强调城乡一体化，强调以人为本的新型城镇化，其实得呼应生态文明条件下的发展创新，关键在于城镇化所对应的主体是全国3000多万个县市区下辖的3万多个镇。中国县以下一共是4万个乡镇，60万个左右的行政村，300万个左右的自然村，这是中国现在的区划结构。

我们的城市现在看已经算超前发展了，下一步要重点发展县域经济，特别是县级城关镇和县域范围内的中心镇。如果我们三千个县的城关镇都得到了发展，那客观上就会使过剩的工业生产能力在国债投资的带动之下向县域经济转移，否则县域经济很可能就是个口号，很难落实。需知，承载县域经济的载体，主要是县内的城关镇和三个左右的中心镇。这样看呢，全国会有一万多个中心镇得到投资发展的机会。

做法上，首先是基本建设得到改善，然后吸纳打工者回乡创业投资和中小企业的投资。农村60万个行政村已经实现了村村通，下一步如果能配合城镇化进一步能使300万个自然村实现村村通，那周围村里农民就可以骑自行车到镇里去上下班了。

现在农村中很多问题是社会问题，我们有时会认为“三农”问题中最重要的问题是社会政治问题，并不是经济问题。例如，现在农村大量出现“劣绅驱逐良绅”，结果就是“良民变刁民”，基层治理劣绅化就很难让老百姓再相信什么，整个社会的思想体系的垮塌是最可怕的。还有城乡关系恶化。在这种不断地向“三农”转嫁代价的体制的压力之下，农民的基本的行为已经扭曲了。如果能通过社会恢复或者社会重建，真正把国家投资重点转移到城镇化上去，就可以使农民就近得到非农收入，而不至于背井离乡。

所以，生态文明与城镇化战略结合到一起，应该是四个复兴：生态社会、生态自然、生态经济、生态治理。据此，大家不要简单地把城镇化又理解成某个主管部门的思路，它所面临的真正的客体，还是农村、农民。如果“三农”局面能维持住，这个国家尚可维持，全球大危机砸下来的时候，我们仍然有应对危机的社会基础。

当年印度尼西亚在1998年出现大规模失业时的状况，那里28%的进城农民是没有土地的人，在遇到经济危机的时候是转向了暴力，最终也致使大批华人受到迫害，非常惨重的教训。总之不是虚言。中国遭遇华尔街金融海啸，在2009年曾出现过一个季度的经济下滑，沿海有6万家企业倒闭，发生2500万打工者失业，也出现了各种社会不良因素集中爆发。幸亏那个年代，正好是国家在大规模增加新农村建设投资的时期，危机爆发时中国已经增加了上万亿的农村投资，农村大规模的基本建设吸引了回乡的打工者，沿海城市社会恢复平静了……为此，请注意我们这个社会的基本矛盾：每次发生严重的社会矛盾都与大规模的下岗失业有关。例如，1960、1961 两年 7000 多万失业，中国重新强调阶级斗争；20 世纪 80 年代知青回城 4000 万“待业”，中国提出两个严打；20 世纪 90 年代 4500 万国企职工“下岗”，中国强调维稳。

城乡一体化方面，国内外的教训很多。例如，人类发展指数较高的发达国家都超过了生态足迹。又如，全球人口超千万的大城市都是污染非常严重的地方。中国现在的发展状况跟大多是发展中国家是一致的，就是大量进口垃圾、人为制造着污染，用这种发展方式推动 GDP，对中国来说实质性增长是负的。发展中国家生态系统下降是非常严重的，而发达国家略有好转。如果我们在社会问题上继续想农村系统转嫁代价，那发生社会对抗性矛盾冲突也就不远了。

还有些应该讲的，下面列出相关要点：一是在以往关于可持续发展的国际交流中，欧洲、亚洲的日本韩国“转型城镇”是值得借鉴的经验。二是我们一直强调农业三产化，强调综合性农民合作社。三是就乡村旅游而言，随着中产阶级的崛起，乡土文化最适应“个性化定制”，因为千差万别的与自然紧密结合的乡村自然生活，最能吸引中产阶级参与休闲农业和“三慢”生活，让中产阶级体验生态化的“四洗”，这就变成市民下乡新的消费内容。总之，农村城镇化的发展过程中有很多创新机会，取决于你如何去发现题材。

还应该提炼以上讲述中的理论问题：

其一，农村存在的是“三农”问题和“三治”问题，“三农”是经济基础，“三治”是上层建筑。

其二，中国工业化的过程有过四次外资进入，每次外资都造成对外债务演变为国家财政严重赤字，也都带来两个次危机，每次危机都向“三农”转嫁代价，能转嫁成功城里就软着陆，否则就是硬着陆。需要了解硬着陆的例子，如1960年和1980年，没有成功向农村成功转嫁，出现在城里硬着陆。

其三，中国政府是不可能集权的，是因为中央政府长期是没有财政能力的。当出现大危机的时候，只有中央和地方共同受害，中央的宏观调控政策才能够被地方所接收，否则地方是长期抗拒宏观调控的，中央手里没财政是指挥不了地方的。（关于三次“圈地运动”，可查阅文章。）

其四，如果讲城乡统筹、城乡一体化，以中国目前的现行体制看，实现的难度非常大；如果我们在城镇化问题上能够率先推进一体化，引导市民下乡、引导农业生态化进程、引导返乡农民去城镇创业、引导有“余钱剩米”的市民到农村去创业……总之，如果这些动员社会力量广泛参与的经验都能够做到，那么，也许城乡一体化能够在城镇化推进过程中有所体现。

结论：新型城镇化是生态文明多样性与市民农民相融合的过程。

第四节　新型城镇化与平民教育的创新[①]

（一）生态文明内涵教育的多样性和在地化

在国家强调生态文明的时候我们应该知道，生态文明本是一种有别于并且超越于近百年来世人追求的传统工业文明的一种文明形态。

工业文明时代的教育，体现了工业资本对人的资本化进程。它其实是要求把各种各样的资源都能够统一被工业化大生产所处置，因此它要求教育所传播的信息必须是标准化的、可集成的。因而，制式教育就是主要服务于工业文明时代的标准化、集成化和大规模传输的教育模式。

生态文明因其根本内涵是多样性的可持续循环系统，因此，当我们从工业文明时代进步到生态文明时代，就要知道生态文明所要求的教育是什么。当然，符合生态文明的教育应该是多样化的、在地化的，亦即，生态文明是体现自然多样性和社会经济可持续的文明形态。那么，从这个角度看，与百年乡村建设密切结合的平民教育在当代的创新，就主要应该是和在地化知识系统的知识生产和在地化的社会参与式教育相结合的。

中国当前已经把国际社会一般强调的“城市化”改为“新型城镇化”，这个新战略，本来应该和在地化的平民教育有一定的相关性。这样说的原因是其宏观背景，对此，参与乡村建

① 本文根据温铁军教授于2013年11月在北京师范大学举办的“第三届平民教育论坛”上的演讲整理而成，已经作者本人审阅。平民教育论坛每年举办一届，本届论坛由晏阳初平民教育发展中心和中国滋根乡村教育发展促进会主办。

设和平民教育的人们务必加强学习：这是20世纪90年代末期东亚金融风暴造成中国生产过剩危机爆发以来，国家战略发生转变所导致的新的时代要求。

新世纪以来国家强调生态文明新战略，意味着对20世纪的工业化战略发生根本性的改变，恰是因为我们追求工业文明一百多年——从洋务运动以来开始学习西洋的工业化，我们差不多走了一百多年工业化的道路，直到1997年东亚金融危机爆发，1998年中国人意识到遭遇了工业生产过剩的问题，这个时候，国家势必会产生战略方向的转变。

于是，1999年中央领导人开始提出“以人为本”，2003年明确放弃单纯追求GDP的发展观，开始强调综合性可持续的科学发展。接着，还是因为生产过剩，中国人开始把过剩的生产能力转向内部建设，这是根本上不同于西方的中国特色——在这个新时期调整过程中，最大的不同就是国内三大差别“再平衡”战略。而西方的工业文明时期在20世纪30年代遭遇生产过剩，则是工业化国家恶性竞争，转向用战争摧毁竞争对手的工业体系，这就是第二次世界大战的根源。

中国1998年遭遇生产过剩之后，首先推动了区域差别的再平衡战略。主要是三个大项目：1999年西部大开发、2001年东北老工业基地振兴、2003年中部崛起，通过这三个大项目来实现区域再平衡。过去曾经主张一部分地区和一部分人先富起来，也就是沿海地区先富，到1998年中国人开始强调区域发展再平衡，连续做了五年，投资了大约7万多亿，沿海和中西部的差距缩小了。

接着，国家强调城乡发展再平衡，也就是2002年十六大以来中央多次讲“城乡统筹”国家战略，2005年“十一五”计划又提出新农村建设。大概也经历了这么七八年时间，又有7万多亿投资到农村地区，这样城乡差别也逐渐缩小了。[①]

第三个战略，那就是贫富差别再平衡。第三个再平衡战略目前是开始了，当然，这需要一段时间。现在强调：应该首先推动城乡财政公平，也就是由财政支付的公共产品的均等化。

总的来看，中国在工业文明高速扩张的90年代，于1998年发生了生产过剩危机以来，先是为了延续工业化，把过剩产能转而投资于三大差别再平衡，但在同时也相继提出了科学发展观、和谐社会、生态文明等新的发展理念，现在我们叫作“五个文明”一起抓。

在“五个文明”中，最近提出的就是生态文明，生态文明最大的内涵就是多样性。

因为这些战略性提法的转变，也就有了转向生态文明推进不同于工业文明的教育创新的客观需求。

所以，我们今天讲的教育创新，特别要讲平民教育相对于生态文明的适用性创新，因为它不是无源之水、无本之木，而是国家战略重大转变过程中形成的对教育创新的客观需求。

（二）生态文明阶段需要的平民教育创新

在生态文明的社会，以及新型城镇化推进之中，都离不开

① 以上估算的投资规模依据的是2013年之前的数据。到2015年，农村投资已经成为国家财政最大开支项，每年1万多亿的投资总额。

改善治理的问题。

十八大用了大量的篇章讲治理创新。须知，中国社会的下层是占人口 60% 左右的小资，小资主体是农民，政府对占人口最大多数的下层社会要给以必要的扶持。而在下层社会之上形成了一个占人口规模约 30% 左右的中产阶级，西方称为中等收入群体，我国中产阶级主体是中资、民资。

现在的生态文明阶段需要平民教育创新，要讲在地化教育，要讲社区教育。这是因为：不论是占人口 60% 的小资，还是占 30% 的中等收入群体，都是高度分散的个体化存在。只要分散，就是脆弱的。城市人分散在上百万个不同居民社区，农民则分布在 300 多万个自然村，那就需要从小孩开始构建与参与式社区发展有关的在地化教育。如果我们现在还是千军万马挤独木桥，简单化地照搬工业化时代的制式教育，把统一的规范的教材用于这个社区教育系统，那不过是内在地延续着把小资群体变成可被工业资本来使用的劳动力。长此以往，生活在数百万个社区的下层群众和生活在城市社区的中产阶级，就都缺乏对本地乡土知识和社区共生文化的起码了解。这样的话，分散个体都缺乏对本地社区的了解，怎么能够对本地问题形成理性认识，并且支撑相对不同社会群体而言的地方良性治理体制呢？

主要归因于产业化教育造成的体制排异，再加上我们人口占比 60% 的下层社会和占比约为 30% 的中层社会，目前都不擅长自主的知识生产和在地的知识传播，因此我国也就至今没有形成在地教育，更没有所谓社区化的参与式教育的支持体系。于是，社区内部的事物哪怕是鸡毛蒜皮也不得不用外部的宏大话语来表达。

打个比方，咱社区里有些人私搭乱建，本来是由于社区没有形成业主自律和自我治理，也就是没有形成在地的“社会自组织”，来进行本社区业主的自我教育和业主参与式的社会管理。大家一说私搭乱建，那是因为什么呢？都说是因为国家制度不好！或者是随着西方媒体批判自由民主人权问题。甚至一说社区有人吐痰、有人的狗便便没有及时清理掉被谁不慎踩到了，也都是自由民主人权问题！一般群众使用的话语如同“文化大革命”期间的上纲上线一样，往往是那种外面来的很大的政治概念被误用，因此就没有条件对本地的个别问题做本地化的处理。

这主要是因为：长期以来我们在工业化造成的制式教育体系之下，已经习惯了在这种制式教科书传输的宏大叙事的话语环境中生活。如果长期在这种制式教育统一传播的话语体系中生活，真讲点不同的，还害怕别人听不懂，那大家讲的就都是书本上的大话。

人们在社区生活中形成自我组织，在自我组织中间，大家参与社区生态化可持续共生的经验得到传播，逐渐形成适用于本地的知识系统。这些本地的知识系统同样有非常重大的现实意义，也有在地化传播的价值。

如果大家把更多的精力放在本地的知识生产上，放在本地的知识传播上，相对来讲大家更关心的就会是我们生存其中的这个地方的可持续发展。这样的话，社会结构也更有利于朝向多元化趋势演变，大多数人分享民主的参与方式随之自然天成，也就更有利于这个社会去按照生态文明的方式去重新构建。

以上分析，主要是说我们已经习惯了工业文明时代所需要的制式教育，内在地服务于规模化的、集成传播的信息系统，这个信息系统造成了很多外部概念未必都直接适用于本地的社区事务，那就让我们很难形成本地的话语，就造成今天这个知识系统更多地属于意识形态化的知识系统。如果生活在村里的百姓只会讲那些大的话语，其实只是政治宣传员。尽管这也许是必要的，但不能仅仅如此。

假如大家都忽略了知识的在地生产和在地传播，都不重视与本地实际密切结合的社区教育，不重视地方自主性的文化创新，那在这种意识形态话语的控制下，很可能会产生一种越来越紧张的社会关系，人们的精神状态也会越来越紧张。很多事之所以一触即发，社会上之所以弥漫着一股暴戾之气，很大程度上跟我们的社区教育没有体现生态文明新战略而创新不足有关。

（三）教育产业化不能适应生态文明的要求

为什么说百年工业化时代它所需要的制式教育，以及这种教育从20世纪90年代后期开始事实上推行的产业化（尽管有人不同意用这个概念），都不能适应近期我们国家向生态文明的战略转变?

教育既然被公开说成是人力资本形成的工具，那就变成了一种手段，成为一种帮助产业资本来占有人力投入形成剩余的工具，那么，制式教育要使本来自然性状的人成为人力资本的宿主，就得把人所具有的多样化的自然属性尽可能剥离，把人的思考能力规范在一个被称为现代化的科学体系、但实质上高度指标化的学科框架之内。

由于中国出现产业过剩，随之是千军万马挤独木桥的制式高等教育产品过剩。为什么 2012 年 690 多万大学毕业生中至少 40% 找不到工作，加上之前累积下来的约 40% 不能就业的人群，现在大学所制造出来的所谓人力资本往往就派不上用场，所学非所用的人更有的是。

事实上，按照制式教育培养出来的人才如果只是人力资本，那早就过剩了。

这是按照工业文明时代信息标准化大规模传输所要求的制式教育体系在今天所遭遇到的最大困难，某种程度上，就是 20 世纪 90 年代以来推进教育产业化的危机。这种危机代价极大，是如今国家不得不强力维稳、受人诟病的根源之一。只不过无人问责而已！

如果教育主管部门继续维持着从幼儿园开始一直到大学，都是统一的教材，当然不符合千差万别的乡土社会需要。因为新型城镇化“以人为本”需要平民教育的生态化创新，国家生态文明新战略的多样性可持续的发展，本身就需要多样化教育。

中国至少县一级就是 3000 多个单位，还有 3 万多个城镇和 300 万个自然村，承载着 3000 万家中小企业，大部分是有在地化知识需求的。

请问：东西南北八面来风都不一样的中国这么一个国家，怎么可能要求都使用一样的制式教育？打个比方，农村经济管理，怎么可能要求只有一本教材，黄土地、黑土地、红土地、沙壤土，自然条件导致的农业经济管理的需求是不可能一样的呀！既然各地的自然条件和管理方式都是千差万别的，那能不能把在地的知识系统作为本地教材，形成在地化的社区教育呢？过去我们有数千家办在县以下的农校、卫校、技校等，那时候连农村的中学都鼓励在本地知识创新，这些都随着90年代的教育产业化大潮被风吹散了……

（四）教育产业化的信息单方垄断及利益机制造成教育不公

相对于生态文明而言，全国统一的制式教育某种程度上是反着来的，和真实的、千差万别的地方发展需求，以及数百万个社区的人民大众需求之间，是不能对应的。

在完全由国家开支的体制下，制式化教育属于公共产品。但，因遭遇经济危机而推进教育产业化转化和推进把教育科技都作为市场化创收手段的改革方针在贯彻之中，内生性地发生了“信息不对称”的问题——本身是公共产品的知识信息，却被产业化的教育部门单方垄断，用于获取垄断利益。

这里有个简单道理，就是任何信息不对称条件下的单方垄断，都必然导致严重的社会不公正。同期被推进市场的医疗体系更是如此，医院凭借单方垄断病人生死存亡的信息的特殊地位去收费，那就势必造成很多患者因病致贫，甚至家破人亡！每当发生医患纠纷发生恶性事故的时候，医生和患者就都是这种制度的受害者！

既然教育单位垄断了信息，那我当老师你当学生，老师单方面垄断信息甚至决定学生的前途，学校发的文凭就是学生获取这种被垄断的信息并借此进入中产阶级俱乐部的门票，那也是要多少钱就得给多少钱。越是那些排在前多少位的学校，排位的客观结果就越是收费大幅度地高于一般学校！这样再往下排一本、二本、三本，排下来其结果就是多了教育信息垄断的层级。这是教育市场化改革造成的基本体制问题，然后那些掌控垄断地位的既得教育利益集团再把这些被垄断的知识归纳为所谓学科，也就是再把这些被垄断的信息通过所谓学科建设加以固化，就导致形成了一套内部的分配标准，从根本上压抑了思想创新的可能性。于是，中国高校越多高楼越无大师！这个教育产业化就变成一个收钱的垄断工具。学校老师也就成了“老板”，学生自称是打工的。好的老板还给点工钱，差点的工钱都不给……

为什么农村出现教育致贫？过去是农村万元户的家庭现在很多因教育收费而致贫，农民家里有一个孩子上大学就差不多要把积蓄的财富都花光了，如果有两三个孩子上学，那这家一定是从过去富裕户变成绝对贫困户。为什么？还不就是20世纪90年代以来教育信息的垄断！因为是单方垄断，不可以讨价还价，就造成很多人上不起学。

越是好的大学，被有关部门纳入排名前十位的大学，农民的孩子就越来越少！为什么呢？一方面搞了一套反智的、照搬的学科化知识，与下层社会完全风马牛不相及，另一方面农民孩子根本上不起！

这就是制式教育演化为垄断条件下的教育产业化所造成的

社会性不公正。

而所谓现代化教育本来应该是公共品，本来应该算是沟通上下层社会的渠道，是让下层社会有上升预期的渠道，这样下层青年才有希望，社会才稳定。那越搞教育产业化，就会导致社会失衡越严重。教育在我们这直接演变成阻断下层上升通道的制度障碍。记得林毅夫 1998 年就讲过“双重过剩条件下的恶性循环”。当教育造成人力资本过剩和城市的产业资本过剩同步发展的时候，它就是我国社会危机被人为地政治化加重的一个主要因素了。

为什么百年工业化所形成的制式教育不适应国家战略调整？并不是说在这百年工业化进程中的制式教育完全没有功劳，做这种片面的理解也不对。教育对工业化本身来说是有支持作用的，作了很大的贡献，有很大的成绩，这样两面话都得说，别理解错了。

（五）新型城镇化对应着在地的知识创新

产业资本集群叠加与城市带为主的高度城市化的社会都违反了人类生态文明所给定的那个标准，就是人均的生态足迹[①]不得多于两公顷。而且，现在大多数所谓现代化国家大城市（世界上 17 个千万级规模以上的大城市全都不适宜人居），它的可吸入颗粒物（PM10 和 PM2.5）的统计结果，表明全都是不适人

① 生态足迹（ecological foot print, EF）就是能够持续地提供资源或消纳废物的、具有生物生产力的地域空间（biologically productive areas），其含义就是要维持一个人、地区、国家的生存所需要的或者指能够容纳人类所排放的废物的、具有生物生产力的地域面积。生态足迹估计要承载一定生活质量的人口，需要多大的可供人类使用的可再生资源或者能够消纳废物的生态系统，又称之为“适当的承载力”（appropriated carrying capacity）。

居的，北京、上海无疑也都在其中。

我们都知道，现在高污染的问题大部分都是集中在这些大城市，已经不是未来生态化发展应该走的路了。

那新型城镇化可借鉴的国际经验呢？我们应该看欧洲的转型城镇，它特别强调生态化社会作为共识的“生态足迹”和“食物足迹”的限制。这会带来什么呢？会带来在地化的知识生产和在地化的教育需求。因此，我们现在的平民教育应该和转型城镇或者新型城镇化相结合。欧洲的转型城镇所蕴含的知识也是多样化的。

我们再看城镇化中的农业创新。在城镇化的过程中欧洲有很多地方是搞市民农业，它也带来了对平民教育新的需求。

未来的新型城镇化，应该是城乡统筹的，类似我们这些年主张的市民下乡、农民进城。市民下乡就会有新的知识需求，而这些需求又全部是在地化的，而不可能是全国统一的。这就不是工业化所要的全都是统一的知识。因为，城市里边所有可以标准化集成传输的知识都有了，市民下乡干吗呢？下乡一定是有个性化的需求。所以，我们越是保留在地化的乡土知识，就越能满足市民下乡的个性化需求。

所谓在地化知识，是乡村生活保留的自然、人文、环境各种条件都有在地化的特点，而这些特点如果能够转化成我们在地传播的知识，转化成在地化的社区教育，那这些多样化的知识就活了！比如说山野自然风光，比如说传统的木刻楞的那种房子，比如石头砌的老房子，市民下乡之后在山间建造的有利于城乡结合的民居。

我在欧洲见过一座石头砌筑的老房子，石头砌的拱门，是四星级宾馆。我们老以为在城市里边得是大理石贴面的那些豪华建筑才能得到四星级，但其实只要是有文化，那种在地的知识承载的建筑文化，同样能够变成四星级。我还见过一种木刻楞的房子也是旅馆，在它外边就是美丽的丘陵风光，所有的这些与众不同的东西都蕴含着非常丰富的当地知识，形成了当地文化。当然，还有我国西北的窑洞只能与粗犷的黄土高原风光结合，而西南的吊脚楼也与鳞次栉比的山区梯田农业相得益彰，等等。这些多样化的复杂内涵，都不可能被一个世界统一的建筑标准体系来演变成工业化的标准信息。

在工业文明时代，当我们把信息全部变成标准化的时候，这些本土的东西都被排斥了。那今后呢？在生态文明时代，这些都会被开掘出来形成在地教育。这样，身为当地人，就有了学习在地才有的知识的需求，我在当地学习才有当地就业，比如像这样的旅馆、在这样自然风光的乡村旅游之中，谁能讲清楚本地自然气候和传统文化知识呢？这儿为什么是这个月开这个花、那个月开那个花，自然界这些东西可以干什么用？所有这些知识，都是通过在地的社区教育获得的，虽然未必能符合那种变成全世界都能传播的统一信息的标准化制式教育，而是只有到这来才能欣赏、才能学会的知识。于是乎，要形成在地的知识体系，就要有在地的知识创新以及教育创新。

后　记

本书是作者2004年任教中国人民大学之后所做演讲的汇编，前后时间跨度整整十年。有关宏观问题的演讲结集为上卷，有关农村问题的演讲是为下卷。为了每一章节的内容相对充实，也收入了一些2004年以前的演讲。

这十年，正好对应着一轮经济景气周期。当年的高涨动因构成今天经济下行压力不断加大的主要矛盾和问题。其实，在十年前我们就有足够的警醒；时隔十年回看当时我们在经济甫显过热征兆时的这些判断，感慨着所谓不幸言中！客观规律总是不以人的意志为转移地发生着，也许这是“形势比人强”的另一种解释?

这十年，作者因为跻身高校而有了更多的理论升华的条件。收录于本书中的这些演讲内容，也是作者这十年间承担的十个国家级纵向课题中（其中包含三个重大、两个重点、两个应急项目）有关宏观形势的研究成果面向一般听众的“去学术化”表达，也算是这些国家级课题的通俗版报告。一般读者不大会去看那些课题报告，但仍然可以在这些演讲中了解我们的思考。

是故，谨对这些课题所给予的支持表示感谢：

国家社会科学基金重大项目“作为国家综合安全基础的乡村治理结构与机制研究”（14ZDA064）、国家社会科学基金重大项目“完善社会管理与维护社会稳定机制研究——农村对抗性冲突及其化解机制研究”（07&ZD048）、教育部人文社科重大课题攻关项目“我国农村金融体系建设与机制创新研究”（07JZD0009）、国家社会科学基金重点项目“建设社会主义新农村目标、重点和政策研究”（06AJY003）、北京市社会科学基金重点项目“城乡二元结构下改善社会治理研究”（15FXA003）、国家自然科学基金主任基金项目“中国农村城镇化进程与对策研究”（79941019）、国家自然科学基金主任基金项目“社会主义新农村的农田水利设施建设与管理问题研究——制度创新·组织创新与农民本位”（70641020）、国家社会科学基金一般项目“粮食金融化与我国粮食安全战略研究”（14BGJ048）、教育部人文社科应急项目“通过新农村建设促进国际金融危机条件下中国经济社会的和谐和可持续发展”（2009JYJR023）、教育部人文社科普及读物项目“中国工业化历程简明读本”（12JPJ013）。

除了获批如此多的国家级课题之外，我们这个坚持“不唯书不唯上”的科研团队的研究成果，及其由理论联系实际转化出的教学业绩，得到了8项省部级以上的奖励：

2009年和2013年分获北京市教育教学成果一等奖和二等奖；2012年和2014年连续获得北京市哲学社会科学优秀成果二等奖；2013年先后获得江苏省首届政府出版奖以及中华优秀出版物图书奖提名奖、“三个一百”原创出版工程等国家奖；

2015 年获高等学校科学研究优秀成果奖（人文社会科学）二等奖（相当于国家级奖）。

这十年，为了配合国家 2003 年提出的科学发展观和“三农问题重中之重”、2004 年提出的构建“和谐社会”的指导思想，以及 2005 年确立的“新农村建设战略”，我们的乡村建设运动及科研实践团队从酝酿到全面实施的过程中保持着积极的态度。作者在这个战略转型期间不仅多次出席国务院召开的重大问题座谈会，而且直接把中国向生态文明转型的理念率先用于实践：先是依托中国人民大学乡村建设中心在全国各地建立了几十个乡村建设试验区，对农村的现实情况进行一手的、介入性的试验观察和资料获得，接着又在西南大学和福建农林大学组建了乡村建设学院，很多年轻学者和社会各界志愿者加入其中，共同开展多学科的理论创新。

有鉴于此，本书观点的形成、创新和渐成逻辑体系，既是因应宏观形势演进的理论需求，也是呼应各地实践中的乡村建设工作对既有理论的不断更新需求。这些从乡土社会反馈回来的问题，极大地深化和丰富了我们对于中国社会从宏观格局到微观结构的认知。他们一次次地提醒我们，理论是灰色的，生命之树常青。

但是，由于形势所需，我们在 2015 年先完成整理出版的是宏观问题演讲，是为这十年演讲录的上卷。2016 年下半年准备出版的下卷，主要是关于“三农”问题与乡村治理领域的演讲。

这十年，和我一同开展理论建设和乡村建设工作的整个研究团队付出了太多的艰苦努力。他们中有的在十多年前就一同对现代化、全球化进行反思，有的现在仍然承担着繁重的知识生产和传播的任务。因此，借此演讲录出版之机，不仅是向团队成员表示感谢，而且是要表明这个演讲录凝聚了很多人的成果和心血，是我们这个创新团队的集体思想表达。

这一个十年中，我们纪念了辛亥百年，那是被主流定义为阶级革命的激进斗争历史。这一个十年中，我们也纪念了“百年乡建”，那是非主流的各界广泛参与的社会改良史。改良者自然不会排斥主流，但也不会苟同。作者在演讲中对于主流的激进及其造成的甩给社会承载的代价多有分析，唯望两种历史叙述能互补，则善莫大焉。记得中共开始提出构建“和谐社会”，要加强执政党的“执政能力建设”，都是在本演讲录起始的2004年。尽管对于往事，我们仍然习惯以革命者的身份去讲述和追忆，但执政者当下所面临的考验，又往往不期然而然地重复着从前的轮回。虽然历史总像有着超强的记忆力总是一遍遍地重复某些故事，而我们身为故事中的人，倒往往健忘……

下一个十年，我们将迎来新文化运动和共产党诞生的两个百年纪念，诚愿中国人的思考能如本书名所言——告别百年激进。由此，而可以有更多的思想和理论创新……